省级精品课程教材

高等院校工商管理类创新课程体系教材

会计信息系统

Accounting Information Systems

王先鹿 丁淑芹 编著

东北财经大学出版社
Dongbei University of Finance & Economics Press
大连

图书在版编目（CIP）数据

会计信息系统 / 王先鹿，丁淑芹编著. —大连：东北财经大学出版社，2017.10

（高等院校工商管理类创新课程体系教材）

ISBN 978-7-5654-2944-6

Ⅰ. 会… Ⅱ. ①王… ②丁… Ⅲ. 会计信息-财务管理系统-高等学校-教材 Ⅳ. F232

中国版本图书馆CIP数据核字（2017）第224014号

东北财经大学出版社出版

（大连市黑石礁尖山街217号 邮政编码 116025）

网 址：http://www.dufep.cn

读者信箱：dufep@dufe.edu.cn

大连雪莲彩印有限公司印刷 东北财经大学出版社发行

幅面尺寸：185mm×260mm 字数：382千字 印张：16.75 插页：1

2017年10月第1版 2017年10月第1次印刷

责任编辑：王 莹 高 铭 责任校对：贺 欣

孔利利 吴 茜

封面设计：张智波 版式设计：钟福建

定价：36.00元

教学支持 售后服务 联系电话：（0411）84710309

如有印装质量问题，请联系营销部：（0411）84710711

前　言

会计是伴随着社会经济的发展而不断发展的，同时需要根据客观经济环境的变化做出相应的变革。当前，整个社会经济环境已进入信息时代，计算机技术、网络技术等被广泛地应用到各个领域，包括会计领域。信息技术的应用提高了会计工作的效率与效果，同时也不断地推动会计模式的创新。适应信息化环境的要求，将信息技术与会计相结合，以信息化的思维方式实施会计核算、管理与控制是当前会计的发展方向。

会计信息系统是以系统观、信息观作为主线，分析研究信息化环境下会计人员如何进行会计信息的获取、加工、存储、输出等的一门交叉学科。在“博采众长，为我所用”理念的指引下，本教材结合课程体系的设置尤其是信息化相关课程的设置，并与本系列其他教材相配合，选取国内代表性软件产品——用友软件——作为原理讲解与展示的软件实体进行编写。本书首先深入浅出地介绍了会计信息系统的基本概念与基本问题，让学生对会计信息系统有一个框架性的认识；然后对系统开发方法尤其是系统分析与系统设计工具进行了讲解，希望学生对此有一定的了解，并理解不同的系统开发方法在现实中解决同一问题时的多种思路，学会多角度地解决问题，同时能够利用系统分析与系统设计工具进行实际操作；在账务处理子系统、销售与收款子系统、采购与付款子系统、存货核算与管理子系统、工资管理子系统、固定资产子系统的内容中，主要从业务需求、数据流程、数据库设计、功能模块设计几个方面对会计信息系统的功能模块进行原理分析，让学生了解几个方面之间的逻辑关系，并掌握各个部分的基本原理；在报表管理系统中主要介绍了计算机会计信息系统中报表数据获取的方式以及获取公式的设置，让学生理解并学会从信息化环境中获取信息、加工信息、存储信息与输出信息；最后一部分是上机实验，方便学生将理论应用于实践，并在实践中体会基本原理的应用，从而更好地把握会计信息系统。全书共分10章，主要内容包括：信息化环境与会计信息系统、会计信息系统分析与设计、账务处理子系统、销售与收款子系统、采购与付款子系统、存货核算与管理子系统、工资管理子系统、固定资产子系统、会计报表子系统、上机实验。

本书的特点主要体现在以下几个方面：

1.实务与原理结合

本书虽是理论性教材，但是书中在分析会计信息系统基本原理的同时，也结合具体的软件（用友ERP）对其原理的应用或实现进行演示，从而使得学生在学习基本原理时不会觉得太抽象，能够将抽象的理论知识运用到具体的软件操作中，从而更好地理解基本原理。

2.注重逻辑关系与数据传递

在基本原理介绍的过程中，本书注重对逻辑关系与数据传递关系的讲解，首先分析每一个功能模块的应用需求，然后根据应用需求分析其业务流程或基本的业务关键点，针对业务流程或业务关键点分析数据传递并形成数据流程图，将数据流程图中的存储设计为数据库文件，将数据流程图中的加工设计为功能模块，如此一来，学生便容易理解与把握每一个模块的基本逻辑以及各个模块中主要内容之间的关系，更好地把握主要内容。此外，书中注重对数据传递的讲解，囊括了对整个会计信息系统各个模块之间的数据传递关系，可以让学生更好地理解与把握会计信息系统的数据关系。

3.注重业务分析与设计能力的训练

本书在具体章节的讲解过程中注重对会计信息系统原理的应用、工具的应用等业务分析与设计的内容；同时，在章末习题中大多设置有业务分析与设计题，方便学生结合具体的练习加深对会计信息系统原理的理解与应用，提高自己在信息化环境下进行业务分析与设计的能力。

4.体现业务与财务一体化

本书开篇便对业务与财务一体化进行了介绍，并结合信息化环境下企业的实际案例展示了业务与财务一体化的实际运用情况，让学生意识到信息化环境对财务人员素养的新需求。此外，书中在介绍供应链管理、应收款管理与应付款管理的内容时，侧重讲解了业务与财务一体化的基本原理以及应用，在讲解工资管理、固定资产管理时主要以需要对哪些业务进行账务处理为着眼点对业务与财务一体化进行了分析。

本书是山东省精品课程教材及青岛理工大学特色名校工程建设成果。本书适合会计学专业和其他相关专业的本科生及有兴趣从事会计、审计、会计信息化等相关领域的学习、研究和工作的读者。

本书由王先鹿、丁淑芹编著，王先鹿负责总体框架和大纲的确定，并对教材进行总纂。各章编写分工如下：王先鹿编写第2、3、7、8、9章，丁淑芹编写第1、4、5、6、10章。

在教材编写期间，王曙光教授、杨成文教授、宋荣兴教授积极关心写作进展，并提供了宝贵的指导和建议，东北财经大学出版社对本书的出版给予了大力帮助，在此一并表示由衷的感谢！

由于作者水平有限，本书难免存在不足和偏颇，恳请各界同仁不吝指正，以便再版时及时修正。

编著者

2017年8月

访问在线课程网站

目　录

第1章/
信息化环境与会计信息系统

【学习目标】通过本章学习，了解会计所处的信息化环境；理解数据、信息与知识的含义及三者之间的关系；理解系统的含义、特征分类等相关问题；理解信息系统的含义等相关问题；理解会计信息系统的含义、目标、功能结构以及会计信息系统与ERP之间的关系。

1.1 信息化与会计

1.1.1 信息化环境

信息化是20世纪末期以来中文中使用频率非常高的概念之一，在英文一般对应"informatization"或"informatisation"。追本溯源，信息化的概念起源于20世纪60年代的日本，首先是由日本学者梅棹忠夫提出来的，后来被译成英文传播到西方，西方社会在20世纪70年代后期开始普遍使用"信息社会"和"信息化"概念。

在中国，学术界和政府内部针对信息化的表述作了较长时间的研讨。有的认为，信息化就是计算机、通信和网络技术的现代化；有的认为，信息化就是从物质生产占主导地位的社会向信息产业占主导地位的社会转变的发展过程；有的认为，信息化就是从工业社会向信息社会演进的过程等。直到1997年召开的首届全国信息化工作会议，信息化才有了明确的定义："信息化是指培育、发展以智能化工具为代表的新的生产力并使之造福于社会的历史过程。"

综上所述，信息化代表了一种信息技术被高度应用、信息资源被高度共享，从而使得人的智能潜力以及社会物质资源潜力被充分发挥，个人行为、组织决策和社会运行趋于合理化的理想状态。同时，信息化也是建立在IT产业发展与IT在社会经济各部门之间扩散的基础之上的，不断运用IT改造传统的经济、社会结构从而通往如前所述的理想状态的一段持续的过程。"信息化"用作名词，通常指现代信息技术应用特别是促成应用对象或领域（比如企业或社会）发生转变的过程。例如，"企业信息化"不仅指在企业中应用信息技术，更重要的是深入应用信息技术所促成或能够达成的业务模式、组织架构乃至经营战略转变。"信息化"用作形容词时，常指对象或领域因信息技术的深入应用所达成的新形态或状态。例如，“信息化社会”指信息技术应用到一定程度后达成的社会形态，它包含许多只有在充分应用现代信息技术才能具备的新特征。

1）现代信息技术

信息技术（information technology，IT）是管理和处理信息所采用的各种技术的总称，主要包括传感技术、网络技术、通信技术、控制技术以及计算机硬件、软件与智能技术等，它也常被称为信息和通信技术（information and communications technology，ICT）。信息技术主要被用于设计、开发、安装、实施信息系统及应用软件。

（1）计算机硬件技术

①第一代电子管计算机（1946—1957）

1946年2月14日，标志着现代计算机诞生的ENIAC（Electronic Numerical Integrator and Computer）在费城公之于世。ENIAC是计算机发展史上的里程碑，它通过不同部分之间的重新接线编程拥有并行计算能力。ENIAC由美国政府和宾夕法尼亚大学合作开发，使用了18 000个电子管、70 000个电阻器，有500万个焊接点，耗电160千瓦，其运算速度为每秒5 000次。

第一代计算机的特点在于：其一，操作指令是为特定任务而编制的，每种机器有各自不同的机器语言，功能受到限制，速度也慢；其二，使用真空电子管和磁鼓储存数据。

②第二代晶体管计算机（1957—1964）

1948年，随着晶体管的问世，它代替了体积庞大的电子管，电子设备的体积不断减小。1956年，晶体管在计算机中开始得以使用，晶体管和磁芯存储器促成了第二代计算机的产生。1960年，体积小、速度快、功耗低、性能更稳定的第二代计算机被成功地用于商业领域、大学和政府部门。第二代计算机用晶体管代替电子管，并拥有现代计算机的一些部件，如打印机、磁带、磁盘、内存、操作系统等。计算机中的存储程序使得计算机有很好的适应性，可以更有效地用于商业用途。在这一时期出现了更高级的COBOL和FORTRAN等语言，使计算机编程更容易。新的职业（如程序员、分析员和计算机系统专家）和软件产业由此诞生。

③第三代小规模集成电路计算机（1964—1970）

1958年德州仪器的工程师Jack Kilby发明了集成电路（IC），将三种电子元件集成到一个小小的硅片上。随着更多的元件被集成到单一的半导体芯片上，计算机的体积更小、功耗更低、速度更快。这一时期的发展还包括使用了操作系统，使得计算机在中心程序的控制协调下可以同时运行许多不同的程序。

④第四代大规模集成电路计算机（1970—1990）

大规模集成电路（LSI）可以在一个芯片上容纳几百个元件。到了20世纪80年代，超大规模集成电路（VLSI）在一个芯片上容纳了几十万个元件，后来的甚大规模集成电路（ULSI）将数字扩充到了百万级。可以在硬币大小的芯片上容纳如此之多的元件使得计算机的体积和价格不断下降，而功能和可靠性不断增强。20世纪70年代中期，计算机制造商开始将计算机带给普通消费者，这时的小型机带有友好界面的软件包、供非专业人员使用的程序以及最受欢迎的字处理和电子表格程序。1981年，IBM推出个人计算机（PC）用于家庭、办公室和学校。20世纪80年代个人计算机的竞争使得价格不断下跌，微机的拥有量不断增加，计算机体积继续缩小。与IBM的PC竞争的Apple Macintosh系列于1984年推出，Macintosh提供了友好的图形界面，用户可以用鼠标方便地操作计算机。

⑤第五代以互联网（internet）为标志的信息系统（1991年至今）

第五代计算机延续了第四代计算机的超大规模集成电路的使用，并且在其基础上又有了一定的提高。第五代计算机是以互联网为标志的信息系统。互联网的快速发展和完善逐步使计算机的发展产生了新的方向，几乎覆盖世界任何角落的互联网利用其庞大的信息储量和流量使全世界的计算机共同形成了一个相辅相成的信息系统。通过这个系统，用户足不出户也能做成很多事，如完成各种或大或小的商业活动，使世界变得越来越小。并且，它正在朝着智能化方向发展，模仿人类的知觉乃至人类的一切。

（2）计算机软件技术

①第一代软件技术

机器语言是内置在计算机电路中的指令，由0和1组成。不同的计算机使用不同的机器语言，程序员必须记住每条语言指令的二进制数字组合，因此，只有少数专业人员能够为计算机编写程序，这就大大限制了计算机的推广和使用。用机器语言进行程序设计不仅枯燥费时，而且容易出错。想象一下如何在一页全是0和1的纸上找一个打错的字符！由于程序最终在计算机上执行时采用的都是机器语言，所以需要用一种称为汇编器的翻译程序，把用汇编语言编写的程序翻译成机器代码。编写汇编器的程序员简化了他人的程序设计，是最初的系统程序员。

②第二代软件技术

当硬件变得更强大时，就需要更强大的软件工具使计算机得到更有效的使用。汇编语言向正确的方向前进了一大步，但是程序员还是必须记住很多汇编指令。第二代软件开始使用高级程序设计语言（简称高级语言，相应地，机器语言和汇编语言称为低级语言）编写，高级语言的指令形式类似于自然语言和数学语言（例如计算2+6的高级语言指令就是2+6)，不仅容易学习，方便编程，也提高了程序的可读性。

③第三代软件技术

在这个时期，由于用集成电路取代了晶体管，处理器的运算速度得到了大幅度的提高，处理器在等待运算器准备下一个作业时无所事事，因此需要编写一种程序，使所有计算机资源处于计算机的控制中，这种程序就是操作系统。

④第四代软件技术

20世纪70年代出现了结构化程序设计技术，Pascal语言和Modula-2语言都是采用结构化程序设计规则制定的，Basic这种为第三代计算机设计的语言也被升级为具有结构化的版本，此外，还出现了灵活且功能强大的C语言。与此同时，更好用、更强大的操作系统被开发出来了。为IBM PC开发的PC-DOS和为兼容机开发的MS-DOS都成了微型计算机的标准操作系统，Macintosh机的操作系统引入了鼠标的概念和点击式的图形界面，彻底改变了人机交互的方式。

⑤第五代软件技术

在这一阶段发生了三个著名事件：在计算机软件业具有主导地位的Microsoft公司的崛起、面向对象的程序设计方法的出现以及万维网（world wide web，www）的普及。

在这个时期，Microsoft公司的Windows操作系统在PC机市场占有显著优势，尽管WordPerfect仍在继续改进，但Microsoft公司的Word以及成为最常用的文字处理软件。20世纪90年代中期，Microsoft公司将文字处理软件Word、电子制表软件Excel、数据库管理软件Access和其他应用程序绑定在一个程序包中，称为办公自动化软件。

面向对象的程序设计方法最早是在20世纪70年代开始使用的，当时主要被用在Smalltalk语言中。20世纪90年代，面向对象的程序设计逐步代替了结构化程序设计，成为目前最流行的程序设计技术。面向对象程序的设计尤其适用于规模较大、具有高度交互性、反映现实世界中动态内容的应用程序。Java、C++、C#等都是面向对象程序的设计语言。

2）网络技术

从1946年第一台计算机的诞生到计算机网络的普遍应用，计算机部分地代替了人的智能，计算机网络提高了人们之间信息传递的速度，缩短了人与人之间的距离，使全人类的资源共享、信息交流成为了可能。计算机不再是孤立的一台一台机器，而是成为连接整个信息社会的基础设施。支撑信息社会的重要技术是计算机技术、通信技术、信息内容及处理技术以及这三种技术的汇合。这些技术形成了信息社会的三个行业，这三个行业的产值分别占信息产业总产值的比例分别为：计算机技术占比44%，通信技术占比28%，信息内容及处理技术占比28%。

计算机网络的发展过程大致经历了四个阶段：

（1）远程终端连接

第一代计算机网络技术始于20世纪60年代，是计算机网络发展的初期。在此阶段，计算机网络的特征是以单个计算机为中心面向终端的，即远程终端连接。所谓远程终端连接，就是所有的计算机都要连接到计算机终端上，在此类技术中，需要有一个主机来作为网络的中心和控制者，终端（键盘和显示器）分布在各处并与主机相连，用户通过本地的终端使用远程的主机。这种网络系统的主要功能是对信息进行批处理。这种网络有一个缺点，就是它的通信会受到限制，而且子网之间无法通信，只有终端和主机之间可以通信。

（2）计算机网络阶段（局域网）

局域网始于20世纪70年代，在此阶段计算机网络技术得到迅速发展，解决了第一代网络的通信限制问题。在局域网中，不仅用户不必经过主机进行通信，而且多个主机之间可以实现互联。在开发局域网的时候，人们想了很多办法，首先借鉴了电信部门的电路交换的思想。电路交换虽然在一定程度上可以提高网络的可靠性和可用性，但是也存在一定的问题。计算机数据的产生往往是“突发式”的，比如当用户用键盘输入数据、编辑文件，或计算机正在进行处理而未得出结果时，通信线路资源实际上是空闲的，从而造成通信线路资源的极大浪费。据统计，在计算机间的数据通信中，用来传送数据的时间往往不到10%甚至不到1%。另外，由于型号各异的计算机和终端的传输数据的速率各不相同，采用电路交换很难相互通信，为此，必须寻找出一种新的适应计算机通信的交换技术。这种新的技术就是分组交换技术。分组交换网是由若干节点的交换机和连接这些交换机的链路组成，每一节点就是一个小型计算机。分组交换技术的出现解决了计算机互联的问题，使得局域网得到有效的发展，局域网络系统日渐成熟。

（3）计算机网络互联阶段（广域网）

广域网始于20世纪80年代。在这一时期，国际标准化组织（ISO）制定了开放体系互联基本参考模型（OSI/RM）。在此之前，虽然计算机之间可以互相通信，但由于厂家的不同使得计算机之间的通信还是受到一定的限制，存在不能兼容的问题。于是，人们着手寻找统一的网络体系结构和协议。国际标准化组织于1977年成立了专门机构研究该问题，并于1984年正式发布了OSI-RM模型。OSI/RM模型的制定使得不同厂家生产的计算机之间可以实现互联。另外，在广域网的发展中，TCP/IP协议的诞生十分关键。随着计算机网络的普及和应用推广，越来越多的用户希望将自己的计算机联网。然而，实现不同系列、不同品牌的计算机互联，显然不是一件容易的事情。这是因为，相互通信的计算机必须高度协调工作，而这种协调是相当复杂的。为了降低网络设计的复杂性，早在当初设计ARPANET时，就有专家提出了层次模型，TCP/IP协议正是基于层次模型发展而来的，它是遵循国际标准化协议的计算机网络，具有统一的网络体系结构。

（4）信息高速公路（高速、多业务、大数据量）

20世纪90年代，网络技术得到快速发展，其中以信息高速公路、ATM技术、ISDN、千兆以太网为主要技术。信息高速公路使得计算机开始进入人们的生活，信息高速公路的最大特点是能够实现人机交互，人可以利用网络进行网上电视点播、召开电视会议、使用可视电话、进行网上购物、浏览网络图书馆等。自OSI/RM模型推出后，计算机网络一直沿着标准化的方向在发展，而网络标准化的最突出体现是互联网的飞速发展。互联网是计算机网络最辉煌的成就，它已成为世界上最大的国际性计算机互联网，并正在影响着人们生活的各个方面。由于互联网也使用分层次的体系结构，即TCP/IP网络体系结构，使得凡遵循TCP/IP协议的各种计算机网络都能相互通信。进入20世纪90年代后，网络进一步向着开放、高速、高性能方向发展。由于互联网还存在着技术和功能上的不足，加上用户数量猛增，使得现有的互联网不堪重负。1993年美国政府提出了“NGII（Next Generation Internet Initiative）行动计划”，该计划的目标是：开发规模更大、速度更快的下一代网络结构，使端到端的数据传输速率超过100 Mb/s甚至10 Gb/s；提供更为先进、实时性更强的网络应用服务，如远程教育、远程医疗、高性能的全球通信、环境监测和预报等，NGII行动计划将使用超高速全光网络，能实现更快速的交换和路径选择；保证网络信息的可靠性和安全性。

3）数据管理技术

数据管理技术的发展大体可以归为三个阶段：人工管理阶段、文件系统阶段和数据库管理系统阶段。

（1）人工管理阶段（20世纪50年代中期以前）

在这一阶段，计算机主要用于科学计算。外部存储器只有磁带、卡片和纸带等，还没有磁盘等直接存取的存储设备。在计算机软件方面，只有汇编语言，尚无数据管理方面的软件。数据处理方式基本是批处理。这个阶段有如下几个特点：

①计算机系统不提供对用户数据的管理功能。用户编制程序时，必须全面考虑好相关的数据，包括数据的定义、存储结构以及存取方法等。程序和数据是一个不可分割的整体。数据脱离了程序就无任何存在的价值，数据无独立性。

②数据不能共享。不同的程序均有各自的数据，这些数据在不同的程序中通常是不相同的，不可共享；即使不同的程序使用了相同的一组数据，这些数据也不能共享，程序中仍然需要各自加入这组数据，谁也不能省略。数据不能共享，必然导致程序与程序之间存在大量的重复数据，浪费了存储空间。

③不单独保存数据。基于数据与程序是一个整体，数据只为本程序所使用，因此，数据只有与相应的程序一起保存才有价值，否则就毫无用处。所以，所有程序的数据均不单独保存。

（2）文件系统阶段（20世纪50年代后期至60年代中期）

在这一阶段，计算机不仅用于科学计算，还用在信息管理方面。随着数据量的增加，数据的存储、检索和维护问题成为紧迫的需要，数据结构和数据管理技术迅速发展起来。此时，外部存储器已有磁盘、磁鼓等直接存取的存储设备。软件领域出现了操作系统和高级软件。操作系统中的文件系统是专门管理外存的数据管理软件，文件是操作系统管理的重要资源之一。数据处理方式有批处理，也有联机实时处理。这个阶段有如下几个特点：

①数据以“文件”形式可长期保存在外部存储器的磁盘上。由于计算机的应用转向信息管理，因此对文件要进行大量的查询、修改和插入等操作。

②数据的逻辑结构与物理结构有了区别，但比较简单。程序与数据之间具有“设备独立性”，即程序只需用文件名就可与数据打交道，不必关心数据的物理位置。由操作系统的文件系统提供存取方法（读／写）。

③文件组织多样化，有索引文件、链接文件和直接存取文件等。但是，文件之间相互独立、缺乏联系，数据之间的联系要通过程序去构造。

④数据不再属于某个特定的程序，可以重复使用，即数据面向应用。但是，数据结构的设计仍然是基于特定的用途，程序设计基于特定的物理结构和存取方法，因此程序与数据结构之间的依赖关系并未根本改变。

⑤对数据的操作以记录为单位。这是由于文件中只存储数据，不存储文件记录的结构描述信息。文件的建立、存取、查询、插入、删除、修改等所有操作都要用程序来实现。

随着数据管理规模的扩大，数据量急剧增加，文件系统显露出一些缺陷：

①数据冗余。由于文件之间缺乏联系，因此每个应用程序都有对应的文件，有可能造成同样的数据在多个文件中重复存储。

②数据不一致。这往往是由数据冗余造成的，在进行更新操作时，稍不谨慎，就可能使同样的数据在不同的文件中不一样。

③数据关系弱。这是由于文件之间相互独立、缺乏联系造成的。

文件系统阶段是数据管理技术发展中的一个重要阶段。在这一阶段中，得到充分发展的数据结构和算法丰富了计算机科学，为数据管理技术的进一步发展打下了基础，现在仍是计算机软件科学的重要基础。

（3）数据库管理系统阶段（20世纪60年代后期至今）

这个阶段的程序和数据的联系通过数据库管理系统来实现（DBMS）。数据库管理系统克服了文件系统的缺陷，提供了对数据更高级、更有效的管理。

数据库管理系统为用户提供了方便的用户接口。用户可以使用查询语言或终端命令操作数据库，也可以用程序方式（如用C#等高级语言和数据库语言联合编制的程序）操作数据库。

4）其他技术

计算机和互联网普及以来，人们日益普遍地使用计算机来生产、处理、交换和传播各种形式的信息（如书籍、商业文件、报刊、唱片、电影、电视节目、语音、图形、影像等）。物联网和云计算作为信息技术新的高度和形态被提出、发展。根据中国物联网校企联盟的定义，物联网为当下几乎所有技术与计算机互联网技术的结合，让信息更快、更准地收集、传递、处理并执行，是科技的最新呈现形式与应用。

云计算（cloud computing）是由分布式计算（distributed computing）、并行处理（parallel computing）、网格计算（grid computing）发展来的。其最基本的模式是通过网络将庞大的计算处理程序自动分拆成无数个较小的子程序，再交由多部服务器所组成的庞大系统，经搜寻、计算分析之后将处理结果回传给用户。通过这项技术，网络服务提供者可以在数秒之内处理数以千万计甚至亿计的信息，达到和“超级计算机”效能同样强大的网络服务，是一种新兴的商业计算模型。

云计算系统运用了许多技术，其中以编程模型、数据管理技术、数据存储技术、虚拟化技术、云计算平台管理技术最为关键。

云计算作为未来发展的重要趋势之一，已经引起了业界的广泛重视。许多公司正在提供各种各样的云计算服务，IBM、微软、雅虎、亚马逊、Sun、EMC、Google等大型IT厂商都已涉足云计算。

以物联网为核心的信息技术被誉为继计算机、互联网技术之后兴起的世界范围内的第三次信息技术革命，其应用范围覆盖了广电网、有线网络、无线通信、智能交通、安全、监控及医疗等行业。从2009年开始，各国政府都在加快物联网的技术发展与应用。

物联网指的是通过各种类型的信息传感设备和技术，如传感装置、电子标签（RFID技术）、视频识别技术、激光扫描器、红外感应、全球定位系统（GPS）等，按照约定的协议，将实现物品互联互通所需的网络联结起来，进行信息通信和交换，从而实现对物品的智能化识别、定位、跟踪、监控和管理的网络系统。

据预测，物联网技术所带来的产业价值是互联网技术的30倍以上，该技术将会形成的通信业务规模将达到万亿元人民币级别，前景非常可观。预计到2020年，全世界接入物联网的终端设备将会达到500亿个以上。中国政府也非常重视对物联网技术的发展，已经把加快物联网技术的研发和应用写进了政府工作报告，将其上升为国家战略，并相继出台了一系列与物联网发展相关的产业政策及规划。

1.1.2　信息化环境下的会计

信息化是充分利用信息技术，开发利用信息资源，促进信息交流和知识共享，提高经济增长质量，推动经济社会发展转型的历史进程。不同阶段管理的需求、技术的进步合力推动着信息系统的发展，而信息技术也对管理产生影响（如图1-1所示）。

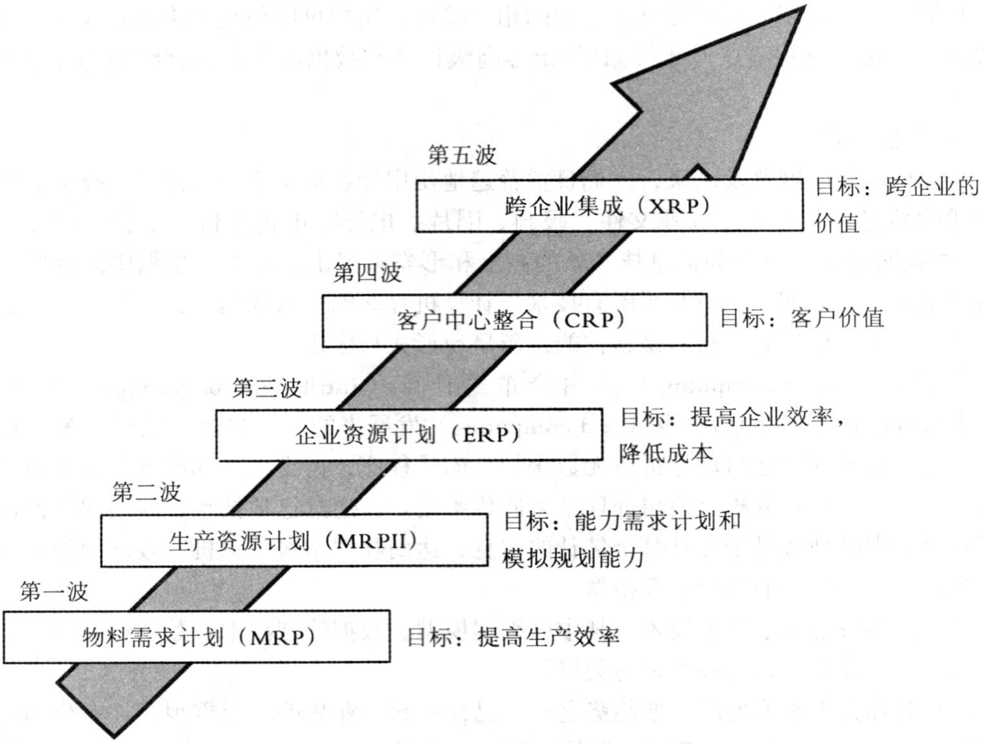

图 1-1　信息技术对管理的影响

1）会计信息化的宏观政策

20世纪90年代以来，信息技术不断创新，信息产业持续发展，信息网络广泛普及，信息化成为全球经济社会发展的显著特征，并逐步向一场全方位的社会变革演进。进入21世纪，信息化对经济社会发展的影响更加深刻。广泛应用、高度渗透的信息技术正孕育着新的重大突破。信息资源日益成为重要生产要素、无形资产和社会财富，信息网络更加普及并日趋融合。信息化与经济全球化相互交织，推动着全球产业分工深化和经济结构调整，重塑着全球经济竞争格局。会计在信息化的大潮中面临着前所未有的机遇与挑战。为了促进并指导会计信息化的发展，财政部等相关部门陆续在相关的文件中指出会计信息化的重要性以及未来发展的方向。

2009年，财政部在《关于全面推进我国会计信息化工作的指导意见》中指出，会计信息化工作的目标和任务之一是力争通过5~10年的努力，全力打造会计信息化人才队伍。2010年，财政部在《会计行业中长期人才发展规划（2010—2020）》中明确指出，会计职业领域已从传统的记账、算账、报账为主，拓展到内部控制、投融资决策、企业并购、价值管理、战略规划、公司治理、会计信息化等高端管理领域。国内外激烈的市场竞争环境，电子商务和电子政务的推广，国民经济和社会信息化的深入，信息资源的开发利用等，都迫切需要会计信息化人才。

2014年10月，《财政部关于全面推进管理会计体系建设的指导意见》中提出，加快推进面向管理会计的信息系统建设。

2016年10月，财政部在《会计改革与发展“十三五”规划纲要》中提出，“十三五”时期会计改革与发展的主要任务之一是加强会计信息化建设。

2017年5月，经中央网络安全和信息化领导小组同意，中共中央网络安全和信息化领导小组办公室、国家质量监督检验检疫总局、国家标准化管理委员会联合发布了《“十三五”信息化标准工作指南》，旨在加强统筹协调和顶层设计，加快完善国家信息化标准体系，充分发挥标准对推进技术融合、业务融合、数据融合的引领和支撑作用，提升经济社会信息化应用水平。

2）会计信息化的微观实践

信息技术的广泛深入应用使得未来的会计核算将不再主要依靠人工操作和判断，而是通过标准化流程智能化地进行账务处理。需要会计人员做的就是事前设置规则，并将其输入电脑，后续系统将自动按照设置的规则进行账务处理。

（1）企业应对信息化的成功举措

财务共享服务是依托于信息技术，以财务业务流程处理为基础，以优化组织结构、规范财务业务流程、提升流程效率、降低运营成本或创造价值为目的，以市场视角为内外部客户提供专业化生产服务的分布式管理模式。实施财务共享中心比较成功的企业有中兴集团、海尔集团等。

云会计即云计算环境下的会计工作，其实质是利用云技术在互联网上构建虚拟会计信息系统，完成企业的会计核算和会计管理等内容。这种对会计信息化的建设与服务采用外包模式，会计信息通过网络导入，企业通过线上服务提供商购买到的是会计软件的使用权而非所有权。目前，金蝶、用友、浪潮等都有自己的云会计中心服务内容。

以华为为代表的很多企业都意识到了信息化对会计领域的深刻影响，并在实践中积极应对信息技术带来的变革。华为集团总裁任正非对财务人员的要求有四点：一是财务人员如果不懂业务，就只能提供低价值的会计服务；二是财务人员必须要有渴望进步、渴望成长的自我动力；三是没有项目管理经验的财务人员不能成长为财务总监（CFO）；四是称职的财务总监应该随时可以接任首席执行官（CEO）。中兴集团财务总监陈虎也曾提到：人员要转型，要么是财务人员做非财务人员，要么是非财务人员来做财务工作。如果财务部门都是学会计的人员，这样的财务部门是不能发展的，一定要有懂经营生产、懂采购、懂销售、懂售后维护等方面的人员加入财务部门。

（2）财务转型

信息技术的深入发展与应用，使得会计的规范性核算内容越来越多地由计算机完成，同时，管理模式的改变，比如财务共享中心、云会计中心等的实施，都使得会计面临越来越多的挑战，会计人员必须做出相应的转型。实务界在应对信息技术的冲击时也意识到了会计人员在知识结构与能力方面应当转变。因此，近几年理论界与实务界都在广泛倡导“财务转型”。财务转型的核心是如何在有效控制企业经营风险的同时，不断在经营活动中创造出新的价值。

①财务要成为企业的价值管理者。[①]

① 梁军. 财务人员与财务管理的转型（二）财务转型成为企业财务管理发展新趋势［J］. 上海国资，2012（5）:80-82.

财务转型属于企业的战略调整。2009年年初，华为集团总裁任正非对财务转型的目的作了清晰的阐述：“我们现在的情况是，前方的‘作战部队’，只有不到三分之一的时间是用在找目标、找机会以及将机会转化到结果上的，而大量的时间被用在了频繁地与后方平台的往返沟通协调上。后方应解决的问题拖住了‘作战部队’的后腿。”波特在其著作中所定义的“活动”概念要比实际业务部门定义的“活动”内容更细，原因是从价值创造的角度看，后者不利于区分价值创造活动和非价值创造活动。例如，在企业的财务部门，核算活动并不创造价值，而计划、预算和预测以及投融资等活动则有助于企业创造价值。

因此，财务转型的作用就是要把更能创造价值的活动从原来的财务部门中分离出来，放到集团层面，在增强集团管控能力的同时，明确财务在企业价值创造中的定位，为创造企业价值服务。也就是说，财务部门要在夯实原来财务会计工作的同时，把重点转移到决策支持、预算预测、资金统筹、财务筹划、税务筹划、控制评价等方面来。

转型后的财务部门是企业核心管理层的有机组成部分，其作用在于为战略、经营决策提供重要的信息和分析，从而支持公司的价值创造活动。麦肯锡公司最近的一项调查表明，目前一般企业财务部门用于业务处理的时间为60%，只有不到10%的时间用于决策支持，而世界级企业的财务部门用于决策支持的时间已超过50%。

如何来实现财务向价值创造环节转移？答案是可以通过预算管理、风险管控及财务管控系统等先进的管理工具促进财务职能转型，实现价值创造目标。

②财务要成为业务最佳的合作伙伴。

集团层面的目标是实现价值最大化，而目标需要落实到具体的业务层面。为此，财务人员要更加精通业务，把财务体系与整个业务流程紧密地结合起来。转型之前，华为集团常常面临这样的困惑：订单拿了不少，但是对于哪些订单赚钱，哪些订单不赚钱，心中没有把握。转型之后，通过制度和流程，把产品的定价和成本核算都交给财务，就可以确保每一份订单都能清楚地计算出成本和利润。

财务应当被定位为业务最佳的合作伙伴。转型之后财务工作的重点应从过去主要为企业外部利益相关者服务转变为主要为企业内部管理者提供决策支持服务，亦即把管理会计在业务层面的运用植入公司的议事日程，使企业集团的管控工作落实到业务层面。通过此次变革，华为集团的财务体系真正参与到了集团经营的整个流程。

财务部门在对业务实施管控的同时，也要向业务部门提供服务。财务人员的工作不再是业务的事后核算和监督，已经从价值角度对前台业务事前预测，计算业务活动的绩效，并把这些重要的信息反馈给具体业务人员，从而为其行动提供参考，扮演了策略咨询专家的角色。

任正非打了一个形象的比喻：转型之后，不是拥有资源的人通过IT来指挥“前线”，而是在“前线”指挥“战阵”的“指挥员”通过IT来调配后方资源。变革的成功与否就看总部是不是一个支持和提供服务的监管中心，而非传统的中央管控中心。

1.2 数据、信息与知识

随着人类社会从工业经济时代进入知识经济时代、信息时代，人们开始重新认识数据、信息与知识的内涵与本质。我们的生活中充满着各种各样的数据，只要将这些数据整理分类形成信息与知识，才能为我们的决策服务。可见，数据、信息与知识是有着密切关联的。但是，正是由于数据、信息与知识之间存在着密切的相关性，它们常常被混淆。

1.2.1 数据

数据是反映客观事物性质、形态、结构和特征的符号，描述了客观事物的属性；数据是由原始事实（如员工的姓名、工时、存货数量或者销售订单等）组成的。例如，体温是37℃，桌子的长度是1.8米，大楼的高度是25层。这些表述中，体温、37℃、桌子、1.8米、大楼、25层都是数据。通过这些数据的描述，我们可以在脑海中形成对客观世界的直观印象。数据可以是具体的数字、字符、文字或图形等形式。

会计数据则是用于描述经济业务属性的数据。在会计工作中，从不同来源、渠道取得的各种原始资料、原始凭证、记账凭证等会计数据的载体上就有大量描述经营业务属性的数据，都可称之为会计数据。

1.2.2 信息

1）信息的定义

“信息”这个词在人们的日常工作、学习过程中经常被提及，尤其是进入信息时代之后。但是，由于研究目的、认识的角度与侧重点不同，人们对于信息的定义也不尽相同。

辞海对信息的解释是，信息是通信系统传输和处理的对象，泛指消息和信号的具体内容和意义。

控制论的创始人维纳认为，信息是人们在适应外部世界并且将这种适应反作用于世界的过程中，同外部世界进行交换的内容的名称。接收信息和使用信息的过程，就是我们适应外部偶然性的过程。

信息论的创始人香农说，信息是用以消除不确定性的东西。

决策学的代表人物西蒙则提出，信息是影响人改变对于决策方案的期待或评价的外界刺激。

在信息技术应用领域，一般认为，信息是经过加工、具有一定含义的、对决策有价值的数据。

由此可以看出，数据是信息的基础，信息是数据加工的结果，它可以用文字、数字、图形等形式，对客观事物的性质、形式、结构和特征等方面进行反映，帮助人们了解客观事物的本质。

例如，“20%”是一项数据，本身不代表任何内容与决策有用性，而“辉煌公司的资产报酬率是20%”对接收者是有决策作用的，接收者可以根据“20%”的资产报酬率来进行相应的投资等决策。因此，“辉煌公司的资产报酬率是20%”不仅仅是数据，更重要的是给了20%更具体的解释，使其成为对接收者有决策价值的数据。如果对该信息再加以加工得到新的信息“董事会同意投资资产报酬率大于等于20%的公司”，那么我们可以得到决策有用性更强的信息——投资辉煌公司可行。

可见，信息是经过加工、处理后的有用的数据，是对数据的综合和解释，可以帮助人们了解客观事物的本质；信息是按特定方式组织在一起的事实的集合，具有超出这些事实本身的额外价值，如按月汇总的销售额可能比每笔销售额更能满足需要。

此外，我们可以看出数据和信息是密不可分的，而信息之间的联系又可以得到层次更高的信息。如果将数据看作原料，那么信息就是数据通过信息系统加工后得到的产品，而且对得到的产品（信息）进一步加工可以得到更高层次的产品（信息）。也就是说，信息是一个相对的概念，而非绝对的概念。相对于原料（数据）而言，它是信息，但是相对于后续的产品（信息）而言，它则是数据（如图1-2所示）。

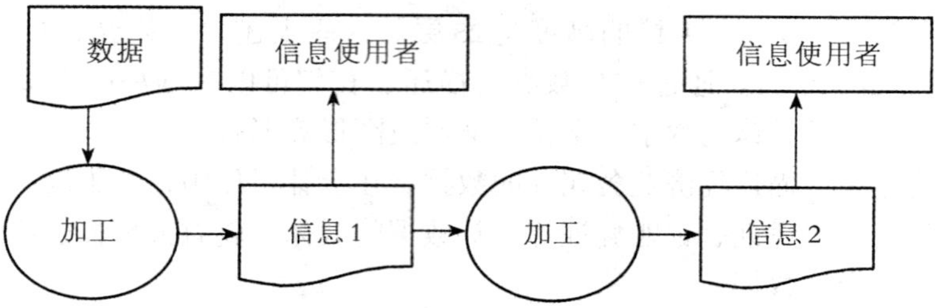

图1-2　数据与信息的关系

2）信息的特征

（1）依附性

信息要借助于某种符号表现出来，如文字、声音、图像等，而这些符号又要依附于一定的媒体介质如纸张或别的物质，如磁带、磁盘、光盘上。因此，信息是不能独立存在的，需要依附于一定的载体。同一个信息可以依附于不同的载体。信息的载体依附性同时也使得信息具有可存储性、可转换性等特点。

（2）价值性

信息可以让我们有知识，懂得一些道理，它是有价值的。此外，信息在决策时可以起到决定胜败的作用，这也是信息的价值体现。但是，信息具有价值相对性，即并不是所有的信息对每个人来说都是有用的。信息只有被人们利用，才能体现出其价值，而有些信息的价值尚未被我们发现。

（3）时效性

人们获取信息的目的在于利用，而只有那些及时传递出来并适合需求者的信息才能得以利用。信息的价值在于被及时传递给更多的需求者，从而创造出更多的物质财富。信息时过境迁就往往失去价值。所以，信息必须具有新内容、新知识，“新”“快”是信息的重要特征。信息在某一特定时刻的状态会随着客观事物的变化而变化，如天气预报、市场信息都会随时间的推移而变化。

（4）共享性

信息资源可以共享，一个信息可以被一次利用或多次利用，可以被先后利用或同时利用，并且信息共享不会丢失、改变原有的信息。比如，网络上的信息被人多次下载和反复利用，也不会改变原有的信息。

（5）可编码性

由信息的定义可以得出，信息是数据加工的结果，它可以用文字、数字、图形等形式，对客观事物的性质、形式、结构和特征等方面进行反映。由此可见，信息可以用一定的符号（数字、字母、图形等）表示。在信息社会中，更多的信息会用数字与字符来表示，方便信息的识别、加工处理、存储、传输等，比如会计信息系统中的会计科目代码、职工代码等。

（6）可传递性

可传递性是指市场信息可借助一定的载体进行传递，使人们感知并接受。信息传递是指人们通过声音、文字、图像或者动作相互沟通消息的意思。其传递过程包括三个因素，即信源、信道、信宿。信源是指信息的来源，它是信息传递过程的起点；信道是指信息传递的通道，它是信息传递的途径（包括信息传递媒体和方式）；信宿是指信息传递的归宿，包括接受信息和利用信息，它是信息传递过程的终点。

（7）可集成性

可集成性就是一些孤立的事物或元素通过某种方式集合在一起，产生联系，从而构成一个有机整体。信息与信息可以通过某种方式集合在一起，形成有一定联系的新的信息。

（8）层次性

信息的层次性通常是与组织决策的层次联系在一起的。对于信息社会的组织来说，不论是哪个组织单元，利用信息的决策一般有三个层次：事务层信息、战术层信息、战略层信息。不同层次的决策对信息的来源、抽象程度、数量等特性的要求不同。

3）会计信息

承接信息的含义，会计信息可以被通俗地理解为经过会计特有的方法进行加工、具有一定含义的（财务状况、经营成果、现金流量等）、对决策有价值的会计数据。由此，我们可以将会计信息界定为：会计信息是指会计单位通过财务报表、财务报告或附注等形式向投资者、债权人或其他信息使用者揭示单位财务状况、经营成果以及资金变动的财务信息，是记录会计核算过程和结果的重要载体，是反映企业财务状况、评价经营业绩、进行再生产或投资决策的重要依据。会计信息的信息。比如，原始凭证经过数据处理系统加工处理后变成总账、明细账等。

但是在实际工作中，会计数据与会计信息经常不加区别地使用。这是因为，数据和信息并无严格的界限，并且二者都是相对的概念。比如，会计人员对原始凭证（数据）进行加工形成记账凭证（信息），又将记账凭证（数据）按照一定的规则登记总账、明细账等账簿（信息），最后依据账簿（数据）编制财务报表（信息）。

1.2.3　知识

知识，至今也没有一个统一而明确的界定。有一个经典的定义来自于柏拉图：一条陈述能称得上是知识必须满足三个条件：它一定是被验证过的、正确的，而且是被人们相信的。这也是科学与非科学的区分标准。因此，我们可以将知识界定为以各种方式将一个或多个信息关联在一起的信息结构，是对客观世界规律性的总结。从信息技术的角度看，知识是对同类信息的积累，是为了有助于实现某种特定的目的而抽象化和一般化的信息。可见，信息是知识的原料，而知识是对信息的更高一级的抽象与概括，这种抽象与概括是通过在信息系统环境中寻找各种信息之间的联系来完成的。

1.2.4 数据、信息与知识的关系

数据、信息与知识相互联系、相互作用。数据是信息的原料，信息又是知识的原料；而信息是数据加工的产品，知识又是信息更高一级的抽象。由此可以看出，数据、信息和知识可以双向演进：从社会经济环境中分拣出数据，转化为信息，升级为知识；反过来，知识可以普及为信息，也可以指导行动，并在行动中产生新的数据。如此周而复始，如图1−3所示。

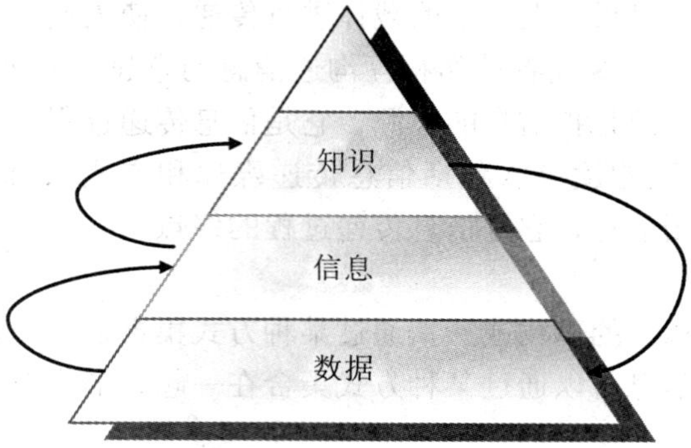

图 1−3 数据、信息与知识的关系

1.3 系统与信息系统

1.3.1 系统

1）系统的概念

英文中系统（system）一词来源于古代希腊文（systεmα），意为部分组成的整体。尽管系统一词频繁出现在社会生活和学术领域中，但不同的人在不同的场合往往赋予它不同的含义。

长期以来，系统的概念以及对其特征的描述尚无定论。系统一般被定义为由一些相互联系、相互制约的组成部分结合而成的、具有特定功能的一个有机整体（集合）。

我们可以从三个方面理解系统的概念：

（1）系统是由若干要素（部分）组成的

这些要素可能是一些个体、元件、零件，也可能其本身就是一个系统（或称之为子系统）。如运算器、控制器、存储器、输入/输出设备组成了计算机的硬件系统，而硬件系统又是计算机系统的一个子系统。

（2）系统有一定的结构

一个系统是其构成要素的集合，这些要素相互联系、相互制约。系统内部各要素之间相对稳定的联系方式、组织秩序及失控关系的内在表现形式，就是系统的结构。例如，钟表是由齿轮、发条、指针等零部件按一定的方式装配而成的，但一堆齿轮、发条、指针随意放在一起却不能构成钟表；人体由各个器官组成，但各个器官简单拼凑在一起不能构成一个有行为能力的人。

(3) 系统有一定的功能或者说系统有一定的目的性

系统的功能是指系统与外部环境相互联系和相互作用中表现出来的性质、能力和功能。例如，信息系统的功能是收集、传递、储存、加工、维护和使用信息，辅助决策者进行决策，帮助企业实现目标。

系统是普遍存在的，从基本粒子到河外星系，从人类社会到人的思维，从无机界到有机界，从自然科学到社会科学，系统无所不在。

2) 系统的特征

(1) 整体性

这是系统最基本的特性。一个系统是由两个或两个以上的要素组成的，所有要素的集合构成了一个有机的整体。系统是一个整体，它不是各个要素的简单相加。系统的整体功能是各个要素在孤立状态下所没有的。

(2) 相关性

相关性是指组成系统的各个要素之间或系统整体与部分之间相互作用、相互联系。但是，随着系统目标的改变以及环境的发展，系统的相关性也会随之发生相应的变更。

(3) 目的性

任何系统都具有某种目的，都要实现一定的功能。设计和分析一个系统时，必须事先弄清其目的，否则就无法构成一个良好、有序的现实系统。

(4) 动态性

任何一个系统都是动态的系统，处在运动变化和发展之中。运用系统的动态观点，有助于我们看到系统的现状，同时也看到系统的变化和发展，从而预测系统的将来，掌握系统的发展规律。

(5) 层次性

一个系统必然被包含在另一个更大或更高一层的系统内，这个更大的系统便称为"环境"。一个系统内部的要素本身也可能是一个个小的系统，这些小的系统常被称为这个系统的子系统，由此形成了系统的层次性。

3) 系统的分类

系统根据其大部分工作的主要完成者不同，分为人工系统、自动系统和计算机系统。

(1) 人工系统

人工系统是指系统的大部分工作是由人工完成的，如手工会计系统等。

(2) 自动系统

自动系统是指系统的大部分工作是由机器自动完成的，如室内恒温系统、数控机床系统等。

(3) 基于计算机的系统

基于计算机的系统是指系统大部分工作是由计算机自动完成的，如机器人系统、计算机会计信息系统等。

1.3.2 信息系统

1）信息系统的定义

信息系统可以有不同的定义方法，但在最终实现系统的目标这一点上是一致的。信息系统是由计算机硬件、网络和通信设备、计算机软件、信息资源、信息用户和规章制度组成的，收集（输入）、操作和存储（处理）、传播（输出）数据和信息并提供反馈机制以实现目标的人机结合的系统。

从信息系统的发展和系统特点来看，信息系统可分为数据处理系统（data processing system，DPS）、管理信息系统（management information system，MIS）、决策支持系统（decision sustainment system，DSS）、专家系统（人工智能（AI）的一个子集）和虚拟办公室（office automation，OA）五种类型。

2）信息系统的功能

信息系统的五个基本功能是输入、存储、处理、输出和控制。其中，输入、处理、输出是信息系统的核心功能（如图1-4所示）。

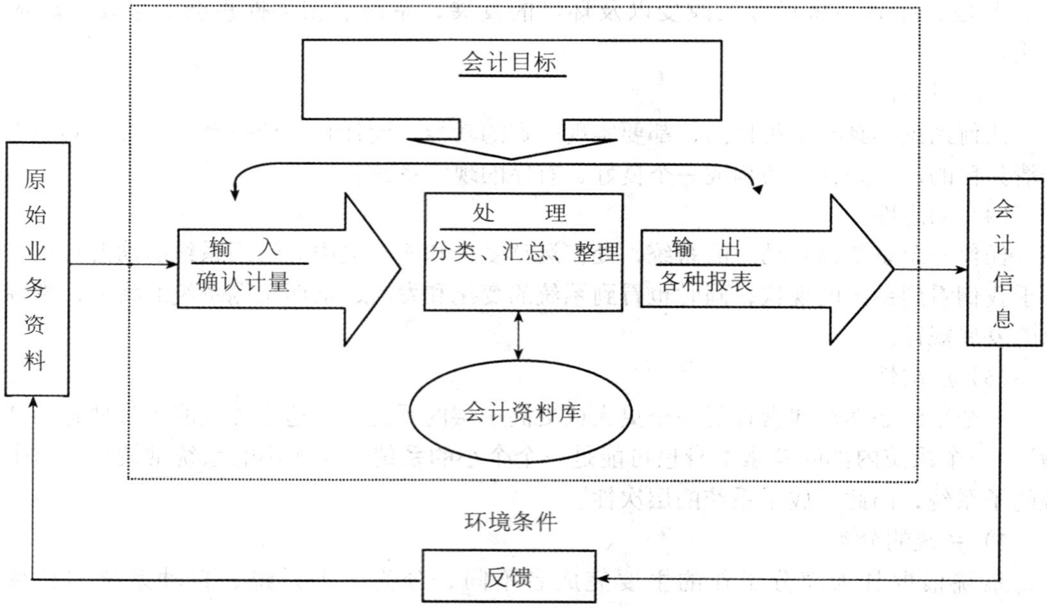

图1-4 会计信息系统的功能结构

（1）输入功能

信息系统的输入功能是指把待处理的原始数据集中起来，转化为信息能够处理的形式，输入信息，以便进行后续的加工处理。信息系统的输入功能是信息系统的起点，正所谓“输入的是垃圾，输出的也是垃圾”，即无用出入（Garbage In Garbage Out，GIGO）原则。因此，对输入的控制会影响到信息系统的准确性等。

（2）存储功能

由于信息具有依附性，数据输入信息系统后，必须要有特定的媒体介质作为依附的载体。因此，信息系统必须具备存储功能，即系统存储各种信息资料和数据的能力。

（3）处理功能

输入的信息必须要经过加工处理，包括查询、计算等。

（4）输出功能

为了能让信息使用者方便地使用信息进行决策，信息必须具备输出功能。信息系统的各种功能都是为了保证最终实现最佳的输出功能。

（5）控制功能

信息系统需要对构成系统的各种信息处理设备进行控制和管理，对整个信息加工、处理、传输、输出等环节通过各种程序进行控制。

1.4　会计信息系统与ERP

1.4.1　会计信息系统

1）会计信息系统的定义

会计信息是企事业单位最重要的经济信息，它连续、系统、全面、综合地反映和监督企业经营状况，并为管理、经营决策提供重要依据，因此会计信息系统论把会计理解为信息系统。以信息系统化为核心所形成的理论和方法体系，是社会发展到一定阶段的产物，体现了会计的本质特征，符合具体社会环境的要求。

会计信息系统（accounting information system，AIS）是对各种会计数据进行采集、存储和处理，完成会计核算任务，并提供会计管理、分析与决策相关的会计信息的系统。其实质是将会计数据转化为会计信息的系统，是企业管理信息系统的一个重要子系统。

2）会计信息系统的产生与发展

根据信息技术（数据库、网络、通信、人工智能、多媒体、感测和识别、光电子技术等）对会计信息系统的影响程度以及会计信息系统本身是否克服了传统复式簿记的弊端，会计信息系统可以分为手工会计信息系统、电算化会计信息系统、现代会计信息系统等模式。

（1）手工会计信息系统

手工会计信息系统的核心是会计恒等式、会计循环、会计科目表、会计分录和会计账簿。其发展历史可追溯到13世纪威尼斯商人的借贷记账法，后由意大利数学家、近代会计之父卢卡·帕乔利经过6年的调查研究和整理于1494年11月10日出版了《数学大全》（又称为《算术、几何、比及比例概要》）一书。该模式一直沿用至今。

（2）电算化会计信息系统

将电子计算机应用于手工会计信息系统，即为电算化会计信息系统模式。1946年2月14日，由美国政府和宾夕法尼亚大学合作开发的世界上第一台电子计算机ENIAC在费城公之于世。1954年美国通用电气公司第一次使用计算机计算职工工资，从而引起了会计处理的变革，标志着电算化会计信息系统模式的开始。电算化会计信息系统横向扩展形成整个企业管理信息系统，纵向发展并按职能结构则可分为会计信息处理系统、会计管理信息系统、会计决策支持系统。该模式正逐步取代手工会计信息系统。

(3) 现代会计信息系统

1982年7月，美国密歇根州立大学会计系教授麦卡锡在《会计评论》上发表了题为“REA会计模型：共享数据环境中的会计系统的一般框架”的论文，提出了REA模型，标志着现代会计信息系统模式的开始。随着数据库、网络技术的发展，REA模式是理论最完善、研究最系统、变革力度最大、成果最多的一种创新模式，极有可能成为未来会计信息系统的主流模式。REA模式的核心是集成业务处理、信息处理、实时控制和管理决策，它不局限于财务管理，而是面向整个企业管理，从详细记录最原始经济业务事件的属性或语义表述于数据库中而非经过人为加工后的会计分录开始，其基本元素不再是科目、分录、账簿。由于充分利用信息技术并克服了电算化会计信息系统的弊端，因此称其为现代会计信息系统。

3) 会计信息系统的基本构成

(1) 计算机硬件

计算机硬件是指进行会计数据输入、处理、存储及输出的各种电子设备。数据输入设备有键盘、扫描仪等；数据处理设备有计算机主机等；数据存储设备有磁盘、光盘等；数据输出设备有打印机、显示器等。

(2) 计算机软件

计算机软件包括系统软件和应用软件两类。系统软件是保证会计信息系统能够正常运行的基础软件，如操作系统、数据库管理系统等。在会计信息系统中，应用软件主要指会计软件，即专门用于会计核算和会计管理的软件，是会计信息系统的一个重要组成部分。没有会计软件的信息系统就不能称之为会计信息系统，拥有会计软件是会计信息系统区别于其他信息系统的主要依据。

(3) 会计人员

会计人员是指会计信息系统的使用人员和管理人员，包括会计主管、系统开发人员、系统维护人员、凭证录入人员、凭证审核人员、会计档案保管人员等。会计人员也是会计信息系统中的重要组成部分之一。如果没有一支高水平、高素质的会计人员和系统管理人员队伍，那么，即使有再好的硬件、系统软件、会计软件，会计信息系统也不能稳定、正常地运行。

(4) 会计信息系统的运行规程

会计信息系统的运行规程是指保证会计信息系统正常运行的各种制度和控制程序，如硬件管理制度、数据管理制度、会计人员岗位责任制度、内部控制制度、会计制度等。

4) 会计信息系统的应用体系结构

会计信息系统的应用体系结构就是指硬件资源、软件资源、数据文件等集成后的应用结构。随着以计算机网络为代表的信息技术的发展，国内外信息系统应用体系主要经历了文件/服务器（F/S）结构、客户/服务器（C/S）结构、浏览器/服务器（B/S）结构三个发展阶段，其中后两者为主要形态。

(1) 客户/服务器结构

从硬件角度看，客户/服务器（client/server，C/S）是指将某项任务在两台或多台机器之间进行分配，其中，客户机运行提供用户接口和前端处理的应用程序，服务器机提供客户机使用的各种资源和服务。从软件角度看，客户/服务器结构是把某项应用或软件系统按逻辑功能划分为客户软件部分和服务器软件部分。客户端软件一般负责数据的表示和应用，处理用户界面，用以接收用户的数据处理请求并将之转换为对服务器的请求，要求服务器为其提供数据的存储和检索服务；服务器端软件负责接收客户端软件发来的请求并提供相应服务。

客户/服务器结构的工作模式是：在客户与服务器之间采用网络协议（如TCP/IP、IPX/SPX）进行连接和通讯，由客户端向服务器发出请求，服务器端响应请求并提供相应服务。

客户/服务器结构融合了大型机的强大功能和中央控制以及个人计算机的低成本和较好的处理平衡。客户/服务器结构为任务的集中/局部分布提供了一种新的方法，能够使用户对数据的完整性、安全性进行集中控制。在缓解网络交通和主机负荷以及满足用户需要方面，客户/服务器结构提供了良好的解决方案。

（2）浏览器/服务器（B/S）结构

由于客户/服务器结构存在种种问题，因此，随着互联网的兴起，人们在客户/服务器结构传统的二层模式的基础上加以改进，提出了一种具有三层模式的应用系统结构，即浏览器/服务器结构，Web浏览器是其客户端最主要的应用软件。从本质上说，浏览器/服务器结构也是一种客户/服务器结构，可被看作客户/服务器结构在Web上应用的特例。

浏览器/服务器结构统一了客户端，主要利用不断成熟的Web浏览器技术，结合浏览器的多种脚本语言和ActiveX技术，用通用浏览器实现原来需要复杂专用软件才能实现的强大功能，简化了系统的开发、维护和使用，系统扩展非常容易。只要客户机上安装了一个浏览器，如Netscape Navigator或Internet Explorer，浏览器就能通过已安装SQL Server、Oracle、MYSQL等数据库的Web服务器同数据库进行数据交互。因此，其最大的优点就是可以在任何地方进行操作而不用安装任何专门软件。

浏览器/服务器结构的使用范围越来越广，特别是由需求推动了AJAX技术的发展，它的程序也能在客户端电脑上进行部分处理，从而大大地减轻了服务器的负担，并增加了交互性，进行局部实时刷新。

5）会计信息系统的功能结构及其关系

会计信息系统的功能结构是指从会计信息系统的总体功能出发，根据业务处理的特点和要求，对各子系统的功能及其在系统中所处的位置进行划分和界定的一种静态的功能结构。

（1）会计信息系统的功能结构

尽管不同的开发者对会计信息系统的理解各有不同，但经过多年的实践和探索，同时借鉴国外会计信息系统开发的一些经验，目前，人们对于会计信息系统的主要功能子系统的划分已基本上达成共识（如图1-5所示）。

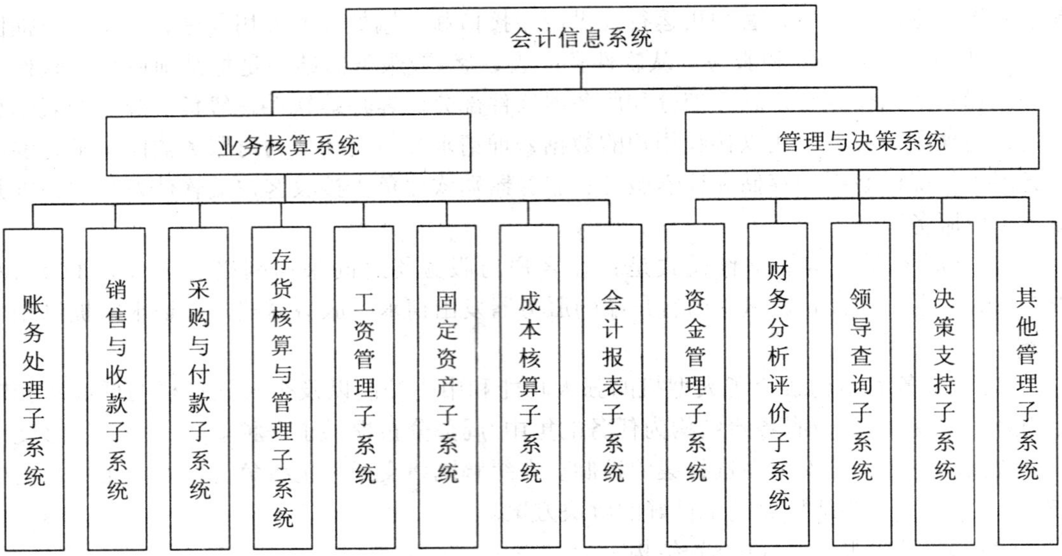

图 1-5 会计信息系统的功能结构

通用会计信息系统主要分为以下几个功能子系统：

①账务处理子系统：完成日常的账务处理工作，输出各种财务账簿。

②销售与收款子系统：完成销售订单、发货、开票、收款等业务的管理，实现销售业务及应收款的核算和分析。

③采购与付款子系统：完成采购计划、商品采购以及相关业务的处理，进而完成核算单位采购业务及应付款的核算和管理。

④库存核算与管理子系统：主要完成对库存商品（商品流通企业）、库存材料（工业企业）等存货业务的核算和管理。

⑤工资管理子系统：以职工个人的原始工资数据为基础，实现职工工资的计算，工资费用的汇总和分配，计算个人所得税，查询、统计和打印各种工资表等功能。

⑥固定资产子系统：完成固定资产的管理，按期计提固定资产的折旧费用。

⑦成本核算子系统：通过对各种生产耗用、费用等成本数据的归集、分配与汇总，完成生产成本的核算，运用相关的数学模型对生产成本进行预测。

⑧会计报表子系统：完成各种财务报表的编制工作，实现主要账务报表的自动编制。

⑨管理与决策系统：根据业务数据，对核算单位的经营情况进行分析，为经营者提供相关的业务信息、管理信息、决策参考信息。

随着经济的不断发展和企业管理的不断深入，企业的经营者对会计信息系统所提供的会计信息的质量要求将不断提高，会计信息系统的功能也必将越来越完善，其功能子系统的划分也会随着时代的发展而不断发生变化。

（2）会计信息系统各功能结构之间的关系

会计信息系统中各功能子系统是相互联系的。虽然它们有着不同的功能，但从总体上讲，它们是一个相互关联的有机整体，各个功能子系统之间流畅的数据传递与数据共享是高效率地实现系统总体目标的根本保证。

就一个成熟的会计信息系统而言，它的各个功能子系统是紧密结合在一起的，各个功能子系统之间的数据共享程度高，数据传输路径清晰，重复性的人工操作和人工干预少，系统数据的稳定性好，出错率低。

从会计信息系统的总体结构上看，一般都是以账务处理子系统为核心，其他各个子系统围绕账务处理子系统而展开。因此，账务处理子系统与其他各个子系统的数据关系是最重要的。

①账务处理子系统和工资管理子系统之间的数据关系

账务处理子系统的初始化设置数据，如会计科目、部门、职员等，工资管理子系统可以共享，这些初始数据在账务处理子系统中设置之后，在工资管理子系统中就不必重复设置。同样，在工资管理子系统中所增加或修改的这部分数据在账务处理子系统中也可以共享。

在工资管理子系统中完成工资业务处理后，各项工资费用的分配可以通过生成相应的转账凭证结转到账务处理子系统中，不必手工填制相关业务的记账凭证。

账务处理子系统和工资管理子系统之间的数据关系如图1-6所示。

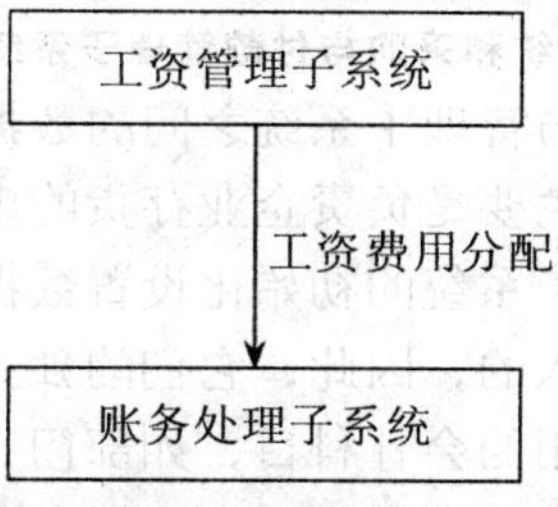

图1-6　账务处理子系统和工资管理子系统之间的数据关系

②账务处理子系统和固定资产子系统之间的数据关系

与工资管理子系统一样，固定资产子系统和账务处理子系统可以共享会计科目、部门、固定资产期初余额等初始设置数据。

在固定资产子系统的日常业务处理中所产生的业务数据，如固定资产增加、固定资产减少或固定资产的其他变动方式所产生的固定资产变动数据，可以通过生成相应的转账凭证传递到账务处理子系统中；每月固定资产折旧费用的计提、减值准备的计提与分配数据，也可以通过生成相应的转账凭证直接传递到账务处理子系统中。

账务处理子系统和固定资产子系统之间的数据关系如图1-7所示。

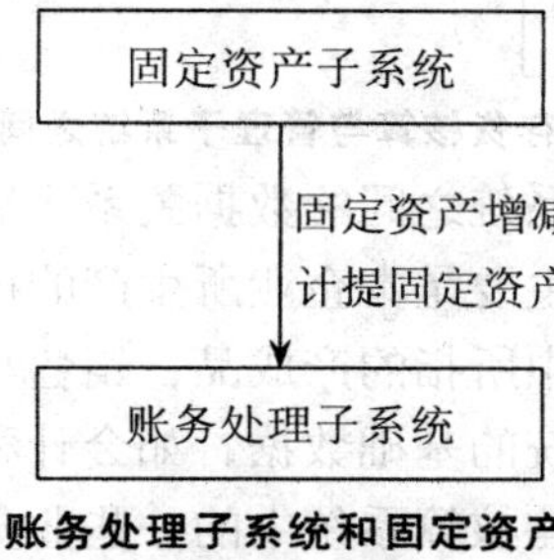

图1-7　账务处理子系统和固定资产子系统之间的数据关系

③账务处理子系统和采购与付款管理子系统之间的数据关系

采购与付款管理子系统的职能主要是负责企业材料的采购以及付款的核算和管理，除了部分基础数据可以共享账务处理子系统的初始化设置数据之外，这两个功能子系统中的大部分初始数据是需要单独设置和输入的，因此，它们的独立性相对强一些。

采购与付款子系统中所使用的会计科目，如供应商、部门等基础数据，取自账务处理子系统的初始设置；材料的采购数据在该系统中处理完成之后，以转账凭证传输到账务处理子系统中；采购环节的付款数据在该系统中处理完成之后，同样以转账凭证传输到账务处理子系统中。

账务处理子系统和采购与付款管理子系统之间的数据关系如图1-8所示。

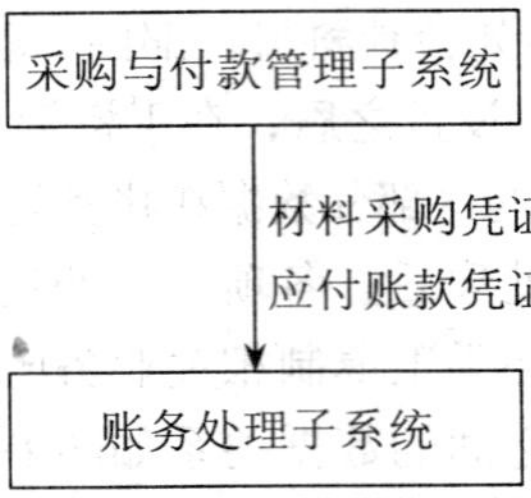

图1-8　账务处理子系统和采购与付款管理子系统之间的数据关系

④账务处理子系统和存货核算与管理子系统之间的数据关系

存货核算与管理子系统的功能主要是负责企业存货的出入库管理以及存货的核算。除了部分基础数据可以共享账务处理子系统的初始化设置数据之外，这个功能子系统中的大部分初始数据是需要单独设置和输入的，因此，它们的独立性相对强一些。

存货核算与管理子系统中所使用的会计科目，如部门、存货档案等基础数据，取自账务处理子系统的初始设置；企业生产经营过程中发生的各类出入库业务，其业务数据经过存货核算与管理子系统进行单据处理和核算后生成记账凭证，最终汇集到账务处理子系统中。

账务处理子系统和存货核算与管理子系统之间的数据关系如图1-9所示。

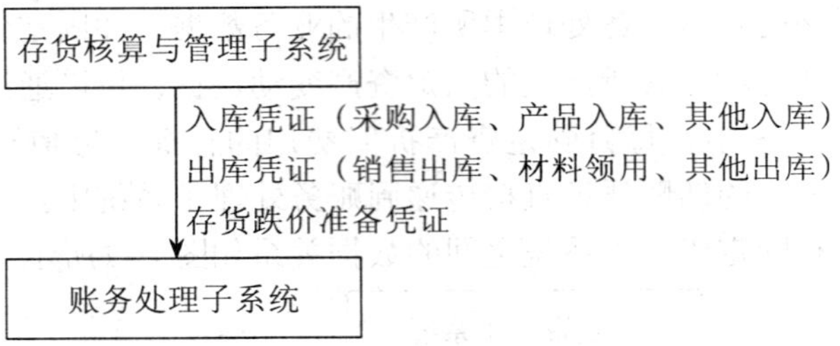

图1-9　账务处理子系统和存货核算与管理子系统之间的数据关系

⑤账务处理子系统和销售与收款子系统之间的数据关系

一般说来，工业企业所销售的产品主要是本企业所生产的产品，因此销售与收款子系统的核算对象也主要是账务处理子系统中所指的产成品，销售与收款子系统的数据与账务处理子系统密切相关。销售与收款子系统的基础数据，如会计科目、部门、客户档案、产品项目等，与账务处理子系统共享。销售核算系统中的一些业务处理数据，如销售产品的数据，来源于存货核算与管理子系统中的产成品数据，其处理产生的销售数据、应收账款数据以转账凭证的方式输出到账务处理子系统中。

账务处理子系统和销售与收款子系统之间的数据关系如图1-10所示。

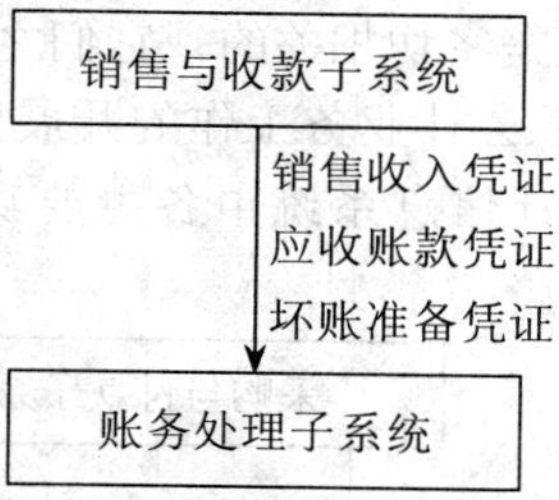

图1-10　账务处理子系统和销售与收款子系统之间的数据关系

⑥账务处理子系统和成本核算子系统之间的数据关系

比较而言，成本核算子系统与账务处理子系统之间的数据关系要比其他子系统与账务处理子系统之间的数据关系更为密切、复杂一些。成本核算子系统的数据主要来源于账务处理子系统和存货核算与管理子系统，其处理的结果也主要为账务处理子系统所用。因此，在账务处理子系统中进行业务处理时，与成本核算有关的各项业务信息必须完整、细致，否则成本核算就成为无米之炊。以工业企业会计信息系统为例，企业所生产每一种产品在人工、材料、设备使用、管理费用等方面的数据都必须十分明确，否则产品的生产成本就难以核算或者核算出来的结果不真实。

成本核算子系统中所使用的会计科目、部门、产品项目等直接来源于账务处理子系统的初始设置数据，各产品的主要成本核算数据，如工资、材料、动力耗用、管理费用、制造费用等，来源于账务处理子系统或工资管理子系统、存货核算与管理子系统、固定资产子系统等功能子系统的业务数据；成本核算的处理结果以转账凭证的方式传输到账务处理子系统中。

账务处理子系统和成本核算子系统之间的数据关系如图1-11所示。

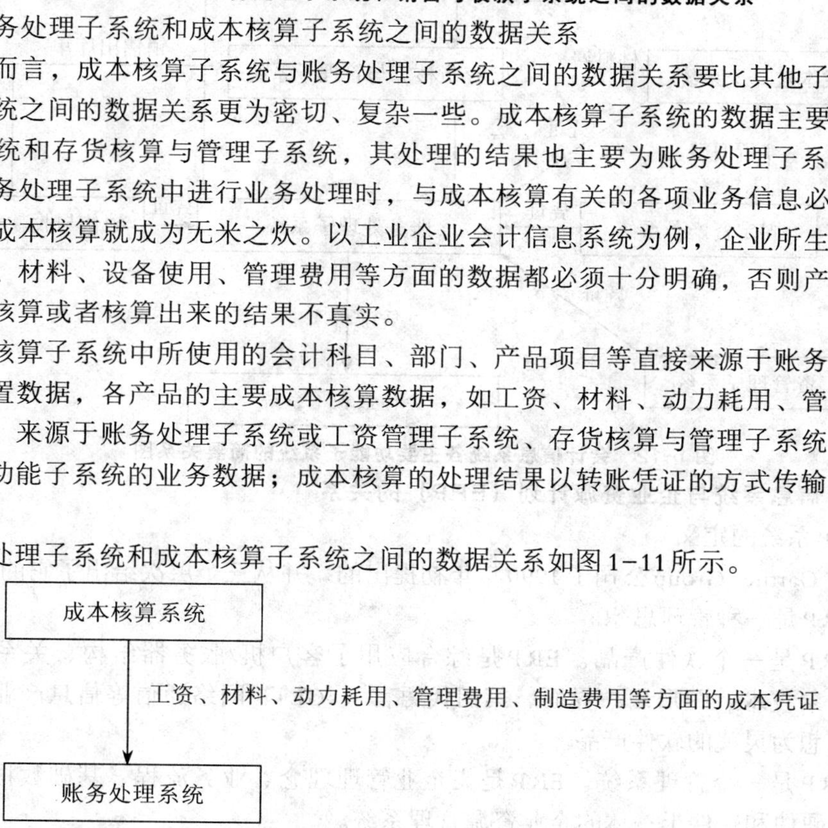

图1-11　账务处理子系统和成本核算子系统之间的数据关系

⑦会计报表子系统与各相关子系统之间的数据关系

会计报表的本质是将一定期间会计主体的财务状况和经营状况以书面文件的方式进行反映。会计报表子系统的功能就是收集和整理会计信息系统中各相关子系统的会计数据，并以报表文件的形式向报表使用者反映会计主体的财务状况和经营状况。为实现会计报表子系统的功能，系统的开发者需要定义报表的取数函数与取数公式，这些函数、公式与各子系统的数据相关联。

会计报表子系统的数据来源是会计信息系统中各相关子系统的现实业务数据，而各相关子系统的业务处理偶尔也能用到会计报表子系统的数据，但这种情况不多见。

⑧会计信息系统中各主要功能子系统的关系

会计信息系统中各功能子系统是密切相关的，它们之间的关系往往是错综复杂的。正确理解它们之间的数据关系，对于会计业务工作的开展以及各个会计职能部门工作的协调，都有着十分重要的意义。会计信息系统中各主要功能子系统之间的简要关系如图1-12所示。

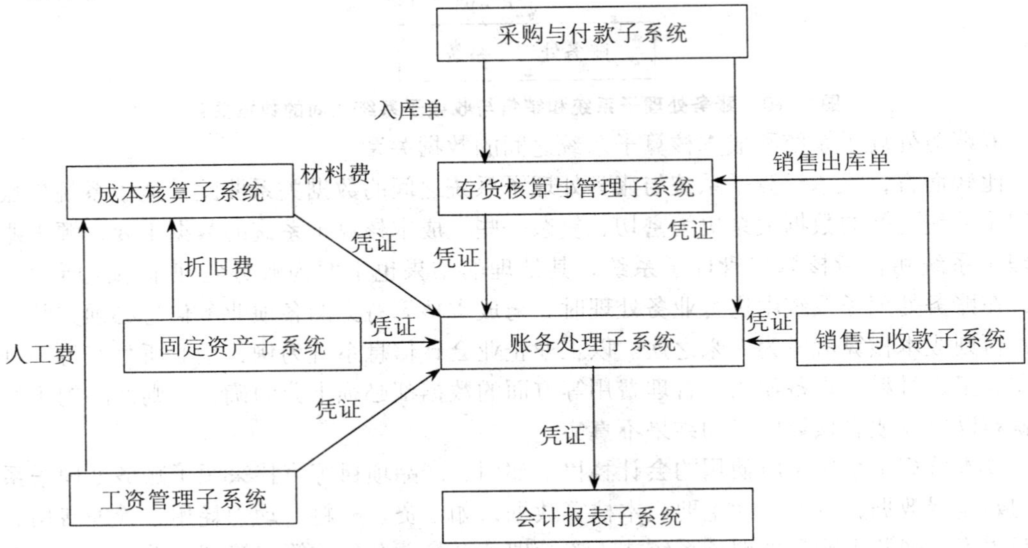

图1-12　会计信息系统各主要功能子系统的简要关系图

1.4.2　会计信息系统与企业资源计划（ERP）的关系

1）ERP系统的定义

ERP是 Gartner Group公司于1990年年初提出的，并从三个层次给出了它的定义：

（1）ERP是一种管理思想。

（2）ERP是一个软件产品。ERP是综合应用了客户机/服务器结构、关系数据库结构、面向对象技术、图形用户界面、第四代语言（4GL）、网络通信等信息产业成果，以ERP管理思想为灵魂的软件产品。

（3）ERP是一个管理系统。ERP是集企业管理理念、业务流程、基础数据、人力物力、计算机硬件和软件于一体的企业资源管理系统。

2）会计信息系统与ERP系统的关系

ERP系统有财务管理模块（会计信息系统）、生产控制管理模块、物流管理模块（包括销售、库存和采购）、人力资源管理模块，也有的企业把客户关系管理（CRM）系统纳入ERP系统。

（1）会计信息系统是ERP系统的子系统。

（2）ERP系统中的会计信息子系统与一般的会计信息系统不同。作为ERP系统中的一部分，会计信息子系统和系统的其他模块有相应的接口，能够相互集成，比如，它可以将由生产活动、采购活动输入的信息自动计入会计信息子系统的总账、会计报表，减少了输入凭证的繁琐过程，大大改变了会计核算系统的数据处理流程。

（3）在ERP系统中，会计信息系统的功能结构更强调了成本管理的功能，这也与ERP是由MRPII发展而来的历史相吻合。

ERP是基于计算机硬件，利用现代化的企业管理哲学，集销售管理、采购管理、生产管理、财务管理、人力资源管理、质量管理、库存管理等于一体的企业资源计划管理系统，用于规划和控制人、财、物、信息等集团公司各项内部资源，实现资源优化配置，提高资源利用率，在降低生产成本、满足客户需求的基础上实现最佳生产效益，提升集团公司的核心竞争力。而会计信息系统是面向企业组织内部的价值信息管理系统，能够实时对企业财务活动进行监督和控制，满足集团公司对会计核算和财务信息的需求。从数据范围的角度来看，ERP采集的数据是集团公司中全部经营业务活动所产生的数据。而一般的会计信息系统所采集和处理的数据主要是集团公司的财务会计数据，是企业业务活动的一部分数据。

章末习题

一、单项选择题

1.（　　）是以各种方式将一个或多个信息关联在一起的信息结构，是对客观世界规律性的总结。

A.信息　　B.数据　　C.知识　　D.系统

2.共享性这一信息特征的含义是（　　）。

A.信息是能够创造价值的

B.信息与信息可以集合在一起形成新的信息

C.可供多人多次使用

D.依托于各种表现形式传播

3.（　　）在整个会计信息系统中起着桥梁的作用，使各个子系统相互联结在一起。

A.账务处理子系统　B.工资管理子系统　C.客户关系子系统　D.固定资产子系统

4.完成采购计划、商品采购以及相关业务的处理，进而完成核算单位采购业务及应付款的核算和管理的是（　　）子系统。

A.采购与付款　　B.销售与收款　　C.存货核算与管理　D.固定资产管理

二、多项选择题

1.信息系统的核心功能是（　　）。

A.输入　　B.处理　　C.输出　　D.反馈

2.基于计算机的会计信息系统是一个人机结合的系统，其基本构成包括（　　）。

A.硬件资源　　B.软件资源　　C.信息资源　　D.会计人员

三、判断题

1.信息、数据、知识都是同一概念。（　　）

2.ERP本质上就是一种会计软件。（　　）

3.浏览器/服务器结构的工作模式是客户与服务器之间采用网络协议（如TCP/IP、IPX/SPX）进行连接和通讯，由客户端向服务器发出请求，服务器端响应请求，并进行相

应服务。 (   )

四、简答题

1.阐述数据、信息、知识的区别与联系。

2.信息有哪些特征?

3.什么是系统?理解系统的特征。

4.简述信息系统的主要功能以及会计信息系统的基本构成。

5.理解并总结一个完整的计算机会计信息系统内各子系统之间的数据传递。

第1章章末习题参考答案

第2章/
会计信息系统分析与设计

【学习目标】通过本章学习，了解会计信息系统的开发设计原理；掌握分析与设计的工具和方法；了解系统的分析设计过程；能够独立分析设计会计信息系统的逻辑模型。掌握本章内容，就能够具备会计信息系统分析的能力。

2.1 会计信息系统开发概述

会计信息系统是运用计算机和网络，以人机结合的方式来生成会计信息的。在生成会计信息的过程中，一些程序化的工作通常由系统自动完成，因此，财务人员只有熟悉系统的内部运行原理，才能更好地运用会计信息系统，生产出更高质量的会计信息。

当前企业获取会计信息系统的方式主要有：一是购买商品化财务软件；二是自行开发会计信息系统。无论采用哪一种方式，财务人员都需要了解系统的开发设计原理。对于商品化财务软件，财务人员只有了解其原理，才能举一反三，熟练应用不同供应商的商品化财务软件；就自行开发会计信息系统而言，程序编写由程序员完成，但是会计信息系统的整体规划、流程分析、功能设计等必须有财务人员参与，因此学习了解会计信息系统的开发设计原理尤为必要。会计信息系统是一项复杂、系统的软件工程。软件工程学是专门研究和开发计算机软件的现代学科知识体系，下面我们了解一下软件工程学中的开发模型和开发方式及方法。

2.1.1 开发模型

开发模型是对系统开发工作过程的设计，划分了开发过程的各个阶段，规定了各个阶段需要完成的目标任务、要求交付的文档资料、为保证质量所需要的管理等，还定义了各个阶段使用的开发方法、工具和技术以及各个阶段之间的关系。

1）常用的开发模型

人们在实践中设计了很多开发模型，如生命周期模型、原型模型、螺旋模型、组件对象模型等。各种开发模型都有其优缺点，开发人员根据实际情况进行选择，目前较为常用的开发模型是生命周期模型和原型模型。

（1）生命周期模型

该模型是软件工程中最常用的开发模型。软件的生命周期是指从用户提出软件开发的需求开始到软件终止使用的全过程。具体地说，就是先将整个系统开发过程划分为若干个相对独立的阶段，各个阶段严格地按照顺序进行，每个阶段都有其独立的任务和结果。在生命周期的各个阶段，前一阶段是后一阶段的基础和指导，只有完成前一阶段的任务才能进入后一阶段，后一阶段是前一阶段的延续，每个阶段完成后都要进行复查，如果发现问题就要停止前行，沿着所经历的阶段返回，形成了如图 2-1 所示的阶段间向上的折返流线。关于系统开发过程的阶段划分通常有五阶段和六阶段两种：五阶段一般将程序设计和系统测试统一命名为系统实施；六阶段则是将二者分开列示。不管哪种划分方法，都包含了全部工作过程。本书采用五阶段进行讲解，主要包括系统规划（初步调查与可行性分析）、系统分析、系统设计、系统实施、系统运行与维护阶段。

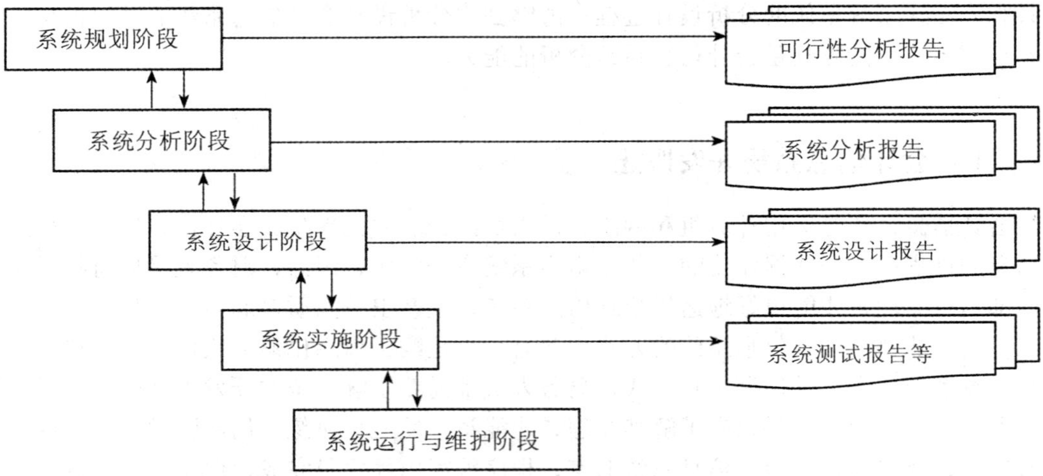

图 2-1　生命周期模型

①系统规划阶段。这一阶段的主要任务是对企业的环境、目标、现行系统的状况进行初步调查，明确现行系统存在的问题，根据企业的发展战略，对新建立的系统的需求做出分析和预测，确定新系统的备选方案，对这些方案从技术上、经济上和组织上进行可行性分析，并形成可行性分析报告。

②系统分析阶段。在这一阶段，系统分析人员和用户紧密配合，在可行性分析的基础上，对企业现行系统进行全面、系统的调查和分析，对现行系统的业务流程进行描述，设计出其数据流程图和数据词典，确立新系统的逻辑模型，即确定系统应该做什么、具有什么功能。该阶段形成的主要文档是系统分析报告，作为系统设计阶段的依据。

③系统设计阶段。如果系统分析阶段的任务是回答“做什么”的问题，系统设计阶段的任务就是回答“怎么做”的问题，也就是找出问题的解决方法。在这一阶段，系统设计人员要在逻辑模型的基础上，具体设计实现逻辑模型的技术方案，主要包括总体设计和详细设计两个步骤。总体设计主要是根据系统分析报告描述的数据流程图和数据词典等内容，分析设计下一级子系统和功能模块结构的划分；详细设计主要包括模块或者程序的算

法设计、代码设计、数据库文件设计、输入输出设计、安全保密设计等。

④系统实施阶段。该阶段是将设计的系统付诸实施，主要包括计算机相关硬件设备的购置、安装与调试，程序设计与调试，人员培训，数据文件转换，系统调试与转换等。系统实施是按照实施计划分阶段完成的，在每个阶段应当写出实施进度报告，系统测试之后应写出操作手册和系统测试分析报告等。

⑤系统运行与维护阶段。这个阶段一般持续到软件使用寿命结束，是将系统测试完毕的软件系统交给用户，在用户的工作环境中试运行，试运行过程中会发现一些在分析、设计阶段没有发现的软件缺陷或者对运行环境不适应的问题，需要对系统不断进行修改和完善，这是一个边运行边维护的过程。值得注意的是，在投入运行时需要进行系统切换，即由旧系统向新系统过渡，过渡的方法一般可以有以下三种：直接切换法，即在某一确定时刻，旧系统停止运行，新系统投入运行，该方法需要新系统进行详尽的测试和模拟运行；并行切换法，即新系统与旧系统并行一段时间，对照两者的输出，检验新系统的稳定性和正确性，一般并行三个月以上；试点过渡法，首先选用新系统的某一部分替代旧系统作为试点，然后逐步替代整个旧系统。

实践中，上述系统开发过程还会被分解成若干子阶段，每个子阶段还能够继续分解为更为详细的活动。本章按照学习的需要，重点讲述系统规划、系统分析和系统设计。

（2）原型模型

原型模型是相对于生命周期模型而言的另一种开发模型。在建筑学和机械设计学中，"原型"指的是其结构、大小和功能都与某个物体相类似的模拟物体的原始模型；在系统开发过程中，用"原型"来表示系统的最初运行模块，它具有新系统的部分重要功能和特征。

原型模型的基本思想是：首先根据用户最主要的需求开发出能实现系统最基本功能的一个原型，再根据用户对原型使用与评价的意见，反复修改完善原型，直到形成用户满意的最终系统为止，最后将定型的原型产品转化为最终产品交给用户。原型模型的五个阶段如图2-2所示。

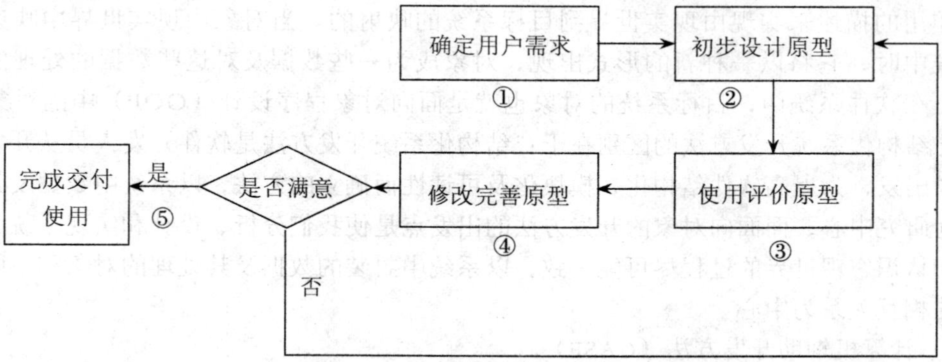

图2-2 原型模型

第一，用户提出开发流程，开发人员识别和归纳用户的要求；

第二，根据识别、归纳结果，构造一个原型（程序模块）；

第三，同用户一起评价原型；

第四，修改完善模型直至满意为止；

第五，完成系统开发并交付使用。

2）会计信息系统开发模型的选择

生命周期模型按照工作的时间先后顺序将系统开发分为若干阶段，每个阶段都有各自相对独立的任务和目标。正是因为该模型的阶段划分强调系统开发过程的整体性和全局性，强调自上向下的观点，强调区分开发阶段，逐步分析、设计、总结、反馈纠正，才使得开发工程有条不紊，保证了软件的质量，提高了软件的开发成功率。采用这种模型方法，开发周期长，开发按照顺序展开，前一阶段如果出现错误，必然会带入后一阶段，越是后期发现错误，错误更正维护的代价越大。同时，由于按照规范的阶段进行开发，因此，这种模型方法不适合功能经常变化的系统开发，不支持反复开发。

相比较生命周期模型，原型模型具有以下特点：第一，用户参与了系统开发的所有阶段，能够更好、更及时地满足用户需求，支持反复开发；第二，用户及早接触和使用了未来系统的原型，了解了其开发原理，有利于今后使用过程中的维护工作；第三，原型模型开发周期短，开发费用少。

在会计信息系统开发的过程中，可以将二者相结合，即按照生命周期模型分阶段进行，在某一阶段内可以采用原型模型进行，从而兼具二者的优点。

2.1.2 开发方法

1）结构化系统开发方法

结构化系统开发方法就是对一个复杂系统进行“自上向下，逐层分解”的方法，适用于大型信息系统的分析与设计。结构化系统开发方法的基本思路是：将复杂系统划分为若干相互联系的子系统，再将子系统继续分解为若干解决问题的功能。如果这些功能还能够分解，可以继续分解为子功能，直至解决该问题的功能不能再细分为止。在分解问题时，关注问题的主要属性，忽略不重要的方面。

2）面向对象的开发方法

面向对象的开发方法就是利用对现实世界中对象的抽象及针对对象之间相互联系、相互作用的描述来实现由现实世界到目标系统的映射的。当对象由现实世界中映射到目标系统中时，它将以一种新的形式出现，对象成为一些数据及对这些数据的处理的封装集合。在软件系统中，目标系统的对象也就是面向对象程序设计（OOP）中的对象。

与结构化系统开发方法的区别在于：结构化系统开发方法是软件开发人员从开发软件的立场出发，为提高软件结构化、模块化及可读性而确立的方法，以系统中数据及其处理过程为研究中心；而面向对象的开发方法的出发点是使我们分析、设计和实现系统的方法同人们认识客观世界的过程尽可能一致，以系统中封装的数据及其处理的对象和不同对象之间的相互关系为中心。

3）计算机辅助开发方法（CASE）

计算机辅助开发方法其实是一种自动化或者半自动化辅助信息系统开发的软件，它提供了一种开发环境，让计算机帮助开发者方便、快捷、自动地产生出系统开发过程中的各种图标、程序和说明性文档。目前，CASE软件比较多，没有统一的模式和标准。采用CASE进行系统开发，必须将其与一种具体的开发方法相结合，如结构化系统开发方法或者面向对象的开发方法等。

2.1.3　开发方式

会计信息系统的开发方式多种多样，企业可以根据自身资源、技术、人力等因素进行选择。企业既可以选择完全由自己开发，也可以选择全套购买，还可以采取混合方式。不论采用何种方式，都需要有企业负责人和财务业务人员参加。具体开发方式及其特点见表2–1。

表2–1　**具体开发方式及优缺点**

方式 / 特点	自行开发	委托开发	联合开发	购买现成软件包
对分析、设计力量的要求	非常需要	需要	逐步培养	不需要
编程力量的需求	非常需要	不需要	需要	不需要
系统维护	容易	较困难	较容易	困难
开发费用	少	多	较多	较少

2.2　会计信息系统规划

系统规划主要包括初步调查和可行性分析两个方面：首先，初步调查企业现有的系统状况，确定存在的问题，进而初步确定新系统的目标；然后，从技术上、经济上和组织上进行可行性分析，并形成可行性分析报告。

2.2.1　初步调查

初步调查的内容主要有：

1）企业现有系统的基本情况

企业现有系统的基本情况包括：组织结构，人员安排，工作方式，处理业务的数量，各部门对系统的需求情况，系统与各部门之间的关系，数据处理流程，业务流程现状、存在的问题与不足，以及流程如何重组以适应新系统。

2）新系统的目标

根据各部门对系统信息的需求和使用情况，确定新系统应当增加哪些功能，以解决那些当前系统不能解决或者成本太高的活动，要求新系统能够达到何种目标等。

3）系统开发的条件

系统开发的条件包含能够投入开发的人力、物力、财力，以及是否有其他支持措施或者限制条件等。

经过初步调查，基本确定是否建立新系统，准备建立何种规模的新系统，新系统要解决什么问题、达到什么目标，新系统的软硬件配置方案如何，新系统的开发方式选择等。如果确定开发新系统，则须确定开发新系统的备选方案，并对各种备选方案进行可行性分析。

2.2.2　可行性分析

可行性分析的任务是研究确定新系统开发是否具备可实现的条件，这是任何一个大型系统在正式投入资源进行开发前必须做的一项工作，它能保证资源的合理使用，避免浪费。

可行性分析应从以下三方面进行：

（1）技术上是否可行：在可能的资源条件下，采用现有技术能否实现系统开发。

（2）经济上是否可行：进行成本效益分析，确定新系统是否值得投入开发。

（3）组织上是否可行：考虑领导和财务人员的态度，确定新系统能否适应组织的运行等。

在初步调查的基础上，明确原有系统存在的问题、改进的目标和具备的条件，从技术上、经济上和组织上进行可行性分析，最后将结果写成可行性分析报告。

可行性分析报告主要包括：现有系统的功能及存在的问题、新系统的目标及具体改进指标；论证在现有条件下新系统开发的必要性和目标实现的可能性，若可行，则提出新系统开发方式，制订开发计划，测算开发过程需要的人力、物力和财力等。可行性分析报告是项目开发人员的分析结果，需要提交给单位领导、管理人员和使用者进行讨论，最终做出是否开发的决策。一旦可行性分析报告审批通过，系统开发则进入系统分析阶段。

2.3 会计信息系统分析

系统分析阶段需要进行详细调查和结构化分析。首先，通过座谈会、调查问卷、查阅资料等方法，利用组织结构图、业务流程图等工具描述现有系统状况；然后，通过数据流程图、数据词典和加工处理说明来分析新系统的功能、数据处理流程和数据存储，构建新系统的逻辑模型。

2.3.1 详细调查

系统分析人员在制定新系统解决方案之前，必须要了解企业的业务、组织结构等，对现有系统的业务流程进行分析，找出其中的缺陷，作为新系统分析设计的依据。常用的系统调查方法包括面谈、召开调查会、填写调查表和参与企业业务处理过程等，主要涉及的描述工具有组织结构图和业务流程图。

1）组织结构图

组织结构图用于描述一个单位的组织结构，即描述一个单位的组织构成部分以及这些构成部分之间的隶属关系或者管理与被管理关系，示例如图2-3所示。

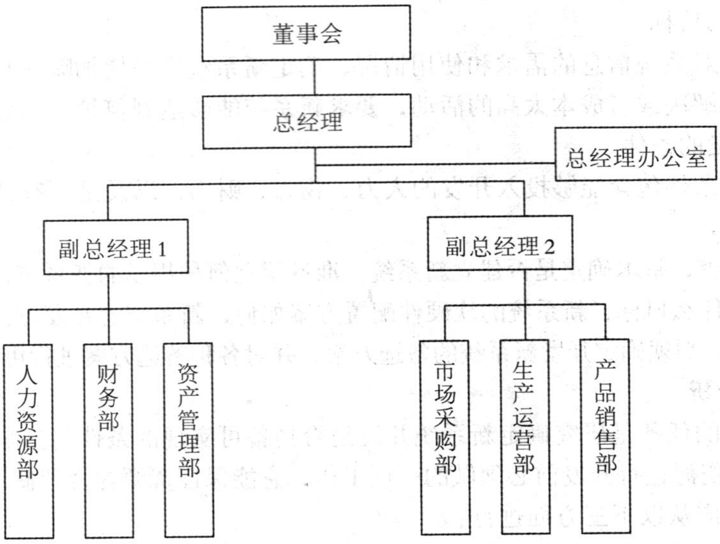

图2-3 某公司组织结构图

2）业务流程图

业务流程图常见的表现形式主要有以活动为单位的流程图和以部门和岗位为单位的流程图。

（1）以活动为单位的流程图

以活动为单位的流程图也称“泳道图”，这是因为各个活动都浮在不同的“泳道”中，其组成要素为企业业务活动、执行相应活动的功能单元或组织单元，在形式上既可以进行横向功能描述也可以进行纵向功能描述。以某企业物料管理的流程为例，如图2-4所示，矩形表示处理过程，文档表示文档资料，菱形表示判断。

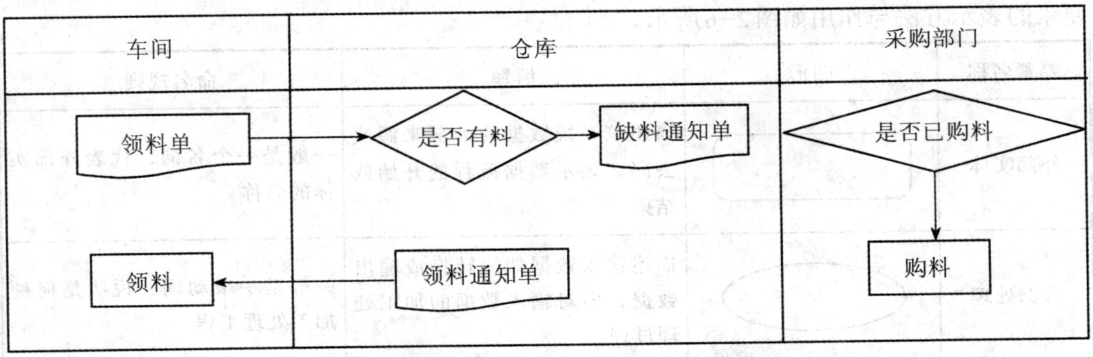

图2-4　某企业物料管理业务流程图（泳道图）

（2）以部门和岗位为单位的流程图

以部门和岗位为单位的流程图如图2-5所示，图中的圆形表示一个个部门或者岗位，矩形表述活动，菱形表述判断。这类流程图重点关注任务完成的主要环节和活动，但是无法体现各个部门之间的责任分配情况，因此，目前企业较少采用该种流程图。

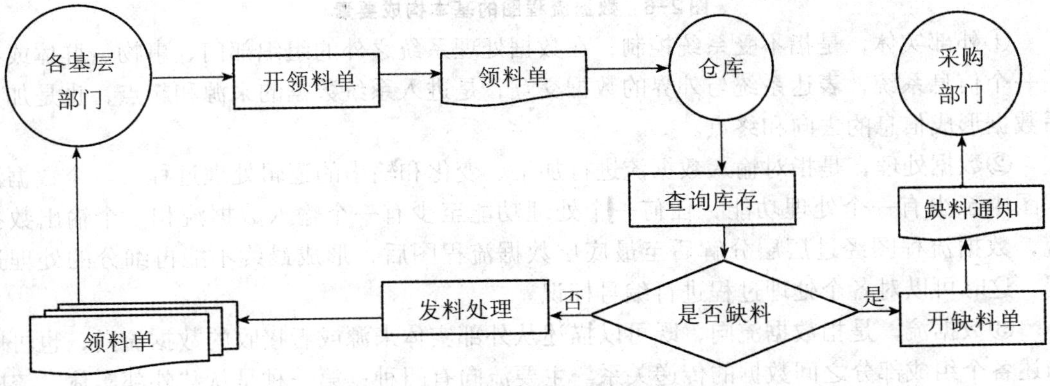

图2-5　以部门和岗位为单位的流程图

2.3.2　结构化分析

结构化分析采用介于形式语言和自然语言之间的描述方式，基本思想是面向数据流进行系统分析，采用“自上而下，逐层分解”的方式描述系统。首先对系统数据流进行概略的描述，然后逐层细化对数据的处理功能，再综合描述现行系统的处理过程，详细分析数据结构，最后建立系统的逻辑模型。主要的描述工具有数据流程图、数据词典、处理逻辑说明。

1）数据流程图

数据流程图（data flow diagram，DFD）是反映信息系统中数据来源、数据流向、数据加工和数据存储的工具，既能够抽象反映出人工系统的数据流程和逻辑加工处理过程，也能够表达新的计算机系统的数据流程和逻辑加工处理过程，它是对数据及数据流流动、存储和加工的综合描述。

（1）数据流程图的基本构成要素

数据流程图主要由四个基本要素构成：外部实体、数据处理、数据流、数据存储，各要素的表示方法与作用如图2-6所示。

要素名称	图形	解释	命名规则
外部实体	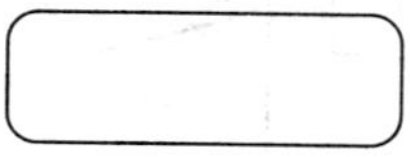	描述该系统数据的外部来源或去向，表示数据流程的开始或结束	一般是一个名词，代表外部实体的名称
数据处理	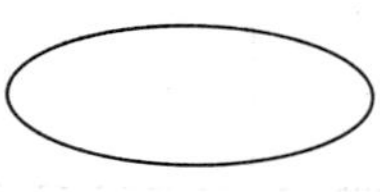	描述输入数据如何转换成输出数据，即对输入数据的加工处理过程	一般是一个动词，说明是何种加工处理工程
数据流		描述数据流动的方向和去向	一般是一个名词，说明是何种类型的数据流
数据存储	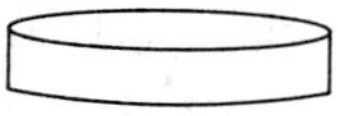	描述数据的存储形式	一般是一个名词，说明存储何种数据

图2-6　数据流程图的基本构成要素

①外部实体，是指不受系统控制，在数据处理系统之外的组织部门、事物、群体或者另一个信息系统，表达系统与外界的数据交互，是进入系统数据的来源和起点，也是加工后数据形成信息的去向和终点。

②数据处理，是指对输入数据流进行加工、变化和输出的逻辑处理过程。一个数据流程图中至少有一个处理功能，任何一个处理功能至少有一个输入数据流和一个输出数据流，数据流程图经过层层分解后至最底层数据流程图后，形成最终不能再细分的处理过程，这时可以对各个处理过程进行编号标识。

③数据流，是指数据流向，既可以描述从外部实体来源或者接收的数据流向，也可以描述各个组成部分之间数据的传递关系。主要流向有四种：第一种是从“外部实体”流向“加工处理”，即外部实体数据进入系统作为加工的源数据；第二种是从“加工处理”流向“数据存储”，即经过加工的数据存储到相应的数据文件中；第三种是从“数据存储”流向“加工处理”，即将存储在数据文件中的数据提取出来进行相应的加工处理；第四种是从“加工处理”流向“外部实体”，即将处理后的输出数据传递给信息的需求部门。一般来说，流程图中很少出现从一个“加工处理”流向另一个“加工处理”的数据流，这是因为，要么经过加工进行存储，要么经过加工进行输出，连续加工不存储和不输出的情况不

符合系统的“高内聚、低耦合”要求。

④数据存储，是指逻辑上要求存储的数据，不考虑具体数据存储介质和技术手段。数据流和数据存储都是数据，仅是所处状态不同：数据流表现为动态数据流动；数据存储表示静态存储在文件中的数据。数据可以存储在纸张、磁盘、人脑等任何存储介质上，本书所讲的会计信息系统数据存储在磁盘中的数据库文件内。

（2）数据流程图的绘制方法

结构化分析方法的主要特点就是自上而下，逐层分解。会计信息系统是一个复杂的系统，应当先进行顶层数据流程图绘制，再将系统细化为若干子系统，得到第一层数据流程图，继续对各个子系统进行详细分析，将其拆分为若干功能模块，然后对各个功能模块进行细分，形成不能再分解的具体的加工处理为止，再增加对应的数据存储文件，形成完整的数据流程图。数据流程图分解过程如图2-7所示。

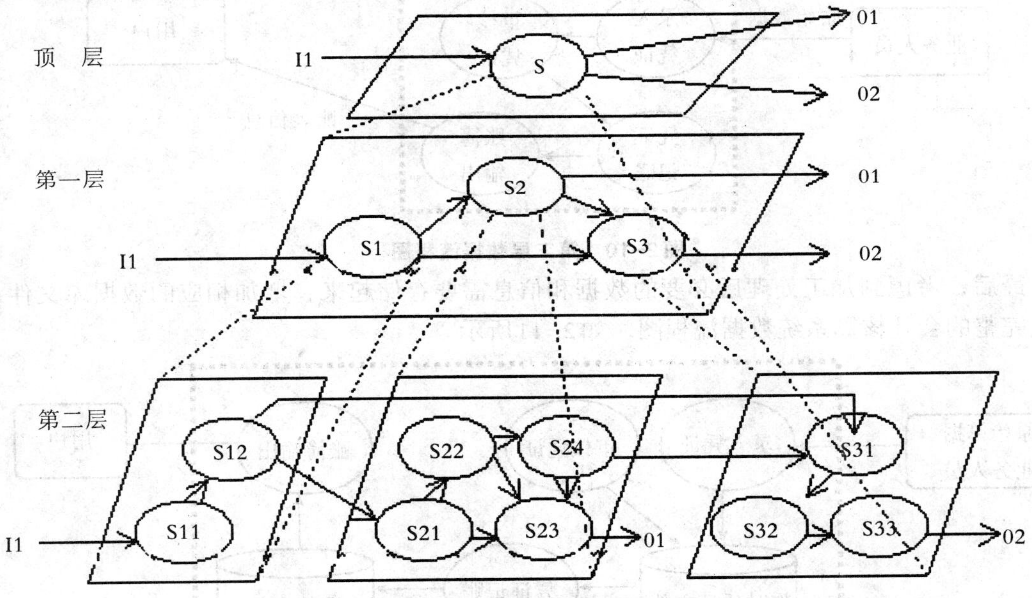

图2-7　数据流程图分解过程

下面以账簿处理系统的分层数据流程图为例进行说明。这里所说的账簿处理，仅指手工状态下的簿记工作，即根据原始凭证登记记账凭证，再据此登记账簿，形成账簿信息输出的过程。

首先编制账簿处理系统的顶层数据流程图，如图2-8所示。

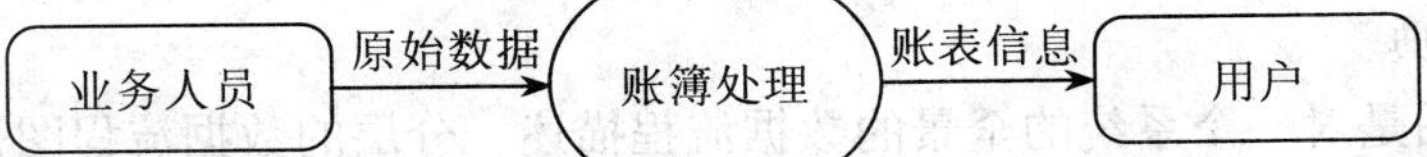

图2-8　顶层数据流程图

其次，将账簿处理系统分解为凭证处理和账簿输出功能，形成第一层数据流程图，如图2-9所示。

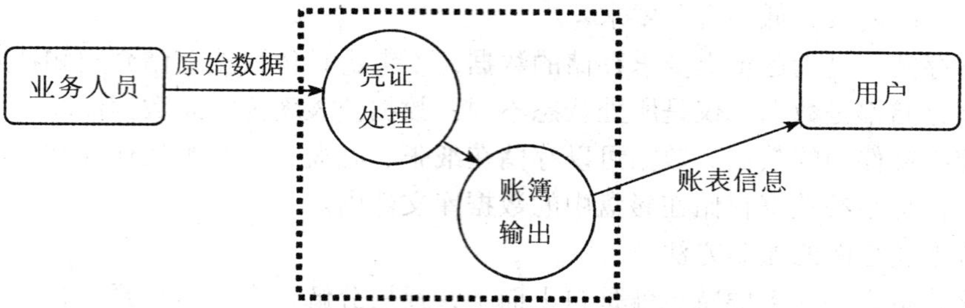

图2-9 第一层数据流程图

再次，凭证处理功能进一步细分为录入凭证、审核凭证、凭证记账三个加工处理过程，继续分解为第二层数据流程图，如图2-10所示。

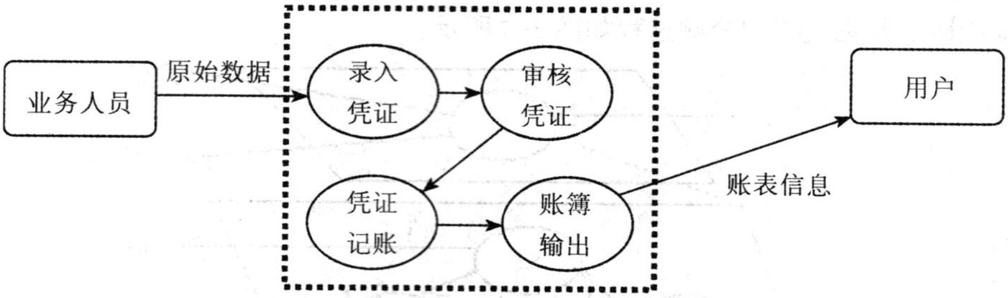

图2-10 第二层数据流程图

最后，考虑到加工处理后必要的数据和信息需要存储起来，增加相应的数据库文件，形成完整的会计核算系统数据流程图，如2-11所示。

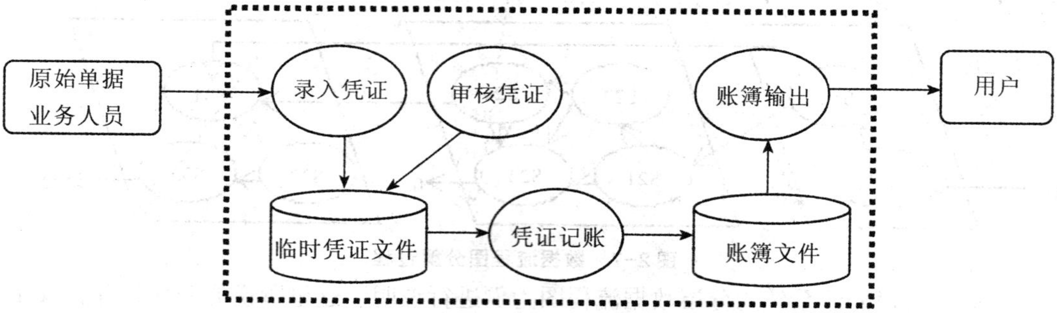

图2-11 完整的会计核算系统数据流程图

注：为给用户提供便利、完善系统，上述各个处理功能还可以细分为多种实现方式：录入凭证功能包括手工录入和机制导入；审核凭证功能包括单张审核和成批审核，并且可以实现反审核；凭证记账功能包括自动记账和反记账；审核有误还要提供“修改”功能，这里略去，后面章节讲解。

2）数据词典

数据流程图是对一个系统的全景的数据流程描述，分层的数据流程图是对整个系统的分解，描述了系统的各个组成部分以及这些组成部分之间的数据联系。但是，数据流程图中各个组成部分尤其是数据流、数据处理、数据存储还缺少具体的解释，只有对各个组成部分进行详尽的描述和确切的解释后，才能完整地描述一个系统。

数据词典（data dictionary，DD）是结构化分析方法中的另一个重要工具，是数据流程图的补充，主要对数据流程图中的外部实体、数据流、数据存储及数据处理逻辑进行详尽的描述和确切的解释。数据词典由不同的条目组成，不同类型的条目有不同的属性需要描述，下面针对数据流条目、数据存储条目、数据项条目、数据处理条目进行说明。

（1）数据流条目

数据流表示系统中的数据流动，通常需要定义输入系统或者从系统输出的数据流。针对数据流需要描述的属性有：数据流名、简述、组成、数据流来源、数据流去向、流量、峰值流量等。以记账凭证数据流为例进行列示（见表2-2）。

表2-2　**记账凭证数据流**

数据流名：记账凭证
简述：根据原始凭证或者原始凭证汇总表填制的记账凭证
组成：日期+凭证号+凭证类型+摘要+借方科目+贷方科目+金额+附件+制单+审核+记账
数据流来源：财务处
数据流去向：形成记账凭证数据
流量：平均100张/天
峰值流量：200张/天

（2）数据存储（文件）条目

数据通常以文件的形式加以存储，该条目主要描述数据文件的内容及组织方式，包括：数据文件名、流入流出数据流、组成、组织方式等。以记账凭证文件为例进行列示（见表2-3）。

表2-3　**记账凭证文件**

数据文件名：记账凭证文件
流入流出数据流：流入编制的记账凭证数据流、流出审核无误用于记账的记账凭证数据流
组成：日期+凭证号+凭证类型+摘要+借方科目+贷方科目+金额+附件+制单+审核+记账
组织方式：按照凭证类型+凭证号建立索引文件

（3）数据项条目

数据流和数据存储文件通常由若干数据项组成。要了解它们的结构，必须弄清数据项属性。数据项是不能再分解的基本数据单位，其属性主要包括：数据项名称、别名、类型、长度等。以记账凭证文件中的“日期”数据项为例进行列示（见表2-4）。

表2-4　**记账凭证文件中的“日期”数据项**

数据项名称：日期
别名：RQ
类型：日期型
长度：8

（4）数据处理条目

数据处理条目是对数据流程图中的数据处理过程进行描述的条目，主要包括名称、简述、输入与输出、加工处理逻辑等。以录入凭证为例进行列示（见表2-5）。

表2-5 **录入凭证**

名称：录入
简述：编制记账凭证
输入与输出：输入审核无误原始凭证、输出借贷记账法形成的记账凭证
加工处理逻辑：录入日期、凭证类型、摘要、借贷科目和金额，要求不能录入已经结账日期的凭证、凭证类型和科目要符合要求、要录入最明细科目、借贷金额要相等

3）处理逻辑说明

处理逻辑说明描述该处理如何把流入的数据流变成流出的数据流，变换的规则是什么。在上述加工处理条目的描述中，我们使用了自然语言进行简单的逻辑说明，但是自然语言描述表现出没有层次感、含糊不清、冗余，难以表达清楚真正的处理逻辑，因此可以采用专门的工具对加工逻辑进行补充描述，如PDL语言、程序流程图等，这部分内容将在会计信息系统设计中进行讲解。

将所建立的数据流程图和数据词典、处理逻辑说明按照一定的方式集合起来，就构成了新系统的逻辑模型。

2.3.3 系统分析报告

系统分析是系统开发生命周期中的基础，是后一阶段的依据。在系统分析阶段形成系统分析报告。系统分析报告通常包含以下几项内容：系统分析的主要内容、现行系统的调查情况、存在的问题和修改的内容、新系统的逻辑模型、用户需求、系统设计的初步实施计划、其他注明事项等。

2.4 会计信息系统设计

会计信息系统设计是在进行了系统分析并明确了系统逻辑模型的基础上，根据实际的技术条件、经济条件和组织条件，确定系统的实施方案，也就是把系统逻辑模型转化为物理模型的过程。如果说系统分析阶段是回答“做什么”的问题，系统设计阶段就是回答“怎么做”的问题。系统设计主要包括总体设计和详细设计。

2.4.1 总体设计

总体设计主要是进行模块设计。其主要任务是将一个系统划分成若干子系统，再将每个子系统划分为若干功能模块，每个功能模块还可以划分为若干程序模块。在整个系统中，一个子系统完成一项独立完整的职能，一个功能模块完成某一管理功能，是组成子系统的基本单位，一个程序模块完成某一具体加工处理，是组成功能模块的基本单元。主要使用功能结构图可以逐级分解，直至分解到最低功能模块，从而确定各子系统的功能、相互关系和信息传递。

功能结构图中各层次功能与系统数据流程图中的加工处理相对应，结构图可以由数据流程图转化而来，但是二者有着本质区别：数据流程图着眼于数据流，反映系统的数据处理过程；结构图着眼于控制层次，反映系统的物理模型结构，即怎样逐步实现系统的总功能。

例如，会计信息系统可以划分为若干子系统，主要包括账务处理子系统、工资管理子系统、固定资产子系统、会计报表子系统、销售与收款子系统、采购与付款子系统、存货核算与管理子系统、成本核算子系统等；每个子系统又可划分为若干功能模块，如账务处理子系统可以划分为初始化模块、凭证处理模块、记账模块、账表输出模块等；继续将功能模块细分，如凭证处理模块可以划分为录入凭证、审核凭证、修改凭证、凭证记账、凭证查询等模块，而凭证查询又可以继续划分为按照凭证号查询、按照日期查询、按照条件查询等程序模块。

以凭证处理模块为例，功能结构图如图2-12所示。

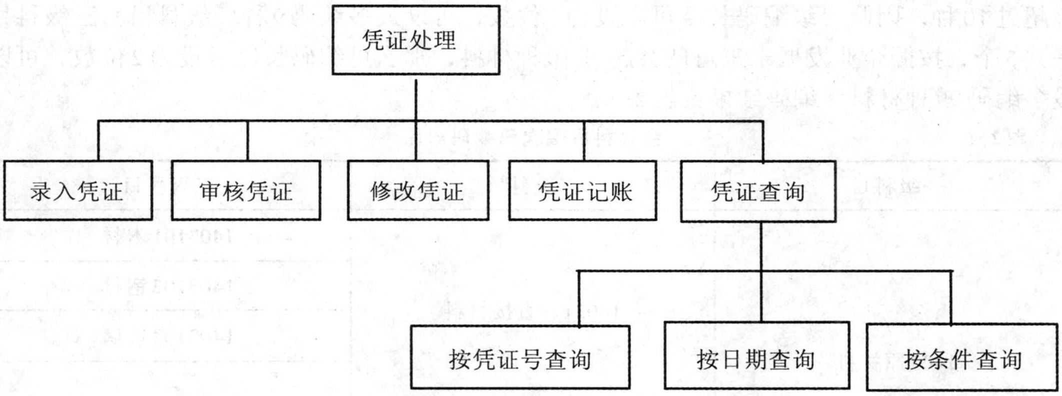

图2-12　凭证处理模块功能结构图

2.4.2　详细设计

详细设计是对系统的每个模块进行详尽的说明，满足系统分析时所确定的系统需求，主要任务包括代码设计、数据库文件设计、输入与输出设计、安全保密设计、处理过程设计等。

1）代码设计

代码也称为编码，是用来表示事物的名称、属性、状态等的符号或者记号。代码设计就是设计系统中使用的各种数据编码规则以及按照规则形成的具体编码。在计算机条件下，设计代码能够更高效率地识别、输入和处理数据。

（1）编码方法。在会计信息系统中，常用的代码编码方法主要有三种：顺序码、组码、群码（层次码）。

①顺序码以连续的数字按照升序或者降序排列，位数可以是1位、2位、3位等，如顺序码1、2、3、4等，也可以是001、002、003等。顺序码简单易行，但扩展性差，适用于编制代码对象数量不多且代码较为固定的情况。

②组码是用若干连续的数组组成几个系列的编码对象的代码。例如，按照《企业会计准则——应用指南》中对资产、负债、所有者权益、成本、损益的编码范围规定：1000~1999代表资产类一级科目的编码，2000~2999代表负债类一级科目的编码，3000~3999代

表共同类一级科目的编码，4000~4999代表所有者权益类的一级科目编码，5000~5999代表成本类一级科目的编码，6000~6999代表损益类一级科目的编码。这种编码方法易于对编码对象进行识别，扩展性也较好，但是每一组段会出现较多空码。

③群码，即层次码，是以分类对象的从属层次关系为排列顺序进行编码，这类代码分为几层，每一层都有自身的编码长度并按照顺序码设计，从左至右依次为上级控制代码和本级代码。比如学生学号，某同学是2017年入学，所属学院编号为20，该学生为001号，那么该学生的编号就是201720001。在会计信息系统中，最为典型的层次码是会计科目，一级代码为规定的4位，按照上述组码中的规定区域选择，对于每一级明细科目各个单位自行规定位数，假如某单位的“原材料”科目属于资产类一级科目，其编码为1403，下设“直接材料”“辅助材料”两个二级科目，“直接材料”下又分为“木材”“钢材”“玻璃”三个最明细的科目。按照分析，二级科目一共两个，留出可扩展的空间也不会超过10种，因此二级编码长度可以设为1位数，可以最多编码9种二级科目。三级科目一共3个，按照企业发展未来可能会超过10种材料，那么可编码长度可设为2位数，可以最多编码99种材料。编码结果见表2-6。

表2-6 **会计科目层次码编码思路**

一级科目	二级科目	三级科目
1403原材料	14031 直接材料	1403101木材
		1403102钢材
		1403103玻璃
		…
	14032 辅助材料	…
	…	…

（2）代码设计原则。

①唯一性。一个代码只能唯一标识一个事物，一个事物在一个系统中也只能有唯一一个代码。

②简单性。代码结构要简单明了，尽可能位数少一些，既可以防止出错，也可以提高处理速度，节约存储空间。

③可扩展性。代码既要满足当前的需要，又要考虑到未来业务发展后增加的内容，以备在既定的编码规则下增加或者删改。

④稳定性。代码一经确定不可随意更改和取消，代码设计应能够适应应用环境的变化，可在较长时间使用。

⑤系统性。整个系统中编制的代码要一致，互通互用，不能出现重复、混乱现象，造成无法统一处理。

⑥规范性。国家有关于编码标准要求的，应当遵循国家规定的编码标准。

2）数据库文件设计

数据库文件是存储各种系统数据的地方。数据库文件设计依据数据流程图和数据词典，将数据流程图和数据词典中描述的文件逻辑模型变为物理模型，使得计算机能够进行数据存取。设计数据库文件时应当考虑以下几个方面：

（1）确定需要建立的数据库文件。按照系统分析的结果，深入分析输入、输出的数据，思考存储的必要性，确定应当设置哪些数据库文件。根据数据流程图和数据词典的要求和特点，会计信息系统通常应建立三种数据库文件：第一，存储固定属性的数据或者过去发生的汇总数据，是辅助服务于数据处理的数据库文件，也称为主文件，如科目文件、客户文件、供应商文件等；第二，存储发生的经济业务数据的文件，也称为业务文件，如凭证文件、订单文件等；第三，临时数据库文件，在数据进行分类处理、汇总等工作中，需要建立一些临时的数据文件存储中间结果，一旦该数据被加工处理完毕，该数据文件的数据就可以被删除，如临时凭证文件、银行对账单文件等。

（2）数据库文件的结构设计。数据库文件的结构直接决定存储数据的明细属性，数据库文件一般由数据记录组成，而记录又由字段组成，因此在进行数据库文件结构设计时，首先对记录包含字段进行设计，然后对字段属性进行设计。一般来说，存储的对象需要存储多少数据项目，就应当设置多少字段（数据项），按照系统分析中数据词典的描述，详尽设计该文件的结构，具体包含哪些字段，字段名称是什么，类型和长度如何等。数据文件名称和字段名应当含义清晰，避免重复或者存在歧义，在以后章节会对各个子系统的数据库文件结构进行详细说明。

（3）数据库文件的组织形式。数据库文件的组织形式是指数据记录排列、读取的方式等，会计信息系统中常用的文件组织形式有以下两种：

①顺序组织方式，其记录是按照建立的时间先后顺序存放和处理的。当数据量较大时，顺序文件的数据存取速度较慢。例如，凭证文件中的记录一般按照时间先后顺序记录，凭证号也随着时间递增而递增，一般每月从第1号开始按照凭证号的先后顺序排列，如果查询相应记录，必须逐一查找，速度较慢。

②索引组织方式，是对已建立时间先后顺序排列记录的文件按照索引关键字自动建立索引文件。因为可以按照索引关键字快速查询和处理数据，所以索引文件的处理速度较快。例如，对凭证文件，以“日期+凭证号”为索引关键字建立索引文件，可以快速准确地查询到相应的凭证信息。

（4）确定数据库文件的属性。根据会计核算与信息管理的要求，确定文件的如下属性：保密性，确定每一个数据库文件的操作权限；读写性，确保每一个数据库文件在符合条件的情况下可以被读写；共享性，确定计算机网络下会计信息系统的各个数据库文件是否允许在不同的工作终端被不同的使用者访问。

3）输入设计

输入设计的主要内容有：

（1）输入方式设计。输入方式可以选择键盘输入、网络传输、条码扫描读入、图形扫描读入等。

（2）输入界面设计。输入界面是人机交互的入口，界面要简洁、易学易用，在录入代码时能够提供联想或在线帮助功能等以提高输入速度，从而满足用户对输入数据的内容和格式两方面的需要。

（3）安全保密控制设计。数据编辑要提供完整性和正确性控制，避免无用出入。对不同的用户要有权限控制，避免没有权限的人员进入输入界面。

4）输出设计

输出设计的主要内容有：

（1）输出方式设计。输出方式主要有屏幕输出、打印输出、绘图输出、移动存储器存储等。

（2）输出界面设计。输出界面是人机交互的出口，界面要友好，要为用户提供处理结果，包括各种查询结果、会计报表、图形分析等，从而满足用户对输出信息的内容和格式两方面的需求。

（3）安全保密控制设计。要对输出信息的安全保密进行控制，对不同用户定义权限，没有权限的用户不能输出信息或者查询输出结果。

5）安全保密设计

系统设计中的安全保密设计是指软件中设置的安全保密性控制，主要任务是根据系统的功能、特点和用户要求，设计软件中的安全保密措施及其实现方法。《企业会计信息化工作规范》对会计信息系统的安全提出了明确的要求：会计软件应当记录生成用户操作日志，确保日志的安全、完整；以远程访问、云计算等方式提供会计软件的供应商，应当在技术上保证客户会计资料的安全、完整；企业应当建立电子会计资料备份管理制度，确保会计资料的安全、完整和会计信息系统的持续、稳定运行。

如前所述，在输入与输出设计中，对输入与输出要进行完整性、正确性控制以及安全保密控制设计，因此，除了在输入、输出环节的安全保密设计外，其他环节的安全保密设计在本部分进行。常见的安全保密措施如下：

（1）设立密码权限控制。根据职责分离的原则划分权限，确保只有经过授权的人员才能接触系统和有关信息，用户的密码可记录在内存变量、数据库文件或者密码盘中，权限可由用户方便地指定和维护。

（2）设立操作日志。系统操作日志应当记录所有操作人员在何时访问了哪个模块、进行了哪些操作以及非法调用或者调用未成功的信息。

（3）系统数据的备份与恢复。任何系统在设计时都要有数据备份功能，包括自动备份和用户选择备份。系统应当根据要求提供这些功能，能够让用户确定哪些系统数据需要自动备份，哪些数据由用户选择备份，任何时候都应当允许用户选择备份，备份时备份介质没有足够空间时要有提示信息，防止用户认为已经备份而实际没有完成备份的情况发生。系统应提供恢复功能，在系统数据受到破损时可以利用备份的数据进行恢复。

（4）系统运行状态的自动记录与检查。系统在运行过程中可能遇到不可预知事件，如断电、死机、病毒感染等情况，这时数据可能丢失。为防止这种情况发生，系统应当有自动记录与检查功能，按照运行记录来检查文件数据的完整性。一旦发现数据被破坏，系统能够自动用备份文件恢复该文件，保证系统数据的完整性和安全性。

6）处理过程设计

处理过程设计是确定每个模块的内部执行过程，对每一步的处理进行详细描述，为下一步程序设计提供逻辑支持。这其中最主要的工作是模块的加工处理逻辑（算法）设计，常用PDL语言、程序流程图等工具进行描述。

（1）PDL语言，即过程设计语言，是介于自然语言和结构化程序设计语言之间的一种语言。作为一种混杂语言，它使用自然语言的词汇，同时使用结构化程序设计语言的语法。

程序设计语言的常见语法结构有：顺序结构、判断选择结构、循环结构。顺序结构按照上下处理顺序依次描述处理逻辑；判断选择结构是判断是否符合单一条件或多个条件来进行相应的处理逻辑；循环结构是重复进行相应处理直至条件满足或者不满足。

例如，采用PDL语言描述“科目增加”处理逻辑，要求科目代码、科目名称、科目性质为必须录入的数据项。

```
输入会计科目
IF 科目代码、科目名称、科目性质为空
   则  提示信息“该项不能为空”
 ELSE
   用该代码检索科目文件
    IF  有此科目代码
     则  提示信息“该科目已经存在，重新录入”
    ELSE
        将该科目写入科目文件
    ENDIF
ENDIF
```

注：本示例中的“IF…ELSE…ENDIF”也可以用“如果…否则…如果完”来代替。

（2）程序流程图是一种算法的表达工具，用图形表示了程序的操作顺序。程序流程图包括：起点、终点、数据流、判断、循环、加工处理等图形符号。

常见的程序流程图结构及画法如图2-13所示。

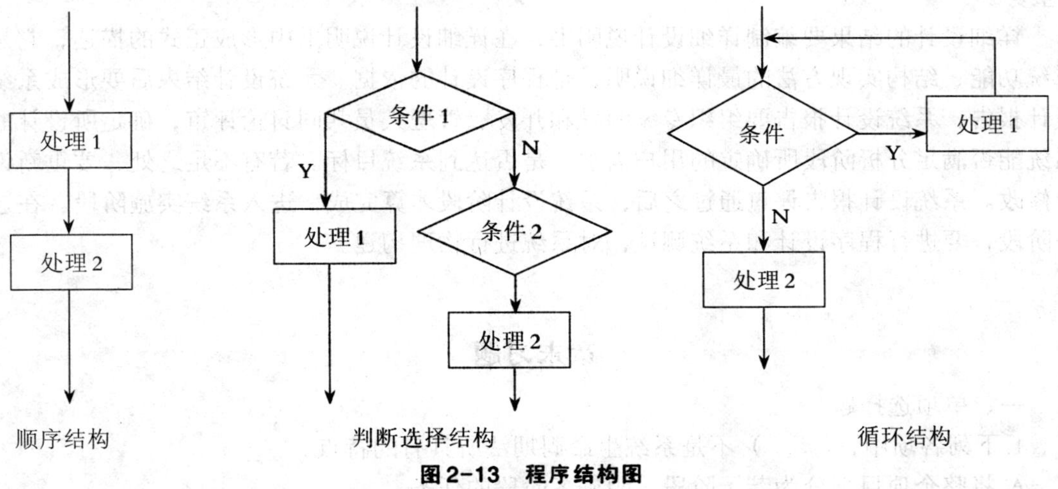

图2-13　程序结构图

继续以上述科目增加为例，假设科目代码DM、科目名称MC、科目性质XZ为必须输入的数据项，科目增加程序流程图如图2-14所示。

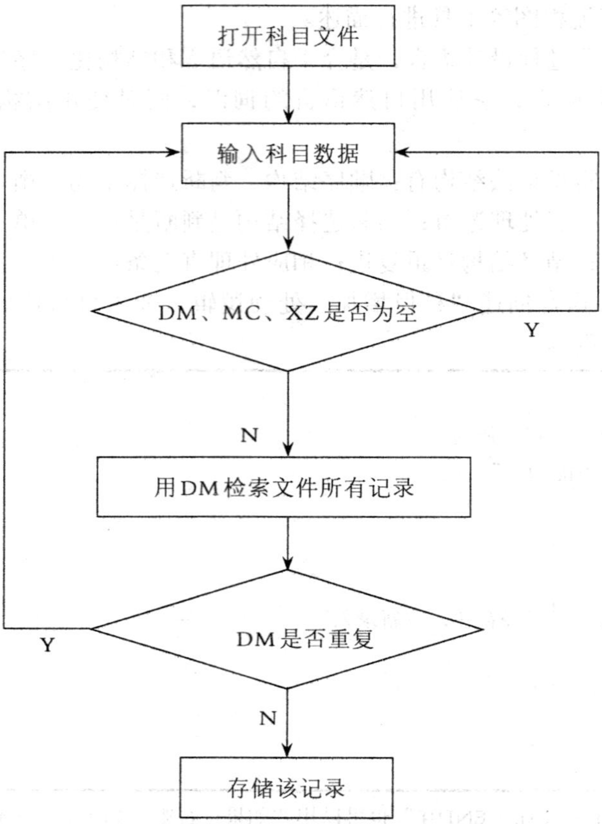

图2-14　科目增加程序流程图

注：本流程图将检索科目代码的处理过程用一个图示表示。严格来说，还应当将检索过程细化，运用循环结构，从科目文件中第一条记录开始查找，循环查找至科目文件最后一条记录，判断科目代码是否重复。

详细设计的结果要编制详细设计说明书，在详细设计说明书中形成正式的描述，它是系统功能、结构实现方法的最详细说明，是程序设计的依据。系统设计结束后要形成系统设计报告，系统设计报告要组织专家领导和开发、管理人员共同讨论评审，确定所设计的系统能否满足分析阶段所确定的用户需求，是否达到系统目标。若有不足之处，要重新设计修改。系统设计报告评审通过之后，系统设计阶段才算完成，进入系统实施阶段。在这一阶段，要进行程序设计和系统测试，对系统进行物理构建。

章末习题

一、单项选择题

1.下列各项中，(　　)不是系统生命周期法所具有的特点。

A.将整个项目划分为若干阶段，明确各阶段的任务

B.每个阶段都有详细的文档记录和复审程序

C.可以较早地向用户展现系统雏形

D.适合于大型软件的开发

2.原型模型是软件开发中一类常用的开发模型，它与生命周期模型相比较，特点是（　　）。

A.开发时间较短　B.生命周期完整　C.开发时间较长　D.开发费用多

3.经济可行性和技术可行性研究属于软件开发的（　　）阶段。

A.系统分析　B.系统设计　C.系统维护　D.系统规划

二、多项选择题

1.会计信息系统的开发方法通常包括（　　）。

A.结构化系统开发方法　B.计算机辅助开发方法

C.面向对象的开发方法　D.数据流程法

2.数据词典是数据流程图的补充，主要对数据流程图中的（　　）进行详尽的描述和确切的解释。

A.外部实体　B.数据流　C.数据存储　D.数据处理逻辑

三、判断题

1.系统设计就是进行会计信息系统的详细设计。（　　）

2.数据流程图与数据词典的作用是一样的。（　　）

3.系统的处理逻辑可以使用PDL语言表示。（　　）

四、简答题

1.何谓系统开发生命周期？一般分成几个阶段？各阶段的主要任务和成果分别是什么？

2.结构化系统开发方法、计算机辅助开发方法和面向对象的开发方法各有何优势和局限性？各自适应的条件分别是什么？

3.数据流程图与功能结构图有何联系与区别？

五、业务分析与设计

某企业对于完工产品的管理业务过程如下：

产品完工时，车间填制产品入库单一式三联，其中一联传递给仓储部门以登记库存台账，一联传递给财务部门以编制记账凭证。

产品销售时，销售部门将发货通知单传递给仓储部门以填制一式三联的产品出库单，其中一联仓储部门留存以登记库存台账，一联交给财务部门以编制记账凭证。

要求：按照上述业务过程，画出该业务的数据流程图。

第2章章末习题参考答案

第3章/ 账务处理子系统

【学习目标】通过本章学习，了解账务处理子系统的数据处理流程；熟知账务处理子系统的主要功能结构，掌握初始化、凭证处理、出纳管理、自动转账和账表输出等模块的分析设计原理；熟练应用通用财务软件的账务处理子系统。

3.1 账务处理子系统概述

3.1.1 账务处理子系统的基本工作流程

账务处理子系统是指运用货币作为计量手段，运用专门的会计核算方法，对企事业单位发生的经济业务进行核算和管理，生成账簿和报表信息的系统。

从信息系统的角度看，账务处理的过程就是采集经济业务数据、加工数据、存储数据和信息输出的过程。

（1）采集经济业务数据，主要是采集经济业务发生的原始数据。这部分数据在系统中主要从销售与收款子系统、采购与付款子系统、成本子系统、工资子系统、固定资产子系统等中获取，如销售发票、入库单、折旧费用分配表、工资费用分配表等。

（2）加工数据主要是将采集无误的原始数据，按照借贷复式记账的要求，生成记账凭证数据，并对记账凭证数据进行审核、分类计算汇总等工作。记账凭证的获取主要包括：第一，无法从其他子系统获取而经过手工录入的记账凭证；第二，在账务处理系统中可以自动转账形成的记账凭证；第三，从其他子系统自动获取。

（3）存储数据就是将加工的数据进行存储，即将记账凭证数据存储在记账凭证文件中，将汇总数据存储在总分类账数据文件中。

（4）信息输出主要以记账凭证和账簿文件存储的数据为依据，编制内外部报表，向信息使用者提供决策有用信息。

账务处理子系统的基本工作流程如图3-1所示。

3.1.2 账务处理子系统的基本特征

与其他子系统相比，账务处理子系统具有以下基本特征：

1）规范性强、一致性好

账务处理子系统有着规范的核算方法，使用全球通用的借贷复式记账法，进行凭证填

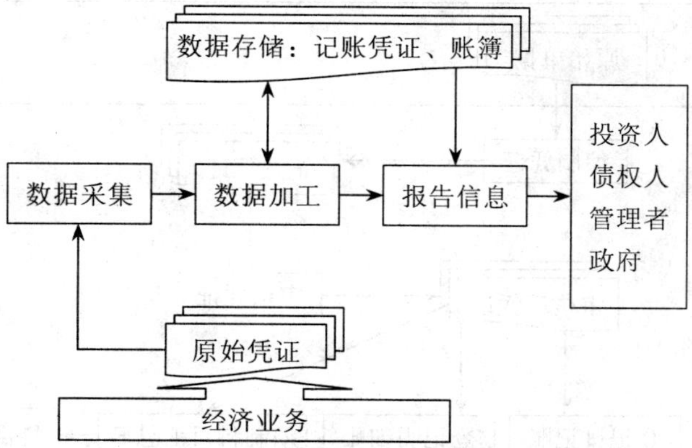

图3-1　账务处理子系统处理流程

制与审核、账簿登记、报表输出的过程，其中借贷复式记账法有着会计恒等式和记账规则的要求，会计账簿的登记虽然可以选择不同的会计核算组织程序，在登记总账的过程略有不同，但是登记后账簿的格式是基本相同的。

2）综合性强、集成性高

与手工账务处理一致，会计信息系统下账务处理的原始数据仍然来源于各个业务子系统。各个业务子系统通过自身功能实现企业局部业务的加工处理，作为原始数据的来源，其形成的各个原始数据通过借贷复式记账的逻辑都要传递到账务处理子系统中，因此，账务处理子系统以货币作为主要计量手段，全面、系统、综合地反映了企业的进销存等信息，在获取数据的同时，也不断向其他子系统传递需要的信息，起到了数据交换桥梁的核心作用。

3）控制严格、正确性要求高

账务处理子系统要生成投资者、债权人、管理层、政府等需要的会计信息。这些会计信息以会计报表及附注形式披露，正确的报表数据来源于正确的账簿，正确的账簿数据来源于审核无误的凭证数据，因此必须从凭证数据开始，对账务处理各个环节加以严格控制，才能防止差错发生，增强信息的正确性。

3.2　账务处理子系统的数据流程

3.2.1　手工环境下账务处理的操作流程

在传统手工条件下，财会人员账务处理的一个会计循环主要包括：收集、整理、审核原始单据；编制记账凭证；审核无误并登记会计账簿；然后，按照权责发生制原则编制调整分录；对账结账；编制试算平衡表；生成报表。其中，登记总账过程还有五种会计核算组织程序，分别是：记账凭证核算形式、科目汇总表核算形式、汇总记账凭证核算形式、日记总账核算形式、多栏式日记账核算形式。

在实际工作中，科目汇总表核算形式最为常见，其操作流程如图3-2所示。

【说明】流程图中的会计出纳岗可以细分为凭证编制岗位、审核记账岗位、出纳岗位、报表岗位。其中，凭证编制和凭证审核岗位一般不能为一个人。

科目汇总表核算形式主要包括以下操作步骤：

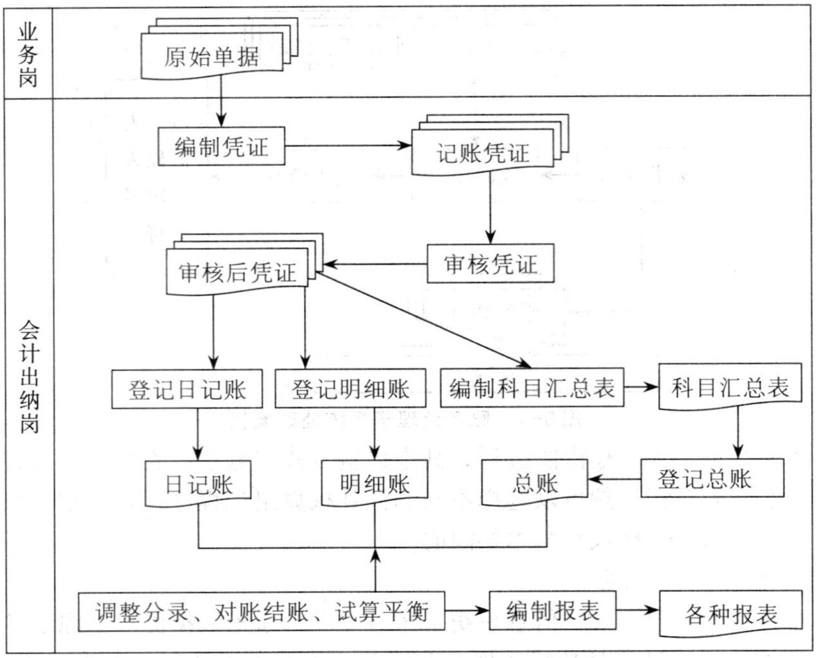

图 3-2　手工账务处理操作流程图

（1）根据审核无误的原始凭证或者原始凭证汇总表编制记账凭证；

（2）出纳根据审核无误的收付款凭证，登记库存现金日记账和银行存款日记账；

（3）根据审核无误的记账凭证和原始凭证登记明细账；

（4）根据审核无误的记账凭证定期编制科目汇总表；

（5）根据科目汇总表登记总分类账；

（6）期末，进行调整分录编制、对账结账、试算平衡等工作；

（7）根据总账、明细账、日记账中的数据编制会计报表。

3.2.2　手工环境下账务处理流程存在的问题

手工环境下的账务处理过程是按照证账表的顺序进行的。除不相容岗位外，工作量大的单位通过分工来降低单人的工作量。分工确实解决了工作量大的问题和专业性问题，但是同时也衍生出很多问题，主要表现为：

（1）重复操作多、工作量大。手工账务处理设置了日记账、明细账、总账等。这些账簿能够提供不同角度的信息。这些信息的生成主要依据记账凭证的数据，因此，会计人员需要重复转抄记账凭证的数据，结果是工作量增大，转抄过程的错误率增加，进而就必须进行对账。

（2）准确性差。传统手工账务处理在进行凭证登记后需要进行审核，在登记账簿中，对于已经登记的记录，打上对勾进行记录，防止重复登记，但是无论会计人员多么仔细认真，由于是人在操作，都会受到心情、状态、技术等影响而出现差错，而一旦出现差错，在试算平衡等工作中就会花费大量时间去查找，有时候可能出现金额借贷同时增减的状态而无法识别，造成会计报表数据准确性差。

（3）提供信息不及时。这个问题是大家所共知的，重复记账工作、工作检查量大、手工生成报表等问题，必然导致对外披露报表时会延迟，尤其年末还要进行年终决算等工作，信息披露一般都要延迟4个月以上。

3.2.3　计算机环境下账务处理操作的优化

按照上述分析，结合计算机环境的特点，对手工账务处理进行如下优化：

（1）解决重复操作问题，即记账自动化。既然账簿数据都来源于记账凭证的数据，且记账过程有一定规律性，那么记账工作让计算机自动完成，只需要设置好共享的凭证数据，编写好记账程序规则，即可解决这个问题。

（2）弱化不必要的工作步骤，如对账、会计核算形式、试算平衡。既然记账工作自动进行，且数据来源于唯一的数据源，那么除非程序出现问题，否则数据不会出现差错，那么对账和试算平衡工作就不具备实质重要性了。同时，由于计算机按照程序进行记账，计算、统计和汇总过程瞬间完成，因此在登记总账中，也无须划分为多种会计核算组织程序，系统自动将满足账户登记条件的记录登记到相应账簿中，用户可按照需要进行查询，既可以查询到记账凭证逐条登记的总账，也可以查询到科目汇总登记的总账等。

（3）有规则的工作可以实现自动化，如编制调整分录、结账等。按照权责发生制的原则，以及期末账户结转的要求，每期都会进行这类账务处理，同时这类账务处理借贷科目和金额都能够根据已经发生的业务得到。这一类业务，可以采用设定模板、自动转账来生成。

3.2.4　计算机环境下账务处理的数据流程

按照上述分析，对手工账务处理的操作流程进行优化取舍，按照数据流程图的描述要求，计算机环境下账务处理的数据流程图如图3-3所示。鉴于在上一章已经对简化的账务处理进行了逐层分解的讲解，本章直接给出底层流程图。

（1）在进行正常的日常业务处理之前，需要将单位现存的基础资料输入到系统中，以便在凭证编制、工资核算、资产管理等业务处理中加以引用，如企业基本档案、部门员工档案、客户供应商档案、仓库存货档案、会计科目档案、结算方式档案、期初余额数据等，这个功能如上述流程图中的“初始设置”部分。

（2）业务部门将业务发生的原始单据数据传递给财会部门。在计算机环境下，一种是传递纸质单据，会计人员据以编制记账凭证直接保存到系统的临时凭证文件中；另一种是在集成的财务业务一体化系统中，由相应的业务子系统传递数据，如从销售子系统传递过来销售发票数据等，按照转换规则自动生成相应的记账凭证数据，保存在临时凭证文件中，如流程图中的“编制”功能。

（3）从临时凭证文件中获取凭证记录，依次进行审核。如果审核通过，则对该记录做审核标记再保存回临时凭证文件中。如果审核不通过，则进入修改环节。如果原始凭证有误则退回给业务部门；如果原始凭证无误，则交给记账凭证编制人员，进行修改，修改完毕再将结果存入临时凭证文件中，如流程图中的“审核”“修改”功能。由于图3-3是账务处理的数据流程图，所以原始凭证有误退还给业务部门的过程没有加以表述。

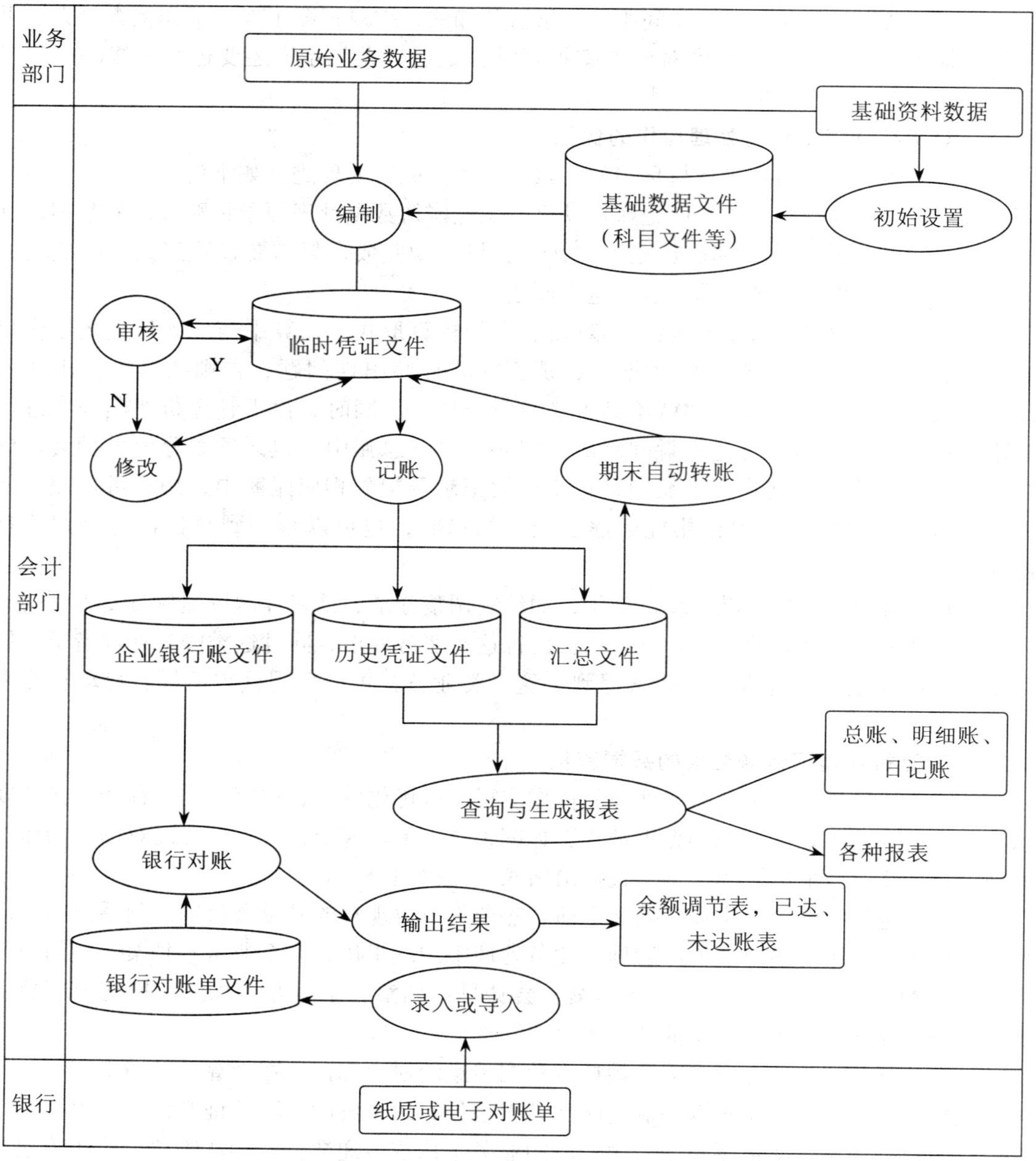

图 3-3　计算机环境下账务处理底层数据流程图

（4）审核无误后，开始进入登记账簿的工作，系统会自动从临时凭证文件中获取已经审核的记录进行记账，分别更新企业银行账文件、历史凭证文件和汇总文件。其中企业银行账文件的数据用于下一步的银行对账；历史凭证文件是临时凭证文件的永久保存文件，格式内容一致，用于输出明细账和日记账；汇总文件是相同期间相同科目的汇总，用于输出总账。如上述数据流程图中的“记账”功能。

（5）按照权责发生制原则，期末存在摊销、计提、分配、结转的事项。这些事项每期都发生，并且借贷科目可以确定，金额可以根据已知的金额计算得到，因此可以设定生成逻辑，让系统自动生成这些凭证记录，存储到临时凭证文件中，如图3-3“期末自动转账”功能。需要强调的是，期末自动转账也是编制凭证的过程，因此自动生成的凭证记录仍然要存储到临时凭证文件中进行审核记账，同时，自动转账的金额是根据已知的金额获得的，这个金额主要从汇总文件中获取，因此，自动生成凭证前，要求已经编制形成的凭证记录都应当审核记账，避免遗漏业务，数据出错。

（6）查询与生成报表。计算机根据各种数据文件自动实时地生成日记账、明细账、总账，以及不同信息需求者需要的会计报表信息。当前会计信息系统将会计报表模块单独设置，灵活性大、共享度高、耦合性低。

（7）结账工作。本期所有工作结束后，进行结账工作。计算机环境下账务处理的结账工作主要是指在所有业务都记账的基础上，结出各个账户的发生额和余额，并结转至下期。在流程图中由于这是最后一步工作，因此没有直接画出，一般在查询生成账表之后。

（8）银行对账，出纳人员从银行获取纸质或者电子对账单，通过录入或者导入功能形成银行对账单文件，然后将上述形成的企业银行账文件和银行对账单文件逐条核对，进行对账，直至数据全部核对完毕，将已经核对上的做出标记，没有核对上的为未达账项，据以生成余额调节表。如数据流程图中的“录入或导入”“银行对账”“输出结果”等功能。

按照上述对手工账务处理流程的优化，形成计算机环境下的账务处理数据流程图，这其中对记账过程进行了自动化处理，使得数据来源单一，减少了人工参与，避免出错；对于每期分摊、计提、分配、结转业务也可以实行自动化处理，减少人工参与；对于对账功能，无须单独设置该功能，在结账中内置该程序，避免因病毒造成的数据错误；试算平衡功能无须单独设立，输出试算平衡表进行查询即可。

3.3　账务处理子系统的系统设计

账务处理子系统的系统设计主要包含功能模块设计、编码设计、数据库文件设计、输入输出设计、处理过程设计、安全保密设计等。为了简便易懂，逻辑清晰，本部分按照总体功能模块划分，逐个模块拆分进行详细设计的思路进行。拆分过程中，也增加各个模块的底层数据流程图分析。同时，为了便于掌握，以用友ERP软件为蓝本，更直观地掌握开发和设计的原理与应用。

3.3.1　账务处理子系统的功能结构

通过上述账务处理数据流程图可以看出，账务处理要经过“初始设置”“编制凭证”“审核凭证”“修改凭证”“凭证记账”“自动转账”“账表输出”“录入对账单”“银行对账”“输出对账结果”等加工处理过程。我们将这些处理过程整合成几个功能模块，依次为：初始设置模块、凭证管理模块、账簿管理模块、期末处理模块、出纳管理模块。

鉴于当前报表都单独设立子系统，则报表不在账务处理中讲解，同时，每一个子系统都会有一些安全保密设计功能，如备份、恢复、口令权限等功能，统一命名为系统服务模块。另外，随着业务的发展和管理的需要，账务处理子系统在基本核算的基础上，增加了辅助核算和管理的功能，如往来管理、项目管理、部门管理、客户供应商管理等。这些可以合并为辅助管理模块。因此，账务处理子系统功能结构图如图3-4所示。

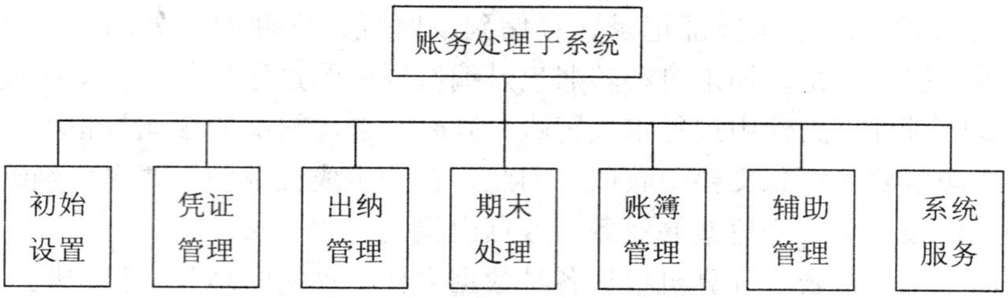

图 3-4 账务处理子系统功能结构图

3.3.2 各功能模块的具体构成

（1）初始设置。初始设置模块主要包括账套设置、人员权限、科目设置、凭证类型设置、外币设置、期初余额录入，以及其他应当进行的基础设置功能。

（2）凭证管理。凭证管理模块主要包括凭证录入、凭证审核、凭证修改、凭证记账、凭证查询等功能。

（3）出纳管理。出纳管理模块主要进行银行对账功能，除此以外，还可以延展功能，包括现金对账、支票管理等。

（4）期末处理。期末处理模块主要包括自动转账和结账功能。

（5）账簿管理。账簿管理模块主要包括总账、明细账、日记账、辅助账、余额表、试算平衡表等查询和打印功能。

（6）辅助管理。辅助管理模块主要是基于管理的角度，对部门、员工、客户、供应商、成本、项目、往来款项等进行细化核算和管理，能够提供更多元化的信息。

（7）系统服务。系统服务模块主要包括数据备份、数据恢复、口令维护等功能。

上述仅仅是按照账务处理子系统一般应当具备的功能划分的。各个单位在分析和设计过程中，还可以根据自身需要进行增减变动。

3.4 初始化设置模块设计

初始设置就是在进行账务处理之前，首先根据本单位的实际情况和业务特征进行基础资料和参数等设置，将企业个性化信息保存到相应数据库文件中。总的来说，账务处理子系统初始设置主要核心功能基本一致，不同软件在开发设计中略有区别。下面就初始设置中的几个主要功能进行讲解。

3.4.1 账套设置

所谓账套是指在会计信息系统中为每一个独立核算的单位建立的一套完整的账务体系，具体表现为为各个独立核算单位建立的一整套相互关联的数据库文件的总和。建立完成的账套作为数据库文件，统一存储在指定的硬盘和目录下。一个单位对应一个账套。如果单位内部还有独立核算的下级单位，或下设多个独立核算的部门，则可给每个独立核算部门分别立账，各账套之间可实现资源或数据共享。

1）账套设置内容

目前各个软件厂商都独立于账务处理子系统，单独设立一个账套管理的模块，进行账套的新增、修改和删除等工作。本节为了讲解的连续性，将该功能放到初始设置中进行简要说明。

对于首次使用会计信息系统进行业务处理的单位，第一步就要进行账套的设置，其主要内容是定义账套参数，主要包括：账套号、账套名称、单位名称、存储路径、启用日期、会计期间、记账本位币等，也可以将编码方案设置等工作放到账套设置中。

（1）账套号：新建账套的编号，用户必须输入，每个账套有唯一的编号，不允许重复编号，但是可以不连续编号（有些软件账套号自动生成，不需要手工填写，则一定为连续编号）。

（2）账套名称：为该账套设置一个可识别的存储名称，一般也可以以核算单位的名称为账套名称。

（3）单位名称：使用该系统的独立核算单位的名称。

（4）存储路径：新增账套数据库文件所要存储的计算机硬盘和文件夹目录。

（5）启用日期：使用新系统进行业务处理的日期，是旧系统和新系统的交接日期，规定启用日期就是为了便于确定计算机环境下账务和业务处理的起点，以便在新旧交接时保持数据的连续性。

（6）会计期间：主要确定单位进行会计核算时人为划分的起止报告期间。目前我国规定会计年度为1月1日至12月31日，最小会计期间为公历自然月份。

（7）记账本位币：单位日常进行凭证、账簿登记的计量货币。我国会计准则规定，会计核算以人民币为记账本位币。业务收支以人民币以外的货币为主的单位，可以选定其中一种货币作为记账本位币，但是编报的财务会计报告应当折算为人民币。一般情况下，企业采用的记账本位币都是企业所在国使用的货币，记账本位币是与外币相对而言的。凡是记账本位币以外的货币都是外币。

（8）编码方案：主要是针对系统中出现的如科目、部门、客户、供应商、员工、存货等资料进行编码的级数和级长。所谓级数，就是编码最多能明细到多少级；所谓级长，就是每一级编码的长度。例如：部门编码是2-1，则表示部门可以明细到二级，第一级编码的级长为2，最多可以编99个一级部门，而二级编码级长为1，即最多可以编9个二级部门。个别系统在开发设计中不再严格限制编码方案，可以自主设定。

2）用友ERP系统的账套设置

用友ERP系统的建立账套功能，需要进入【系统服务】下的“系统管理”，用admin（密码为空）登录后即可操作。该模块功能与内容如图3-5至图3-8所示。

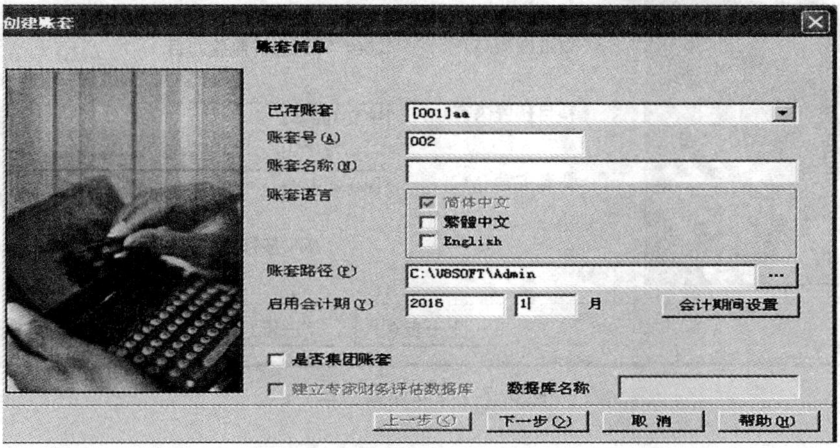

图3-5 建立账套（一）

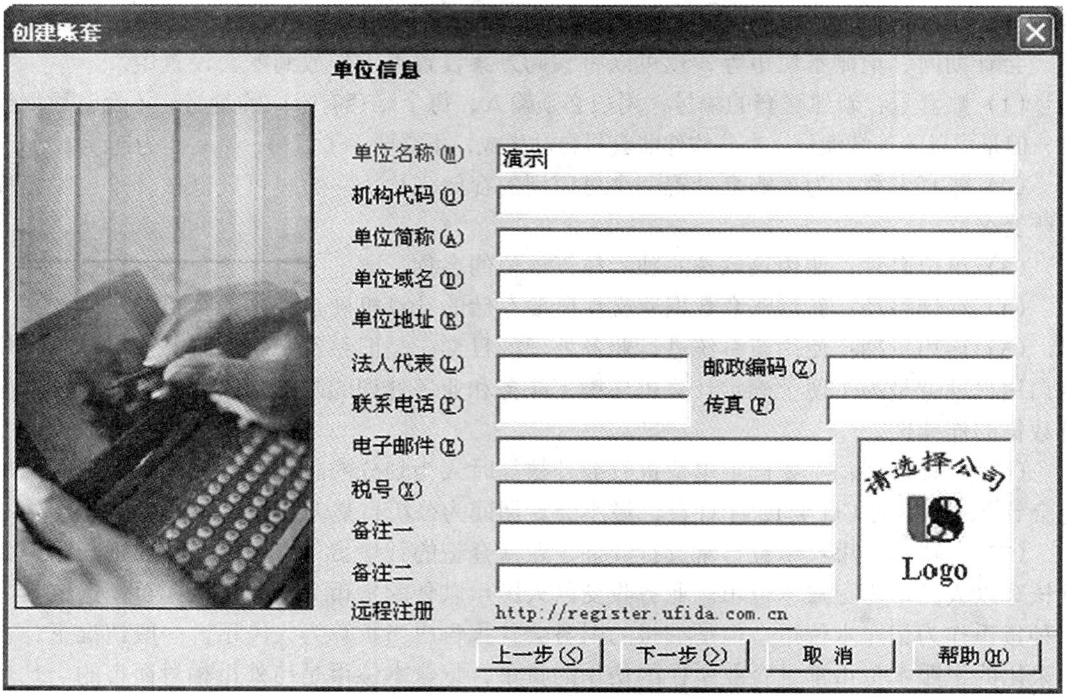

图3-6　建立账套（二）

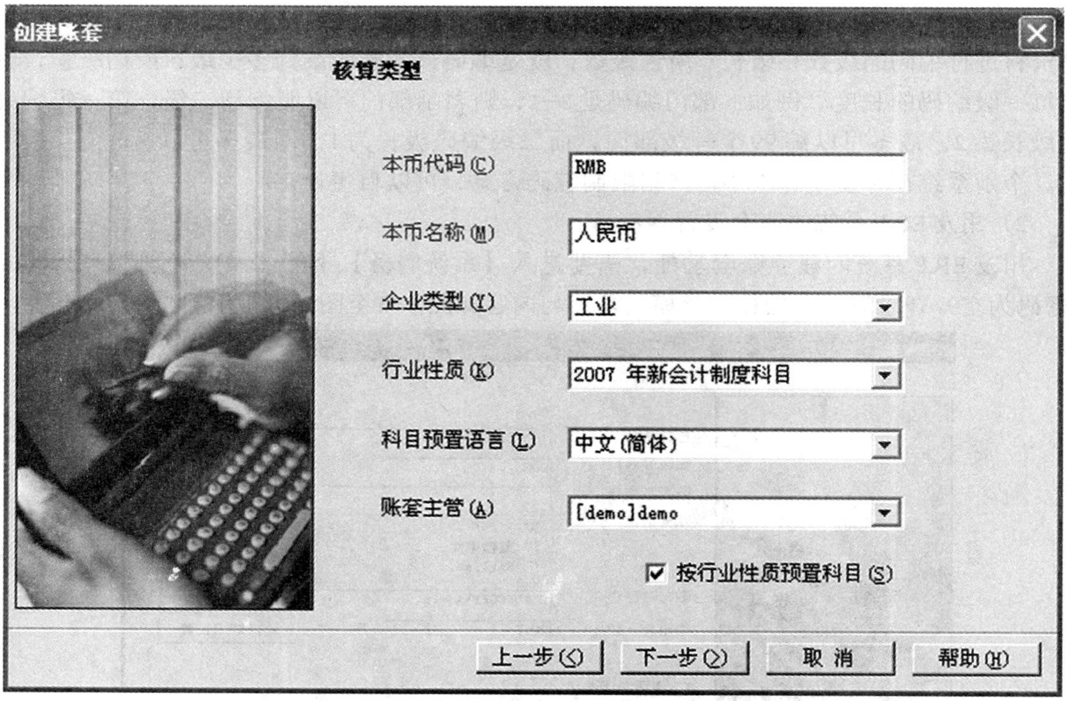

图3-7　建立账套（三）

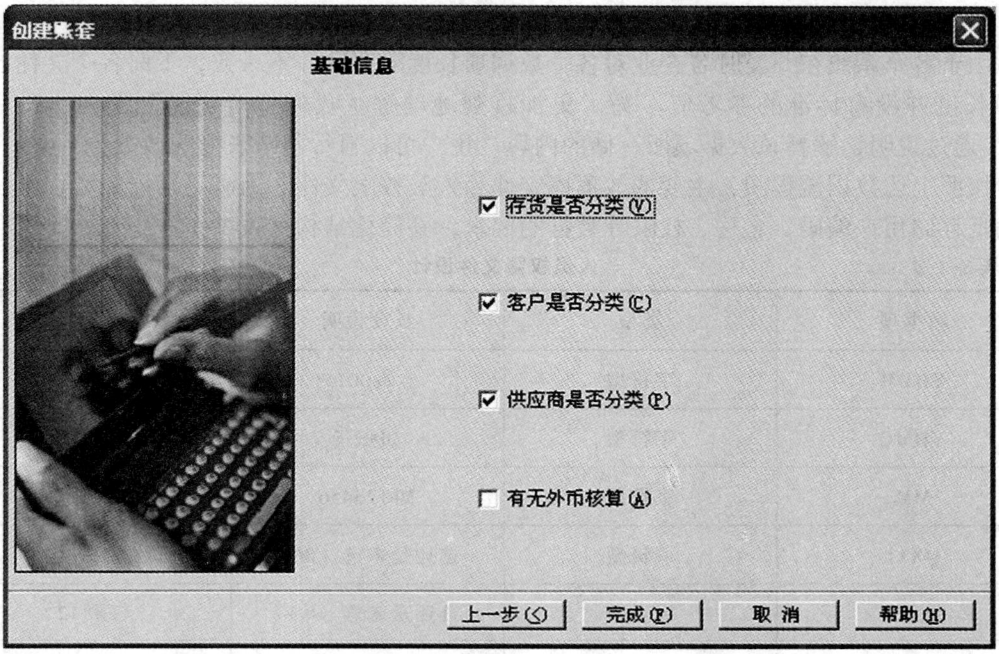

图3-8　建立账套（四）

3.4.2　人员权限设置

按照财政部《会计核算软件基本功能规范》的规定，会计核算软件具有输入操作人员岗位分工的情况、防止非指定人员擅自使用的功能和对指定操作人员实行使用权限控制的功能。

1）人员权限设置模块功能

（1）实现对人员分工的管理，结果保存在相应用户的权限文件中。

（2）财务主管应当具备所有权限，并具有对财会人员分工的职责。

（3）财务分工的基本功能：设置人员（增加、修改、删除）、赋予权限（范围权限、功能权限、金额权限、科目权限等）。

2）人员权限设置模块的数据流程图

按照上述功能要求，人员权限设置模块的简化的数据流程图如图3-9所示。

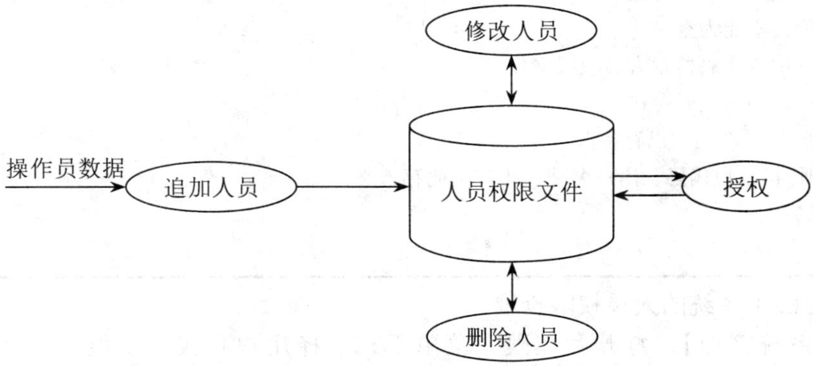

图3-9　人员权限设置数据流程图

3）人员权限文件设计

由于各个系统在开发时各企业对各个数据项长度的要求并不一致，下面各个文件的数据项长度并没有标准的参考值。为了更加直观地理解，我们将“长度”变为“长度说明”，通过说明，解释该数据项所存储的内容。用户可以自行判断长度的位数。

按照上述数据流程图，主要的数据库文件为人员权限文件。为满足功能需要，至少应当满足存储用户编码、名称、权限等数据的要求，其简化结构见表3-1。

表3-1 **人员权限文件设计**

数据项	类型	长度说明	备注
YHDM	字符型	如001	用户代码
YHMC	字符型	如张三	用户名称
MM	字符型	如123456	密码
QX11	逻辑型	选还是未选（0/1）	权限11
QX12	逻辑型	选还是未选（0/1）	权限12
QX21	逻辑型	选还是未选（0/1）	权限21
QX22	逻辑型	选还是未选（0/1）	权限22
…	逻辑型	选还是未选（0/1）	…

4）处理过程设计

按照流程图的设计，应当具有的功能包括增加用户、修改用户、删除用户、授权。下面以增加用户为例，进行处理逻辑说明，其他功能学生可自行练习书写，目的是了解逻辑处理过程，能够更深入地掌握系统的内部运行原理。

增加用户的处理逻辑说明如下：

```
打开人员权限文件
输入用户代码、用户名称、用户密码
如果 用户代码或用户名称为空
    则 该项目不能为空
  否则 用该用户代码检索人员权限文件
      如果 该用户代码存在
        则 提示“用户已存在”
       否则 将用户代码、用户名称、用户密码存入文件
      如果完
如果完
```

5）用友ERP系统的人员权限设置

进入【系统管理】，打开“权限”菜单下，选择用户和权限功能，如图3-10和图3-11所示。

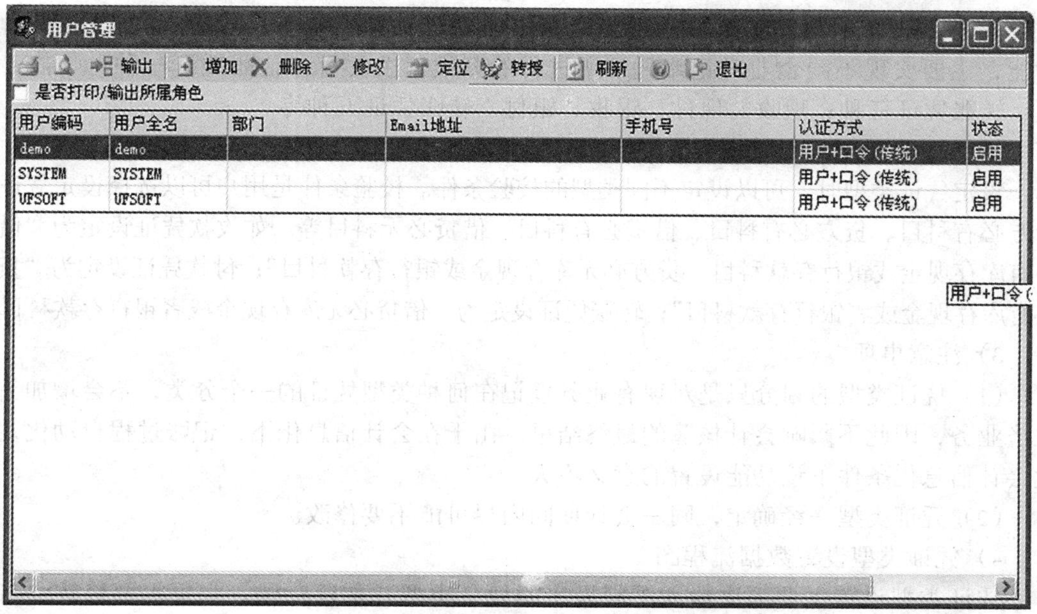

图3-10　增加用户功能

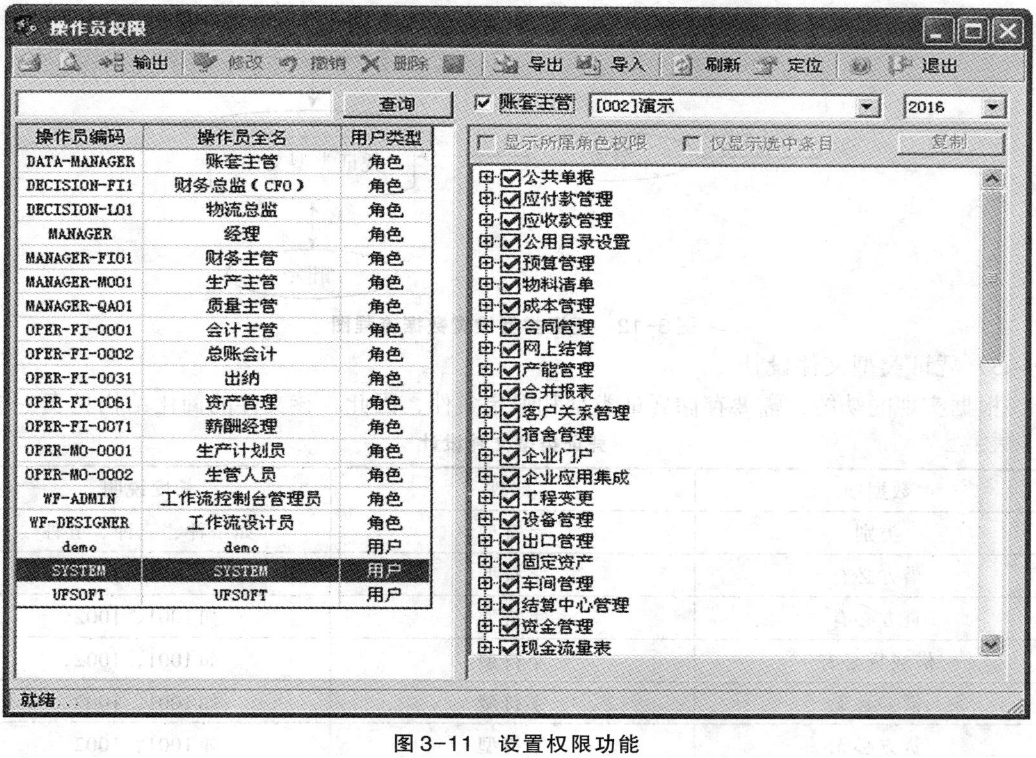

图3-11　设置权限功能

3.4.3　凭证类型设置

1）凭证类型设置功能

在手工账务处理模式下，由于企业规模大、收支业务较多，为了分工协作，可以将记账凭证进行分类，同时也方便账簿登记，减少出错。计算机环境下也设置了凭证类型管理功能，主要实现不同企业对记账凭证所进行的分类，主要有：记账凭证一种；收款、付款、转账凭证三种；现收、现付、银收、银付、转账凭证五种等。

2）凭证类型的限定条件

设定凭证类型时，可以设定不同类型的校验条件。校验条件是用户可以选择设定凭证的借方必有科目、贷方必有科目、借贷必有科目、借贷必无科目等。如收款凭证设定为“借方必有库存现金或银行存款科目、贷方必无库存现金或银行存款科目”；付款凭证设定为“贷方必有库存现金或者银行存款科目”；转账凭证设定为“借贷必无库存现金或者银行存款科目”。

3）注意事项

（1）凭证类型的划分只是对现有业务登记在何种类型凭证的一个分类，不会增加新的经济业务，因此不影响会计核算的最终结果。由于在会计信息化下，记账过程自动化，因此会计信息化条件下该功能设置的意义不大。

（2）凭证类型一经确定，同一会计期间内尽可能不要修改。

4）凭证类型设置数据流程图

凭证类型设置主要解决输入不同设定的凭证类型并加以存储。如果需要修改或者删除，应该提供该功能，数据流程图如图3-12所示。

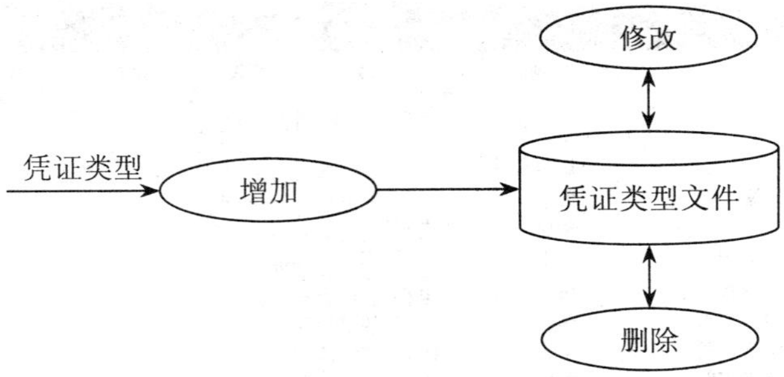

图3-12　凭证类型设置数据流程图

5）凭证类型文件设计

根据实现的功能，需要存储凭证类型和限定条件，因此，该文件的简化结构见表3-2。

表3-2　**凭证类型文件设计**

数据项	类型	长度说明
类别	字符型	如一种、三种、五种
借方必有	字符型	如1001，1002
贷方必有	字符型	如1001，1002
借或贷必有	字符型	如1001，1002
借方必无	字符型	如1001，1002
贷方必无	字符型	如1001，1002
借和贷必无	字符型	如1001，1002

注：本例将设定的不同类型存储到数据项“类别”中，进而通过内部程序判断是“记账一种，还是收付转三种，或是收付转五种等”，实现在记账凭证中能够选择不同类型。

6）处理过程设计

按照流程图的要求，应当实现类型增加、修改、删除的功能，下面仍以增加凭证类型为例，利用PDL语言，进行处理逻辑说明。

```
输入凭证字
如果 凭证字为空
    则 提示信息“该项不能为空”
  否则
      用该字检索凭证类型文件
        如果 有此凭证字
         则 提示信息“该数据已经存在，重新录入”
        否则
            将该凭证字写入凭证类型文件
        如果完
如果完
```

7）用友ERP系统的凭证类型设置

通过企业应用平台，登录注册控制台，选择【基础设置】-【基础档案】-【财务】下的凭证类型设置，如图3-13和图3-14所示。

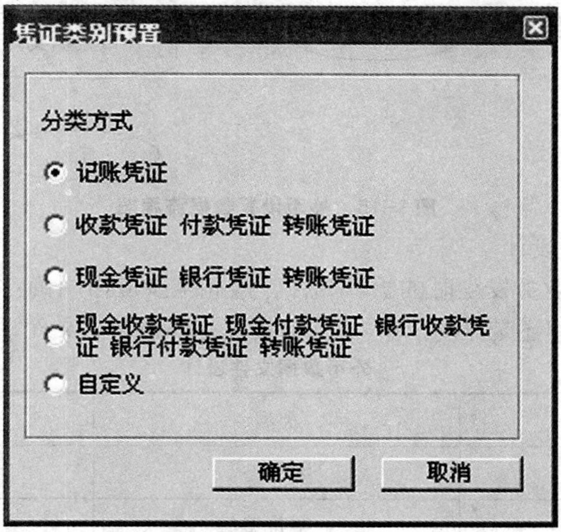

图3-13　凭证类型设置

3.4.4　外币设置

企业在生产经营过程中可能会发生外币业务。在手工账务处理下，发生外币业务，需要人工折算为记账本位币，进而登记入账。在计算机环境下，减少人工工作量，利用计算机自动进行折算，而在此之前，需要将企业可能发生的外币输入到系统中，并指定折算汇率和折算方法，这个过程就是外币设置功能。

1）外币设置的数据流程图

外币设置的数据流程图如图3-15所示。

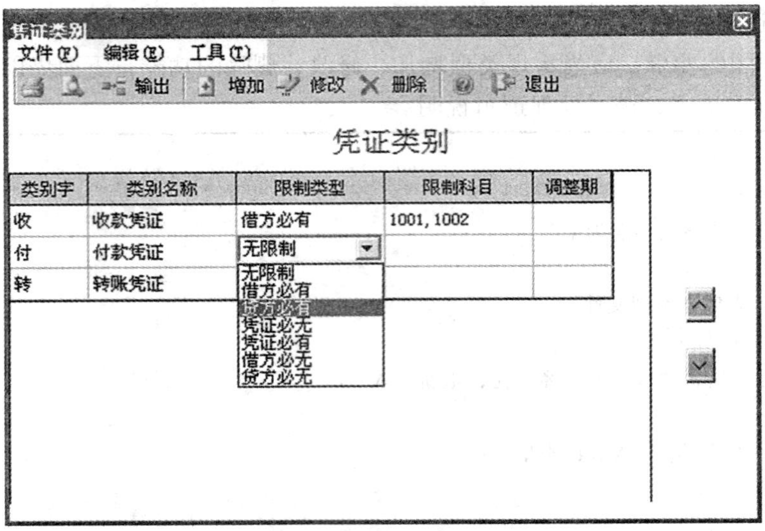

图 3-14 限定条件设置

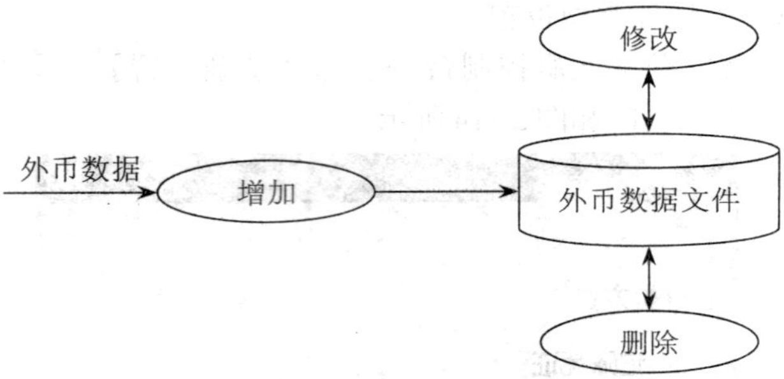

图 3-15 外币设置数据流程图

2）外币数据文件设计

该文件存储外币业务发生时的折算属性，因此至少应当明确：何种外币、汇率大小、汇率形式（即固定汇率还是浮动汇率）、如何折算。外币数据文件设计见表3-3。

表3-3 外币数据文件设计

数据项	类型	长度说明
币别代码	字符型	如USD、EUR等
币别名称	字符型	如美元、欧元等
记账汇率	数值型	如6.52，两位小数
折算方式	字符型	如外币×汇率
汇率形式	字符型	如固定汇率

3）处理过程设计

外币设置主要满足三个功能：增加外币、修改外币和删除外币。增加外币时，按照存储要求，应当需要增加的项目包括：外币代码、外币名称、外币汇率、折算方式、汇率形式。进行增减处理过程中，分别注意事项为：增加功能需要识别是否币符重复；修改功能需要注意一旦被使用，一般来说，币符不允许修改；删除功能需要注意已经发生业务的外币不能删除。

4）用友ERP外币设置

选择【基础设置】-【基础档案】-【财务】下的外币设置，如图3-16所示。

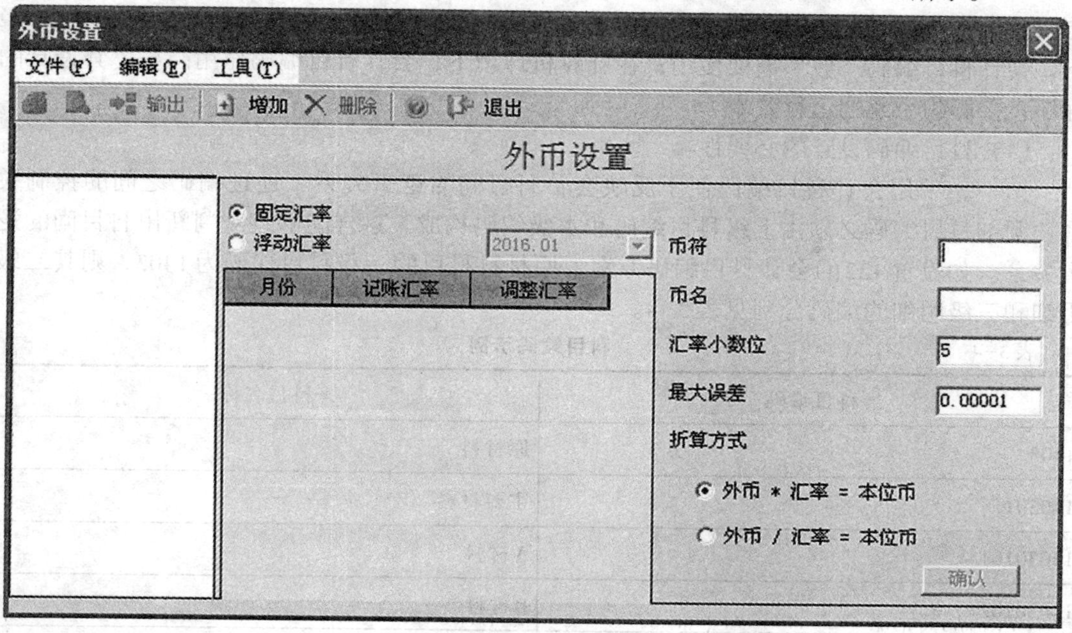

图3-16　外币设置

3.4.5　科目设置

科目设置主要是将单位会计核算中使用的总账科目和明细科目逐一描述给系统，并把结果保存在科目文件中。

1）科目设置模块的数据流程图（如图3-17所示）

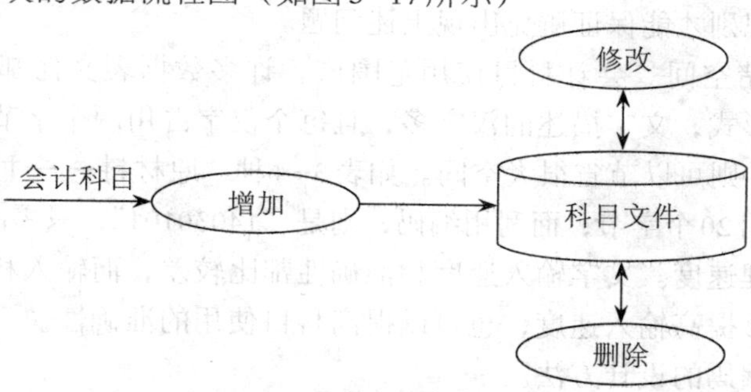

图3-17　科目设置数据流程图

2）科目设置模块的功能

为满足会计核算和管理的需要，会计科目设置至少应当包含：科目增加、科目修改、科目删除，此外还有科目查询、指定科目等功能。

增加科目时，基本内容要填写完整，同时科目编码必须唯一，各级长度遵守设定的方案；修改科目时，允许修改科目名称、辅助核算等内容。科目使用后，辅助核算在一个年度内也不允许修改（部分软件还允许修改科目代码，如金蝶KIS）；删除科目时，对于有下级明细的科目、有发生额和余额的科目不能删除。

3）科目编码设计

会计账务处理过程都是围绕会计科目展开的。会计科目编码设计是根据会计准则的规定以及会计科目的具体内容，系统地确定各级会计科目唯一数字编码的方法。在手工环境下，会计科目编码一般不需要使用；在计算机环境下，会计科目编码作用凸显，其设计的好坏直接影响系统的运行效率。

（1）科目编码设计的必要性。

第一，采用会计科目编码便于反映会计科目间的逻辑关系。通过编码之间的控制关系，明细科目编码必须由上级科目编码和本级编码构成。这样能够直观判断出科目间的逻辑关系。如设置422的会计科目编码方案，原材料科目的一级科目代码为1403，则其二级明细和三级明细的编码分别见表3-4。

表3-4　**科目编码示例**

科目编码	科目名称
1403	原材料
140301	主要材料
14030101	A材料
14030102	B材料
140302	辅助材料

第二，保证会计科目的唯一性。会计科目是进行会计核算的核心，要求具有准确性和唯一性。在手工处理模式下，会计人员书写科目名称，人为识别科目使用的正确性，而在计算机环境下，文字形式的科目代码具有二义性、空格等问题，可能将一个科目识别为两个科目，采用代码识别才能保证避免出现上述问题。

第三，节约存储空间。会计科目使用范围广，许多数据表文件都用到会计科目的记录，如果使用文字形式，文字描述的汉字多，且每个汉字占用两个字节，则会占用大量存储空间。利用代码，则可以节省很大空间。如表3-4种"原材料——主要材料——A材料"这是10个汉字，占用20个字节，而利用编码，则是"14030101"，只需占用8个字节。

第四，提高处理速度。文字输入速度和准确性都比较差，而输入科目的代码，并由计算机自行参照，能够提高输入速度，也可以提高科目使用的准确性。

（2）会计科目编码的设计方法。

会计科目在编码时一般采用群码的形式，除了一级科目编码由会计准则规定是4位数，那么其他各级明细科目的编码是多少呢？这就是我们要讨论的会计科目编码方法的问题，一般主要表现为以下三种：

第一，定长定位，即科目编码体系中各级科目编码的长度是固定的。大多数软件采用了定长定位的方式，一般在账套建立时设定好会计科目的定长定位编码方案。如确定科目的编码体系为4-2-2，表达含义为明细到三级，且二级和三级科目最多设置99个，一旦某级明细超出99这个范围，则无法增加。这种方法的好处是简单，在编写程序的时候简便易行，但是不利于满足实际需要。

第二，不定长方式。不定长方式是指科目编码体系在不超过总长度的前提下，除一级科目编码长度固定外，其他各级科目编码的长度是不固定的，可由用户自行定义。这种方式克服了定长定位方式的缺点，较好地解决了科目编码设计中扩展性原则和简短性原则的矛盾，但是按照不定长方式设计科目编码，无法直观判断出科目编码的唯一上级科目编码，必须增加科目级数、上级科目、是否末级等数据项来识别，以便录入初始余额或录入凭证等能够识别为最末级科目。例如：140301012，如果不加额外数据项识别，那么唯一能确认的是1403一级科目编码，后面的数字既可以全部代表二级编码，也可以代表二级和三级编码，也可能是二级、三级和四级编码。因此，要识别该科目，必须确定该科目是几级科目、上级科目是什么、是否为最末级科目。

第三，立体科目。立体科目方法是将科目中大量重复的科目从科目体系中分离出来，按照核算项目来存储，并将核算项目与科目建立动态链接，满足优化科目编码体系的同时，达到精细核算的目的。

例如，假设某单位定期统计主营业务收入，既要获得各个产品给我带来的销售额，又想了解不同销售部门的销售业绩，同时还要考核不同销售人员销售不同产品的销售额，以便考核奖惩。那么，按照正常的主营业务收入明细科目编制方法，就会出现交叉不相关明细项目且大量明细科目重复，比如有3个销售部门，每个部门有10个销售员、5种产品，那么明细科目中，每个销售员下面就要有5种产品明细科目，那么就有150个最明细科目。换一种方法，采用立体管理会计科目，既能解决上述问题，还能从不同角度不同层面获取精细管理的信息，设置如图3-18所示。

科目编码	科目名称	辅助核算
6001	主营业务收入	部门、员工核算
600101	A产品	部门、员工核算
600102	B产品	部门、员工核算
600103	C产品	部门、员工核算
600104	D产品	部门、员工核算
600105	E产品	部门、员工核算

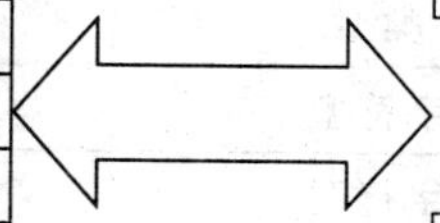

部门代码	部门名称
01	销售一部
02	销售二部
…	…

员工代码	员工名称
001	张三
002	李四
…	…

图3-18　立体管理科目编码体系

上述例子中，将各个产品设置成明细科目，然后将各个明细科目都设置为辅助核算，分别核算到部门和员工，那么系统通过会计科目就会将各个产品与部门、员工链接起来，解决了重复问题，也发挥了计算机数据处理的优势，为细化核算和管理提供支持。

4）科目文件设计

为了满足会计核算和管理的需要，需要对会计科目的属性参数进行设置。一般来说，满足最简单的会计核算，会计科目至少应当包含科目代码、科目名称、科目性质、余额方向四项。对应上述三种设计方法，科目文件结构主要表现为以下三种：

（1）如果采用定长定位方式设计会计科目编码体系，则科目文件结构设计见表3-5。

表3-5 **科目文件结构设计一**

数据项	类型	长度说明
科目代码	字符型	如100201
科目名称	字符型	如银行存款——工行存款
科目类型	字符型	如资产类
余额方向	字符型	如借

（2）如果企业采用不定长方式设计会计科目编码体系，则科目文件结构设计见表3-6。

表3-6 **科目文件结构设计二**

数据项	类型	长度说明
科目代码	字符型	如10020101
科目名称	字符型	如银行存款——中行存款——人民币
科目类型	字符型	如资产类
余额方向	字符型	如借
科目级别	数值型	如3
上级科目	字符型	如100201
是否末级	逻辑型	如是或者否（0/1）

（3）如果企业采用立体管理的方法设计会计科目编码体系，那么科目文件的结构增加“辅助核算”，这其中既可以继续细分为“部门核算”“员工核算”“客户核算”等，也可以只使用一个“辅助核算”数据项，对不同辅助核算内容赋予不同的值，利用程序判断该值来确定核算内容，则科目文件结构设计见表3-7。

表3-7 **科目文件结构设计三**

数据项	类型	长度说明
科目代码	字符型	如10020101
科目名称	字符型	如银行存款——中行存款——人民币
科目类型	字符型	如资产类
余额方向	字符型	如借
科目级别	数值型	如3
上级科目	字符型	如100201
是否末级	逻辑型	如是或者否（0/1）
辅助核算	字符型	如BM、KH（部门、客户）等

5）处理过程设计

科目设置的功能主要有增加、修改和删除，科目增加的处理逻辑说明在上一章已经提及，本章简要说明科目修改和科目删除的处理逻辑。

（1）修改科目简要的PDL描述为：

```
打开科目表文件
 提取一条要修改的记录
   在修改界面进行修改
    如果  科目代码、科目名称、科目类型、余额方向为空
       则   提示信息“该项不能为空”
    否则
       将输入信息替换科目文件中的该科目信息
结束
```

（2）删除科目简要PDL描述为：

```
删除会计科目
打开科目表文件
 提取一条要删除的科目记录
   如果  该科目有下级明细科目
      则   提示信息“非最明细科目，不能删除”
   否则
      打开科目汇总文件（注：假定科目的发生额与余额存储在汇总文件中）
    如果 该科目有 发生额   或者  余额
      则 提示信息“有发生额或余额，不能删除”
    否则
        将该科目从科目文件中移除
结束
```

6）用友ERP系统的科目设置

选择【基础设置】-【基础档案】-【财务】下的科目设置，如图3-19和图3-20所示。

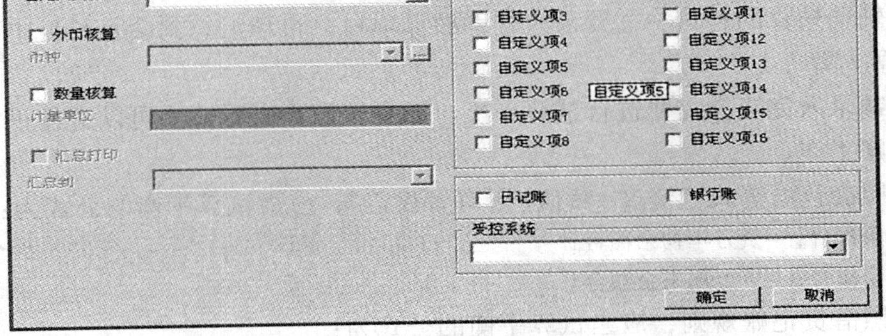

图3-19　科目设置

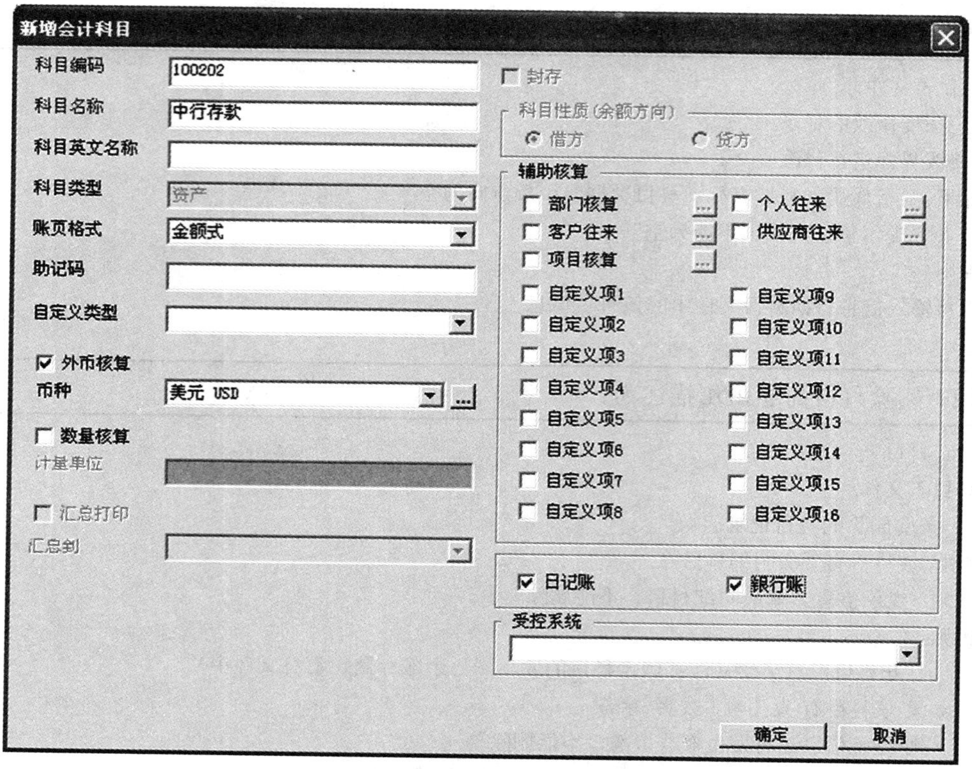

图 3-20 增加明细科目并修改属性

3.4.6 期初余额录入

期初余额录入是将账套启用日期日前的手工账簿各科目发生额和余额录入到系统中，保证手工账簿和计算机账簿数据的连续性，同时将录入的发生额和余额保存在对应的汇总文件中。如果启用日期是在年初，则只需要录入去年末为止各个账户的期末余额即可；如果启用日期是在年中某个月份，为了保证年度内的累计发生额正确，需要录入截至该启用日期的各账户的累计借贷发生额和期末余额。

1）录入的方式

按照会计科目是否有明细、是否有辅助核算，录入方式有以下三种：

（1）最明细无辅助的会计科目：可以直接录入；

（2）有下级明细科目的科目：需要录入下级明细，自动汇总到上级科目；

（3）有辅助核算的科目：需要录入辅助核算项目，自动汇总到会计科目中。

2）试算平衡

期初余额录入完毕，需要进行试算平衡。只有试算平衡后，才可以进行正常的凭证处理及记账结账工作。

（1）按照会计恒等式“资产=负债+所有者权益”，应当试算平衡的公式为：

借方年初余额合计=贷方年初余额合计

借方期末余额合计=贷方期末余额合计

（2）按照借贷记账规则，应当试算平衡的公式为：

借方发生额合计=贷方发生额合计

（3）需注意的是，一旦开始使用，初始余额应当不允许再录入，并且余额不允许修改。

3）用友ERP系统的期初余额录入

选择【业务工作】-【财务会计】-【总账】-【设置】-【期初余额】，如图3-21和图3-22所示。

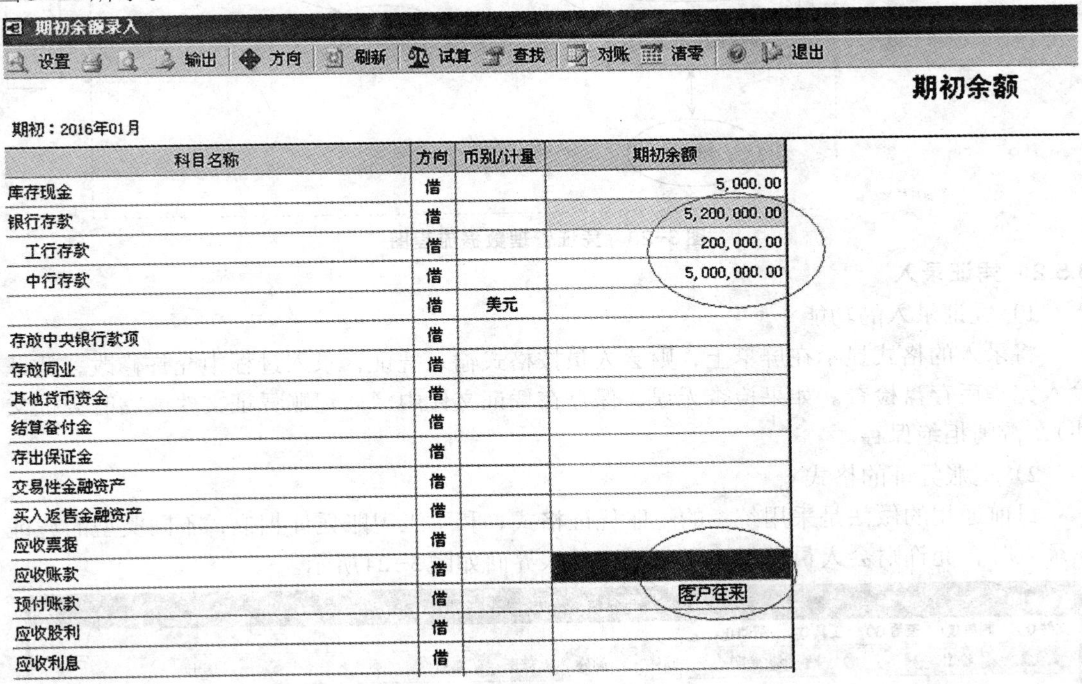

科目名称	方向	币别/计量	期初余额
库存现金	借		5,000.00
银行存款	借		5,200,000.00
工行存款	借		200,000.00
中行存款	借		5,000,000.00
	借	美元	
存放中央银行款项	借		
存放同业	借		
其他货币资金	借		
结算备付金	借		
存出保证金	借		
交易性金融资产	借		
买入返售金融资产	借		
应收票据	借		
应收账款	借		
预付账款	借		
应收股利	借		
应收利息	借		

图3-21　期初余额录入

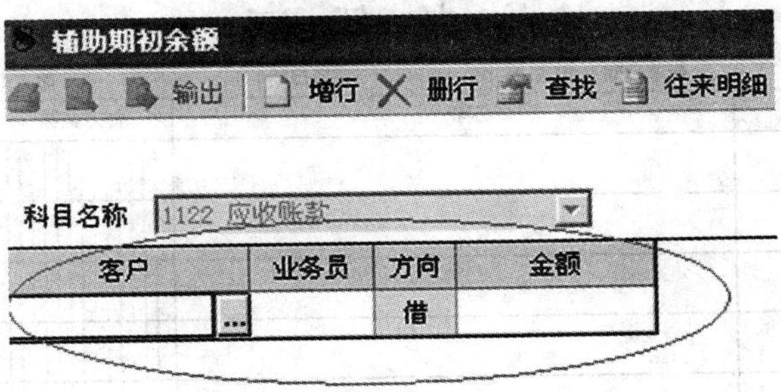

客户	业务员	方向	金额
		借	

图3-22　客户往来期初余额录入

3.5　凭证管理模块设计

凭证管理模块的功能主要是完成对凭证的日常处理工作，可以划分为凭证录入、凭证审核、凭证修改、凭证记账、凭证查询等功能。

3.5.1　凭证管理模块数据流程图

根据前述账务处理数据流程图分析，可以获取凭证管理的数据流程图如图3-23所示。

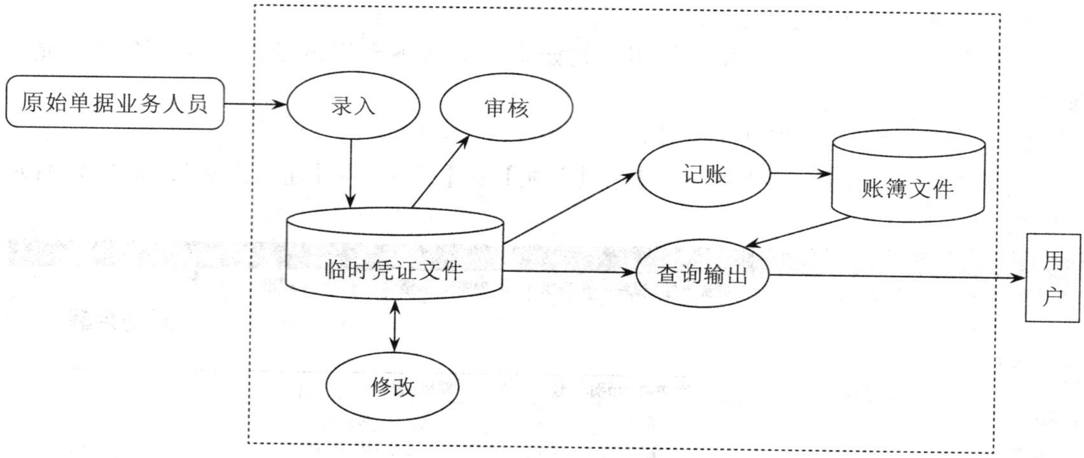

图 3-23 凭证管理数据流程图

3.5.2 凭证录入

1）凭证录入的功能

将录入的格式显示在屏幕上，财会人员按格式输入凭证，录入过程中允许修改，凭证输入完毕后存盘检查。如果检查无误，保存在凭证文件中（如记账凭证文件或临时凭证文件），否则拒绝保存。

2）记账凭证的格式

目前通用的做法是采用统一的记账凭证格式，和手工记账凭证相似，不同类型的凭证在录入时，允许财会人员进行选择。凭证录入界面如图3-24所示。

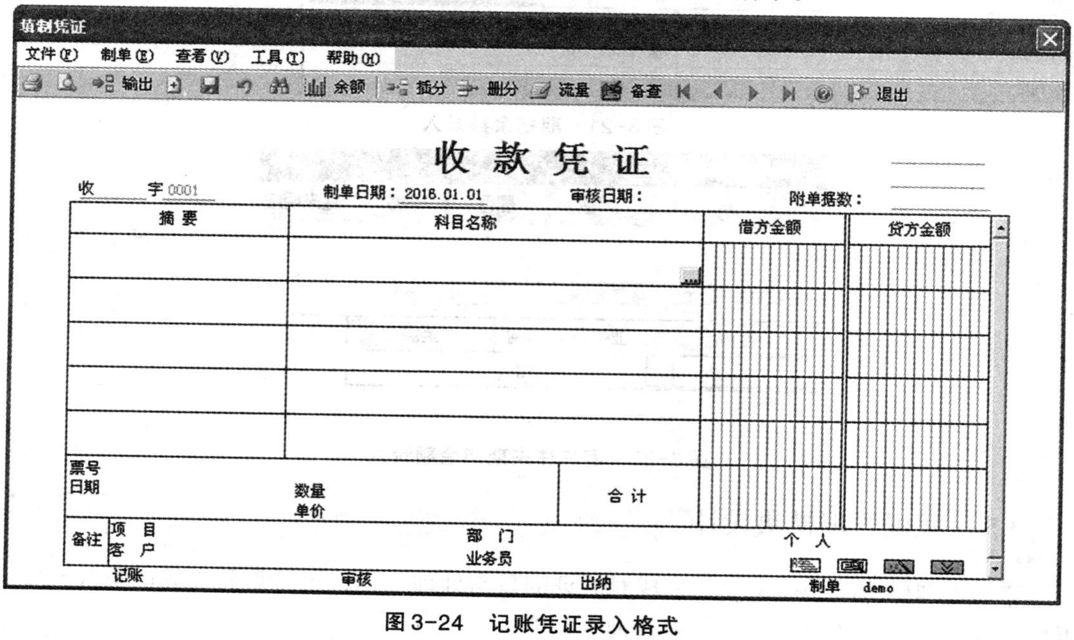

图 3-24 记账凭证录入格式

3）凭证文件设计

凭证文件设计首先考虑是否设立临时凭证文件作为周转。一般来说，录入的记账凭证记录可能是错误的或者重复的，那么我们可以通过修改和删除来清除这些记录。已经审核记账后的凭证记录，是需要永久保存的，因此，在录入阶段，可以将凭证文件先设计为“临时凭证文件”，记账后形成永久保存的“历史凭证文件”，二者结构相同。本节以临时凭证文件为例讲解。临时凭证文件应当保存如图3-24所录入的各个数据。由于记账凭证有个显著特征，就是一笔业务至少两笔记录，有借必有贷、借贷必相等，因此其结构和主要的构成数据项可以采用三种设计方案。

（1）“借方金额”和“贷方金额”数据项单独存储。这种方案是记账凭证至少由两条记录构成，每一条凭证记录都包含借方金额和贷方金额。这种结构与手工记账凭证基本一致，项目一一对应，但是由于每条记录只会确认借方金额或者贷方金额中的一项，因此记录越多，空数据项越多，存储空间浪费越大。其结构见表3-8。

表3-8　**临时凭证文件设计一**

数据项	类型	长度说明
凭证类型	字符型	如收款
凭证号	数值型	如00001号，可自动编号相加减
日期	日期型	如2016-12-20
摘要	字符型	如提取现金
科目编码	字符型	如100201
借方金额	数值型	如2687.43，可以保留2位小数
贷方金额	数值型	如2687.43，可以保留2位小数
附件	字符型	附件可有可无，如0、1等
录入	字符型	人名，如张三
审核	字符型	人名，未审核为空
记账	字符型	人名，未记账为空

（2）新增“借贷方向”数据项。这种方案对上一种方案的改进，借贷金额不再单独存储，只设置“金额”数据项存储金额，通过“借贷方向”来控制，其结构见表3-9。

表3-9　**临时凭证文件设计二**

数据项	类型	长度说明
凭证类型	字符型	如收款
凭证号	数值型	如00001号，可自动编号相加减
日期	日期型	如2016-12-20
摘要	字符型	如提取现金
科目编码	字符型	如100201
金额	数值型	如2687.43，可以保留2位小数
借贷方向	字符型	如“借”或者“贷”
附件	字符型	附件可有可无，如0、1等
录入	字符型	人名，如张三
审核	字符型	人名，未审核为空
记账	字符型	人名，未记账为空

（3）分设两个文件“凭证内容文件”和“凭证业务文件”。虽然第二种方案比第一种方案有所改善，节约了一部分存储空间，但是上述两种方案仍然存在着巨大的空间浪费问题，即同一笔业务相同的数据项重复多次录入，比如计提员工工资薪酬，企业有管理人员、销售人员和生产人员，示例见表3-10。

表3-10　**示例：临时凭证文件**　金额单位：元

凭证类型	凭证号	日期	摘要	科目代码	金额	借贷方向	附件	录入	审核	记账
转账	0010	2016-05-31	计提工资	6601	30 000	借	1	张三	李四	王五
转账	0010	2016-05-31	计提工资	6602	50 000	借	1	张三	李四	王五
转账	0010	2016-05-31	计提工资	5101	20 000	借	1	张三	李四	王五
转账	0010	2016-05-31	计提工资	2211	100 000	贷	1	张三	李四	王五

从表3-10可以看出，计提工资业务编制分录形成了三借一贷的会计分录，在临时凭证文件中存储了4条记录。大家可以看到斜体部分相同的数据被重复存储了4次。一般来说，一笔业务，对于这些数据只需要存储一条记录，而业务发生的借贷记录可以按照条数来存储，这样会更有效率。因此，临时凭证文件可以拆分为两个文件，一个存储业务发生的会计分录，一个存储这笔凭证的内容数据，其结构见表3-11和表3-12。

表3-11　**临时凭证内容文件设计**

数据项	类型	长度说明
凭证类型	字符型	如收款
凭证号	数值型	如00001号，可自动编号相加减
日期	日期型	如2016-12-20
附件	字符型	附件可有可无，如0、1等
录入	字符型	人名，如张三
审核	字符型	人名，未审核为空
记账	字符型	人名，未记账为空

表3-12　**临时凭证业务文件设计**

数据项	类型	长度说明
凭证类型	字符型	如收款
凭证号	数值型	如00001号，可自动编号相加减
摘要	字符型	如提取现金
科目编码	字符型	如100201
金额	数值型	如2 687.43，可以保留2位小数
借贷方向	字符型	如“借”或者“贷”

这两个文件根据“凭证类型+凭证号”这个共同项链接起来，上述例子按照两个文件存储结果见表3-13和表3-14。

表3-13　　示例：临时凭证内容文件

凭证类型	凭证号	日期	附件	录入	审核	记账
转账	0010	2016-05-31	1	张三	李四	王五

表3-14　　示例：临时凭证业务文件　　金额单位：元

凭证类型	凭证号	摘要	科目编码	金额	借贷方向
转账	0010	计提工资	6601	30 000	借
转账	0010	计提工资	6602	50 000	借
转账	0010	计提工资	5101	20 000	借
转账	0010	计提工资	2211	100 000	贷

可以看出，对于临时凭证内容文件来说，一笔经济业务对应一条记录；对于临时凭证业务文件来说，一笔经济业务对应多条记录。采用两个文件来存储记账凭证的优点是具有很大的灵活性，并且能够节约存储空间。

上述临时凭证文件结构设计仅仅考虑了基本核算数据项，如果企业存储更多信息如外币、数量、辅助核算、结算方式等，还需要增加相应数据项。

（4）临时凭证文件存储策略与组织方式。临时凭证文件是账务处理子系统的核心文件，是最初数据的来源。该文件存储未经记账的凭证记录。一般来说，该文件可以一个月存储一个文件，即一年12个文件；也可以一年存储一个文件，该文件记录在记账后，可以按月或者按年清除，释放存储空间。一般该文件的组织方式为顺序文件。

4）处理过程设计

凭证录入的处理过程设计，就是针对凭证录入过程中需要进行的正确性检查和控制措施进行设计。计算机环境下记账凭证仍然采用借贷复式记账法，因此不可避免地，录入数据应当包括：凭证日期、凭证类型（或凭证字）、附件、摘要、借贷科目、借贷金额等，那么在录入这些内容过程中，为了保证数据的准确性，应当设置哪些检查控制措施呢？

（1）凭证号检查。不同类型凭证每月连续编号，不能重号、漏号，在新增凭证时自动生成凭证号。

（2）日期检查。一般情况下，日期需要随凭证号的增加而增加，这一点并不是严格的控制事项，在有些特殊情况下允许日期大凭证号小，比如补充断号。另外，只允许输入未结账月份的凭证，不能输入已经结账的月份的记账凭证。

（3）附件：本张凭证所附的附件张数，无特殊要求，一般长度设置在3位数字。

（4）摘要：不能为空，是经济业务简要说明，一般有字数要求，不能超过多少个汉字，比如不能超过20个汉字，那么这个数据项长度为40字节。

（5）科目代码检查：

第一，存在性检查：在科目文件中检查科目代码是否存在。

第二，明细科目检查：凭证录入需要录入最明细的科目。

第三，与凭证类型相符性检查：特定凭证有特定的要求；如果没有满足要求，则系统不允许保存，如收付转凭证的限定条件。

（6）金额检查：有借必有贷，借贷必相等。

5）外币、数量及辅助核算录入

为了满足核算和管理的需要，在科目设置时，对会计科目属性设置了外币核算、数量核算、辅助核算（客户核算、供应商核算、部门核算、员工核算、项目核算等）的，凭证录入时系统自动根据属性链接相应的数据文件，要求选择或者录入相应数据，必须录入具体内容才可以保存。

（1）设置了外币核算。系统提示会计人员输入外币金额和汇率。如果在初始设置的外币设置中已经定义好了汇率且汇率形式为固定汇率，则系统会自动显示该汇率且不允许修改；如果汇率形式为浮动汇率，用户可以进行修改。系统会按照设定好的该外币的折算方式，自动计算出本位币的金额并登记到金额栏目中。

（2）设置了数量核算的会计科目，系统提示会计人员输入单价和数量，会计人员选定应当计入的借贷方向，并输入单价和数量，系统自动相乘算出金额，再填入相应金额栏目中。

（3）设置了辅助核算的会计科目，系统自动提示选择相应的内容，如客户核算则链接客户档案文件，要求用户选择具体的客户；部门核算自动链接部门文件，要求用户选择业务发生的部门等。系统要求设置了辅助核算的科目，必须选择具体内容后方可保存。

6）用友ERP的凭证录入

选择【业务工作】-【财务会计】-【总账】-【凭证】下的填制凭证，如图3-25所示。

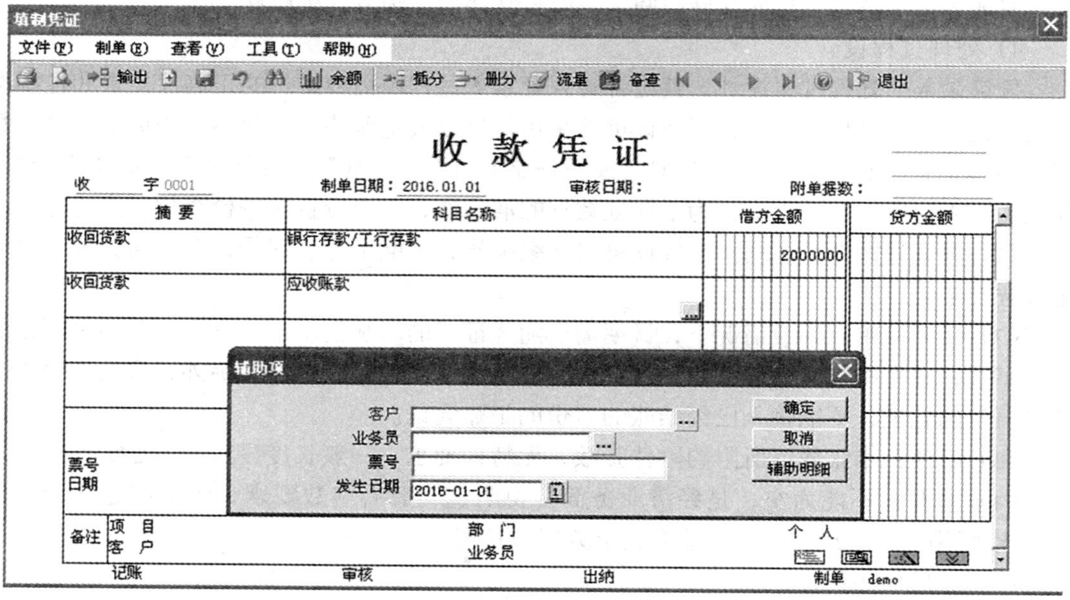

图3-25 凭证录入

注 意

如果应收账款为应收受控科目，则不能在账务处理子系统中使用，相关的凭证应当从应收子系统中自动生成传递过来。

3.5.3 凭证修改

1）凭证修改的原理

从临时凭证文件中查询需要修改的记录，提取该记录，判断是否审核。如果已经审核，则不能直接修改；如果没有审核，则修改该记录，并将该记录替换原有记录，保存在临时凭证文件中。

2）凭证修改的修改方式与方法

凭证修改方式有无痕迹和有痕迹修改两种，具体表现为：

（1）凭证在录入过程中和保存后发现错误，则可以交给填制人员直接修改，修改后再次保存，在记账凭证记录中看不到修改的痕迹，属于无痕迹修改方式。

（2）审核过程中发现的错误。在尚未审核签字前，应退回凭证由填制者修改；在已经审核完毕后发现的错误，需要审核人员取消审核，再退回填制人，由填制人提取该记录进行修改，修改后再次保存到临时凭证文件中，属于无痕迹的修改方式。

（3）对已经记账的凭证发现错误，则不能直接修改。一种方法是利用系统给定的恢复到记账前状态功能，取消记账，然后由审核人取消审核，再交由填制人修改。这个过程在错误凭证的记录上也看不到修改的痕迹，属于无痕迹的修改方式。

（4）发现已经记账的凭证的错误，还有一种修改方法，即保留错误凭证和更正凭证，留下修改痕迹，属于有痕迹的修改方式，这种方法为“红字冲销法”和“补充登记法”。两种一般混合使用，即编制红字冲销凭证冲销错误的凭证，再补充登记一张正确的凭证，保存到临时凭证文件中。

3）处理过程设计

按照凭证管理的数据流程图，凭证修改是对临时凭证文件记录进行的操作，无须新增一个文件。无痕迹的凭证修改，修改后的结果仍然保存到临时凭证文件中，用以替换原有的错误记录；有痕迹的凭证修改，类似新增凭证记录，再保存到临时凭证文件中。因此，在进行“凭证修改”处理逻辑说明时要注意上述要求，要点如下：

（1）判断是否有权限，没有则不能修改；

（2）判断是否记账，已记账不能修改；

（3）判断是否审核，已审核不能修改；

（4）如果符合条件可以修改，将修改后的数据更新替换“临时凭证文件”对应数据。

3.5.4 凭证审核

凭证审核功能主要对录入的记账凭证记录进行正确性、合法性、有效性审核，对审核无误的凭证记录做标记以示审核通过。如果审核人员想取消审核，也可以在该模块中完成。取消审核就是将记录的审核标记清空的处理过程。

1）凭证审核模块的功能

发现凭证录入过程无法发现的错误、为记账提供一个标记（只有经过审核的凭证才能记账）。凭证录入过程也有严格的控制措施。以下三种情况在凭证录入中无法发现：“串户”、借贷反向、借贷同增减。

2）凭证审核方法

凭证审核提供了两种方法：静态屏幕审核法与二次输入校验法。

（1）静态屏幕审核法，是指计算机自动依次将未审核的凭证显示在屏幕上，审核人员通过目测等方式对已输入的凭证进行检查。若审核人员认为凭证错误或者有异议，应当交给填制人修改后再审核；若审核人员认为没有错误，可点击审核签字，这样在该条凭证记录的“审核”数据项上就会标记上审核人员的名字，表示已经审核通过。这种方法可以采用单张审核和成批审核，但是采用目测方式，会引起视疲劳，效率也不高。

（2）二次输入校验法，是将同一凭证输入两次，通过计算机比较两次输入的凭证是否相同，从而检查输入错误的一种方法。重复输入时需要由不同操作员来进行，避免同一操作人员犯相同的错误。这种方法可以检查出多输入、漏输入或者输入数据不一致的情况。这种方法效率较高但是输入时间花费较多。

3）处理过程设计

按照流程图的要求，凭证审核仍然是对临时凭证文件记录进行的操作，无须新增文件。在审核处理过程中，需要注意该功能应当具备的控制功能。

凭证审核模块应具备的控制功能：审核人与制单人不能为一人；凭证经审核后不能修改删除，如要修改删除需要取消审核；取消审核只能由审核人来完成。

（1）凭证审核处理逻辑说明。按照上述要求，凭证审核的处理逻辑说明要点如下：

第一，判断是否有权限，没有则不能审核。

第二，判断是否与制单是同一人，如是，则不能审核。

第三，判断该记录是否已经审核，已审核不能再审核。

第四，条件满足可以审核，在该记录下的“审核”数据项添加审核人姓名，即代表已经审核。

（2）取消审核处理逻辑说明。取消审核的处理逻辑说明要点如下：

第一，判断是否已经进行了记账，如果是则不能取消；

第二，判断是否与审核人是同一人，如是，则可以进行取消；

第三，如符合上述条件可以取消，则将该记录“审核”数据项下的签字清空。

4）用友ERP凭证审核

选择【业务工作】-【财务会计】-【总账】-【凭证】下的审核凭证，如图3-26所示。需要注意的是，进行审核前需要更换操作员。

3.5.5 凭证记账

记账功能是根据临时凭证文件中已经审核的凭证，自动更新账簿文件，以备得到账簿和报表所需的汇总信息和明细信息。

1）记账过程的数据流程图

根据前述账务处理子系统数据流程图，可以看到记账过程的数据流程图，如图3-27所示。

2）汇总文件设计

按照数据流程图的要求，记账后形成用于银行对账的“企业银行账文件”；用于永久

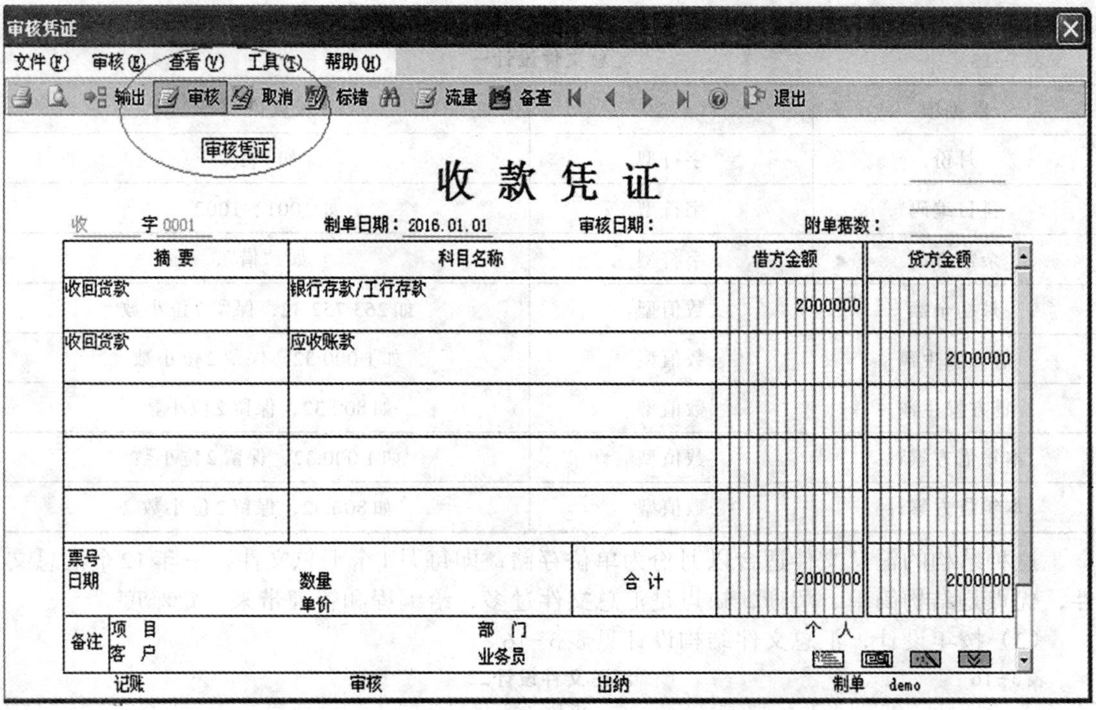

图 3-26　凭证审核

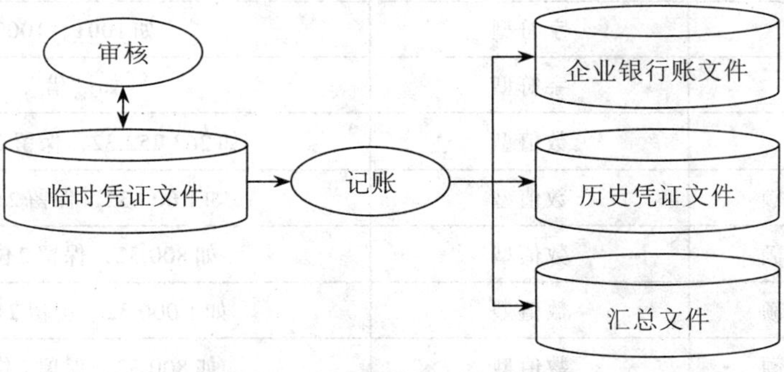

图 3-27　记账模块数据流程图

存储、形成明细账的“历史凭证文件”；用于形成总账的“汇总文件”等。其中，企业银行账文件在出纳管理中讲解，历史凭证文件结构与临时凭证文件相同，在此不再重复讲述，本节讲述汇总文件的设计。

（1）汇总文件的作用。在计算机环境下，记账的过程是将相同科目的发生额和余额进行汇总计算，统一按照记录的形式存储到“汇总文件”中。在输出账簿时，系统自动从该文件和历史凭证文件中提取数据进行分类加工，生成所需要的账簿；编制报表时，仍然从该文件中提取汇总的发生额和余额数据，生成报表信息。

在进行汇总存储时，可以一个月存储一个汇总文件，也可以一年存储一个汇总文件，因此，可以有两种结构设计。

（2）按月设计，汇总文件的结构设计见表3-15。

表3-15 汇总文件设计一

数据项	类型	长度说明
月份	字符型	如1月
科目编码	字符型	如1001、1002
余额方向	字符型	如“借”
月初余额	数值型	如263 752.32，保留2位小数
借方发生额	数值型	如1 000.32，保留2位小数
贷方发生额	数值型	如800.32，保留2位小数
本年借方累计	数值型	如1 000.32，保留2位小数
本年贷方累计	数值型	如800.32，保留2位小数

这种结构的汇总文件适合以月份为单位存储，即每月1个汇总文件，一年12个汇总文件，优点是结构简单、清晰，缺点是汇总文件过多，给编程和管理带来一定难度。

（3）按年设计，汇总文件结构设计见表3-16。

表3-16 汇总文件设计二

数据项	类型	长度说明
科目编码	字符型	如1001、1002
余额方向	字符型	如“借”
年初余额	数值型	如263 752.32，保留2位小数
1月借方发生额	数值型	如1 000.32，保留2位小数
1月贷方发生额	数值型	如800.32，保留2位小数
2月借方发生额	数值型	如1 000.32，保留2位小数
2月贷方发生额	数值型	如800.32，保留2位小数
⋮	⋮	⋮
12月借方发生额	数值型	如1 000.32，保留2位小数
12月贷方发生额	数值型	如800.32，保留2位小数

这种汇总文件结构适合以年为单位存储数据，即每年一个汇总文件，其中每月月初余额、月末余额、截至每月的累计发生额都可以根据上述数据计算获得，能够计算获得的数据，无须单独设立数据项存储，节约空间、提高运行速度。

这种结构的优点是结构清晰，数据文件少，便于管理；缺点是不能直接得到账簿所需要的余额和累计发生额数据，只能通过计算获得，增加了编程的工作。此外，如果科目较多，则该文件数据存量大，查找、备份、恢复会较慢，不过当前计算机硬件设备已经高速发展，计算速度基本不受影响。

汇总文件一般以“科目编码”作为索引关键字，建立索引文件。

3）处理过程设计

（1）在计算机环境下，由于记账自动进行，记账可以一天记几次，也可以多天记一次，由软件自动进行。

（2）记账处理过程。记账过程就是从临时凭证文件中获取已经审核记录，将其分类汇总记入“汇总文件”的过程，其处理逻辑说明要点如下：

第一，记账凭证检查，检查记账凭证是否平衡等意外情况。

第二，保护记账前状态，即记账前将所有数据进行备份，防止记账过程中因断电等意外情况造成数据丢失，一旦丢失可以恢复到记账前状态。

第三，开始记账，显示记账开始，在不同工作区打开科目文件、临时凭证文件、历史凭证文件、汇总文件、企业银行对账文件等。

第四，取“临时记账凭证文件”中已审核但没有记账的凭证的一条记录，如果文件没有结束，继续执行，否则转到最后一步，关闭所有文件，结束记账。

第五，以该条记录中的“科目编码”为查找关键字，在“科目文件”和“汇总文件”中找相应的记录，更新汇总文件中的“本期发生额”和“本年累计发生额”，并逐级更新汇总文件中科目的父科目的“本期发生额”和“本年累计发生额”；更新企业银行对账文件和历史凭证文件。

第六，将该记录打上记账标志，返回第四步。

第七，从临时凭证文件中删除记账标志的记录。

第八，关闭所有文件，结束记账过程。

4）用友ERP系统的凭证记账

选择【业务工作】-【财务会计】-【总账】-【凭证】下的记账，如图3-28和图3-29所示。

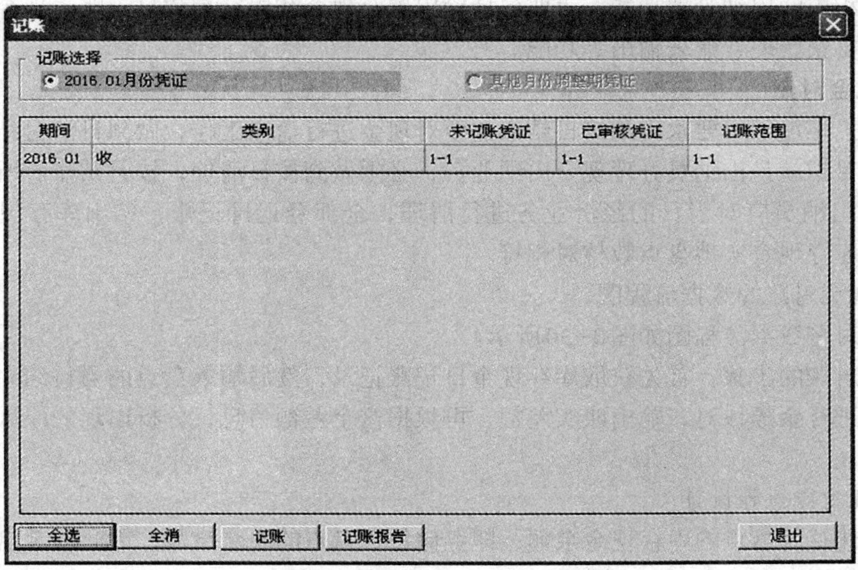

图3-28　选择记账凭证

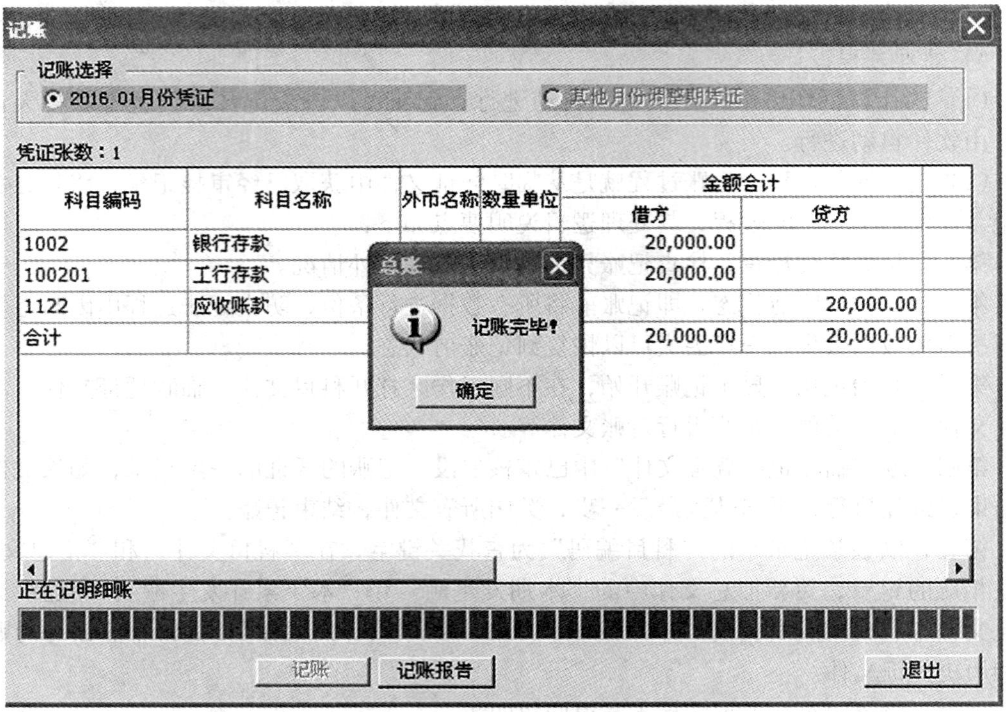

图 3-29　自动记账

3.6 出纳管理

在手工环境下，一般设立出纳岗位来核算企业的现金收支业务，登记库存现金和银行存款日记账，管理银行支票，核对银行存款等。在计算机环境下，为了辅助出纳的工作，也设置了相应的出纳管理功能，主要包括输出库存现金和银行存款日记账、现金对账、银行对账、支票管理、账表输出等功能。

3.6.1　现金对账

在手工环境下，要求出纳每日结束需要对现金进行盘点工作，做到日清月结。这里所说的日清月结就是出纳员办理现金出纳业务，必须做到按日清理，按月结账。所谓按日清理，是指出纳员应对当日的经济业务进行清理，全部登记日记账，结出库存现金账面余额，并与库存现金实地盘点数核对相符。

1）现金对账的数据流程图

现金对账数据流程图如图 3-30 所示。

现金对账的步骤：首先获取库存现金日记账记录，然后输入盘点的当日结余的现金库存数额，进行余额核对，输出账实差额，再根据这个差额信息，分析出现的原因，并及时加以解决。

2）现金盘点表设计

该文件存储盘点的库存现金余额，即存储每日盘点的现金余额，因此现金盘点表文件结构简化见表 3-17。

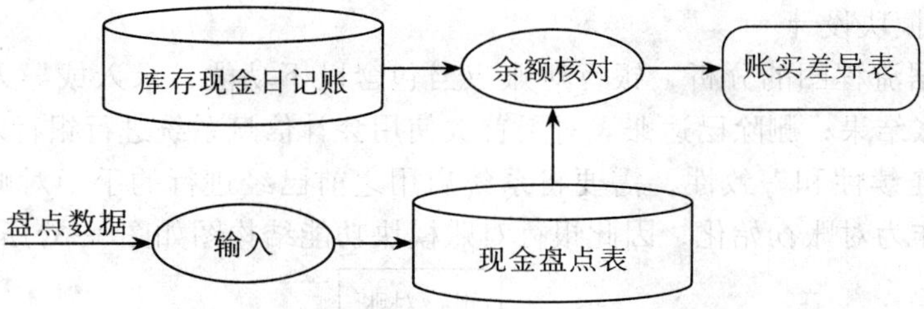

图3-30 现金对账数据流程图

表3-17 现金盘点表文件

数据项	类型	长度说明
日期	日期型	如2016-05-31
现金余额	数值型	如3 650.50，保留2位小数

在此基础上，还可以进行细化，比如现金盘点表还可以存储盘点的不同面额的现金余额，如100元现金张数、50元现金张数等，因此其结构应当存储每天盘点的不同面额的张数，余额自动根据“面额×张数”计算出来。

3）处理过程设计

现金对账的“输入盘点数据”和“核对余额”功能，没有特殊的控制措施，输入数据后直接保存在现金盘点表文件中；核对就是比较日记账余额和盘点余额是否一致，计算出差额，输出账实差异表。

3.6.2 银行对账

每个企事业单位都在银行开户，大量的经济业务要通过银行进行结算。对于这些结算业务，企事业单位和银行都要进行记录，双方的记录是否一致，需要进行定期核对，这就是银行存款的账实核对，也称为银行对账。进行银行对账时，以银行登记的记录单作为实际的银行存款金额，企业将登记的银行存款日记账与银行登记的记录单进行核对。

1）银行对账模块的数据流程图

银行对账底层数据流程图如图3-31所示。

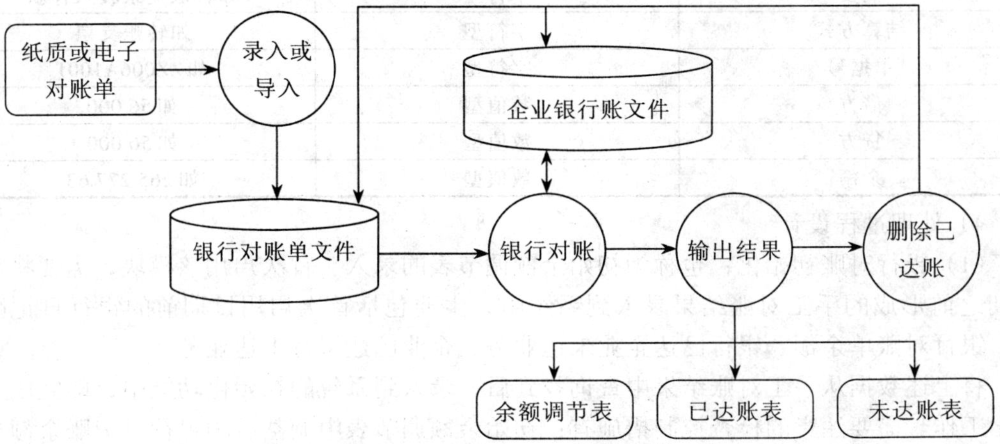

图3-31 银行对账底层数据流程图

2）功能模块设计

按照数据流程图的分析，银行对账应当包含以下功能：录入或导入对账单；银行对账；输出对账结果；删除已达账。对于首次使用会计信息系统进行银行对账的用户，为了保持数据的连续性和一致性，需要将系统启用之前已经进行的手工对账结果输入到系统中。这个工作为对账初始化，因此银行对账模块功能结构图如图3-32所示。

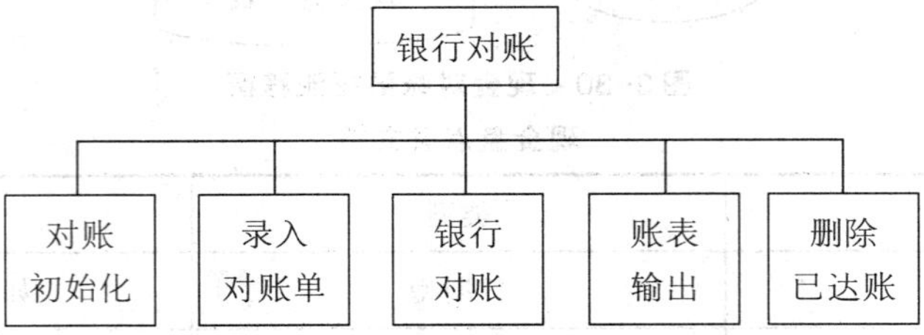

图3-32　银行对账功能结构图

3）银行对账模块的数据库文件设计

根据银行对账的数据流程图，“企业银行账文件”在上面章节中已经讲解，本节说明“银行对账单文件”的结构设计。

银行对账单文件存储的是从银行获取的对账单数据。获取的纸质对账单需要手工输入，获取的电子对账单数据可以导入到银行对账单文件中。需要注意的是，银行对账单数据和企业登记的银行日记账数据记录的借贷方向正好是相反的，即同一笔银行收款业务，企业登记银行存款日记账时，由于增加了资产而登记到日记账的借方并记录发生的金额；而银行作为会计主体，针对这笔业务，相当于增加了银行的负债，登记到银行对账单的贷方并记录其发生额。

一般说来，实际开发设计中可以参照现存的对账单结构进行设计，银行对账单文件的基本结构见表3-18。

表3-18　**银行对账单文件**

数据项	类型	长度说明
日期	日期型	如2016-05-31
摘要	字符型	如转账支票转入存款
结算方式	字符型	如转账支票
单据号	字符型	如ZZ006A1001
借方	数值型	如56 000
贷方	数值型	如56 000
余额	数值型	如265 277.63

4）处理过程设计

（1）银行对账初始化：也称为初始余额调节表的录入。首次启用该模块，需要将启用日期之前形成的手工对账结果录入到系统中，主要包括首次启用日期前的银行日记账余额、银行对账单余额、银行已达企业未达业务、企业已达银行未达业务。

将上述数据从手工对账结果中查询找到后，录入到系统的初始化功能中，即完成了初始化工作。需要注意的检查控制措施有：初始余额调节表中调整后的银行日记账余额与银行对账单余额相等。

（2）获取银行对账单。获取银行对账单模块主要包括录入银行对账单、网络获取对账单电子数据等。将每期从银行获得的对账单数据输入或者导入到系统中，存储到“银行对账单文件”中。

（3）银行对账。银行对账是指银行记载的银行存款收付记录和企业自己登记的银行日记账收付记录相互核对。如果同一笔业务双方都进行了登记，则表示该业务已达；如果一方登记而另一方没有登记，则视为未达账。未达账主要包含四种情况：银行已收企业未收；银行已付企业未付；企业已收银行未收；企业已付银行未付。产生未达账项的原因有很多，主要集中在两个方面：第一，记账错误，如果企业登记日记账过程中将记录遗漏或者登记到其他账簿中，都会形成银行已达企业未达状况，这种错误可能是无意发生，也可能是有意的资金挪用等；第二，时间上的延误造成的差异，如银行收到其他单位转来的款项但是尚未通知企业，会造成银行入账企业未入账的情况。

银行对账的目的就是找到是否存在未达账，什么原因形成的未达账，对于长期未对上的未达账项更应当重视，发现问题，解决问题，避免资金风险。

在手工环境下，银行对账依靠会计人员手工进行判断，业务较多时会由于工作量大造成核对错误等问题。在计算机环境下，有规则的业务记录可以交给计算机自动核对，无法自动核对的记录再由会计人员手工辅助核对。因此，银行对账的方法主要有：自动对账和手工对账两种。

自动对账主要是计算机自动在“企业银行账文件”和“银行对账单文件”中查找完全相同的经济业务记录进行核对和勾销。这里所说的完全相同的经济业务记录主要是指发生的时间、摘要、结算方式、结算号、金额等都相同的业务，但是由于同一业务记录由银行和企业分别登记，不可避免地会造成经济业务发生的时间、摘要不可能完全一样，因此，自动对账主要的依据是：结算方式相同+结算号相同+金额相等。

需要注意的一个重要问题，就是由于银行日记账记录和银行对账单记录是相反的，因此，严格的自动对账依据应当是：结算方式相同+结算号相同+金额相等+方向相反。当前有部分软件的默认自动对账规则就符合这一条件，但是也有一部分软件的自动对账规则默认为“结算方式相同+结算号相同+金额相等+方向相同”。如果是这种规则，要求用户在录入或者导入银行对账单数据时，人为地将银行对账单记录数据反过来录入或者导入，才能实现自动对账。

手工对账功能是对自动对账功能的补充。在实际工作中，有些业务可能银行和企业都进行了记录，但是由于记录的方式不同，结果不符合自动对账的规则，不能自动进行勾销。如银行将某企业转来的两笔支票登记后，通知给收款企业，收款企业会计人员为了记账方便，可以将这两笔入账通知单合并做一张记账凭证并登记进入银行日记账，这样，金额不相等，自动对账无法识别，需要会计人员在“企业银行账文件”和“银行对账单文件”中挑选识别，进行手工核对并打上核对标记。

（4）输出对账结果和删除已达账。输出对账结果就是屏幕输出或者打印输出相应的对账结果，主要包括：余额调节表、已达账项、未达账项以及资金日报表等。删除已达账主要是将核对正确并确认无误的已达账记录从“企业银行账文件”和“银行对账单文件”中删除。删除已达账主要是为了节约存储空间和提高对账速度。删除已达账后，文件中仅保留未达账记录，用于下一期银行对账使用。

5）用友ERP系统的银行对账

选择【业务工作】-【财务会计】-【总账】-【出纳】下的银行对账，如图3-33至图3-36所示。这里需要注意的是，在科目设置中，指定了“银行账”属性的会计科目才能进行银行对账工作。

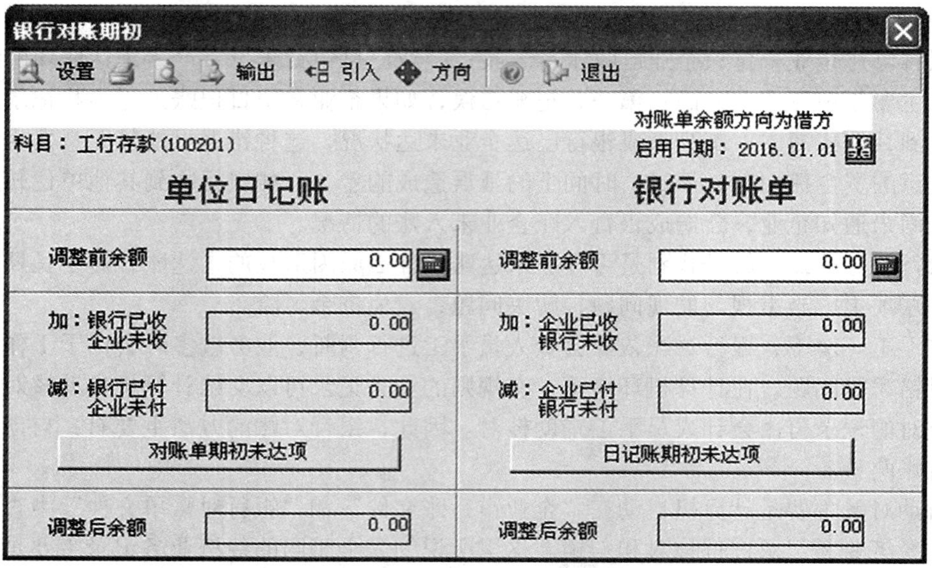

图3-33　期初未达账录入

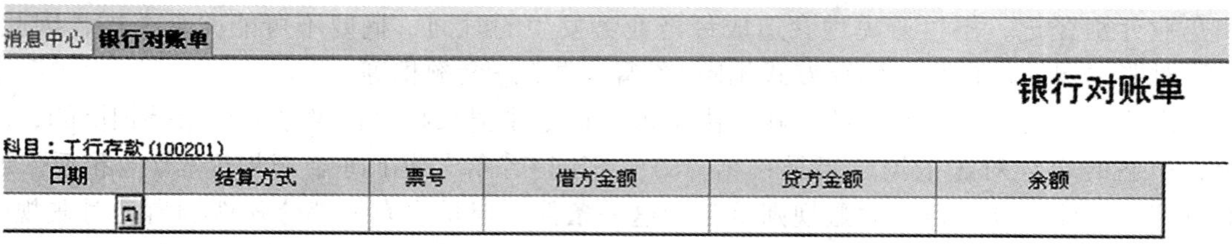

图3-34　银行对账单录入

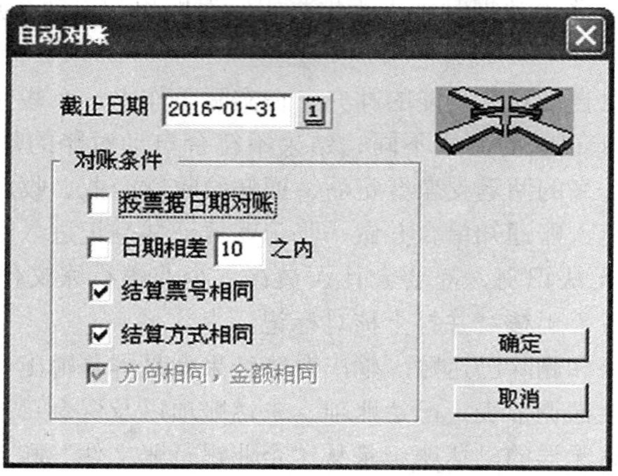

图3-35　自动对账规则

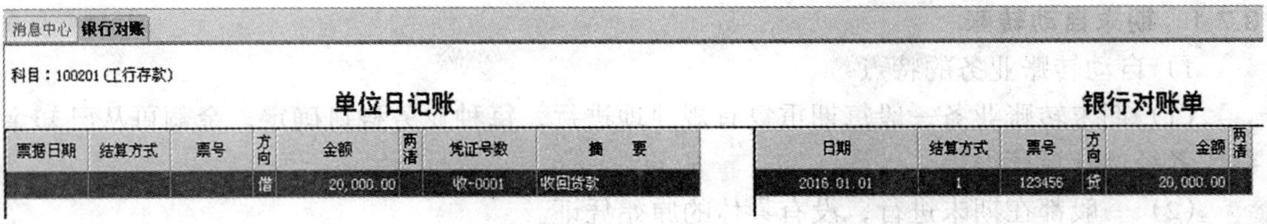

票据日期	结算方式	票号	方向	金额	两清	凭证号数	摘要
			借	20,000.00		收-0001	收回货款

日期	结算方式	票号	方向	金额	两清
2016.01.01	1	123456	贷	20,000.00	

图3-36　自动对账

3.6.3　支票管理

1）支票管理功能设计

手工环境下，企业出纳人员通常建立支票领用登记簿，用来登记支票领用的情况，为此，在计算机环境下，出纳管理模块也为出纳人员提供了支票管理功能，用来详细登记支票的购买情况、领用情况、用途及报销情况。

（1）购买支票。出纳人员到银行购买支票后，需要将购买的支票类型、支票号范围、数量等信息登记进入支票登记簿。

（2）领用支票。当有人领用支票时，出纳使用领用支票功能输入领用的支票所属银行，然后登记支票的领用日期、领用部门和人员、领用的支票号、预计金额、用途、预计报销日期等信息，并将结果保存在相应的数据库文件中。如果支票信息填写错误，可以通过修改功能进行修改。

（3）支票报销。支票支出后，经办人员使用后，持相关业务原始单据到财务部门报销，会计人员编制记账凭证并录入系统，同时录入该业务的结算方式和结算号，系统自动在支票登记簿中写上该支票的报销日期，该支票即为报销。一般来说，报销日期由系统自动形成，但是有些情况可能由于已经报销，但是人为原因造成系统未能自动填写报销日期的，出纳人员可以手工填写报销日期。对于已经报销的支票，可以选择删除，从相关数据文件中清除该记录。

2）用友ERP系统的支票管理

选择【总账】-【出纳】下的支票登记簿，如图3-37所示。如果企业单独购买了“出纳管理”模块，可以在该模块进行详细的票据管理。

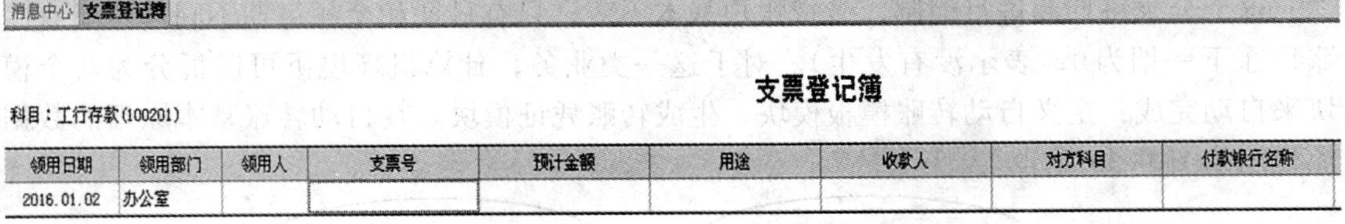

领用日期	领用部门	领用人	支票号	预计金额	用途	收款人	对方科目	付款银行名称
2016.01.02	办公室							

图3-37　支票登记簿

3.7　期末处理与结账

每个期末，都要按照权责发生制的要求处理分摊、计提、分配和结转等相关业务。在计算机环境下，对于有规则的期末调整业务，可以利用转账规则自动完成。期末转账完成后，将新生成的凭证进行审核记账，就可以进行结账工作。

3.7.1 期末自动转账

1）自动转账业务的特点

（1）期末转账业务一般每期重复有规律地进行，每种业务科目确定，金额可从已知金额或者经过计算获得。

（2）一般都在期末进行，没有具体的原始凭证。

（3）大多从会计账簿中已经存在的数据中提取，要求在期末自动转账前必须将已经输入的记账凭证登记入账。

2）自动转账的要求

（1）期末转账前要求本期发生的经济业务都已经编制了记账凭证并必须已经记账。

（2）由于自动转账生成凭证之间存在数据使用关系，因此，需要按照以下步骤进行：

第一，“费用计提”业务的结转，如计提工资费用等；

第二，“制造费用分配”的结转，如制造费用分配结转到生产成本等；

第三，“提取各项其他费用”的结转，如计提利息等；

第四，汇兑损益；

第五，“税金计算”的结转，如所得税计算等；

第六，“损益类账户”的结转，如主营业务收入、主营业务成本转本年利润等。

3）期末自动转账的基本原理

通过上述分析可以了解到，期末会计业务存在摊提、分配、结转的业务，他们每期都出现，并且具有一定的规则，表现为：每期编制的摘要、借贷方科目都相同，金额来源或计算公式保持基本不变，只有凭证中的日期和金额不等。比如账结法下每期损益类账户转本年利润，分录为：

借：主营业务收入
　　其他业务收入
　　营业外收入
　　……
　贷：本年利润

这个分录每期都进行编制，借贷账户基本不变，只有日期和金额每期不同（可能有些账户在下一期为0，表示没有发生）。对于这一类业务，计算机环境下可以拆分为两个模块来自动完成：定义自动转账模板模块、生成转账凭证模块。其自动转账基本原理的数据流程图如图3-38所示。

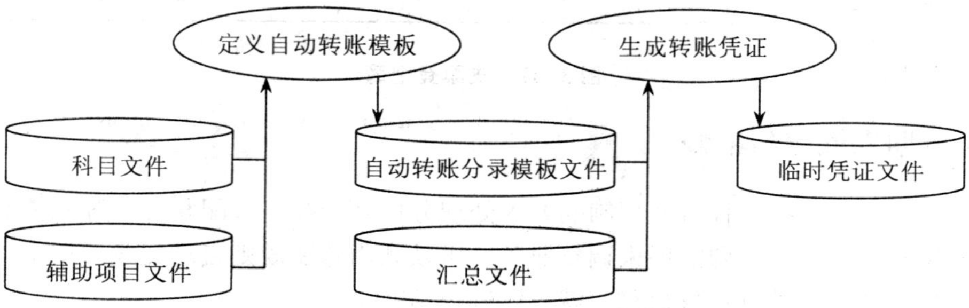

图3-38　期末自动转账数据流程图

（1）定义自动转账模板

系统能够自动生成记账凭证的原理在于定义好的编制分录的规则，即自动转账模板。定义自动转账模板需要财会人员根据业务的特点和性质，按照会计准则的规定，逐一将该业务会计分录的摘要、借贷科目、辅助核算、金额获取公式等描述给系统，并将描述结果保存在“自动转账分录模板文件”中。

（2）生成转账凭证

根据“自动转账分录模板文件”中的模板记录，按照定义的公式，主要从“汇总文件”中提取数据并计算金额，自动生成一张机制凭证传递到“临时凭证文件”中进行存储。该凭证记录属于新生成的记录，仍然需要继续审核记账。

例：某单位共生产两种产品——A产品和B产品，发生的制造费用期末分摊计入两种产品的生产成本，假定按照3∶7的比例进行分摊。本期发生制造费用5 000元（该分录已录入临时凭证文件并已经审核记账）。假定单位科目文件设置见表3-19。

表3-19　**科目设置表**

科目编码	科目名称	辅助核算
5001	生产成本	产品
500101	工资	产品
500102	材料费	产品
500103	制造费用	产品
5101	制造费用	

说明：“生产成本”科目下设三个二级明细科目，并且每个明细科目核算到产品。该企业一共有两种产品：A产品和B产品。

正常手编制形成的结转分录应为：

借：生产成本——制造费用——A产品　　1 500

　　　　　　　　　　　　——B产品　　3 500

　贷：制造费用　　5 000

下面利用自动转账功能，首先设置自动转账分录模板，见表3-20。

表3-20　**自动转账模板**

转账分录名称：本期“制造费用”转“生产成本”			
凭证类型：转账凭证			
科目代码	产品辅助核算	方向	公式
500103（生产成本——制造费用）	A产品	借	取贷方金额的30%
500103（生产成本——制造费用）	B产品	借	取贷方金额的70%
5101（制造费用）		贷	取本月5101科目的月末余额

本例中，本期已经发生的制造费用是已知的，通过审核记账，已经将发生额和余额存入了“汇总文件”中。两种产品所分配的生产成本按照贷方“制造费用”的余额计算得到，因此，为了保证金额的正确性，一定要将本期所有发生的制造费用相关业务凭证都审核记账。

上述模板设定完毕，点击“生成凭证”功能，就可以按照该模板自动生成凭证记录存入“临时凭证文件”中。

4）用友ERP系统的期末自动转账

选择【总账】-【期末】的转账定义，进行自定义转账，如图3-39所示。

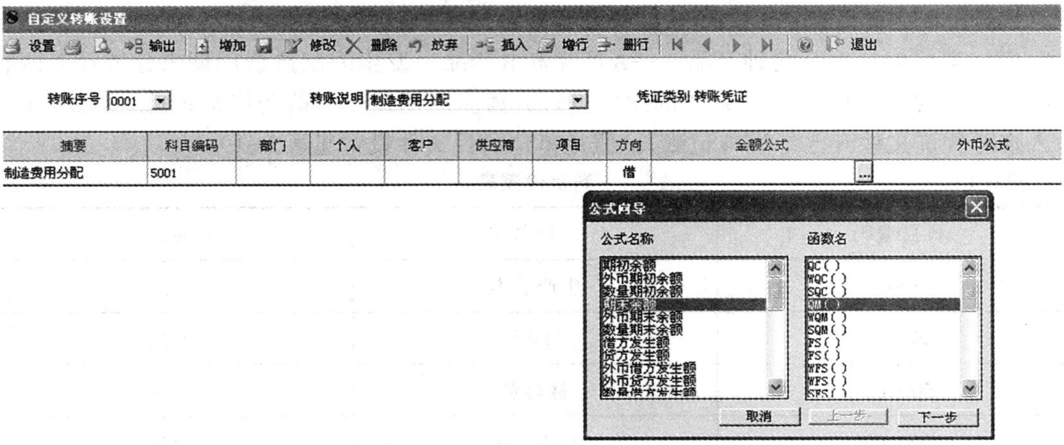

图3-39　自定义转账

选择【总账】-【期末】的转账定义，进行汇兑损益结转，如图3-40所示。

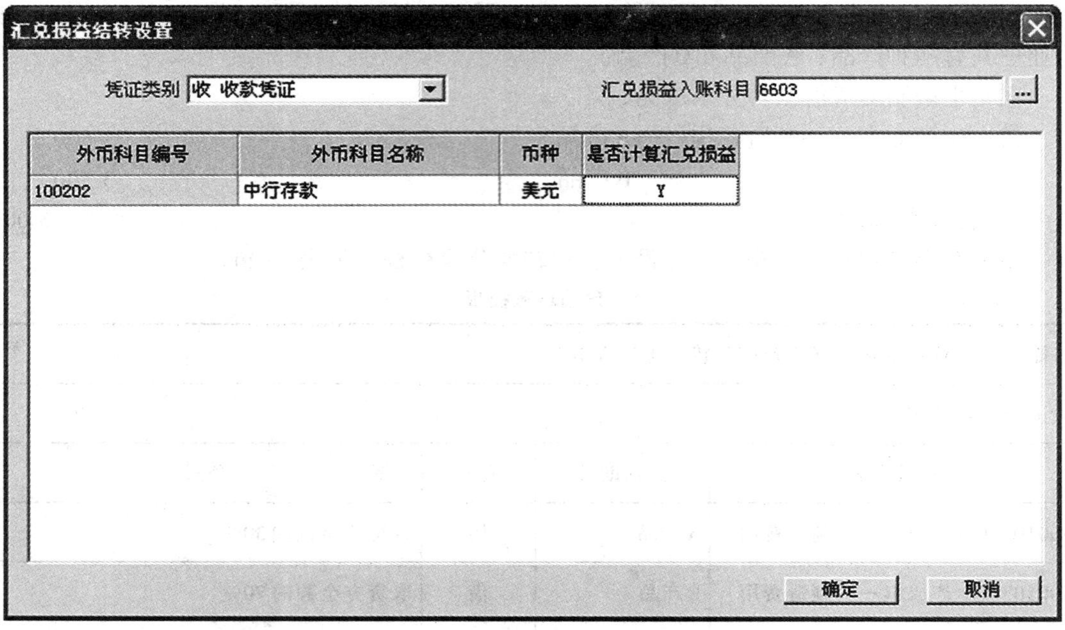

图3-40　汇兑损益结转

选择【总账】-【期末】的转账定义，进行期间损益结转，如图3-41所示。

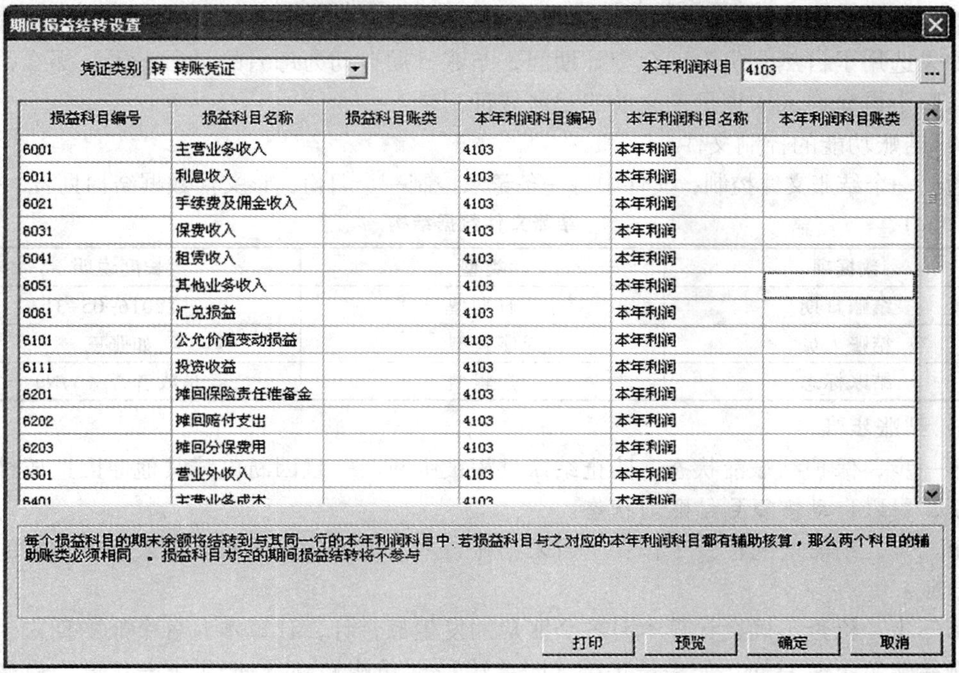

图3-41　期间损益结转

选择【总账】-【期末】的转账生成，自动生成相应凭证，如图3-42所示。

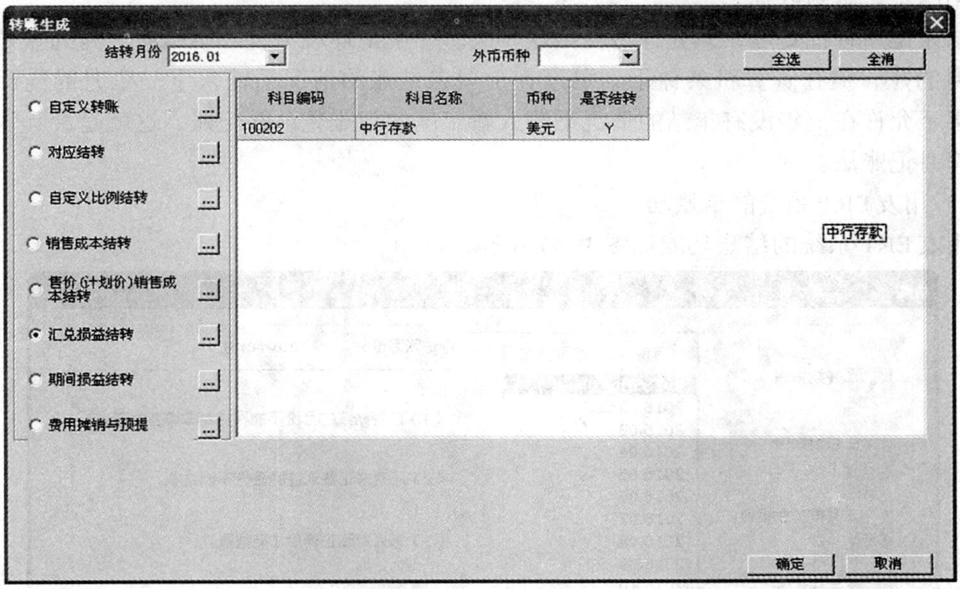

图3-42　转账生成凭证

3.7.2　结账

在会计信息系统中，结账工作是由计算机自动完成的，因此结账也变为自动结账。结账模块设计应当包含以下几个方面：

1）结账日期

结账日期默认为每个会计期间的最后一天，具体按照建立账套后的会计期间划分来确定。如果选用了自然月份为一个会计期间，结账日期自动为每月的最后一天。那么，一旦结账，则不再允许录入该日期之前的记账凭证记录。

2）结账功能的控制文件

通过一个结账文件控制，文件中每一条记录控制一个月份，该文件数据结构见表3-21。

表3-21 **结账文件数据结构**

数据项	类型	长度说明
结账日期	日期型	如2016-05-31
结账人员	字符型	如张三
结账标志	逻辑型	是或者否（Y/N）

3）结账步骤

第一步，保护结账前状态，防止结账过程被中断。一旦因断电或其他原因造成结账过程中断，可以自动恢复到结账前状态。

第二步，结账前的检查工作：上月未结账，本月不能结账；本月如果有未记账的凭证不能结账。

第三步，检查正确，计算本月各个账户的发生额合计，计算本月各个账户期末余额并将余额结转至下月月初。如果是年结（即结转12月份账），应当产生下一年度空白账簿文件，并结转余额到下一年度账簿文件的年初余额中。

第四步，做结账标志。

结账是一种批处理，只允许每月结账一次。在手工环境下，必须结完上月的账才能登记下月的账，但在计算机条件下，可以在上月未结账的情况下输入下一个月的凭证并记账，甚至允许在上年没有年结的情况下输入新年度的记账凭证并记账，这就是会计软件特有的跨月记账法。

4）用友ERP系统的结账功能

用友ERP系统的结账功能如图3-43所示。

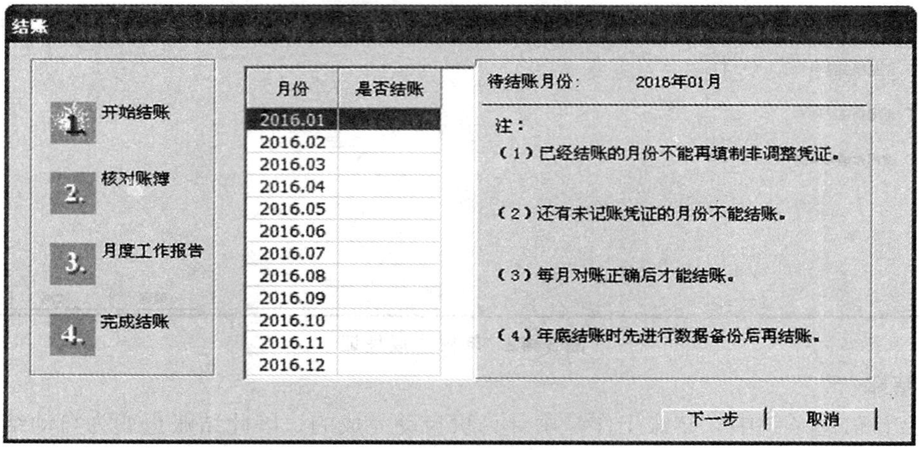

图3-43 结账

3.8 账表输出与往来管理

3.8.1 账表输出

在手工环境下，会计人员必须记账才能得到总账、明细账和日记账；通过编制报表才能得到三大常用报表。在会计信息系统中，由于记账的自动化，数据提取自动化，不再需要花费大量时间和精力在登记账簿和编制报表上，取而代之的是计算机自动输出账簿和会计报告。对于账簿，用户只需要设定好查询输出条件；对于报表，用户只需要设定好数据提取的公式即可。关于报表将在后续章节中讲解。账表输出基本的数据流程图如图3-44所示。

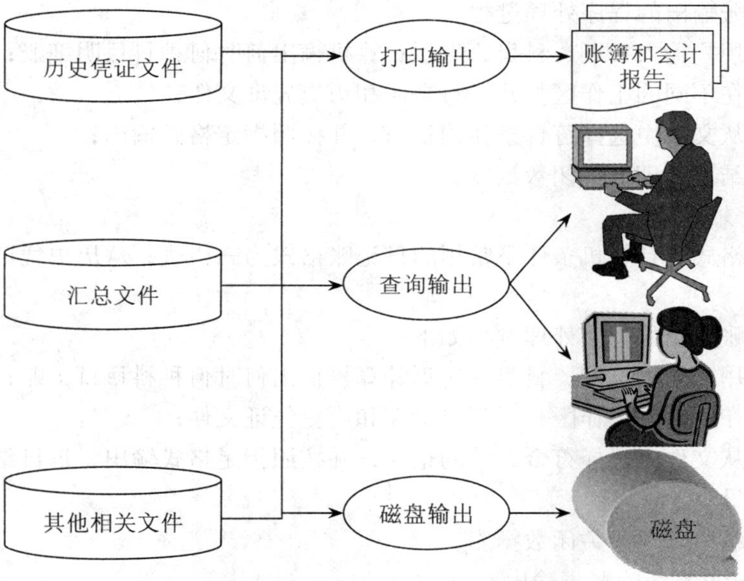

图3-44　账表输出数据流程图

1）输出方式

输出方式主要包括打印输出、磁介质输出和查询输出。

（1）打印输出：即从打印机上输出各种账簿和报告。

（2）磁介质输出：即将各种账簿和报告电子数据文件保存在外部的磁盘和光盘上，作为长期档案保存。

（3）查询输出。根据信息使用者的需要，输入各种查询输出条件，系统从账簿文件和报表文件中提取满足条件的数据，实时传递到计算机终端上，只要有权限、有网络，都可以获取到自己所需要的信息。

这里需要用户输入查询条件，系统工作快速和实时化，用户可以输入一个条件或者综合组合条件，来得到自己想要的信息。目前各个财务软件系统都提供了多种组合功能的账表查询功能。

2）总账输出

（1）设计格式。计算机条件下有两种总账格式：三栏式总账和科目汇总表形式的总账；其数据从汇总文件中取出数据输出。

（2）总账输出的程序处理过程：

第一步，用户输入日期、科目，告诉计算机输出何时何种科目总账；

第二步，在工作区打开汇总文件；

第三步，从汇总文件中取出符合条件的记录，并按照指定格式输出；

第四步，结束处理过程，关闭数据库。

3）明细账输出

（1）设计格式。计算机条件下有四种明细账格式：三栏式外币金额式、数量金额式及多栏式；从历史凭证文件中提取数据输出。

（2）明细账输出的程序处理过程：

第一步，用户输入日期、科目，告诉计算机输出何时何种科目明细账；

第二步，在不同的工作区打开汇总文件和历史凭证文件；

第三步，从文件中选择符合条件的记录，并按照指定格式输出；

第四步，结束处理，关闭数据库。

4）日记账输出

（1）设计格式。计算机条件下常用的日记账格式为三栏式；从历史凭证文件中提取数据输出。

（2）日记账输出的程序处理过程如下：

第一步，用户输入日期、科目，告诉计算机输出何时何种科目日记账；

第二步，在不同的工作区打开汇总文件和历史凭证文件；

第三步，从文件中选择符合条件的记录，并按照指定格式输出，每日结束的最后一条记录下结出每日小计；

第四步，结束处理，关闭数据库。

5）用友ERP系统的账表输出

用友ERP系统的账表输出如图3-45所示。

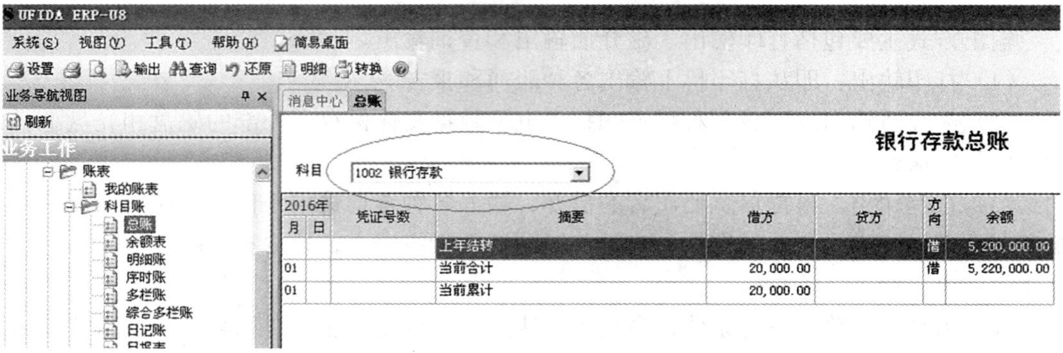

图3-45 账表输出

3.8.2 往来管理

账务处理子系统除了提供会计核算所需的基本功能外，逐渐增加了一些辅助管理的功能，主要包括往来管理、部门核算、客户供应商核算、项目核算和管理等功能。其目的是强化会计的管理职能，为管理提供更多决策有用信息。

部门核算、客户供应商核算等在科目设置中进行，在凭证录入中选择输入对应数据，即可根据用户需要查询输出各种不同部门、客户、供应商的业务往来信息。本节重点讲解往来管理。

1）往来管理的作用

在实际工作中，单位会发生个人往来和单位往来业务。个人往来是指与内部职工发生的业务往来；单位往来是与其他单位发生的各种债权债务业务往来。

在发生往来业务中，需要核算到具体的单位和个人。在手工条件下，一般设置明细科目。如果单位和个人较多，且单位划分较细，明细科目体系就会非常庞大，不利于核算和管理。

另外，往来业务单位还需要及时核对核销。对于已经达成并结清的往来业务，进行核销；统计出没有核销的往来，根据发生时间进行账龄分析，进而为催款管理和坏账计提提供依据。该业务在手工条件下会耗费会计人员大量的时间和精力，并且容易出错。

计算机会计信息系统可以对上述两个问题进行优化，进行往来业务管理和核销，实时生成账龄分析表。

2）往来管理的基本原理

（1）科目设置中将对应的往来科目设置为“往来核销”，一般设置“往来核销”都对应有客户、供应商或者个人辅助核算，如将“应收账款”科目的属性设置为“客户辅助核算”“往来核销”。

（2）输入记账凭证时遇到有客户、供应商和个人辅助核算的科目，系统会要求用户从对应的文件中选择对应内容，并将结果保存在临时凭证文件中。

（3）设置了“往来核销”属性的科目，则启动了往来核销功能。该功能具体讲解见下一部分。

（4）当需要查询输出这些往来信息时，系统自动将符合条件的信息输出。

3）往来核销的主要功能

往来管理中除了进行上述设置外，还有一个主要功能就是往来核销，主要包括：初始资料设置、初始往来未达账、往来核销、账龄分析等。

（1）初始资料设置：即建立往来档案，包括客户档案、供应商档案、员工档案等。如果在前述系统中已经设置完毕，该功能可以共享数据，无须重复输入。

（2）初始往来未达账：即首次使用往来管理功能进行业务核销前，需要将截止日之前存在的往来未达账输入到系统中，确保手工和计算机系统往来账的连续性。

（3）往来核销。根据本期发生的往来业务，系统自动或者手工勾销“两清”的往来账，并且清理往来账。自动核销主要是将客户编码相同、借贷方向相反、发生额相等或者合计相等的记录进行勾销；手工核销是对于无法自动核销的记录，需要会计人员人为判断进行核销，比如缺少客户编码等原因。

（4）账龄分析：即根据核销结果，对于没有核销掉的记录（往来未达账），根据发生的时间和当前时间判断所欠天数，系统可以输出账龄分析表，用以描述不同时间段各个往来单位所欠款项。通过账龄分析表，会计人员分析往来款项的资金占用情况，及时催收或者支付款项，尤其对于应收款项，及时催收，并做好坏账计提工作。

3.9 财务业务一体化策略

3.9.1 传统账务处理模式的缺陷

对于独立的账务处理系统，其记账凭证数据主要来源于手工录入。手工编制的依据是各个业务部门传递过来的原始单据。手工编制记账凭证并录入系统，一方面手工编制阻止了信息的实时生成，同时人的精力有限，不可避免地会出现编制或者录入错误，大大降低了信息的质量。要解决这个问题，就要尽可能消除"编制记账凭证并录入"的环节。消除该环节，需要将业务系统发生的单据自动转化为记账凭证记录并加以保存。如何实现成为解决的关键。

3.9.2 财务业务一体化策略

要解决上述问题，应当实现财务业务一体化模式，主要从流程优化和转换平台设计两个方面进行。

1）流程优化

从企业内部来看，传统会计核算模式使得财务流程远离业务流程，尤其是编制记账凭证环节，降低了财务与业务的协调性，会计人员把主要精力放在了编制记账凭证上，财务的控制职能、分析职能、决策职能很难得到发挥。价值链管理理论给我们提供了一个全新的思考视角和理论基础。价值链理论认为，企业内部及外部的价值活动不是一些独立活动的集合，而是相互依存的一个有机系统，各个部门之间的流程也应当是相互协调的，因此在价值链理论的指导下，构建财务业务一体化模式就需要优化流程，即消除"编制记账凭证并录入"这些多余的环节，借助网络信息技术，实现业务与财务部门的信息实时共享和传递，减少数据的重复处理。计算机环境下财务业务一体化流程优化设计如图3-46所示。

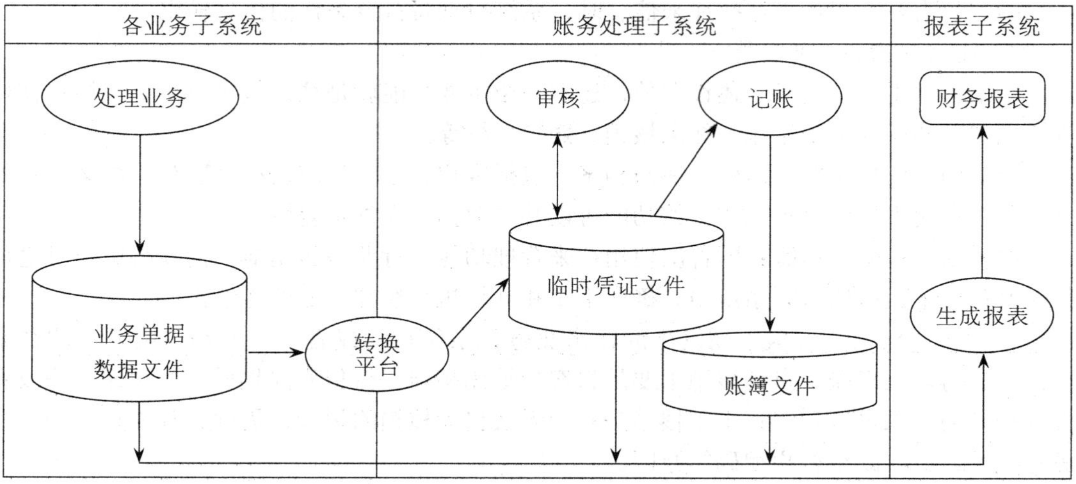

图3-46 财务业务一体化流程图

从图3-46可以看出，在传统会计核算模式下，从凭证到报表需要五个环节：编制记账凭证、审核记账凭证、凭证记账、期末对账、编制报表。经过流程优化，保留了两个环节：审核和记账，消除非增值环节，去掉了编制凭证环节。由于记账的自动化，数据来源的唯一性，对账工作可以不再单独进行。同时，设定好报表取数公式，报表自动生成，无须再手工编制报表。这样不仅能够提高企业内部流程的运作效率，而且能够增强会计信息的可靠性和相关性，为管理和控制提供质量较高的实时数据。

2）转换平台设计

上述流程优化后，去掉了编制凭证环节，那么如何从业务数据转换为借贷复式记账法下的凭证数据成为设计的关键，即转换平台设计，如图3-47所示。

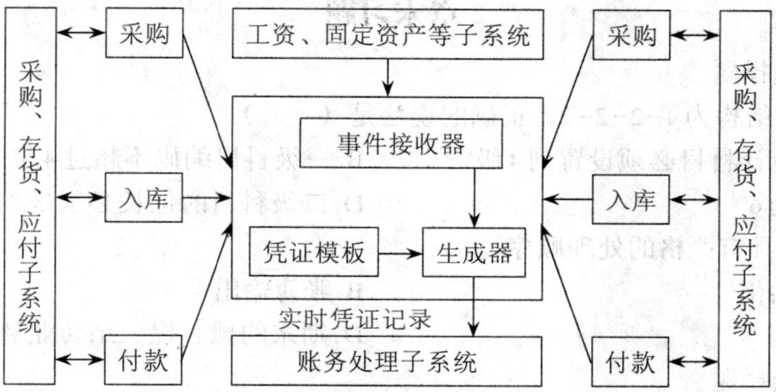

图3-47　转换平台设计

该平台的主要工作是接收已经发生并审核无误的业务数据，按照设定的凭证模板，生成指定业务的凭证数据，并保存在临时凭证文件中。因此，应当包含以下几个基本要素：事件接收器、凭证模板、生成器。下面逐一阐述每个要素的基本功能。

（1）事件接收器。当一项经济业务或者事件发生时，该事件通过相应的业务模块驱动事件接收器接受事件信息。事件信息包括以下几个特征：发生了何事，涉及哪些资源；何时发生；涉及何人，充当何种角色；事件发生的地点；事件发生时为什么出错，风险是什么。可以看出，接受信息的五个基本特征已经基本能够概括企业所发生的业务事件，所采集的信息不仅能满足企业对外报告的需要，而且能够满足企业各个部门的不同需要。

（2）凭证模板。凭证模板是将业务数据转换为凭证数据的桥梁，是企业会计人员按照企业准则和法规的规定设计的，反映将每种经济业务转换成相应会计借贷科目、借贷金额的规则。凭证模板被保存在数据库中，一般来说，会计人员根据企业经济业务核算的需要设计对应的凭证模板，每一种经济业务事件对应一个凭证模板。对经济业务划分越清晰，凭证模板设计就越准确，生成的凭证记录正确性就越高，会计信息质量就越高。凭证模板的存储格式示例见表3-22。

表3-22　**凭证模板的存储格式示例**

模板号	类型	业务要素	摘要	借贷标志	科目	金额公式
ZCZJ01	资产增加	投资者投入	投入固定资产	借	固定资产	卡片，原值
			投入固定资产	贷	实收资本	卡片，原值

（3）生成器。生成器是根据经济业务事件信息和凭证模板生成记账凭证记录的规则，利用计算机系统，自动生成实时凭证记录，传递到账务处理子系统的“临时凭证文件”中。

在财务业务一体化模式下，只要业务信息正确，转换规则正确，就能实时正确地生成会计信息，业务部门在经济业务发生的同时，自动更新凭证数据，进而自动形成实时的会计信息，能够及时反映企业财务状况和经营成果。

章末习题

一、单项选择题

1.科目编码结构为4-2-2-2，正确的说法是（　　）。

A.每一个会计科目必须设置到4级　　B.一级科目编码不超过4位即可

C.总位长为6　　D.二级科目的位长必须是2位

2.（　　）具有严格的处理顺序。

A.系统初始化　　B.账簿输出

C.出纳管理　　D.期末的摊、提、结转业务

二、多项选择题

1.机制凭证是指（　　）。

A. 收款凭证

B.原始凭证

C.其他系统传入的凭证

D.由账务处理系统形成的自动转账凭证

2.输入凭证科目时，如果该科目为银行科目，还应输入结算方式和票号等内容。输入这些数据的主要目的是（　　）。

A. 便于支票管理　　B.便于记账

C.便于查询　　D.便于银行对账

三、判断题

1.每个月末，均需要先进行转账定义，再转账生成。（　　）

2.已输入期初余额的会计科目可以删除。（　　）

3.设置会计科目时，应先建下级科目，再建其上级科目。（　　）

四、简答题

1.总账系统无法完成期末结账处理，分析可能的原因是什么？

2. 为什么要进行科目代码设计？

3.在凭证录入模块中为什么要有正确性检查措施？简述凭证录入模块应该包含哪些正确性检查措施。

4.如果某企业在设置科目时，通过“性质”字段为某些科目设置了各种性质，如“外币”“数量”“单位往来”“项目”“个人往来”“部门”等，那么你在设计凭证录入模块时，对这些科目应该做何处理？

5.什么是初始设置？账务处理的初始设置一般需要包括哪些？其作用分别是什么？

五、业务分析与设计

1.公司根据本公司的特点提出账务处理模块的处理过程：

（1）由录入员通过键盘输入凭证，或通过自动转账生成机制凭证，输入的凭证经检查无误后，写入记账凭证文件。

（2）对记账凭证中未审核的凭证进行审核。

（3）随时用记账凭证文件更新科目余额文件，以便随机查询任意会计科目的当前借方发生额、贷方发生额及期末余额。

（4）根据科目余额文件和记账凭证文件编辑输出库存现金日记账、银行存款日记账以及其他各种明细分类账。

（5）根据记账凭证文件和对账单文件中的银行业务进行对账，只能删除对账单文件中的已达账。

（6）根据科目余额文件编辑输出总账。

（7）根据科目余额文件和记账凭证文件生成会计报表。

要求：根据本公司账务处理的要求，绘制相应的数据处理流程图。

2.已知输出明细账的数据流程图如图3-48所示。

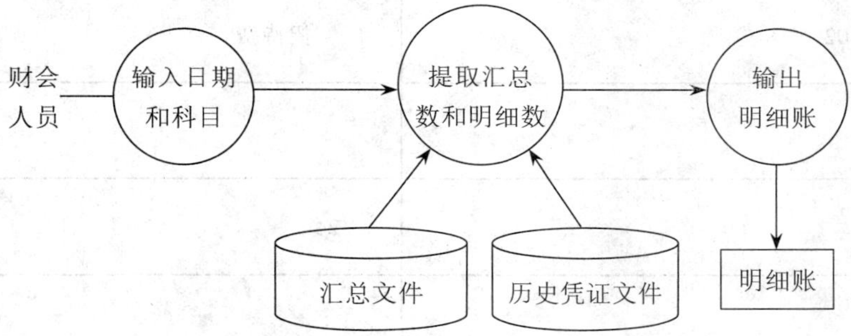

图3-48　明细账的数据流程图

试用文字简要描述“输出明细账”模块的处理过程。

3.盛鑫电器生产企业设有销售一部和销售二部两个销售部门，生产空调和冰箱两类产品，其中冰箱又分为单开门和双开门两种产品，空调分为1匹、1.5匹和2匹三种产品。其日常业务中的主要客户为青岛的苏宁电器商场和国美电器商场，以及北京的新新超市和美美超市。

请结合上述资料，按要求回答以下问题：

（1）为了利用辅助核算对各个销售部门和各种产品的销售收入和销售成本进行核算与统计分析，并反映不同客户应收账款的发生与收回状况，请说明应该对哪些科目设置辅助核算及设置何种辅助核算？

（2）为了达到上述核算与管理要求，应设置哪些基础档案？

（3）使用辅助核算时，科目体系设置与传统科目体系设置有何不同？

（4）填制凭证时，如何输入各部门、各产品及各客户的信息？

（5）记账后，如何查询各部门、各产品的销售收入和销售成本信息以及各客户的应收款信息？

4. 林西公司设有10个部门，每个部门又分5个组，管理费用有10种，那么“6602管理费用”科目下面就有500个会计科目。公司的科目编码结构是4-2-2-2四级，科目编码体系见表3-23。

表3-23 **林西公司科目编码体系**

科目代码	科目名称
6602	管理费用
660201	部门1
66020101	1组
6602010101	办公费
6602010102	招待费
⋮	⋮
66020102	2组
⋮	⋮
660202	部门2
⋮	⋮

请结合上述资料，按要求回答问题：

（1）请从账务处理系统角度出发分析，采用何种辅助处理机制可以有效地解决上述科目体系庞大的问题？

（2）写出使用上述所选辅助处理方法后，所建立的新的会计科目体系。

（3）根据你所学的知识，并结合财务软件的学习体会，简单描述采用此辅助方法进行核算和管理的步骤。

5. 请设置按照应收账款余额的5%计提坏账准备的自动转账凭证。

6.AAA公司的总账子系统的数据流程图如图3-49所示，请根据该数据流程图设计该企业应该设置的数据库文件、系统功能。

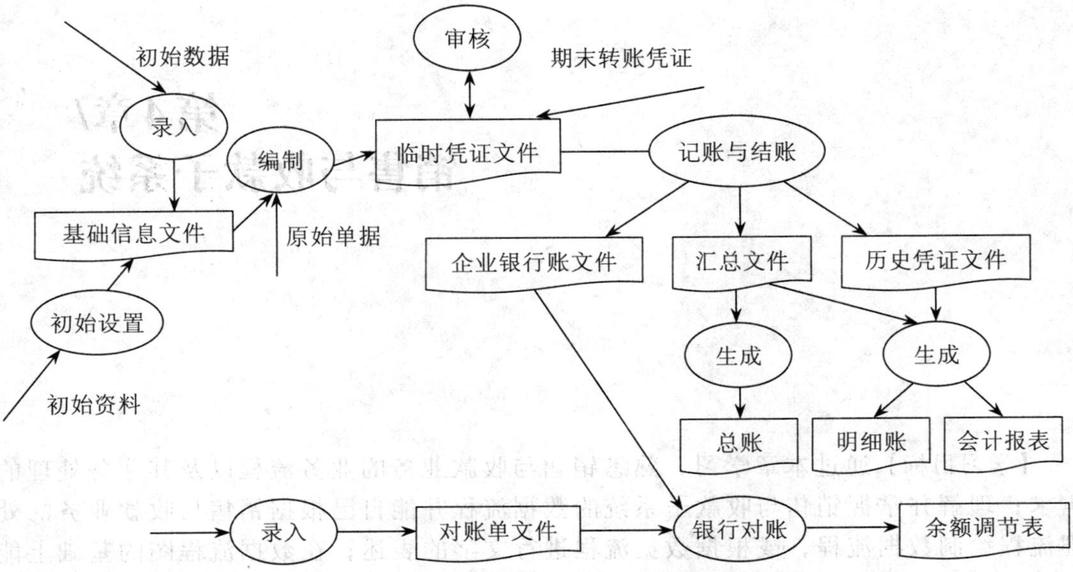

图 3-49　总账子系统的数据流程图

第3章章末习题参考答案

第4章/ 销售与收款子系统

【学习目标】通过本章学习，熟悉销售与收款业务的业务流程以及其业务处理的需求；理解并掌握销售与收款子系统的数据流程并能自己根据销售与收款业务的处理流程绘制数据流程，或根据数据流程进行文字的表述；在数据流程图的基础上能够抽象概括出销售与收款子系统的数据库文件并理解其在数据流程图中的作用以及存储的信息；理解并掌握销售与收款子系统的功能模块，包括整体功能模块的设计、各个功能模块功能的具体功能设计与实现；理解销售与收款业务中的业务财务一体化。

销售业务是公司进行产品销售、实现产品价值的重要业务，在企业经营中承担着越来越重要的任务。销售形式日益多样化、流通环节业务日益复杂化，使得该子系统在会计信息系统中的地位越来越重要，设计也越来越复杂。由于市场竞争日益加剧，越来越多的企业采取赊销的方式来抢占市场，扩大销售，从而产生了大量的应收款，因此，应收款的管理也成为企业日常管理中的重要一环。

4.1 销售与收款子系统的需求分析

4.1.1 销售与收款的流程分析

销售与收款流程的基本目标是向客户销售和交付产品及服务并收取相应的款项。如果没有一个有效的销售与收款流程，一个组织将很难生存下去。无效流程产生的原因可能有很多种，比如公司的产品和服务缺乏需求、市场占有率低或者缺乏良好的信贷政策等。那么，一个有效的销售与收款流程应该包括哪些步骤呢？

尽管销售的商品和服务有所不同，企业具体的组织结构也不尽相同，但是多数企业的销售与收款业务过程会包括以下几个关键的业务流程：

（1）业务洽谈并提供报价单。

企业可以通过传统的方式如电话、面谈或电话沟通等方式洽谈业务，但现在更多的是客户通过在网上浏览企业的产品细节并在线与企业洽谈的方式。销售业务员根据产品的销售政策以及客户的信用等因素给客户提供销售报价，双方进行协商。

（2）信用审核。

企业的销售部门收到客户的订单，双方进行协商之后，如果欲达成合作意向，便要向企业的信用审核部门请求对客户的信用情况进行审核，包括是否允许客户使用信用政策、可以使用信用政策的客户的信用额度是多少等。

（3）签订销售订单。

客户的信用政策通过审核后可以正式签订销售订单。企业根据签订的销售订单安排生产。

（4）发货。

产品生产出来后，发运部门根据销售部门已批准的销货通知单安排从仓储部提货和发运货物，并将发货资料传递给开单部门；同时，仓储部门记录发货情况。

（5）为顾客开具账单。

开单部核对销货通知单与发货单据，依据销售订单、产品的价格目录等资料开出销售发票和提货单给客户，同时把发票的副联传递给财会部门。客户凭借销售发票办理销售结算，凭借提货单到仓库部门提取货物。会计部门根据业务性质以及相关业务单据进行会计确认，并做出账务处理。

（6）收款。

销售业务实现后，企业要从客户处收取相应的货款。如果是现销业务，客户会及时支付货款，但是如果是赊销业务，就存在售后应收账款回收的问题。

（7）坏账处理。

企业根据应收账款的账龄情况和提取坏账准备的相关制度要求，按期进行坏账准备的计提。假如出现确实无法收回的应收账款，经批准后，应该给予注销。而对于确认为坏账又收回的，应进行坏账收回的处理。

思　考

思考你个人最近的一次购买行为，交易中的销售与收款流程包括的一般步骤有哪些？

4.1.2　销售与收款子系统的特点分析

通过上述业务流程分析，我们可以发现销售与收款业务与企业其他业务部门联系密切，数据传输频繁，数据通信量大，还需要提供大量相关的决策信息。因此，销售与收款子系统具有以下特点：

（1）业务发生频繁，运行环节多，业务内容与核算方法比较复杂。

销售业务不仅运行环节复杂，涉及企业内部的多个部门，如销售部门、信用管理部门、仓储保管部门和财会部门，而且还涉及企业外部的销售商、客户、运输商等。由于不同企业的销售方式和手段不同，其相应的核算方法也就有所差异，加之诸如批发、零售、退货、赊销、分期付款等不同情况使得销售与收款循环的业务内容与核算方法比较复杂，从销货业务发生到收回款项有商业折扣、发票价格、销售折扣、销售退回和销售折让等方式，这些都会影响销售收入计量。

（2）数据的真实性、准确性、实时性要求高。

销售核算与管理子系统输出的销售收入、销售成本、销售税金及附加、销售利润是评价企业经营活动、经营成果、进行利润分配的重要依据。同时与企业存货系统、采购系统、生产系统集成后，销售核算与管理子系统数据的真实性、准确性、实时性关系到企业其他子系统的正常运行，涉及企业能否有效加快资金周转、减少库存产品积压，降低经营成本和费用。

（3）数据的深加工量大。

销售收款循环是企业经营的重要环节，该子系统除了完成会计核算以反映销售收入、利润外，还需要对这些基础会计数据作进一步的加工处理，为企业经营者的管理决策提供产品销售预测、应收账款账龄分析、客户信誉度分析与管理、产品获利能力分析、利润预测、产品市场分析与预测、销售费用预测与分析等信息，辅助经营者进行管理与决策。

4.1.3 销售与收款子系统的设计目标

1）准确进行销售核算和管理

根据与客户签订的合同，按时将产品发出，及时收回货款，提供未收款的有关信息，防止货款拖欠，真实准确地反映销售收入、销售货款的结算以及销售费用的支出情况，保证企业资金的正常运转以及业务的正常运行。

2）进行产品利润分析与管理

准确计算销售成本并按时缴纳销售税金，准确反映和监督企业盈亏情况，计算产品销售利润，分析客户的获利能力，促使企业降低成本和费用，为编制会计报表提供依据。

3）应收账款管理

对客户的应收账款进行详细记录，分类整理，及时登记已收账款，反映和监督赊销业务的货款收回情况，减少坏账损失。提取坏账准备，分析应收账款拖欠情况，进行账龄分析，按期提供逾期未收款，统计客户欠款，评价客户的偿债能力和信誉程度。

4）业务与财务一体化处理

在初始设置的基础上，根据销售与收款业务流程中产生的各个业务单据，由系统自动进行业务凭证的生成。

4.2 销售与收款子系统的数据流程

通过梳理、概括销售与收款的业务流程，将业务流程中的数据处理过程概括出来，并使用数据流程图特有的符号表示出来，就可以形成销售与收款子系统的数据流程，如图4-1所示。该流程主要体现销售与收款子系统中数据的加工处理过程以及中间具体的数据存储、加工以及输出等。

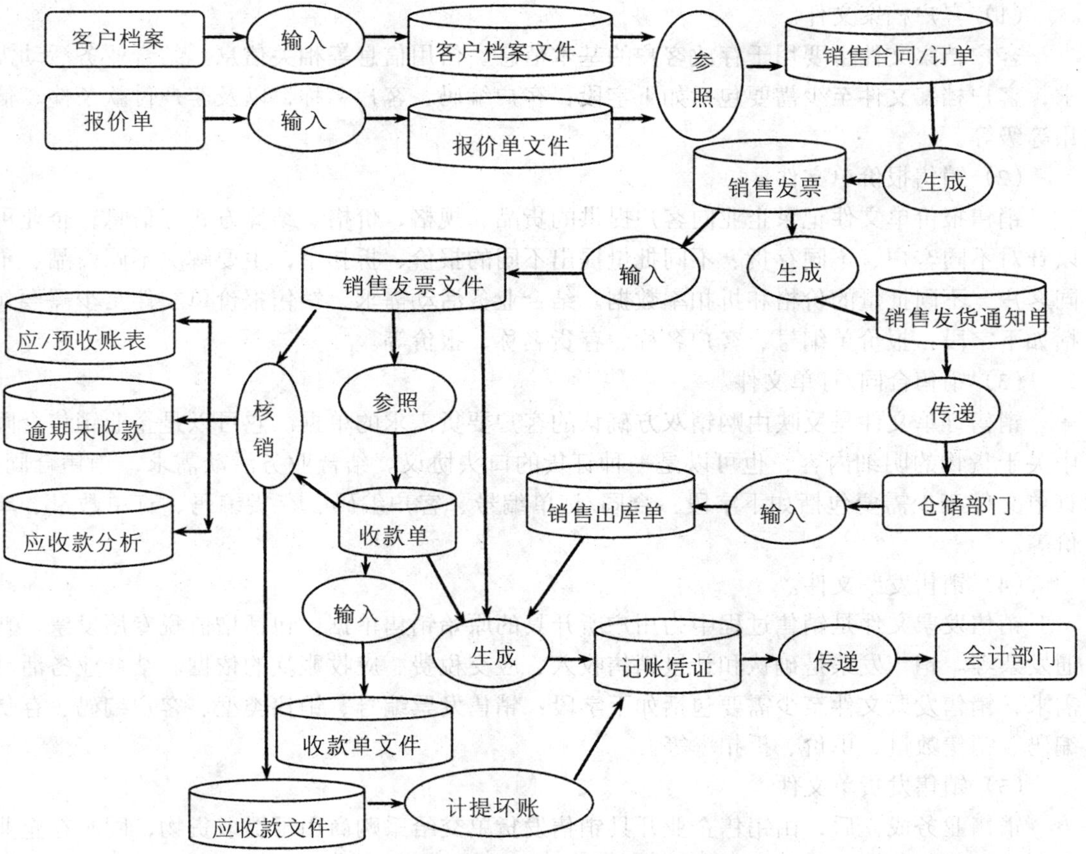

图 4-1　销售与收款子系统数据流程图

4.3　销售与收款子系统的数据库文件

4.3.1　数据库文件设计思路

销售与收款子系统的数据文件结构与企业业务特征、核算与管理要求密切相关。不同的企业、不同的软件系统所采用的数据文件以及数据文件的结构都会有所差异。但是，其设计的依据以及目的都是相同的，即依据数据流程图进行数据库文件的设计，并根据业务的实际需求设计数据库文件具体的内容，比如字段名、类型等。但是，由于数据库文件的具体内容设计与企业的实际业务联系紧密，其设计应与数据字典相结合，并且相对繁琐，因此，本章在介绍数据库文件时仅依据销售与收款的数据流程图进行数据库文件的设计。

数据流程图的四个符号中有一个是表示数据存储的，那么，我们在设计数据库文件时，对于数据流程图中的数据存储符号对应的文档必然应该设计为数据库文件，用以存储数据。

4.3.2　销售与收款子系统的数据库文件

根据上述设计思路，我们根据销售与收款的数据流程图，至少应该设计如下数据库文件：

（1）客户档案文件。

客户档案文件主要用于存放客户的基本信息、信用信息等相关信息。结合业务活动需求，客户档案文件至少需要包括如下字段：客户编码、客户名称，以及客户付款条件、信用等级等。

（2）销售报价单文件。

销售报价单文件记录企业向客户提供的货品、规格、价格、结算方式等信息，企业可以针对不同客户、不同存货、不同批量提出不同的报价、折扣率，主要解决不同商品、不同客户、不同批量的价格和折扣率数据。结合业务活动需求，销售报价单文件至少需要包括如下字段：报价单编号、客户名称、存货名称、报价等。

（3）销售合同/订单文件。

销售订单文件是反映由购销双方确认的客户要货需求的单据。它可以是企业销售合同中关于货物的明细内容，也可以是一种订货的口头协议。结合业务活动需求，销售合同/订单文件至少需要包括如下字段：合同/订单编号、客户编码、存货编码、订单数量、单价等。

（4）销售发票文件。

销售发票文件是销售过程中为用户所开具的原始销售单据，包括增值税专用发票、普通发票等。销售发票是确认和计量销售收入、应交税费、应收账款的依据。结合业务活动需求，销售发票文件至少需要包括如下字段：销售发票编号、销售类型、客户编码、存货编码、销售数量、单价、折扣率等。

（5）销售发货单文件。

销售业务成立后，由销售企业开具销售发货单交给采购商用于提取货物，同时在企业内部传递到仓储部门准备发货。结合业务活动需求，销售发货单文件至少需要包括如下字段：销售发货单编号、存货编码、发货数量、单价等。

（6）销售出库单文件。

销售出库单文件是存储销售产品的出库信息的文件。结合业务活动需求，销售出库单文件至少需要包括如下字段：销售出库单编号、存货编码、出库数量、单价、仓库等。

（7）收款单文件。

收款单文件主要用来记录企业所收到的客户款项，包括应收款、预收款、其他费用等。结合业务活动需求，收款单文件至少需要包括如下字段：收款单编号、客户编码、款项类型、金额等。

4.4 销售与收款子系统的功能结构

数据流程图反映的是系统的逻辑模型，是信息流在系统中流动情况的反映；结构图是系统的物理模型，它反映系统构成模块的层次结构和功能关系。结构图是数据流程图发展和延伸的结果，表示了系统构成的模块以及模块间的调用关系。同样，在绘制系统结构图时要遵循模块设计的原则；高聚合、低耦合、作用范围要在控制范围之中。绘制系统结构图的过程，实际上是对系统的功能模块结构进行分解和设计的过程。将由系统分析阶段得到的数据流程图、数据字典等成果，转换为系统结构图。转换方法的研究即设计策略的研究，根据数据流程图所反映的不同系统的结构类型和变化规律，采用相应的方法，合理而方便地转换成系统结构图。

因此，在设计销售与收款子系统的功能结构时，我们可以依据销售与收款的数据流程图、遵循模块设计的原则对系统的功能模块进行设计。

总体而言，销售与收款子系统应包括初始设置、日常业务处理、期末处理、统计分析与输出、系统维护几个部分，每一个部分又包括下一级的明细功能。销售与收款子系统功能结构图如图4-2所示。

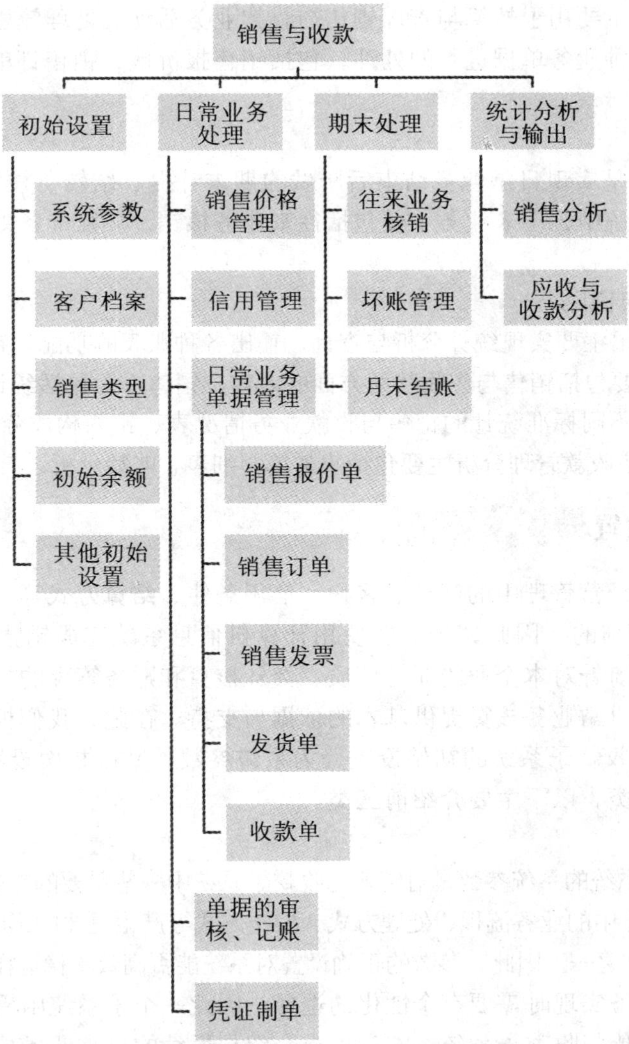

图4-2　销售与收款子系统功能结构图

1）初始设置

销售与收款子系统初始设置的主要作用是对销售与收款业务核算所必需的初始参数以及资料进行事前的设置，以便日常业务核算时的自动调用或直接使用。其中，系统参数主要是针对用户的使用习惯以及企业的业务要求与特点而进行的个性化的选择；各类档案的建立，包括客户档案、职员档案等，可以方便日常业务核算时直接调用，同类的档案资料可以在各个子系统直接进行共享与传递。比如，客户档案在总账子系统的初始设置中进行了录入，那么在销售与收款子系统中可以直接共享，不需要重复录入。初始余额的录入是实现系统与以前系统（包括手工系统、旧计算机系统等）之间科目等相关余额的链接。其他初始设置包括除了系统参数、基础档案、期初余额的设置之外的其他需要在日常业务处理之前进行的相关设置，比如客户付款条件设置等。

2）日常业务处理

日常业务处理主要用于核算与管理销售与收款业务活动的处理流程，具体体现在对销售与收款环节的各种业务单据进行的处理，包括销售报价单、销售订单、销售发票、发货单以及收款单等。

3）期末处理

期末处理主要是实现日常业务结束后所做的期末计提、结转、核销等业务操作功能。在销售与收款子系统中，期末业务主要包括往来业务核销、坏账准备处理以及月末结账三个主要方面。

4）统计分析与输出

统计分析与输出主要实现统计分析与查询、输出各种账表的功能。销售与收款子系统的统计分析与输出主要包括销售与应收款两方面的内容。销售方面包括统计与查询输出各类单据的明细表、按照不同标准统计的销售与收款业务情况表、销售构成分析、销售收入分析、销售利润分析等。应收款管理分析主要包括收款单明细表、账龄分析、应收账款核销记录等。

4.5 初始设置

由于企业实际经营管理中的产品、客户、信用条件、结算方式等与销售与收款业务有关的信息是千差万别的，因此，企业要使用计算机信息系统完成销售与收款的核算与管理，必须在使用之前针对本企业的业务性质、会计核算和财务管理的具体要求设置一系列基础信息，以便为日常业务核算提供基本的依据与支持。在此，我们根据销售与收款业务的需求，将销售与收款子系统的初始设置分为系统参数、基础档案设置、期初余额录入、其他初始设置四大类，以下主要介绍前三类。

4.5.1 系统参数

销售与收款子系统的系统参数是对销售与收款子系统中一些重要的参数进行设定。这些参数会对日常业务核算中的业务流程、处理方式、操作方式等产生重要的影响，也是日常业务核算自动化实现的基础之一。因此，参数的正确设置对系统能否高效平稳运作具有重要的影响。

企业在具体业务实现时需要有个性化的选择，因此一个子系统中需要设置的参数通常比较多，尤其是销售与收款子系统。本章重点介绍与后续的日常业务核算内容有关联的参数设置，体会系统参数的设置与日常业务核算直接的关系，并举一反三去理解、应用其他的参数设置。此外，为了方便直观地理解与分析系统参数的设置以及其与日常业务处理之间的关系，教材中以特定的软件系统（用友U8）作为界面的参照。

1）销售参数

一般在销售管理子系统中都会设置“销售选项”的功能。销售参数设置界面如图4-3所示。该功能主要将销售管理环节可能出现的个性化选择分类列示，并设置好选项，供用户根据自己的需要进行勾选或取消勾选。具体的参数内容可以根据具体的软件系统以及企业自身的业务情况进行设置。

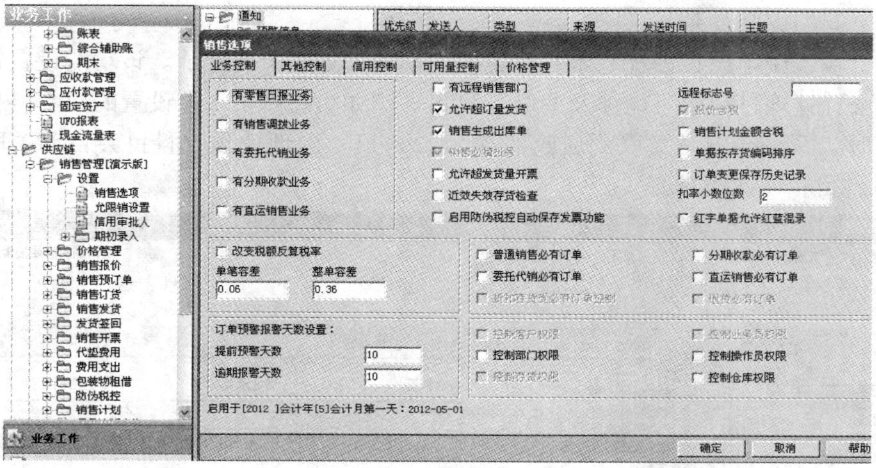

图4-3　销售参数设置界面

2）应收款管理参数

在应收款管理子系统中会设置应收款管理选项功能。应收款管理参数设置界面如图4-4所示。该功能主要结合应收款管理业务可能出现的个性化选择进行分类列示，并设置好选项，用户可以根据自己的需要进行选择。比如，用户可以根据自己的实际管理需求，按照会计准则的要求，自行选择适合企业自身的坏账处理方式。

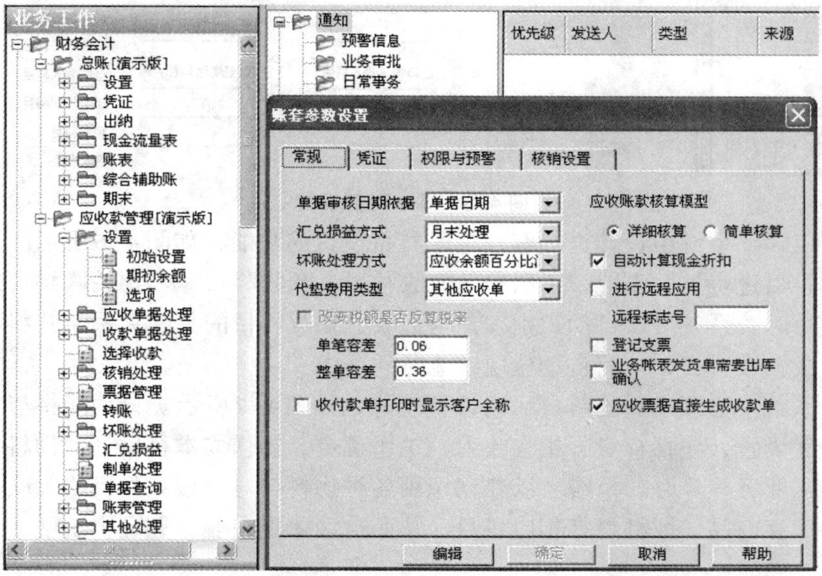

图4-4　应收款管理参数设置界面

3）关联科目设置

在日常业务处理中，尤其是业务财务一体化的实现时，系统会自动根据关联关系获取初始设置以及业务单据中的信息，并关联到业务凭证中去，从而自动实现记账凭证的生成。因此，系统会在初始设置中设置实现科目关联的功能。本章以用友U8为例，具体说明销售与收款业务过程中关联科目的设置方式，尤其是关联科目设置的作用，即其与日常业务核算之间的关联关系。

首先，在系统中应该设计基本科目设置的功能，如图4-5所示。该功能设置销售与收款业务的会计处理过程中可能涉及的会计科目。比如，在图4-5中设置的应收科目，日常业务核算时，系统会自动关联到应收账款1122科目；同理，预收科目会自动关联到预收账款2203科目；以此类推。

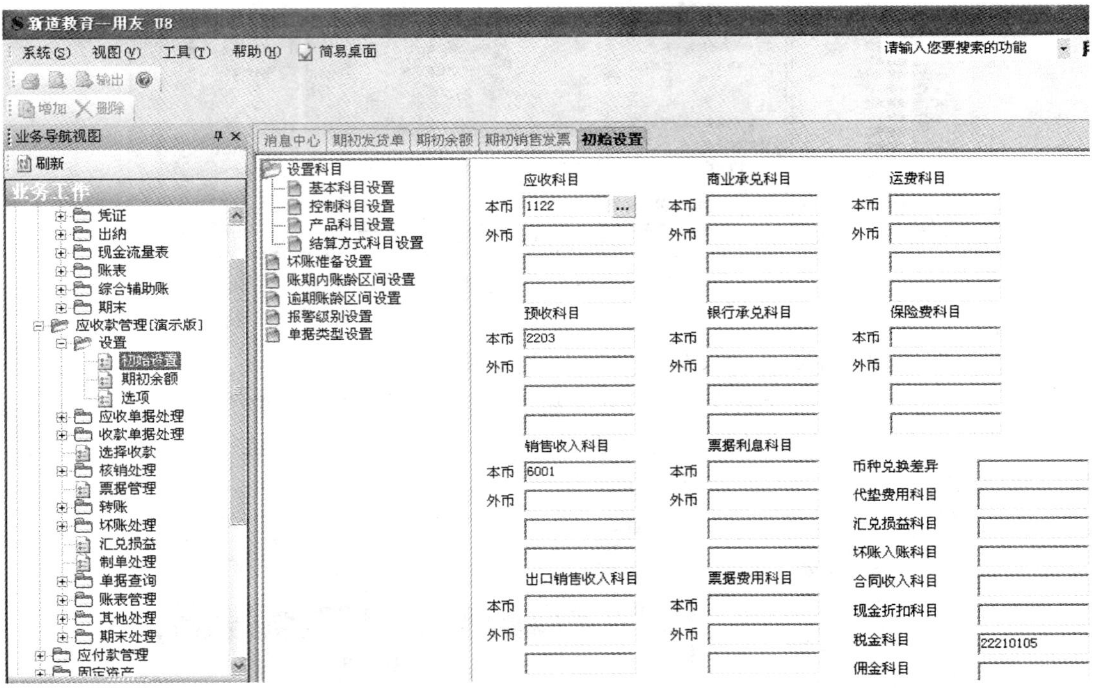

图4-5 基本科目设置

第二，应该在系统中设计进行客户关联科目设置的功能，如图4-6所示。该功能将与客户有关的科目进行关联设置，主要包括应收科目、预收科目。客户关联科目的设置用于日常业务核算时，系统可以自动识别客户与应收、预收科目的关联关系，并将客户关联到其应收科目或预收科目，从而自动体现在业务凭证中。

第三，系统中必须设计物料科目的设置功能，如图4-7所示。该功能将与物料有关的科目进行关联设置，包括存货、销售收入、销售税金、销售成本科目等。物料关联科目的设置用于日常业务核算时，系统可以自动识别各种物料与对应核算科目的关联关系并根据物料关联到库存商品、原材料等相应科目，从而自动体现在业务凭证中。

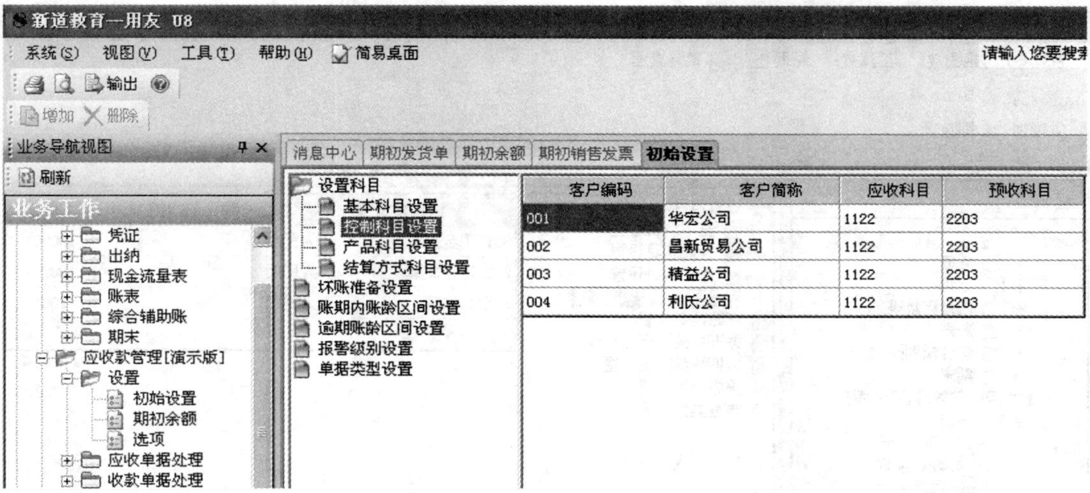

图4-6　客户关联科目设置

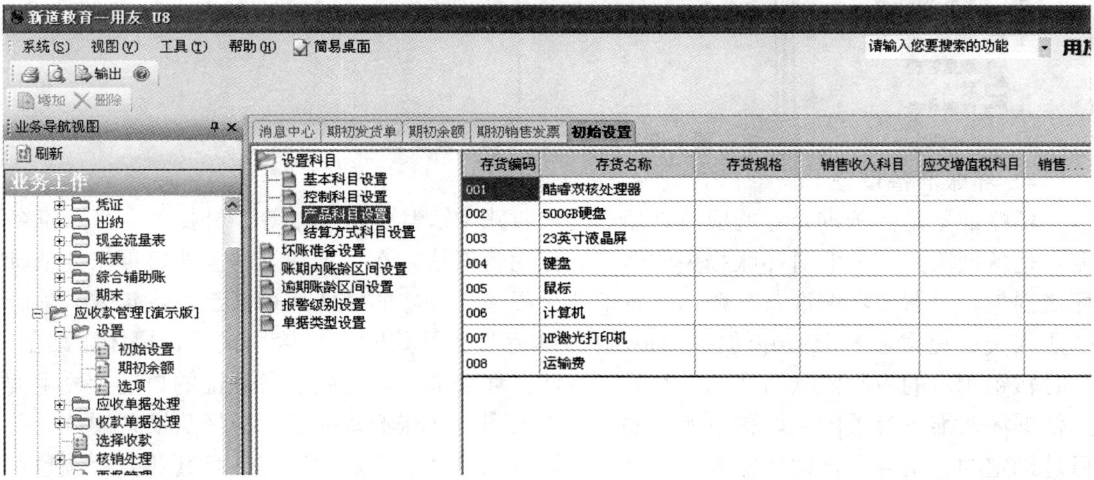

图4-7　物料关联科目设置

第四，系统必须设计结算方式关联科目的设置功能，如图4-8所示。该功能根据会计核算的要求，将结算方式对应的科目进行关联设置，比如现金结算关联设置库存现金科目，转账支票关联设置银行存款科目。结算方式关联科目的设置用于日常业务核算时，系统可以自动识别各种结算方式与对应核算科目的关联关系，并根据结算方式关联到库存现金、应收账款等相应科目，从而自动体现在业务凭证中。

【注】

关联科目设置的基本原理是相通的，但是具体的实现方式以及功能实现所在的模块会因为软件的设计者不同而不同。因此，读者可以在参照用友的关联科目设置的方式的同时，去了解其他软件系统的实现方式，深刻体会关联科目设置的基本原理以及实现的作用，并对不同的实现方式以及实现功能的模块做出相应的评价。

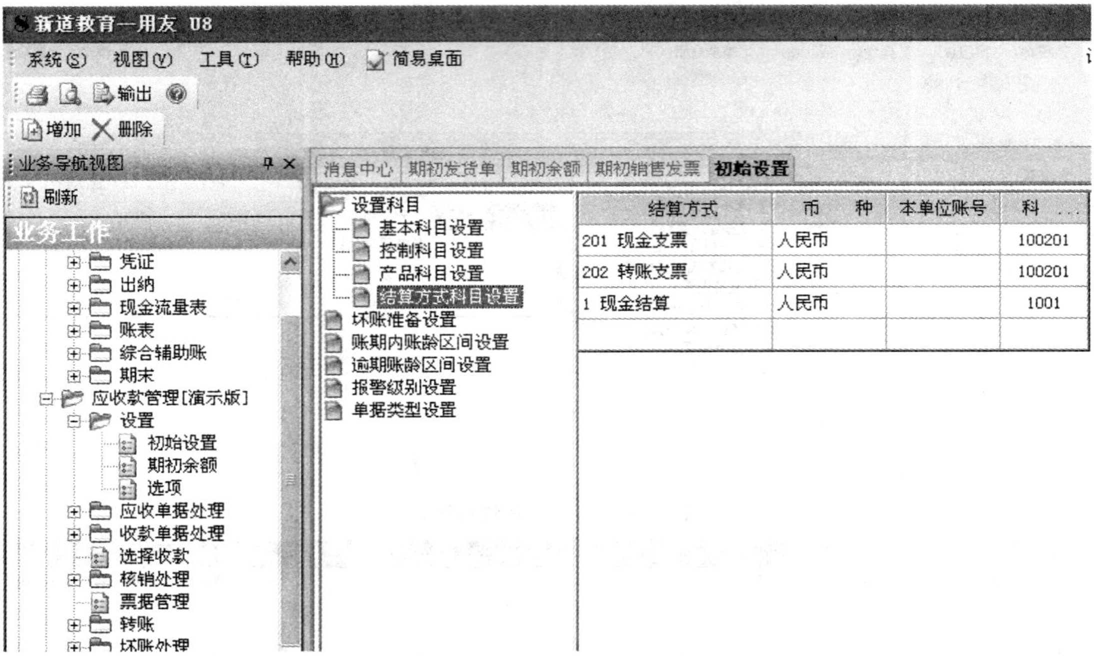

图 4-8　结算方式关联科目设置

4）坏账准备设置

坏账准备是指依据企业的应收款项（含应收账款、其他应收款等）计提的。坏账准备账户是备抵账户。企业对坏账损失的核算，采用备抵法。在备抵法下，企业每期末要估计坏账损失，设置“坏账准备”账户。备抵法是指采用一定的方法按期（至少每年末）估计坏账损失，提取坏账准备并转作当期费用。实际发生坏账时，直接冲减已计提坏账准备，同时转销相应的应收账款余额的一种处理方法。坏账准备处理的业务凭证的自动生成主要是依据坏账准备设置的关联信息实现的。根据准则对坏账准备的要求，坏账准备的核算科目是确定的，主要包括“坏账准备”“资产减值损失”“应收账款”等，且其业务金额也可以用公式表示或从业务单据中直接获取，比如坏账准备的计提金额可以直接根据应收款管理参数设置的坏账计提方法（应收账款余额百分比法）计算得来。因此，在坏账准备设置的信息里必须涵盖上述核算需要的科目信息、金额信息，如图 4-9 所示。比如，坏账准备科目、对方科目的设置可以直接形成计提坏账准备业务凭证的借贷方科目名称。

4.5.2　基础档案设置

基础档案相对于系统参数而言是指系统里的档案信息、公共资料，在销售与收款子系统中主要包括客户档案、部门档案、职员档案、销售类型等。这些基础档案的主要作用在于日常业务核算可以直接从档案列表中选择，无须重复输入。

1）客户档案

客户档案是企业在与客户业务往来过程中形成的客户资料、企业自行制作的客户信用分析报告等，全面反映企业客户资信状况的综合性档案材料。建立客户档案主要是为企业的销售管理、库存管理、应收款管理服务的。在填制销售出库单、销售发票、往来业务核

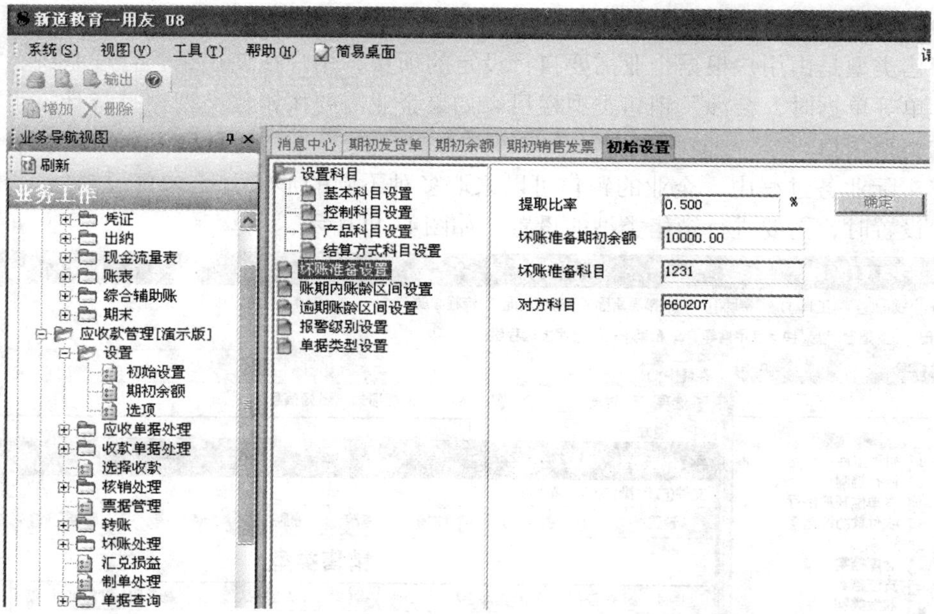

图4-9　坏账准备设置

销和有关客户统计时都会用到客户档案，因此必须先设立客户档案，以减少工作差错。在输入单据时，如果单据上的客户不在客户档案中，则必须在此建立该客户的档案。因此，在系统使用之初，必须输入客户档案，以便系统进行业务处理时随时调用。客户档案基本信息会因为设计人员的不同而不同，具体的客户信息可以参照如图4-10所示的界面。

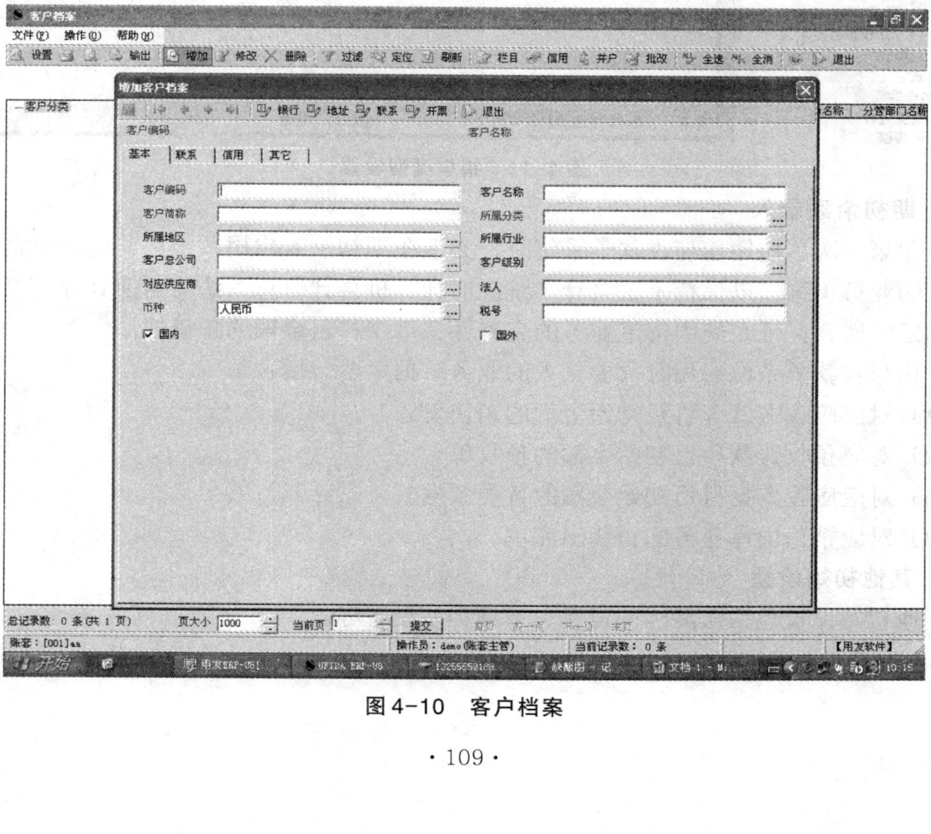

图4-10　客户档案

2）销售类型

销售类型是由用户根据企业需要自行设定的项目，用户在使用销售管理系统、填制销售出库单等单据时，会涉及销售类型栏目。如果企业需要按销售类型进行统计，也需要建立采购类型项目。

在实际业务过程中，企业的销售可以采取多种不同的形式，比如普通销售、零售等。在初始设置时，需要进行销售类型的设置，如图4-11所示。

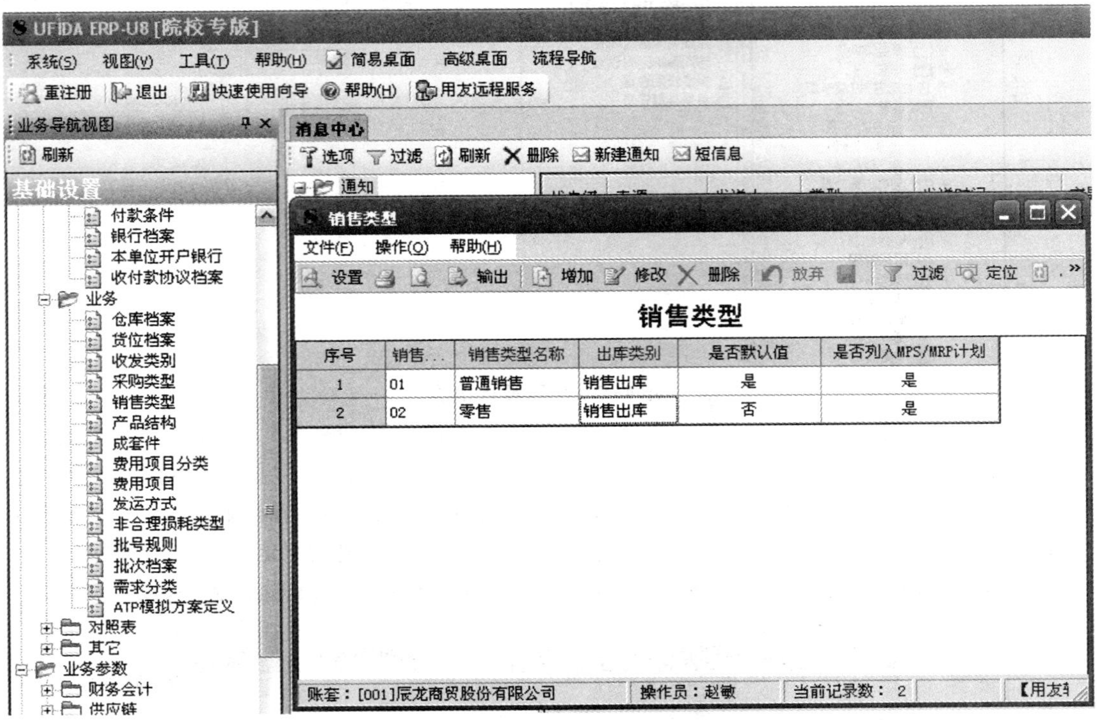

图4-11　销售类型设置

4.5.3　期初余额录入

企业第一次启用销售与收款子系统时，必须在期初录入启用系统之前的所有销售与收款业务的业务单据，以保持手工会计系统或旧计算机会计信息系统与当前计算机会计信息系统的延续性，保证系统中每笔业务的完整性、每个科目金额的正确性。

销售与收款子系统启用时需要录入的业务单据主要包括：

（1）对应应收账款等科目初始金额的销售发票。

（2）对应预收账款科目初始金额的预收单。

（3）对应应收票据科目初始金额的各类票据。

（4）对应销售出库业务的销售出库单。

4.5.4　其他初始设置

其他初始设置包括账龄区间设置、单据类型设置等。

4.6 日常业务处理

销售与收款业务处理主要是对销售货物或提供劳务的各个环节进行核算与管理，主要包括日常单据录入、单据审核、记账、往来核销和坏账处理等功能，覆盖了销售定价、订货、开票、发货、收款等环节。日常业务处理主要包括销售价格管理、客户信用管理以及日常业务单据的输入（销售报价单、销售订单、销售发票、收款单等）等。

4.6.1 销售价格管理

销售价格是销售管理中的敏感因素，因此在销售与收款的业务活动过程中应依据客户、销售数量、促销活动、批发或零售等因素制定合理的价格政策，运用于合适的销售环节，主要包括以下四部分内容：设置价格级别、商品价格管理、客户折扣率管理、批量折扣率管理

1）设置价格级别

同一商品可能存在不同的价格，不同客户适用于不同的价格，因此，需要对商品价格进行分级管理。比如，将价格级别设置为批发价、零售价等，如图4-12所示。在设置客户档案时，根据客户的不同特征选择适合的价格级别。

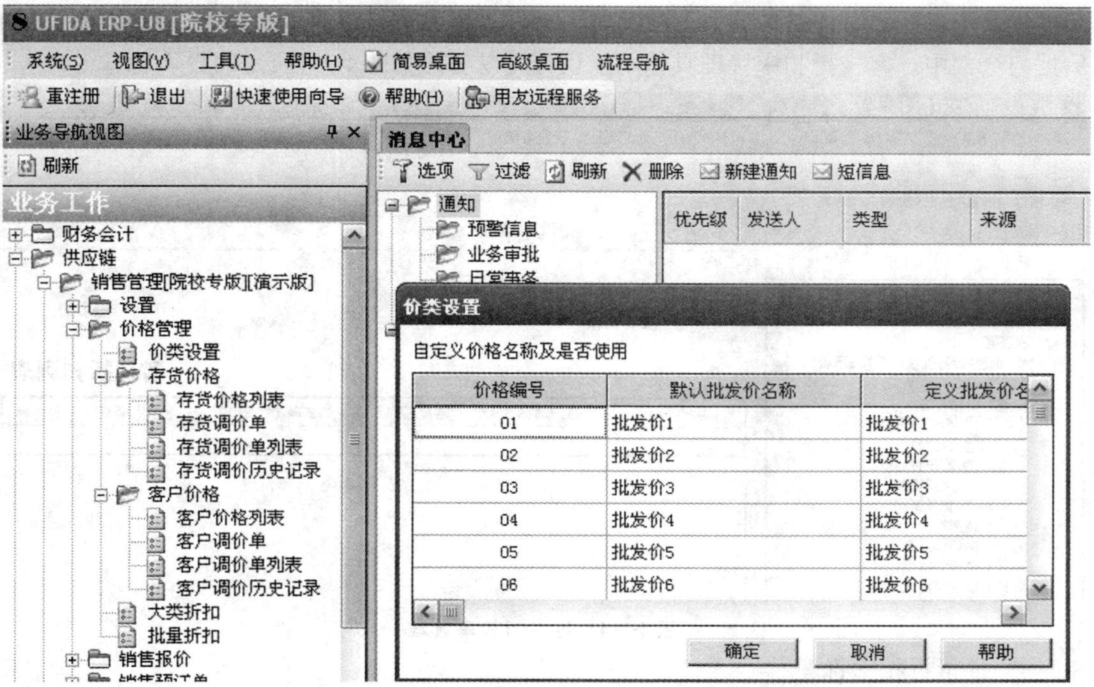

图4-12　设置价格级别

2）商品价格管理

根据设定的价格级别，针对商品明细输入不同商品对应的不同等级的价格，比如商品A的参考的成本价、批发价、零售价。商品价格管理具体功能设计可以参照如图4-13所示的界面。

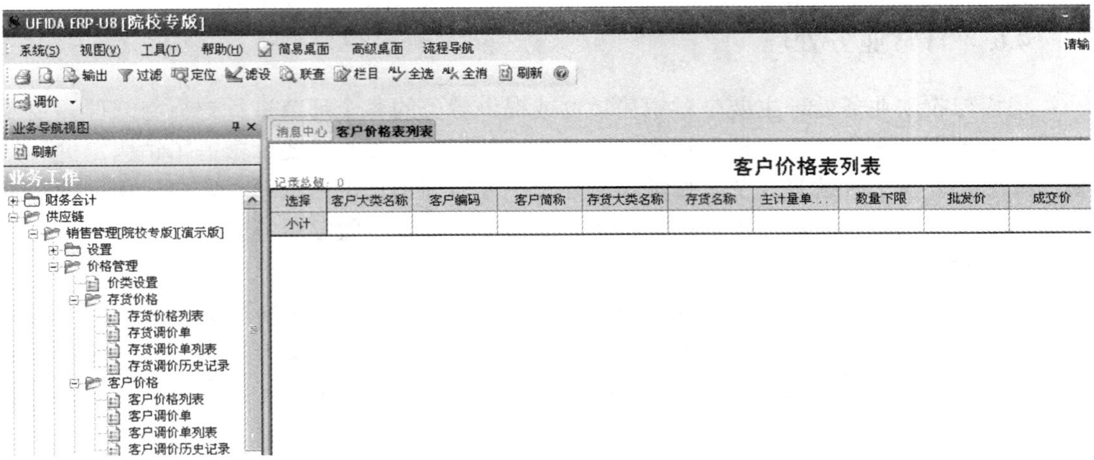

图 4-13　商品价格管理

3）客户折扣率管理

企业在与客户的业务往来过程中，会因为客户的具体情况使用不同的价格政策，多种销售价格并行，同时，也会针对不同的客户采取不同的折扣率。事先设置不同客户的不同商品的对应折扣率，在后续的业务核算时，可以设置系统自动获取折扣率并反映到相应的单据与金额中。客户折扣率管理具体功能设计可以参照如图 4-14 所示的界面。

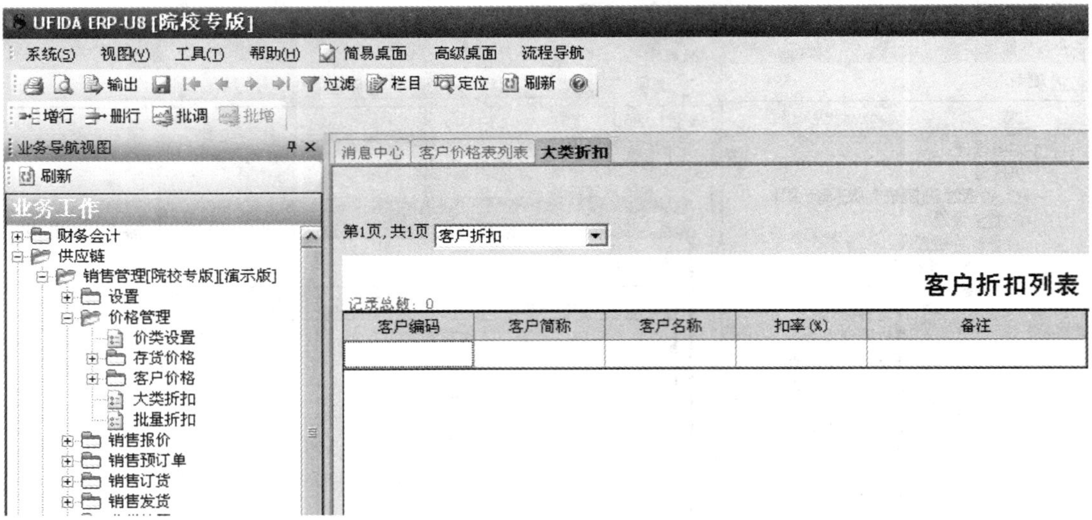

图 4-14　客户折扣率管理

4）批量折扣率管理

在企业的经营管理过程中，为了提高企业的销量，企业往往会采取批量采购的折扣政策鼓励客户批量购买。不同商品可采用不同的批量折扣率，同时不同的客户也可以采取不同的批量折扣率。系统应设计批量折扣率表的录入功能，在批量折扣率表中录入客户、商品对应的销售数量及对应的折扣率。批量折扣率管理具体功能设计可以参照如图 4-15 所示的界面。

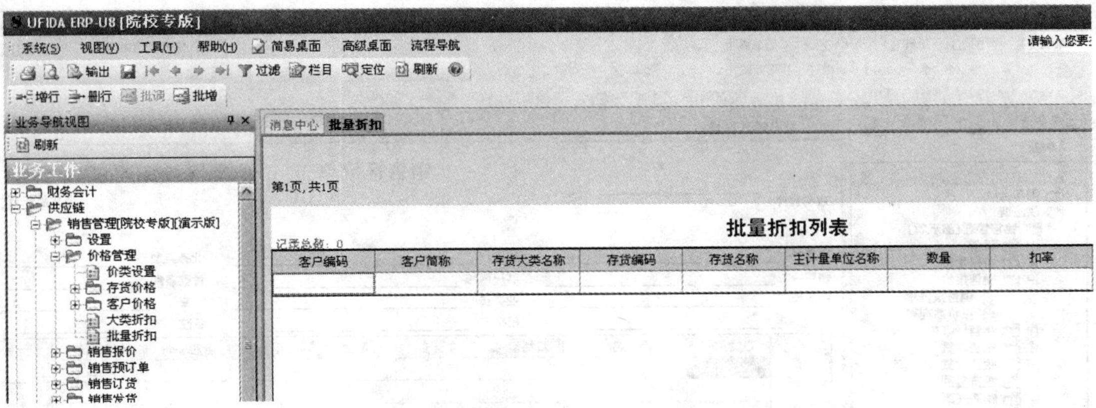

图4-15　批量折扣率管理

4.6.2　客户信用管理

企业在销售过程中，会结合客户自身的信用等情况给予一定的信用政策，包括信用政策的享受（能不能享受赊销的信用政策）、信用额度的控制（享受到信用政策的客户的具体信用额度是多少）、享受信用的期间管理（客户享受的信用政策的具体时间段）。系统需要针对信用额度的控制、信用期间管理分别设计录入功能，将具体的信用政策信息录入到系统中，方便日常业务核算时随时调用。

4.6.3　日常业务单据的输入

销售与收款的业务活动中会产生各个业务单据，在使用计算机信息系统之后，需要在系统发生时，将对应的业务单据录入到系统中，因此，系统需要设计单据录入的功能。销售与收款业务活动中主要包括销售报价单、销售订单、销售发票、运费发票、销售发货单、收款单等。本部分内容中我们只介绍各种单据的录入业务。

1）销售报价单

销售报价单是销售与收款业务流程的起点，是销售业务的开始。由于不是所有企业的销售业务都存在对外报价环节，因此是不是必须要进行报价单的录入操作要根据企业自身的管理需要决定。一般来讲，销售报价单主要输入销售类型、客户名称、销售部门、销售商品、销售数量与销售报价等信息，具体的输入界面可以参照如图4-16所示的销售报价单。

2）销售订单

销售订单是企业与客户之间签订的一种销售协议。销售订单实现企业与客户之间的沟通，实现客户对企业待售货物的一种请求，同时也是企业对客户的一种销售承诺，是销售管理系统实质性功能的第一步。它向上承接销售合同，并向下传递至销售发货。通过订单信息的维护与管理，实现企业对销售的计划性控制，使企业的销售活动、生产活动、采购活动处于有序、流畅、高效的状态。销售订单管理的功能主要包括接收对方订单、发送订单确认信息、根据订单生成销售发货单及发票。此外，在系统中录入销售订单时，可以根据需要在销售订单环节进行信用和价格检查。一般来讲，销售订单需要输入订单日期、销售类型、客户名称、销售部门、商品名称、数量、单价等信息，如图4-17所示。

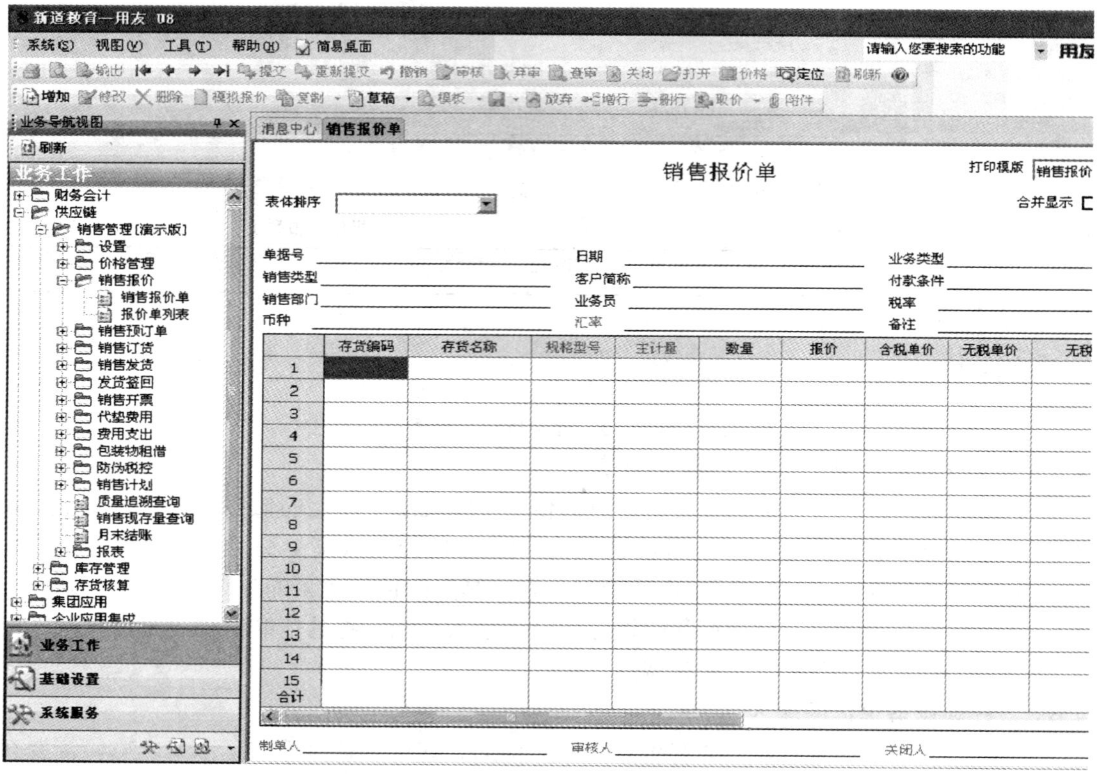

图 4-16 销售报价单

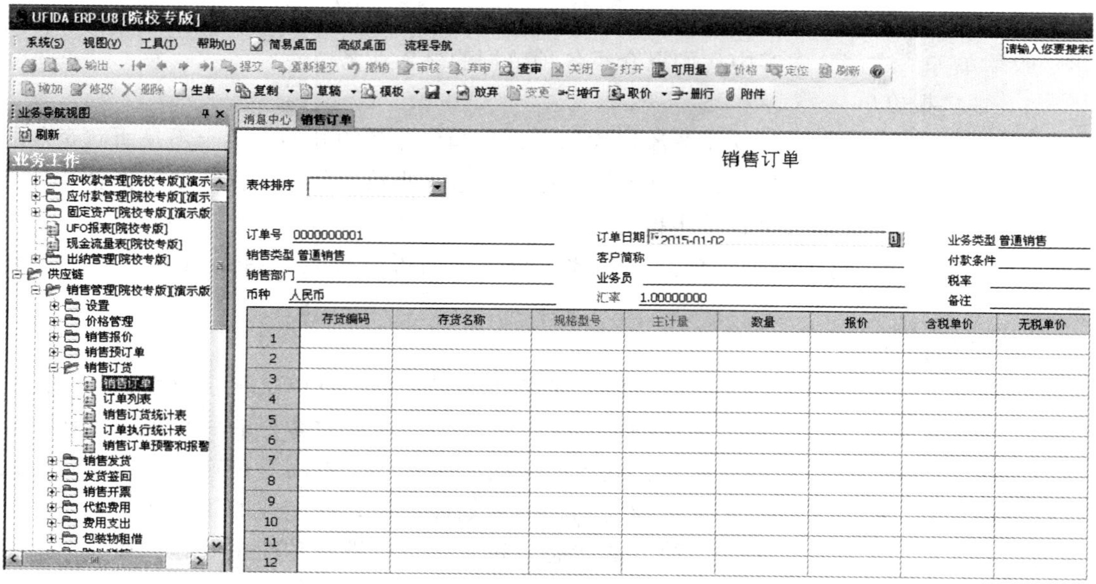

图 4-17 销售订单

因为销售订单属于销售报价的后续流程，为了避免信息的重复录入，系统设计关联生成的功能，即根据销售报价单关联生成销售订单，销售订单中的部分信息可以直接由系统自动从销售报价单中关联生成，不需要重复录入，比如销售类型、客户、商品信息等。

3）销售发票

销售发票是一种用来表明已销售商品的规格、数量、价格、销售金额、运费和保险费、开票日期、付款条件等内容的凭证。客户根据订单约定，到企业购买产品。企业需要在系统中录入销售发票。销售发票可以手工录入，也可以参照销售自动订单生成。销售发票是在销售开票过程中用户所开具的原始销售单据，包括增值税专用发票、普通发票等。销售发票是确认和计量销售收入、应交销售税金、应收账款的依据，是销售管理的重要环节。销售发票输入的主要内容包括开票日期、销售类型、发票编号、客户名称、客户地址、开户银行、银行账号、税号、销售部门、业务员、付款条件、税率、产品编码、产品名称、数量、单价、金额、税额等数据项目。输入的销售发票文件保存于销售发票文件中。销售发票的输入界面可以参照图4-18。

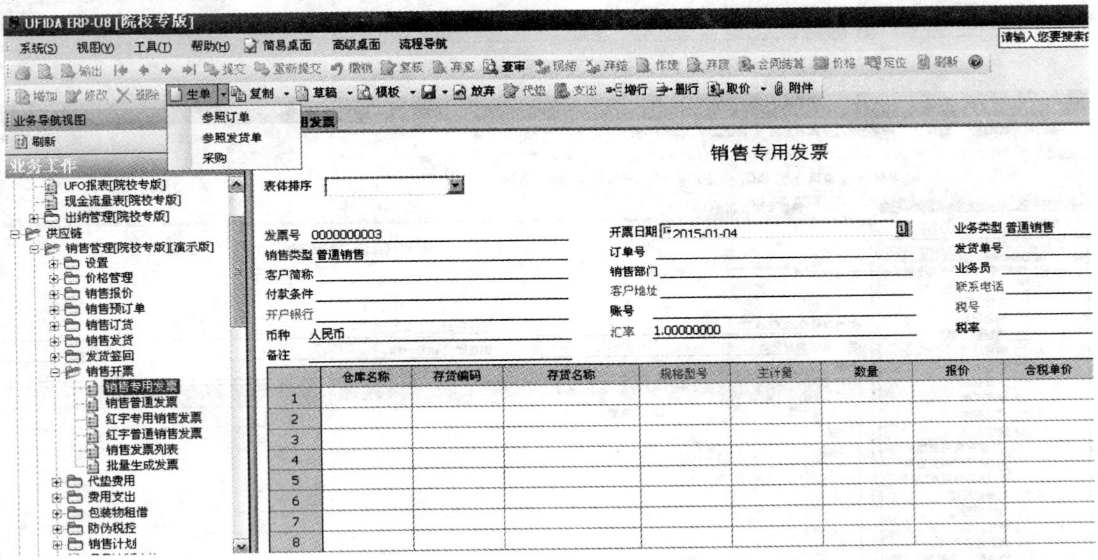

图4-18　销售发票

销售发票是根据销售订单中约定的交易开具的，因此销售发票的录入可以通过新增手工录入，也可以通过销售订单关联生成；如果销售业务是先发货后开票，那么销售发票也可以根据销售发货单关联生成。

4）运费发票

企业在销售环节不可避免地伴随着运输业务，包括代垫的运费和自身负担的运费。因此，系统设计时，需要在单据的收入功能中设计运费发票的编制功能。运费发票的代垫和自身负担的两种形式可通过费用项目类型来区别，即在运费发票的字段中设计一个“费用项目类型”字段。其次，运费发票的输入通常要包括单号、日期、客户名称、销售部门、金额等内容。其输入内容和界面可以参照图4-19、图4-20。

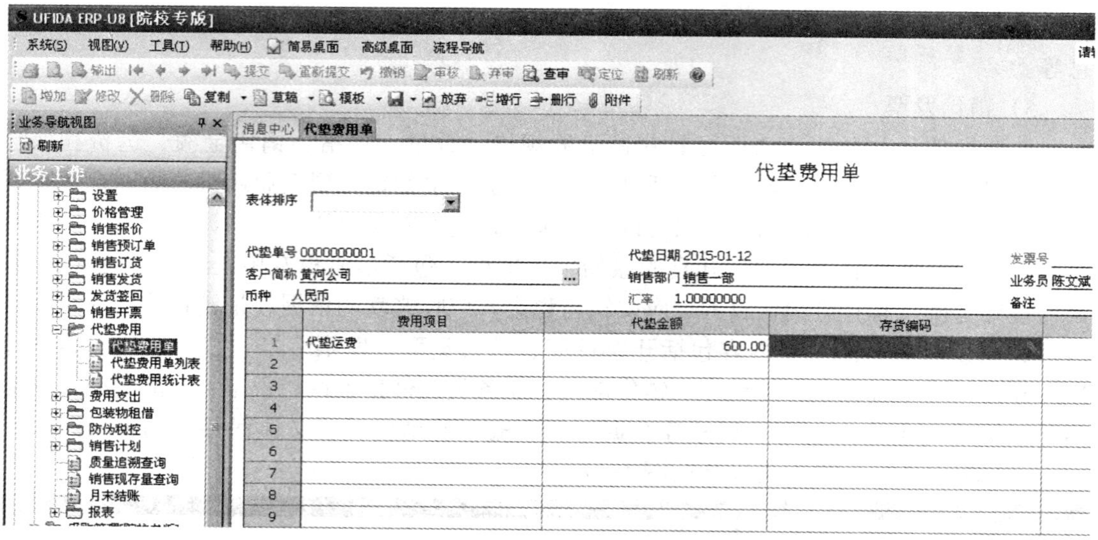

图 4-19　运费发票界面——代垫运费

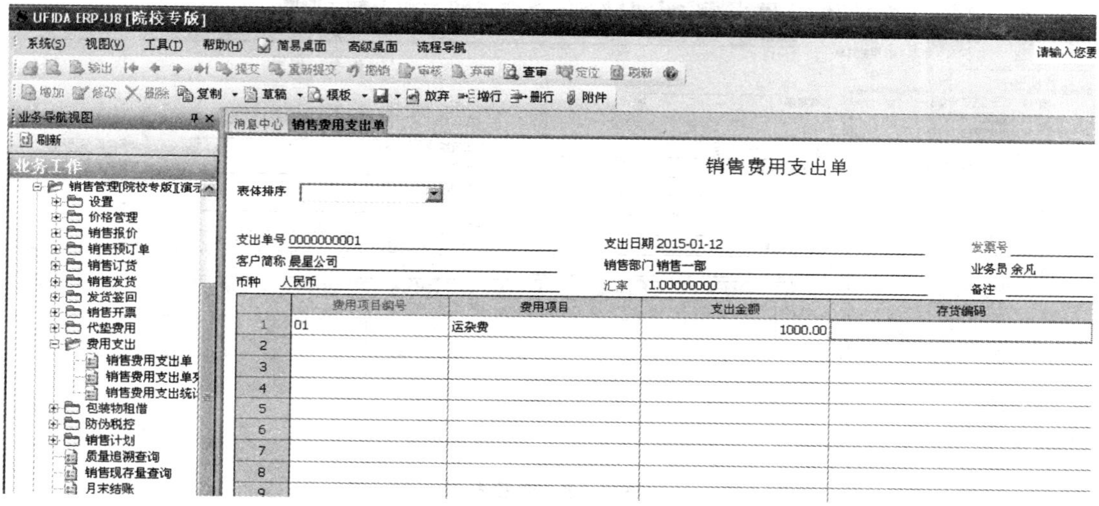

图 4-20　运费发票界面——企业负担运费

5）销售发货通知单

销售发货通知单，是在销售实现后，销货单位在内部作为仓库发货出库的凭单。此单据可附在销售出库单的后面做附件使用；系统设计时应允许企业根据自身的实际业务情况，选择手工录入、参照销售发票生成或参照销售订单生成。销售发货通知单的输入内容应该包括客户名称、销售部门、产品名称、型号、规格（标准）、单位、单价、数量、金额、备注等，具体内容和界面可以参照图 4-21。

6）收款单

收款单记录向客户收取商品赊销货款或预收货款的业务行为，此单据可处理企业应收款、销售预收款、预收款退款等资金业务。收款单还可以处理一张赊销发票分次收款的业务，或一张收款单同时处理几张赊销发票的业务。因此，系统在设计收款单时需要满足上

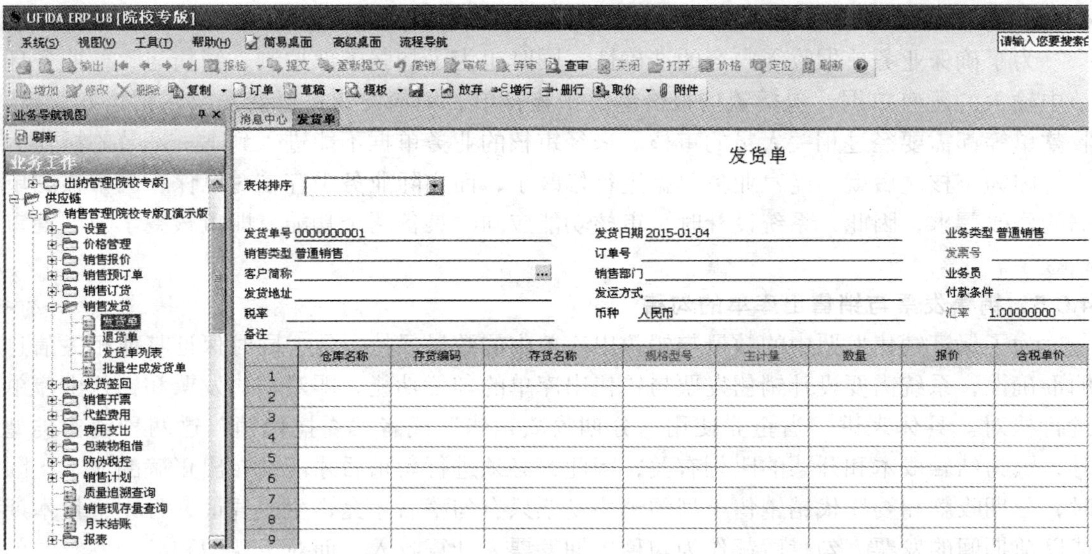

图4-21　销售发货通知单

述功能。因为无法提前预知企业的收款具体是哪种情况，同时也为了避免同时设计多张不同的业务单据会出现重复的问题，可以设计收款单一张单据，实际业务需要处理的应收款、预收款、预收款退款等不同情况可以通过在收款单中设计“款项类型”字段来区分。收款单的输入内容包括编号、日期、结算方式、结算科目、金额、部门、客户、款项类型等，具体内容和界面可以参照如图4-22所示的界面。

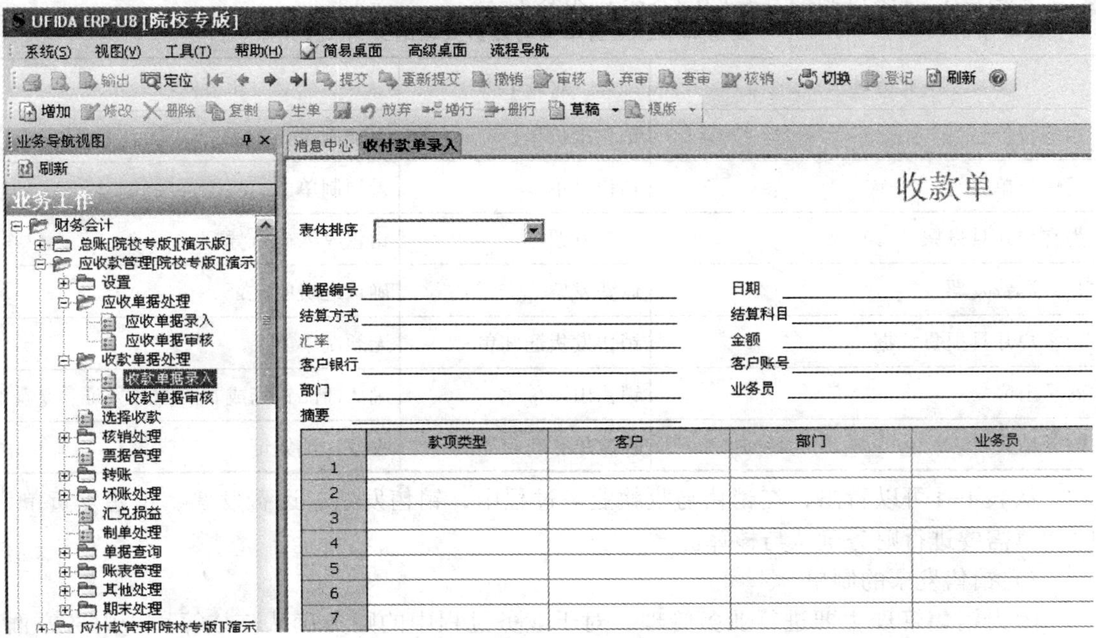

图4-22　收款单

4.6.4 单据的审核

为了确保业务单据收入内容的准确性，同时也为了加强内部控制，销售与收款业务环节中输入的所有单据，包括销售报价单、销售订单、销售发票、运费发票、销售发货单、收款单等都需要经过相关人员的审核。未经审核的业务单据不能进入到下一环节的操作。

因为审核之后就不能对业务单据进行修改了，而实际业务中存在对已保存已审核的单据的修改需求，因此，系统设计时，审核功能应同时具备两个功能，即审核签字与取消审核签字。

4.6.5 销售发票与销售出库单的勾稽

为了保证销售发票中的数量与销售出库单中的数量保持一致，同时保证其他相关信息的准确性，系统需要设计销售发票与销售出库单的勾稽功能，即对销售发票和销售出库单进行核对。具体来讲，当企业使用“分期收款销售”或者“委托代销”这两种销售类型时，因为结转成本和开票的比例有关，因此，必须进行勾稽后才能结转出正确的成本；同时，分期收款和委托代销销售类型的销售发票只有勾稽后才允许生成凭证，且无论是本期或以前期间的发票，勾稽后都作为勾稽当期发票来计算收入。而对于现销和赊销发票，勾稽的主要作用就是进行收入和成本的匹配确认，对于记账没有什么影响。

4.6.6 业务单据制单

销售与收款业务过程中产生的单据有的只是满足业务流程管理的需求，不影响财务数据，有的单据不仅满足业务流程管理的需求，同时也会对财务数据产生影响。对于后者来讲，需要根据业务单据进行相应的财务确认并制单。将业务环节、业务单据与财务处理三者一一对应，可以得到三者之间的关系，见表4-1。

表4-1 **业务环节、业务单据与账务处理的关系**

业务环节	业务单据	账务处理
销售报价	销售报价单	无须制单
销售订单签订	销售订单	无须制单
为客户开具发票	销售发票	销售收入确认凭证
开具运费发票	运费发票	确认运费的凭证
为客户开具提货凭据	销售发货通知单	无须制单
商品出库①	销售出库单	确认商品销售成本的业务凭证
财务结算	收款单	收取款项凭证

从表4-1可以看出，在销售与收款业务过程中，销售发票、运费发票、销售发货单、收款单需要进行财务确认与核算。

1）销售发票的制单

因为销售管理主要进行业务管理，对于业务过程中的财务确认与核算属于财务方面

① 理论上，商品出库属于存货管理的内容，因为其与销售相关，尤其是与销售出库通知单相关，为了保持销售业务的连续性，将其放在销售与收款子系统内进行讨论。

的，因此系统通常会将制单的功能设计在应收款管理子系统中，即在应收款管理子系统中选择制单功能进行销售发票的制单。制单功能可以参照图4-23。

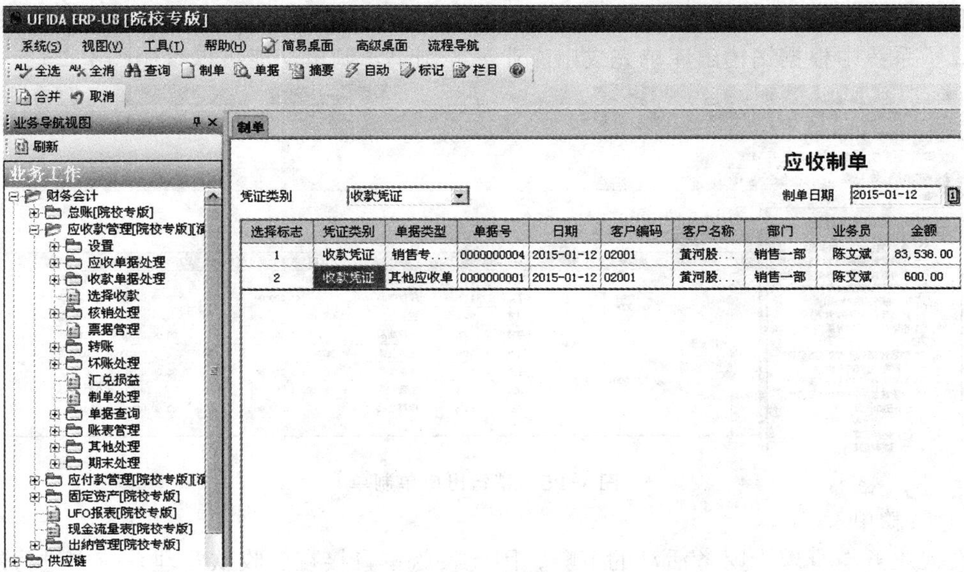

图4-23　销售发票制单

2）运费发票

运费发票是伴随着销售业务产生的，因此其功能设计与销售发票相同，即在应收款管理子系统中选择单据审核，并执行制单处理功能进行运费发票的制单，如图4-24所示。

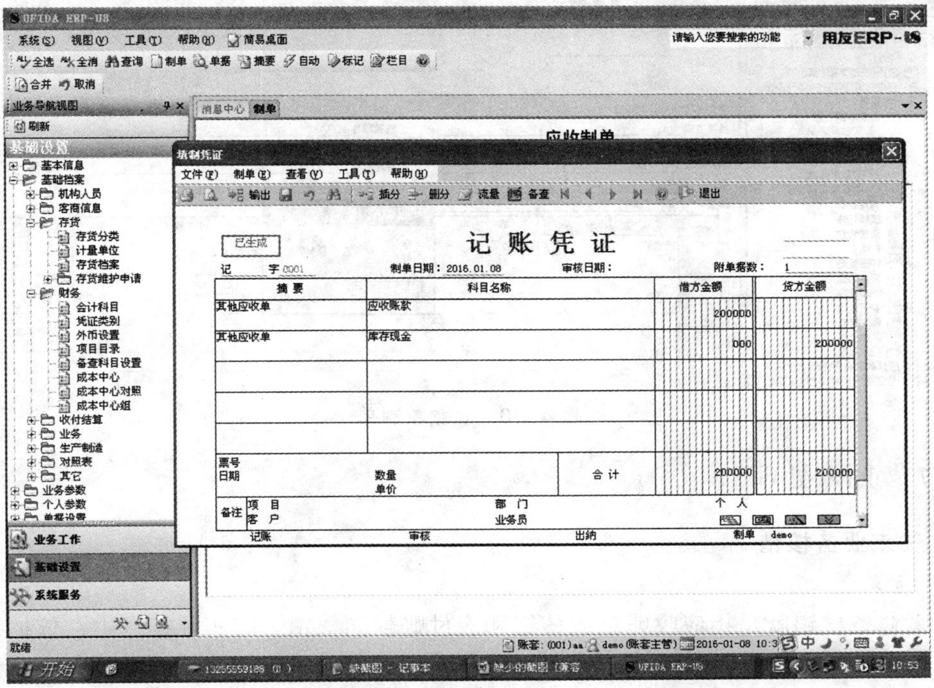

图4-24　运费发票制单

3）销售发货通知单与销售出库单

销售发货通知单只是企业内部的一项内部控制措施，由仓储部门根据销售发货单填制内部的调转单据——出库单。因此，销售发货通知单是不需要进行制单的，企业需要在存货核算子系统中根据销售出库单完成出库业务的制单。制单功能可以参照图4-25。

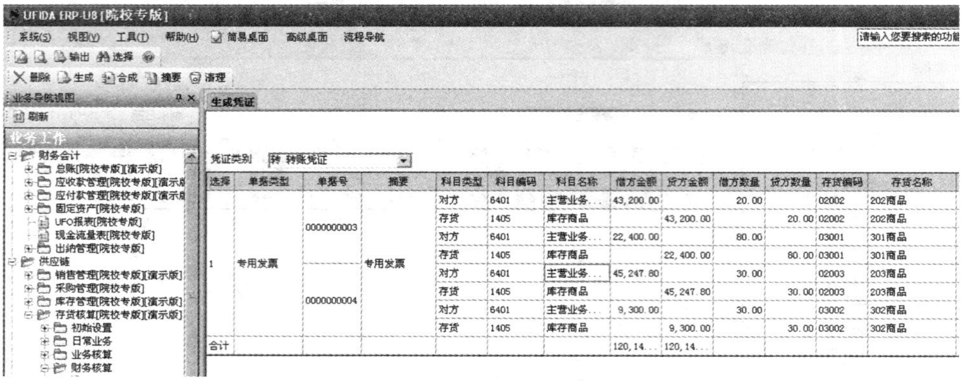

图4-25　销售出库单制单

4）收款单

收款业务本身属于财务活动的范畴，因此收款单直接在应收款管理系统中进行制单，制单功能可以参照图4-26。

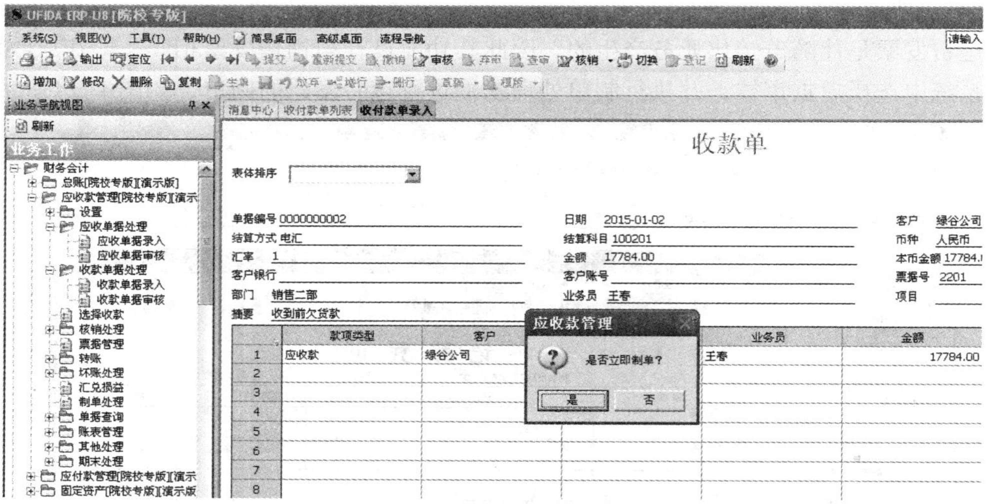

图4-26　收款单制单

4.7　期末处理

4.7.1　往来业务核销

1）含义

往来业务核销就是指应收账款的核销和应付账款的核销。在实际操作中，依据销售出库单填开销售发票，并且依据销售发票编制会计凭证，赊销记入应收账款科目，在会计凭证摘要中会注明销售发票的号码（应收账款都是有账期的），在收到货款时，依据客户依据发票做核销处理（通俗一点说也就是销账），那么通过余额就知道是哪几笔出货和发票没有收回，也就是可以有账龄分析（到期账款、超期账款、超期30天，超期60天等）。

【例4-1】辉煌公司经常采购鑫鑫公司的货物，于是基于长期的合作关系，双方约定月结款项。近3个月双方的往来业务情况如下：

1月2日，实现采购50 000元。

2月4日，实现采购80 000元。

3月2日，实现采购50 000元。

假如辉煌公司将这三笔业务都已经挂在应收鑫鑫公司的应收账款上，鑫鑫公司截至3月3日支付了一笔金额为100 000元的货款。这时，就需要通过往来业务核销来处理。

由此可见，往来业务核销的主要目的是准确核算应收账款、加快应收账款的回收，建立收款与应收款的对应关系，加强往来款项的管理。

2）主要功能

往来核销通常具有的功能包括逐笔录入以前年度未核销往来账、往来核销、查询应收账款核销明细账、查询未达往来账。

（1）逐笔录入以前年度未核销往来账。

（2）往来核销。

能够由计算机自动完成的，系统设计时通常会设计自动完成的功能，但同时考虑特殊情况，系统设计又会包括手工实现的功能。因此，往来业务核销的方法包括自动核销和手工核销两种。

①自动核销。

顾名思义，自动核销就是用户指定要核销的客户后，由系统自动确定收款单与应收款的对应关系，然后选择核销。核销时可根据查询条件选择需要核销的单据，系统自动核销，提高了效率。其自动核销功能可以参照图4-27。

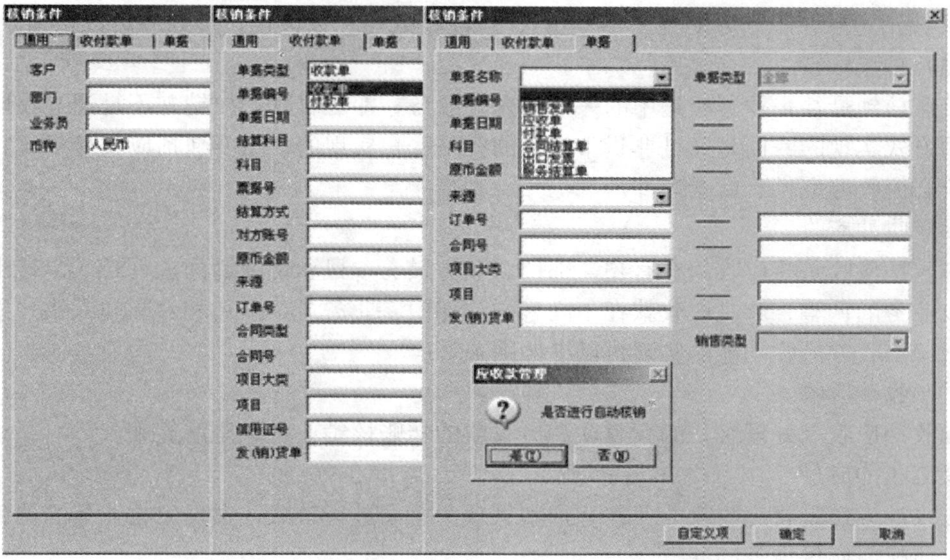

图4-27 自动核销

②手工核销。

手工核销是对自动核销功能的补充，对于自动核销无法完成的业务，可采取手工核销的方式，即手工确定收款单与应收款的对应关系（具体的核销标准可以在应收款管理的系统参数中进行设置），然后选择核销。手工核销功能可以参照图4-28。

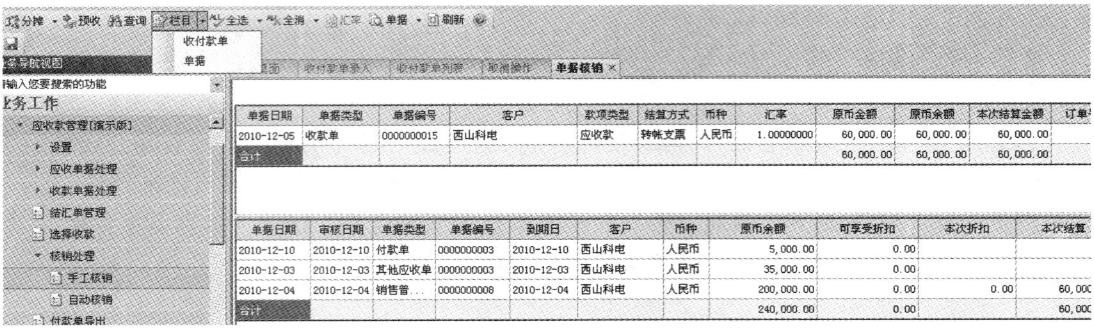

图4-28 手工核销

③核销规则

在进行往来业务核销时，需要遵循一定的规则，通常系统会设计以下几种规则：

A.先挂账先核销。

【续例4-1】鑫鑫公司转来的100 000元到底是属于还哪一笔业务的货款呢？假如鑫鑫公司明确表明这是支付两笔50 000元的业务款，那么对应就将1月2日与3月2日的两笔往来业务核销。保留2月4日的那笔。如果无法知道具体给付的是哪笔业务，通常按先挂账的先销账的原则，先核销1月2日购50 000元，2月4日购80 000元其中的50 000元。余2月4日的30 000元及3月2日的50 000元。

B.核销的往来单位（即“明细科目＋核算项目”）必须一致。

C.核销双方在同一方（同是借方或同是贷方）的，只能正数与负数核销。

D.核销记录在不同方的（一借一贷），只能正数与正数核销，负数与负数核销。

（3）转账核销

转账核销是往来业务核销中的一项特殊的业务，即应收款的核销并不是通过收取货币资金的方式实现的，而是通过非货币资金的往来账户实现的，主要包括应收冲应收、预收冲应收、应收冲应付、红票对冲。

①应收冲应收。

应收冲应收是将应收款在客户、部门、业务员、项目和合同之间进行转入、转出，实现应收业务的调整，解决应收款在不同客户、部门、业务员、项目和合同间入错户或合并户问题。应收冲应收功能的实现可以参照图4-29。

②预收冲应收。

预收冲应收是处理客户的预收款和应收款的转账核销业务，澄清往来。

③应收冲应付。

应收冲应付是将应收款业务在客户和供应商之间进行转账，实现应收业务的调整，解决应收债权与应付债务的冲抵。

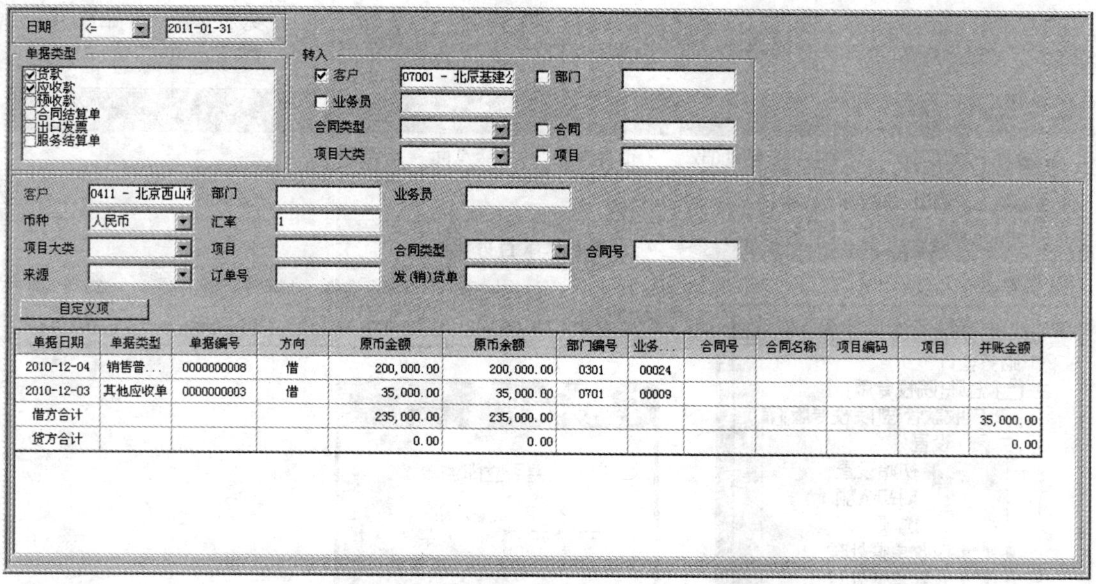

图4-29　应收冲应收

④红票对冲。

红票对冲是用某客户的红字应收单与其蓝字应收单、收款单与付款单进行冲抵，便于以后的账龄分析统计。

（4）查询功能

往来业务核销中的查询功能主要是用来查询输出往来业务相关的账表。系统通常会设计以下几种往来业务的账表查询：

①应收账款核销明细账。应收账款核销明细账用来查询应收账款核销的明细记录，包括一笔作销、一笔收款核销的，也有一笔作销、分期多笔收款核销的记录。同时，系统通常会设计表中的已核销的记录和未核销的记录采取不同的颜色显示，方便查看。

②查询未达往来账。未达往来账主要是用来输出未核销的往来款项，方便企业及时了解未收款的款项，加强应收账款的管理。

4.7.2　坏账处理

在加强对企业和客户之间往来款项的管理的同时，还要加强对坏账的管理，尽量减少坏账的产生。因此，销售与收款子系统中需要设计坏账处理的功能。系统中坏账处理主要包括计提坏账准备处理、坏账发生处理、坏账收回处理三个主要的功能。

1）计提坏账准备的处理

根据准则的要求，企业计提坏账准备的方法包括应收账款余额百分比法、销售余额百分比法、账龄分析法和直接核销法等，企业可以根据应收账款管理的经验以及客户的基本情况自行选择适合企业的坏账计提方法。因此，系统在设计坏账计提功能时应设计成可选择的形式，即允许企业根据自身情况选择其中的一种坏账计提方法，即坏账计提方法的设置功能。该功能通常设计在参数设置的部分，可以参照图4-9所示的坏账计提参数设置。

企业在进行过计提坏账初始设置之后，期末直接选择坏账计提即可由系统根据初始设置的科目、金额计算公式或来源自动实现凭证的制单，其功能的实现可以参照如图4-30所示。

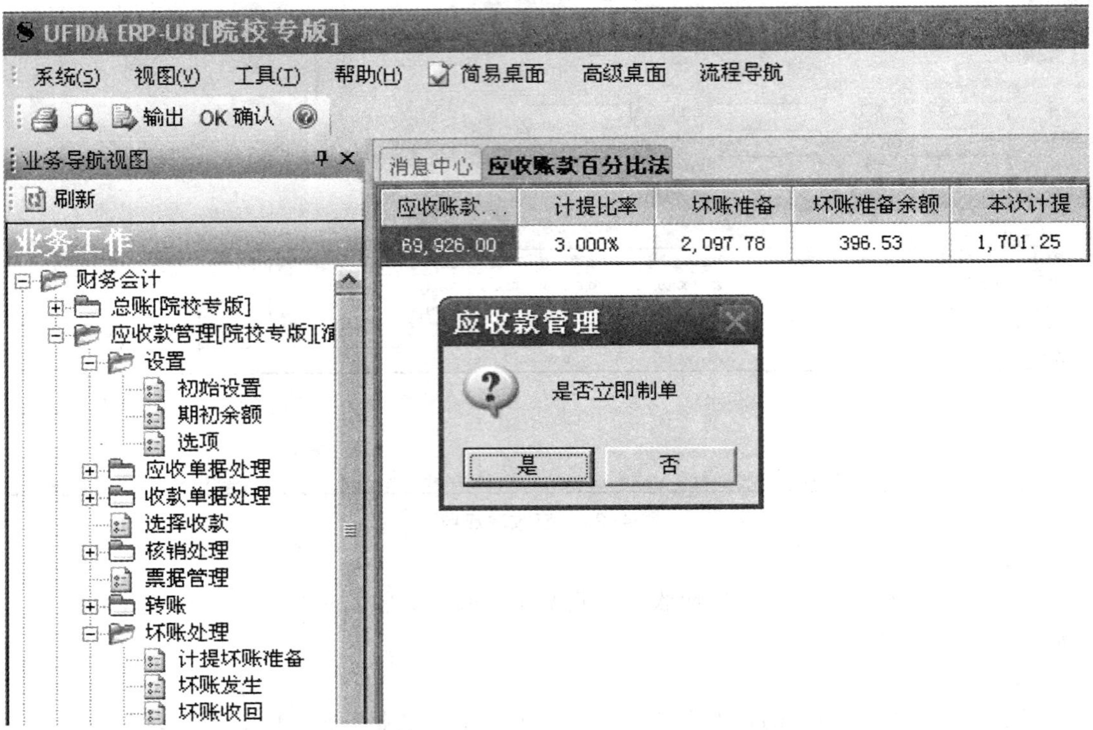

图4-30　计提坏账准备

2）坏账发生的处理

确认坏账发生后，对应客户的应收余额应相应减少。因此，系统设计坏账金额的输入，并根据实际输入坏账的金额完成财务确认，从而减少应收账款账户的金额。其功能实现可以参照图4-31所示的界面。

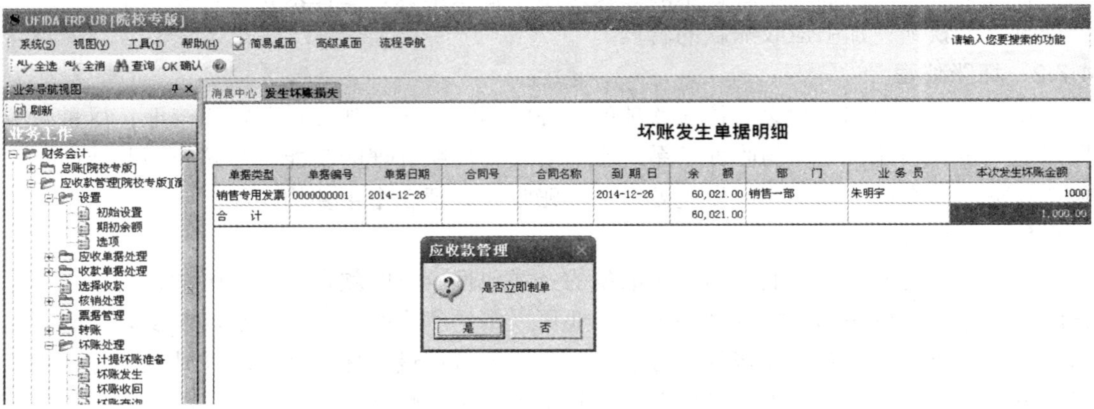

图4-31　发生坏账

3）坏账收回的处理

已经确认为坏账的应收款项如果被收回，系统需要具备指定哪张收款单是坏账收回的单据，并通过收款单的填制实现款项的收取，最后对确认为坏账的发票进行核销。其功能实现可以参照如图4-32所示的界面。

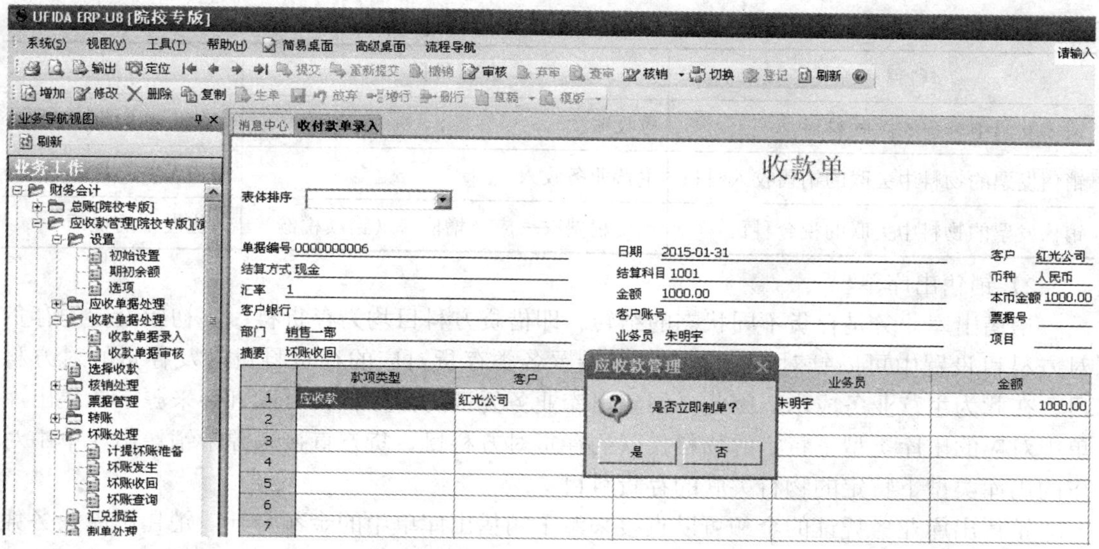

图4-32　坏账收回

4.8　销售与收款的业务与财务一体化策略

销售与收款子系统借助各种单据已经全面收集了销售活动中产生的业务信息，转账处理将业务信息按照一定的规则转化为凭证形式体现的会计信息，实现销售、收款与财务的信息集成。销售与收款业务财务一体化的实现主要通过两个功能的设计实现，包括定义凭证模板与生成记账凭证。其中，定义凭证模板主要完成定义信息转化规则的功能；生成记账凭证是根据定义的转账流程，将销售发票和收款单等业务单据所记载的业务信息转化为记账凭证形式的会计信息。

凭证模板的定义是针对不同的单据、业务特征，定义不同的实现业务信息转化为会计信息之间的规则。一般只需要在期初定义一次，在销售与收款业务发生变化的情况下需要调整规则。系统根据凭证模板的定义自动获取科目、金额等信息，自动生成业务凭证。

4.8.1　定义凭证模板

1）销售发票

销售发票中存储销售业务客户的名称，初始设置的客户关联科目设置中设置了客户关联的应收科目，因此，销售发票对应的业务凭证的借方科目可以直接来源于"销售发票中客户的关联科目"。值得注意的是，销售发票对应的如果是现销的话，必然是直接收取现金或银行存款，那么收款信息中必然有结算方式，那么现销对应的借方科目便可以根据结算方式关联的科目（库存现金、银行存款等）确定。

对于销售业务凭证的贷方科目而言，销售发票中存有销售的商品的详细信息，而初始设置中物料关联科目的设置中直接设置了各种物料对应的销售收入科目、销售税金科目。由此，业务凭证的贷方科目可以由销售发票中物料的关联科目直接获取。

销售业务凭证中的金额可以直接从销售发票中获得。具体的凭证信息获取来源见表4-2。

表4-2 **销售发票凭证模板**

科目来源	会计科目	金额
销售发票中客户的关联科目	应收账款	销售发票的价税合计
销售发票的物料中关联的销售收入科目	主营业务收入	销售发票的价款
销售发票的物料中关联的税金科目	应交税费——应交增值税（销项税额）	销售发票的税额

2）销售出库单①

销售出库业务是存货不同状态的结转，即借贷方科目均为存货科目。初始设置的存货对方科目设置中可以针对销售出库类型设置各类存货对应的存货科目以及存货的对方科目，在此为主营业务成本。因此，销售出库业务凭证的借方科目可以直接来源于销售出库单中对应的出库类型下特定的物料关联的存货对方科目，贷方直接来源于销售出库单中对应的出库类型下特定的物料关联的存货科目。

销售出库业务凭证的金额可以直接来源于销售出库单中的金额合计。销售出库业务凭证信息来源见表4-3。

表4-3 **销售出库单凭证模板**

科目来源	会计科目	金额
销售出库单的物料中关联的销售成本科目	主营业务成本	销售出库单的金额合计
销售出库单的物料中关联的存货科目	库存商品	销售出库单的金额合计

3）收款单

收款单中存储有结算方式或结算科目字段信息，由此收款单业务凭证的借方科目可以直接由结算方式的关联科目或是收款单中的收款科目直接获取。对于凭证的贷方科目而言，首先系统根据收款单中的客户的关联科目可以确定贷方科目为"应收账款"或"预收账款"，接着系统通过收款单中的"款项类型"字段信息来确定贷方科目是"应收账款"还是"预收账款"。如果"款项类型"是收款，则贷方科目为"应收账款"；如果"款项类型"为预收款，则贷方科目为"预收账款"。

业务凭证的金额直接来源于收款单中的金额。

收款单业务凭证信息来源见表4-4。

表4-4 **收款单凭证模板**

科目来源	会计科目	金额
收款单中的结算科目	银行存款等	收款单中的金额合计
收款单中客户与收款类型的关联科目	应收账款/预收账款	收款单中的金额合计

① 理论上，销售出库单属于存货管理的内容，因为其与销售相关，尤其是与销售发货通知单相关，为了保持销售业务的连续性，在销售与收款的一体化策略中进行讨论。

4）计提坏账

在初始设置的坏账计提设置中分别设置了坏账准备科目、对方科目，这便是计提坏账业务凭证的借贷科目来源。同时，坏账计提中设置了计提比率、初始应收账款余额，系统可以根据坏账计提的方法自动根据特定的计算，来计算坏账计提的金额，这便是业务凭证的金额。①

值得注意的是，如果计提的坏账准备金额为负数时，坏账准备应该在借方，资产减值损失应该在贷方。因此，系统在设计时借贷科目的确定应根据坏账金额的正负来确定科目方向。计提坏账业务凭证信息来源见表4-5。

表4-5　**坏账计提凭证模板**

科目来源	会计科目	金额
坏账准备初始科目设置	资产减值损失	根据计提比率自动计算
坏账准备初始科目设置	坏账准备	根据计提比率自动计算

5）坏账发生

坏账发生业务的借方科目在初始设置的坏账计提设置中设置完成，业务凭证的贷方科目也已在销售发票确认环节由客户关联科目转化完成，因此，系统可以按照预制的坏账发生规则直接由系统自动获取相关信息。

业务凭证的金额可以由实际发生的坏账金额产生。

坏账发生业务凭证信息来源见表4-6。

表4-6　**坏账发生凭证模板**

科目来源	会计科目	金额
坏账准备科目设置	坏账准备	发生坏账金额
发生坏账客户的关联科目	应收账款	发生坏账金额

6）坏账收回

坏账收回业务凭证中涉及的会计科目——库存现金等科目可以由收款单中的结算科目直接获得，应收账款科目可以由客户的关联科目获得，坏账准备直接从坏账计提的初始设置中获得，因此，系统按照坏账收回的规则自动获取相关信息，生成凭证。

坏账收回的业务凭证金额即为实际收回坏账的金额。

坏账收回业务凭证信息来源见表4-7。

表4-7　**坏账收回凭证模板**

科目来源	会计科目	金额
收款单中的结算科目	库存现金等	收回坏账金额
收回坏账客户的关联科目	应收账款	收回坏账金额
收回坏账客户的关联科目	应收账款	收回坏账金额
坏账准备科目设置	坏账准备	收回坏账金额

4.8.2　生成记账凭证

凭证模板定义完成后，在转账生成环节要进行记账凭证的生成，即系统根据凭证模板

① 此处假设企业选择的应收账款余额百分比法。如果选择的是其他的坏账计提方法，坏账计提的初始设置内容会根据特定的计提方法显示。

上的转账规则，自动将业务单据上的数据传送给对应科目的借贷方，生成完整的记账凭证。

【例4-2】假设企业发生如图4-33所示的销售发票业务，假设客户为“青梅公司”，销售的商品为“202商品”和“301商品”。根据销售发票凭证模板的定义，系统首先对销售发票的客户简称“青梅公司”、存货名称“202商品”与“301商品”进行识别，进而搜索“青梅公司”关联的应收科目“应收账款”、“202商品”与“301商品”关联的销售收入科目“主营业务收入”和关联的销售税金科目“应交税费——应交增值税——销项税金”，然后系统将从初始设置以及销售发票中获取的相关科目信息、科目对应的金额信息一并传递给记账凭证，如图4-34所示。

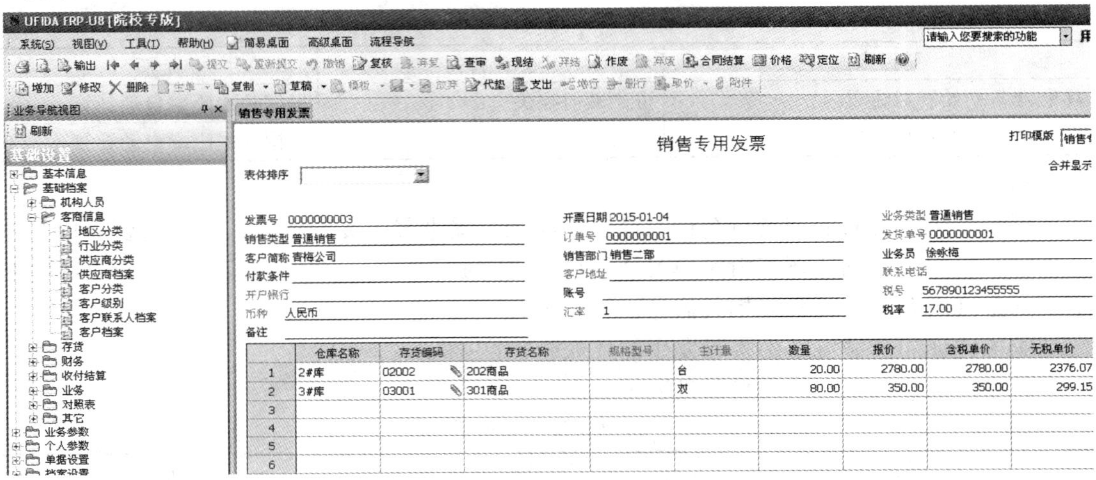

图4-33 销售发票信息

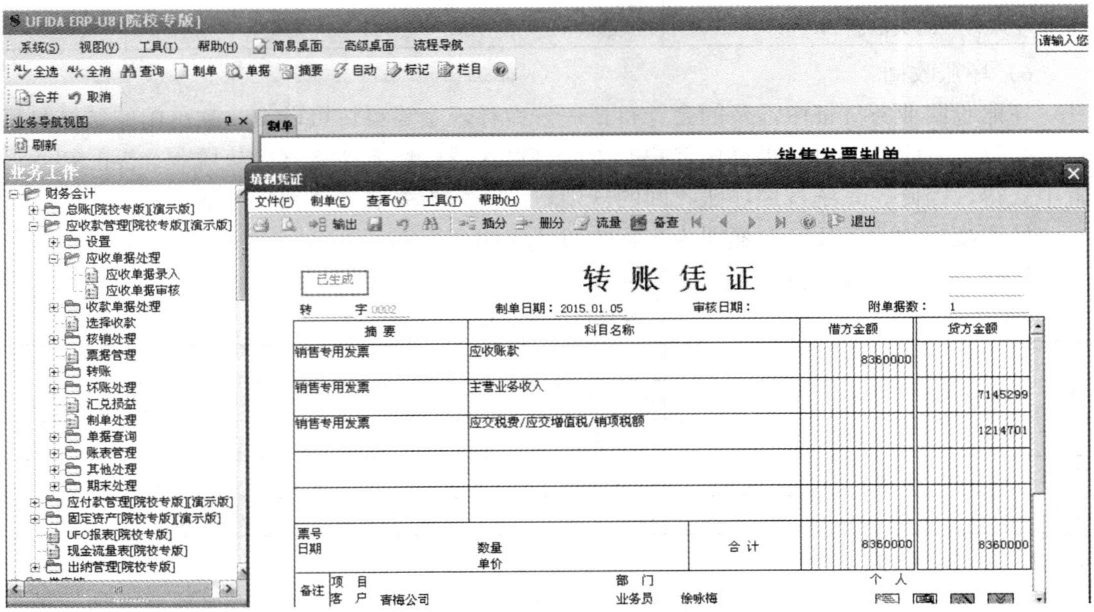

图4-34 销售发票业务凭证

4.9 月末结账与统计查询

4.9.1 月末结账

结账是做一些相应的期末数据处理工作，如将本期的期末余额转为下期的期初余额，并在使用的数据文件中记入结账标识，进行封账处理。结账的同时，系统在进行必要的备份后清空一些相应的字段值，用以准备存储下一期的数据，比如客户档案文件要将本期“期末应收账款余额”转为下期的“期初应收账款余额”，将“本期应收账款”“本期收回账款”字段清空。所有结转工作完成后，将进行下一期的业务处理。

4.9.2 统计查询

为了方便用户随时针对销售与收款业务进行统计及分析，并实现查询输出，销售与收款子系统需要设计统计分析、查询输出的功能，即针对销售与收款业务的常规需求提供各种各样的分析信息，并设计有自定义的功能（用户根据自己的需求设计统计查询条件进行相关的统计查询）。

1）账表查询输出

账表查询输出的功能主要是指系统自动从销售发票、销售出库单、收款单等数据库文件中提取数据，根据输出条件生成各种账表，比如销售统计表、发货汇总表等。在此以用友ERP为例，列示常用的销售与收款账表输出。

（1）销售统计表。

销售统计表，如图4-35所示，根据条件查询输出各种商品的销售情况。

销售统计表

开票日期： 2016-01-01 2016-01-31 **结算日期** ... 2016-01-01 2016-01-31

部门名称	客户简称	业务员名称	日期	存货分类	存货编码	存货名称	数量	单价	金额	税额	价

图4-35 销售统计表

（2）发货汇总表。

发货汇总表，如图4-36所示，可以输出指定的客户或存货的发货信息。

发货汇总表

客户编码	客户简称	仓库名称	存货编码	存货名称	规格型号	主计量单位	发货数量	发货价税合计	发货折扣额

图4-36 发货汇总表

（3）销售月报表。

销售月报表，如图4-37所示，按月对销售情况进行查询输出。

销售月报表

当前年度： 2016

客户编码	客户名称	客户简称	存货编码	存货名称	规格型号	存货代码	一月			二月
							数量	原币金额	本币金额	数

图4-37　销售月报表

（4）销售收入明细账。

销售收入明细账，如图4-38所示，根据查询条件输出销售收入的明细信息。

销售收入明细账

日期：... 全部　　全部　　部门：... 全部　　客户 ... 全部　　到...全部

业务员： 全部

年	月	日	部门	业务员	客户简称	币种	业务类型	销售类型	单据类型	发票号	存货名称	数量	无税单价	含税单价	金额	税

图4-38　销售收入明细账

（5）销售成本明细表。

销售成本明细账，如图4-39所示，根据查询条件输出销售成本的明细信息。

销售成本明细账

记账日期... 全部　　全部

单据日期... 全部　　全部

会计月	单据日期	记账日期	部门	客户	业务员	单据号	业务类型	存货编码	数量

图4-39　销售成本明细表

（6）应收明细账。

应收明细账，如图4-40所示，对应收账款的明细情况进行查询输出。

应收明细账

币种：　全部
期间：　1　－　1

年	月	日	凭证号	客户		摘要	订单号	发货单	出库单	单据类型	单据号	币种	本期应收	本期收回	余额
				编码	名称								本币	本币	本币

图4-40　应收明细账

2）统计分析

系统除了可以查询输出各种账表之外，还应该按照实际的管理需求设计统计分析的功能，比如销售增长分析、销售结构分析等。

（1）销售增长分析。

销售增长分析，如图4-41所示，可以根据分析的设置条件进行销售增长情况进行分析。

销售增长分析

前期：　全部　全部　　本期：　全部　全部

部门	客户	业务员	存货编码	存货名称	前期					本期		
					发货金额	销售金额	销售收入	销售成本	毛利	发货金额	销售金额	销售

图4-41　销售增长分析

（2）销售结构分析。

销售结构分析，如图4-42所示，对不同地区等分析销售结构的分析。

销售结构分析

日期：　全部　全部

部门	业务员	客户所属地区	客户	存货名称	规格型号	发货数量	发货数量%	发货金额	发货金额%	退货数量	退货数量%	退货金额	退

图4-42　销售结构分析

（3）销售毛利分析。

销售毛利分析，如图4-43所示，是对特定的存货或客户进行销售毛利情况进行分析。

销售毛利分析

前期：　全部　　全部　　本期：　全部　　全部

部门	客户	币种	存货编码	存货名称	规格型号	前期				本期
						前期数量	前期售价	前期成本	前期毛利	本期数量

图 4-43　销售毛利分析

（4）应收账龄分析。

应收账龄分析，如图 4-44 所示，对应收账款的账龄进行分析，便于实现对应收账款回收的管理。

应收账龄分析

金额式

客户　全部　　币种：　全部

截止日期：　2016-01-08

客户		本币余额	账期内		1-30		31-60	
编号	名称		本币金额	%	本币金额	%	本币金额	%
001	青梅公司	2,000.00	2,000.00	100.00				
人民币								
数量			1					
金额		2,000.00	2,000.00	100.00				

图 4-44　应收账龄分析

（5）欠款分析。

欠款分析，如图 4-45 所示，对特定客户的欠款情况进行详细的分析。

欠款分析

客户　全部　　币种：　　截止日期：　2016-01-08

客户		欠款总计	信用额度	信用余额	货款	应收款	预收款
编号	名称				金额	金额	金额
001	青梅公司	2,000.00		-2,000.00		2,000.00	
总计		2,000.00				2,000.00	

图 4-45　欠款分析

章末习题

一、单项选择题

1. 会计人员借记库存现金，贷记应收账款，金额均为 50 000 元。以下哪一项最有可能是这笔业务的原始凭证（　　）？

A. 销售订单　　B. 销售发票　　C. 销售出库单　　D. 收款单

2. 下列不属于销售与收款子系统中数据文件的是（　　）。

A. 入库单文件　　B. 销售订单文件　　C. 销售发票文件　　D. 收款单文件

3.销售与收款子系统和账务处理子系统的关系主要体现在凭证的传递关系上，以下关于销售与应收子系统和账务处理子系统说法正确的是（　　）。

A.销售与应收子系统形成的凭证自动传递到账务处理系统，在账务处理系统中对凭证进行查询、修改、删除操作

B.销售与应收子系统进行往来账的核销处理

C.销售与应收子系统中销售收入确认的业务凭证可以在账务处理系统直接录入

D.账务处理系统中的所有凭证在销售与应收子系统中可以查询、删除

二、多项选择题

1.往来核销功能应具备的功能有（　　）。

A.业务凭证生成

B.自动核销

C.手工核销

D.查询应收账款核销明细账与未达往来账

2.销售与收款子系统和总账子系统的财务业务一体化主要体现为凭证的传递关系上，以下关于销售与收款子系统中销售发票的凭证模板设置说法正确的有（　　）。

A.凭证中的借方科目由销售发票中客户的关联科目自动获取生成

B.凭证中的贷方主营业务收入科目由存货科目设置时关联的收入科目获取生成

C.凭证中借贷方科目的金额均直接来源于销售发票

D.如果根据模板生成的凭证科目或金额错误，可以在凭证保存前直接手工调整为正确的

3.下列业务单据需要生成记账凭证的是（　　）。

A.销售报价单　　B.销售发票　　C.销售出库单　　D.收款单

三、判断题

1.入库核算、产品出库核算、销售发票、收款单都属于销售与收款子系统的业务。（　　）

2.销售与收款子系统中的销售报价单应根据定义的凭证模板自动生成业务凭证。（　　）

3.当企业应用供应链系统时，对如下记账凭证的修改删除操作只能在销售与收款系统中完成：

借：应收账款

　贷：主营业务收入

　　　应交税费——应交增值税（销项税额）（　　）

四、简答题

1.销售与收款子系统中常用数据文件包括哪些？它们在系统中的作用是什么？

2.销售与收款子系统由哪几个模块组成？简述各个模块的基本功能。

3.销售与收款子系统的初始设置内容有哪些？分别有何作用？

4.简述一项销售与收款业务完成所经过的主要环节，每个环节产生什么业务单据？销售与收款与总账之间的一体化通过哪些凭证实现的？

5.举例说明销售与收款业务环节中如何实现财务业务一体化?

五、业务分析与设计

1. 已付款的货物退货后应做哪些处理。

2017年9月1日，海鑫公司销售A商品一批，售价20 000元，增值税税额3 400元，成本12 000元，价目表中注明的折扣为5%，合同规定现金折扣条件为“2/10，1/20，N/30”，买方9月9日付款。2017年10月10日，该批产品因质量严重不合格被退回。

试分析：(1) 以上业务发生时，会计上应做哪些账务处理?

(2) 用计算机进行应收账款管理时，应如何做?

(3) 如果不采用现金折扣的方式，会有哪些不同?

2.辉煌公司的销售与收款环节的数据流程。

已知计算机条件下，销售与应收账款子系统部分业务流程说明如下：

(1) 用客户资料及应收、预收账款明细账更新客户档案文件。

(2) 根据销售合同的签订和执行情况以及销售发票、收款凭证、销售成本费用文件及时更新合同档案文件。

(3) 销售业务发生时，把销售发票输入系统。

(4) 对到款的凭证按抽单的方法与销售发票进行核销得到应收、预收账款的信息。

(5) 根据应收、预收账款情况以及客户档案文件计算并编制客户情况表。

(6) 月末，由成本子系统传来单位成本，计算发出产品的实际成本。

(7) 根据销售发票、收款凭证、销售成本费用文件编制记账凭证，将凭证传入账务处理子系统。

请根据上述说明，画出数据流程图。

3.应用方案。

2016年1月1日，YYY公司销售电视机一批，售价200 000元，增值税税额34 000元，成本120 000元。1月2日，仓库发出产品，并进行产品成本的结转。买方1月9日付款。请说明该业务在销售与收款子系统中的应用方案，即需要在什么模块完成什么操作?

4.销售与收款业务。

辉煌公司的赊销条款为“2/10，N/30”。2017年2月，辉煌公司完成了如下业务，见表4-8。

表4-8 **辉煌公司2月份发生的销售与收款业务**

日期	业务
2	收到新城公司所付货款。发票开出日期为1月28日，金额10 000元
8	向微微公司赊销商品，货款30 000元。存货成本为10 000元
9	现销商品给海荣公司，货款为25 000元。存货成本为12 000元
10	收到青青公司所付货款。发票开出日期为1月27日，金额为30 000元
16	收到微微公司对两张发票的付款。第一张发票的开出日期为1月31日，金额为42 000元。第二张发票的开出日期为2月3日，金额为30 000元
18	核销总额为18 000元的坏账
20	完成没有进行的坏账准备调整，使其余额为2月份赊销收入的1%

请根据辉煌公司2月份发生的销售与收款业务，填写表4-9。

表4-9　　**辉煌公司2月份发生的销售与收款业务的相关处理**

日期	业务流程步骤	业务单据	账务处理

第4章章末习题参考答案

第5章/
采购与付款子系统

【学习目标】通过本章学习，熟悉采购与付款业务的业务流程以及其业务处理的需求；理解并掌握采购与付款子系统的数据流程并能自己根据采购与付款业务的处理流程绘制数据流程，或是根据数据流程进行文字的表述；在数据流程图的基础上能够抽象概括出采购与付款子系统的数据库文件并理解其在数据流程图中的作用以及存储的信息；理解并掌握采购与付款子系统的功能模块，包括整体功能模块的设计、各个功能模块的具体功能设计与实现；理解采购与付款业务中的业务财务一体化。

采购与付款业务是企业获取所需要的资源并为它们付款的重要业务，在企业经营中承担着重要的任务。采购与付款业务过程是指资源从“它们所在的地方”转移到“需要它们的地方”的过程，应涵盖与购买、支付的各个业务环节的所有事件。采购的有效核算与管理控制可以帮助企业降低成本，因此，采购与付款业务的管理是企业日常管理中的重要一环。

5.1 采购与付款子系统的需求分析

5.1.1 采购与付款的流程分析

采购与付款流程是销售与收款流程的对立面。与销售与收款流程相同的是，虽然各个组织和行业中的采购与付款业务流程略有不同，但是它们遵循一套通用的步骤并使用特定的文档和内部控制，都有共同的基本步骤，主要包括：

（1）采购部门进行请购。企业相关部门根据资源的需求情况以及库存情况填写请购单，并提交至采购部门。

（2）采购审批与授权。采购部门收到请购单后，根据权限由专人负责采购申请的审批，如果采购申请符合内部控制与管理需要，则通过采购审核并予以授权。

（3）选择供应商。采购部门根据各供应商的报价、信誉、售后服务等各个要素综合考虑，并进行洽谈，最终选择合适的供应商。

（4）签订采购订单。由采购部门和选择的供应商签订采购订单，约定采购商品情况、付款方式等。

（5）采购物资并处理采购发票。采购业务实现后，财务部门根据收到的采购发票以及其他相关单据，进行核对与账务处理。

（6）验收入库。采购员将购进的财物运回后，与保管员根据发票或购货合同，对购进物资的品名、数量、质量等进行实地验收，并协助保管员根据实地验收情况填制验收入库单；验收入库单（各联）由保管员签名或盖章后，递交保管部门负责人核定签名或盖章；需要质检部门质检的，还应由质检人员签名或盖章，保管员应及时登记部门明细账。

（7）支付货款。一旦商品完成适当的购买与接收流程，采购部门根据购货合同或采购单，按照约定的付款方式办理货款支付。

思　考

采购与付款流程是销售与收款流程的对立面，尝试解释第4章中的销售与收款流程与本章中的采购与付款流程的步骤是怎样相互联系的？

销售与收款流程的基本步骤和采购与付款流程的基本步骤之间的联系见表5-1。

表5-1　**销售与收款流程的基本步骤和采购与付款流程的基本步骤之间的联系**

销售与收款	采购与付款
取得顾客订单	购买商品或服务
发运货物	验收入库
收取货款	付款
开具销售发票	办理采购发票

5.1.2　采购与付款子系统的特点分析

（1）数据量大。企业为满足生产经营需求，要完成大量的物资、材料的采购，这些物资、材料种类规格繁多，对每一项物资、材料都要进行详细、全面核算与管理，这在核算与管理上必然存在大量的数据信息。此外，与物资、采购相关的供应商的信息以及付款信息业务需要进行核算与管理，也必然形成大量数据。由此可见，采购与付款子系统核算并存储大量的数据信息。

（2）日常数据处理频繁且实时性要求高。企业的生产经营是动态的，其生产经营所需的物资、材料等存货必然会在每时每刻发生变化。物资、材料等存货的入库、出库以及结存等信息实时在发生变化，也直接影响着采购计划的订立、生产的进度、仓储的管理等，因此需要对存货的相关变动进行实时的核算与管理。

（3）业务处理复杂且可靠性要求高。采购与付款业务流程不仅要求正确反映采购订货、验收入库、采购发票以及付款等经济活动，而且要求严格进行采购管理，包括如何保持采购数量与生产经营需求直接的对应关系，既不能造成过多的存货积压，又不能耽误生产经营需求；采购成本的有效控制等。

（4）与其他子系统的数据交换较多。采购与付款子系统中采购业务活动必然会与存货核算与管理子系统直接产生信息的传递，即采购业务活动中产生的采购入库直接影响存货子系统中存货的数量。同时采购与付款业务活动中的部分业务环节需要进行财务确认，会与总账子系统产生信息的传递。

5.1.3　采购与付款子系统的设计目标

基于对采购与付款业务流程以及业务活动特点的分析，采购与应付子系统的设计目标应该包括如下几个方面：

第一，及时准确地完成采购订货管理，反映并监督采购申请、采购订单的制定、审核和执行情况。

第二，完成采购的日常业务处理，包括采购入库、采购退货、发票管理、采购结算等日常处理工作。

第三，完成应付账款的核算与管理，包括：进行应付账款业务的日常核算，全面反映企业赊购形成的债务状况，从而及时还款，降低信用成本；及时反映并监督采购业务中的支出和应付情况，确定合理的中、长期还款计划；及时记录并反映供应商的情况，在保证准时、足量得到供货的同时降低采购成本。

第四，实现其他有关业务的管理。系统还要提供供应商管理、价格及供货信息管理、物料对应管理、质量检验管理等功能。

第五，能够完成采购分析、采购统计工作，打印输入各种需要的台账、报表，并通过网络将各种信息按照需求传递到其他子系统。

第六，建立数据接口，实现采购管理子系统与应付账款子系统之间，能及其与库存子系统、总账子系统等其他子系统之间的数据传输与共享。

5.2 采购与付款子系统的数据流程

通过梳理、概括采购与付款的业务流程，将业务流程中的数据处理过程概括出来，并使用数据流程图特有的符号表示出来，就可以形成采购与付款子系统的数据流程，如图5-1所示。该流程主要体现采购与付款子系统中数据的加工处理过程以及中间的具体数据存储、加工以及输出等。

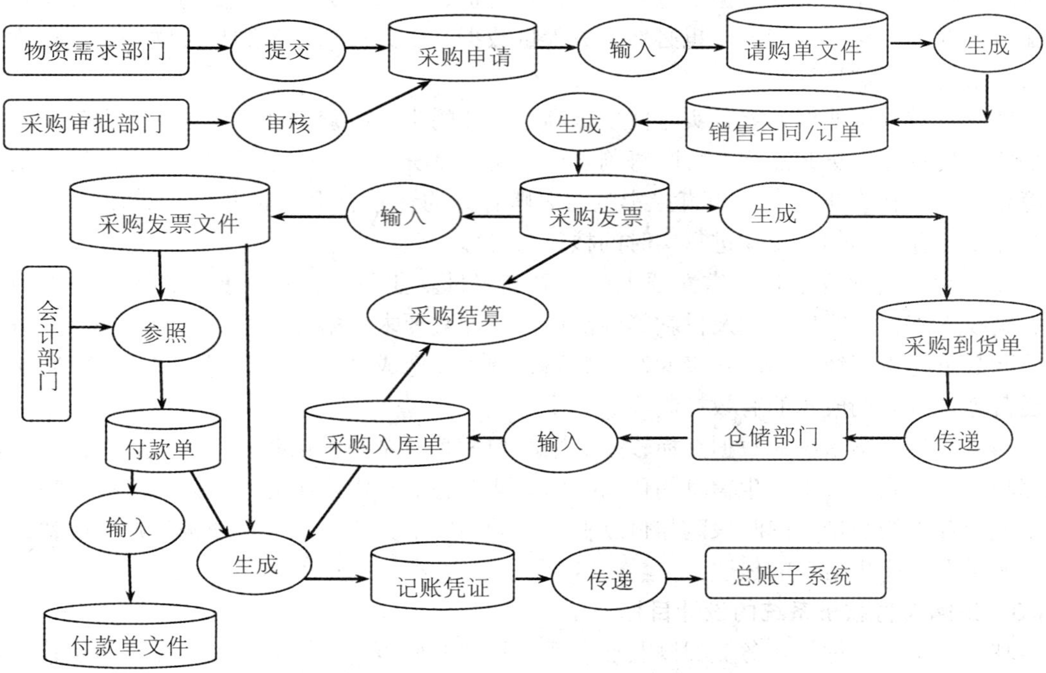

图5-1 采购与付款子系统的数据流程图

5.3 采购与付款子系统的数据库文件

5.3.1 数据库文件设计思路

采购与付款子系统的数据文件结构与企业业务特征、核算与管理要求密切相关。不同的企业、不同的软件系统所采用的数据文件以及数据文件的结构都会有所差异，但是其设计的依据以及目的都是相同的，即依据数据流程图进行数据库文件的设计，并根据业务的实际需求设计数据库文件具体的内容，比如字段名、类型等。但是，由于数据库文件的具体内容设计与企业的实际业务联系紧密，其设计应与数据字典相结合，并且相对烦琐，因此，本章在介绍数据库文件时仅依据采购与付款的数据流程图进行数据库文件的设计。

在数据流程图的四个符号中有一个是表示数据存储的，那么，我们在设计数据库文件时，对于数据流程图中的数据存储符号对应的文档必然应该设计为数据库文件，并用以存储数据。

5.3.2 采购与付款的数据库文件

根据上述设计思路，我们根据采购与付款的数据流程图，至少应该设计如下数据库文件：

1）请购单文件

请购单文件用来存储请购单位的请购申请。结合业务活动的需求，请购单文件至少应该设计如下字段：请购单编号、请购部门、存货名称、数量等。

2）采购合同/订单文件

采购合同/订单文件用来存储企业确认的各种采购订单的数据文件，是整个流程的核心和基础文件。结合业务活动的需求，采购合同/订单文件至少应该设计如下字段：订单号、供应商编码、存货编码、订货数量、订货单价等。

3）采购发票文件

采购发票文件用来存储系统生成的采购发票的文件，包括增值税普通发票和增值税专用发票。结合业务活动的需求，采购发票文件至少应该设计如下字段：发票编号、供应商编码、采购类型、存货编码、采购数量、采购单价等。

4）采购到货单文件

采购到货单文件用来存储供应商的发货数据信息的文件，是在后续入库流程中采购入库单生成的依据。结合业务活动的需求，采购到货单文件至少应该设计如下字段：到货单编号、供应商、存货编码、到货数量、到货单价等。

5）采购入库单文件

采购入库单文件是收货单位根据采购单核对采购货物信息，在商品规格型号、数量、质量等符合采购要求验收无误的情况下，入库管理的单据，用来存储由采购子系统传入的采购入库信息。结合业务活动的需求，采购入库单文件至少应该设计如下字段：入库单编号、供应商、存货编码、入库数量、入库单价、仓库等。

6）付款单文件

付款单文件用来存储付款系统录入的付款单据信息。结合业务活动的需求，付款单文件至少应该设计如下字段：入库单编号、供应商、结算方式、款项类型、付款金额等。

5.4 采购与付款子系统的功能结构

数据流程图反映的是系统的逻辑模型，是信息流在系统中流动情况的反映；结构图是系统的物理模型，它反映系统构成模块的层次结构和功能关系。结构图是数据流程图发展和延伸的结果，表示了系统构成的模块以及模块间的调用关系。同样，在绘制系统结构图时要遵循模块设计的原则；高聚合、低耦合、作用范围要在控制范围之中。绘制系统结构图的过程，实际上是对系统的功能模块结构进行分解和设计的过程。将由系统分析阶段得到的数据流程图、数据字典等成果，转换为系统结构图。转换方法的研究即设计策略的研究，根据数据流程图所反映的不同系统的结构类型和变化规律，采用相应的方法，合理而方便地转换成系统结构图。

因此，在设计销售与收款子系统的功能结构时，我们可以依据采购与付款的数据流程图遵循模块设计的原则对系统的功能模块进行设计。

总体而言，采购与付款子系统应包括初始设置、日常业务处理、期末处理、统计分析与输出、系统维护几个部分，每一个部分又包括下一级的明细功能，如图5-2所示。

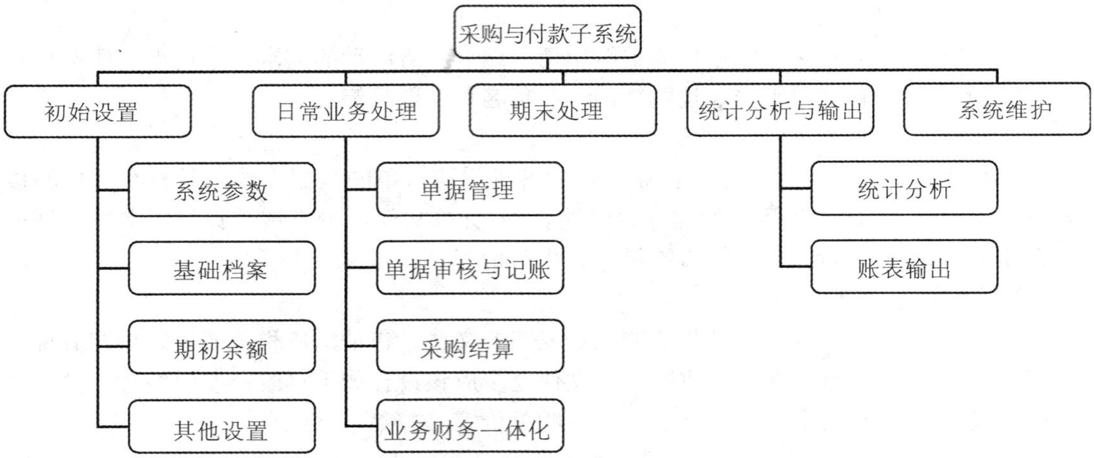

图5-2 采购与付款的功能结构图

由于企业的核算与管理需求不同，业务流程与数据流程不同，因此，可以在此基础上，增加或减少模块，或者可以组合形成采购子系统和应付款管理子系统两个独立的子系统。

5.4.1 初始设置

采购与付款子系统初始设置的主要作用是对采购与付款业务核算所必需的初始参数以及资料进行事前的设置，以便在日常业务核算时系统能够自动调用或直接使用。其中，系统参数主要是针对用户的使用习惯以及企业的业务要求与特点而进行的个性化选择；各类档案的建立，包括供应商档案等，可以方便日常业务核算时直接调用，同类的档案资料可以在各个子系统之间直接进行共享与传递。比如，供应商档案在总账子系统的初始设置中进行了录入，那么在采购与付款子系统中可以直接共享，不需要重复录入。初始余额的录入是实现系统与以前系统（包括手工系统、旧计算机系统等）之间科目等相关余额的链接。其他初始设置包括除了系统参数、基础档案、期初余额的设置之外的其他需要在日常业务处理之前进行的相关设置，比如付款条件设置等。

5.4.2　日常业务处理

日常业务处理主要用于核算与管理采购与付款业务活动的处理流程，具体而言体现在对采购与付款环节的各种业务单据进行的处理，包括采购申请单、采购订单、采购发票、入库单以及付款单等的处理。

5.4.3　期末处理

期末处理主要是指实现日常业务结束后所做的期末计提、结转、核销等业务操作功能。在采购与付款子系统中期末业务主要包括月末结账功能。

5.4.4　统计分析与输出

统计分析输出主要实现统计分析与查询输出各种账表的功能。采购与付款子系统的统计分析与输出主要包括采购与付款两方面的内容。采购方面包括统计与查询输出各类单据的明细表、按照不同标准统计的采购与付款业务情况表、采购明细表、在途货物余额表等。应付款管理分析主要包括应付款明细表、应付款分析等。

5.5　初始设置

由于企业实际经营管理中的材料、供应商、结算方式等与采购付款业务有关的信息是千差万别的，因此，企业要使用计算机信息系统完成采购与付款核算与管理，必须在使用之前针对本企业的业务性质、会计核算和财务管理的具体要求设置一系列基础信息，以便为日常业务核算提供基本的依据与支持。在此我们根据采购与付款业务的需求，将采购与付款子系统的初始设置分为系统参数、基础档案、期初余额录入、其他初始设置四大类。

1）系统参数

采购与付款子系统的系统参数是对销售与收款子系统中一些重要的参数进行设定，这些参数会对日常业务核算中的业务流程、处理方式、操作方式等产生重要的影响，也是日常业务核算自动化实现的基础之一。所以，参数的正确设置对系统高效平稳运作具有重要的影响。

企业在具体业务实现时需要有个性化的选择，因此一个子系统中需要设置的参数通常比较多，尤其是采购与付款子系统，本章重点介绍与后续的日常业务核算内容有关联的参数设置，体会系统参数的设置与日常业务核算的直接关系，并举一反三去理解、应用其他的参数设置。此外，为了方便直观的理解与分析系统参数的设置以及其与日常业务处理之间的关系，教材中以特定的软件系统（用友U8）作为界面的参照。

（1）采购参数。一般在采购管理子系统中都会设置有采购选项的功能。该功能主要是将采购管理环节可能出现的个性化选择分类列示，比如业务与权限控制、公共及参照控制等，并设置好选项，供用户根据自己的需要进行勾选或取消勾选。具体的参数内容，可以根据具体的软件系统以及企业自身的业务情况进行设置，如图5-3所示。

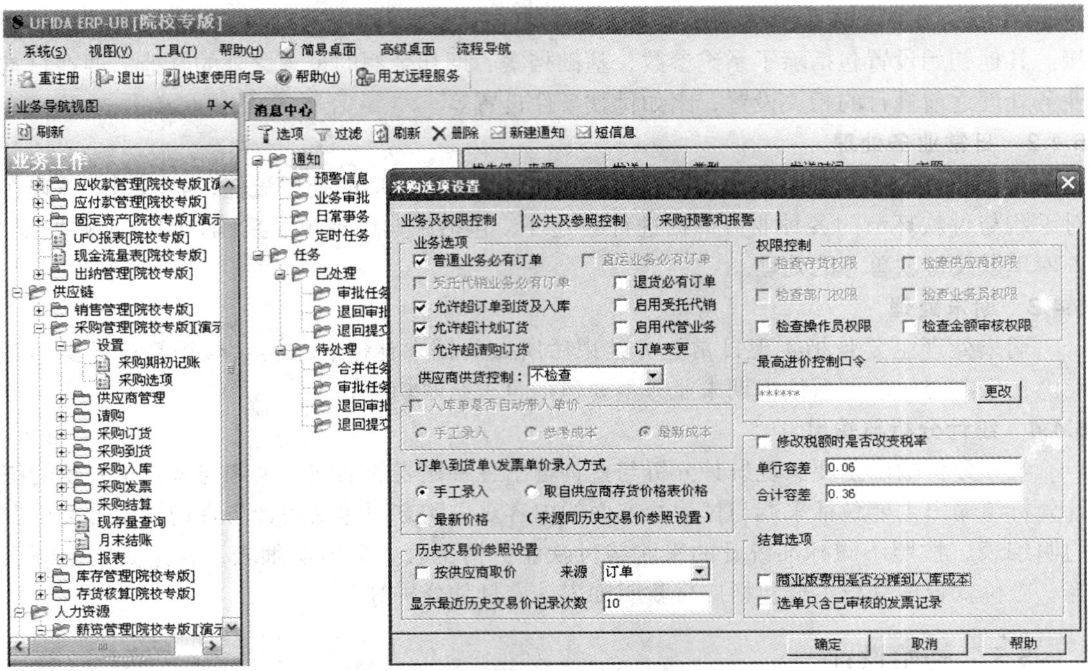

图 5-3　采购参数

（2）应付款管理参数。在应付款管理子系统中会设置应付款管理选项功能，该功能主要是结合应付款管理业务可能出现的个性化选择进行分类列示，比如常规参数、凭证参数、权限与预警参数、核销参数等，并设置好选项，用户可以根据自己的需要进行选择。比如，用户可以根据自己的实际管理需求，选择应付款核销的方式是按单据核销还是按客户核销，如图 5-4 所示。

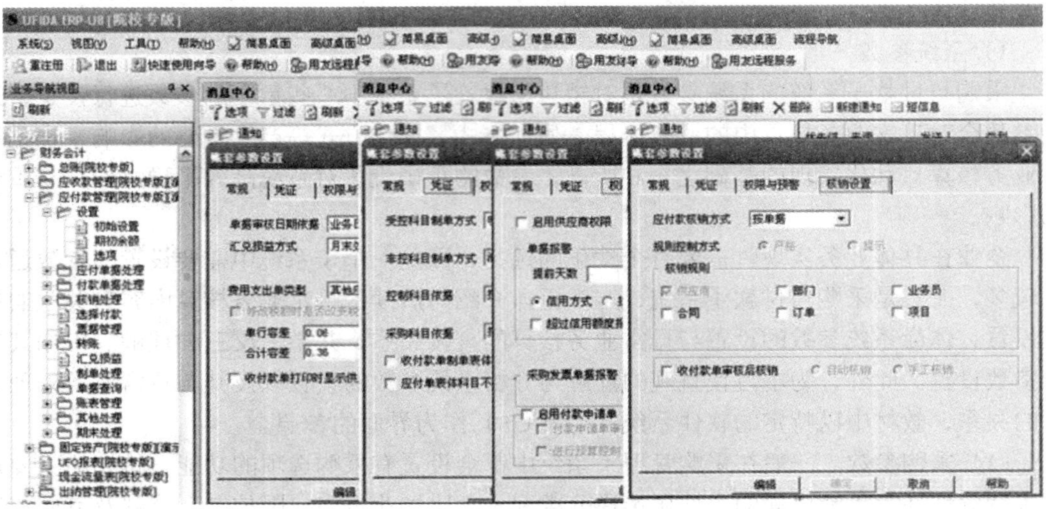

图 5-4　应付款管理参数

（3）关联科目设置

在日常业务处理中，尤其是当业务财务一体化实现时，系统会自动根据关联关系获取初始设置以及业务单据中的信息，并关联到业务凭证中去，从而自动实现记账凭证的生成。因此，系统会在初始设置中设置实现科目关联的功能。本章以用友U8为例，具体说明关联科目的设置方式，尤其是关联科目设置的作用，即其与日常业务核算之间的关联关系。

首先，在系统中应该设计基本科目设置的功能，如图5-5所示。该功能设置在销售与收款业务的会计处理过程中可能涉及的会计科目。比如，在图5-5中设置的应付科目，日常业务核算时，系统会自动关联到应付账款2202科目；同理，预付科目会自动关联到预收账款1123科目；以此类推。

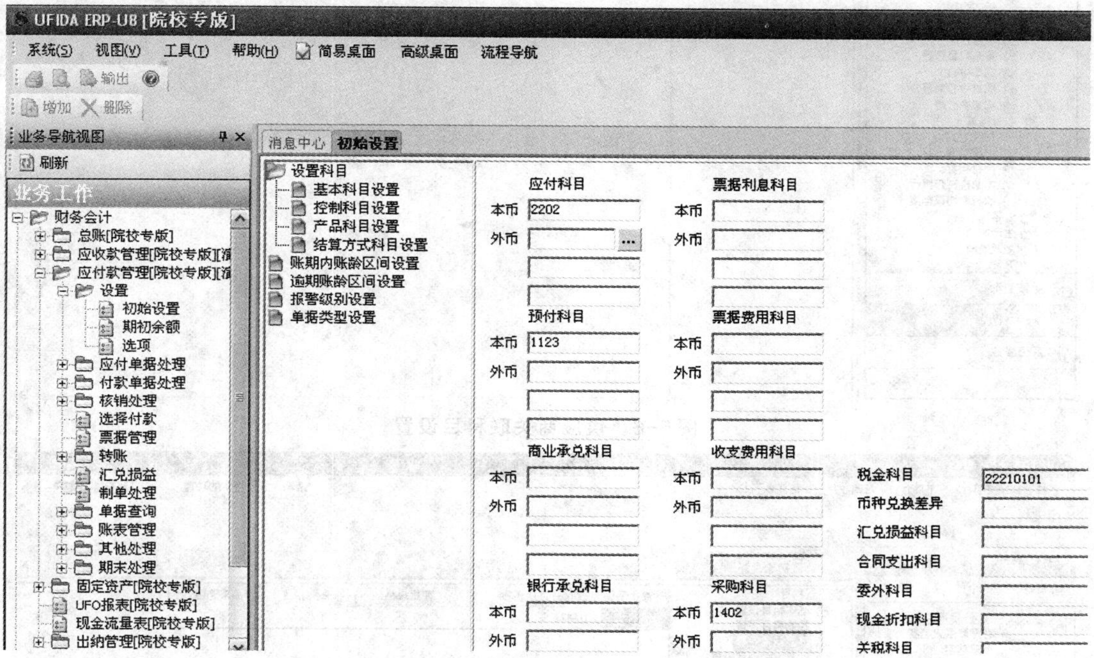

图5-5　基本关联科目设置

其次，应该在系统中设计进行供应商关联科目设置的功能，如图5-6所示。该功能将与供应商有关的科目进行关联设置，主要包括应付科目、预付科目。供应商关联科目的设置用于日常业务核算时，系统可以自动识别客户与应付、预付科目的关联关系并根据供应商关联到其应付科目或预付科目，从而自动体现在业务凭证中。

再次，系统中必须设计物料科目的设置功能，如图5-7所示。该功能将与物料有关的科目进行关联设置，包括存货科目等。物料关联科目的设置用于日常业务核算时，系统可以自动识别各种物料与对应核算科目的关联关系并根据物料关联到在途物资、原材料等相应科目，从而自动体现在业务凭证中。

最后，系统必须设计结算方式关联科目的设置功能，如图5-8所示。该功能根据会计核算的要求，将结算方式对应的科目进行关联设置，比如现金结算关联设置库存现金科目，转账支票关联设置银行存款科目。当结算方式关联科目的设置用于日常业务核算时，系统可以自动识别各种结算方式与对应核算科目的关联关系并根据结算方式关联到库存现

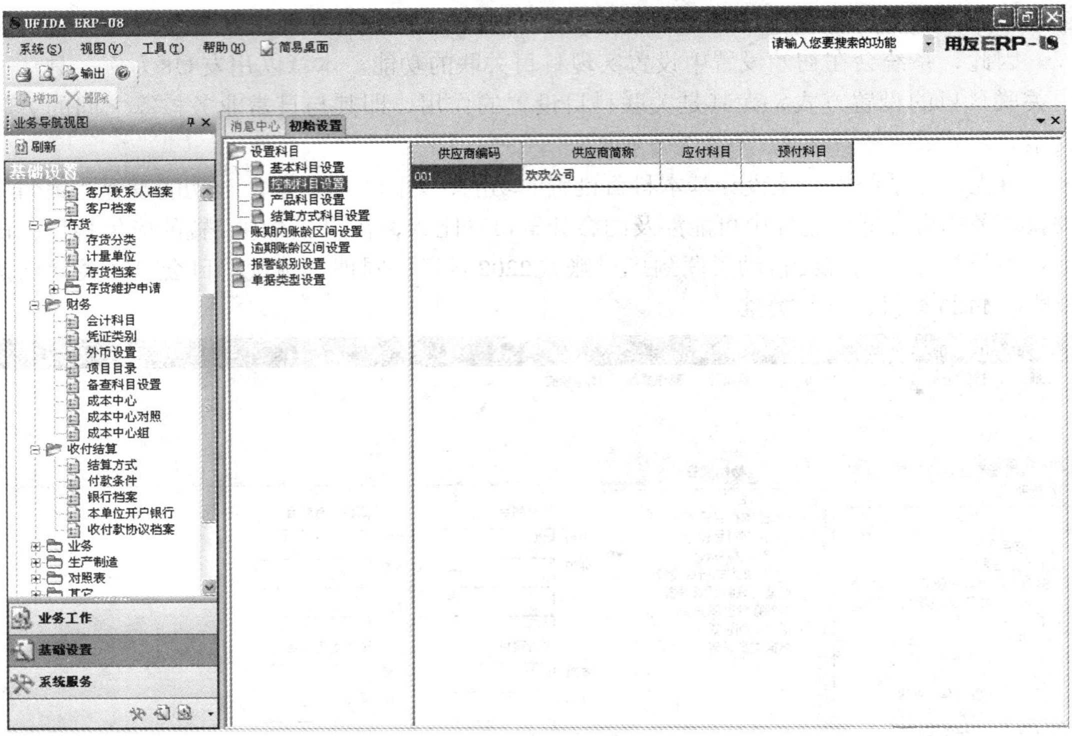

图 5-6　供应商关联科目设置

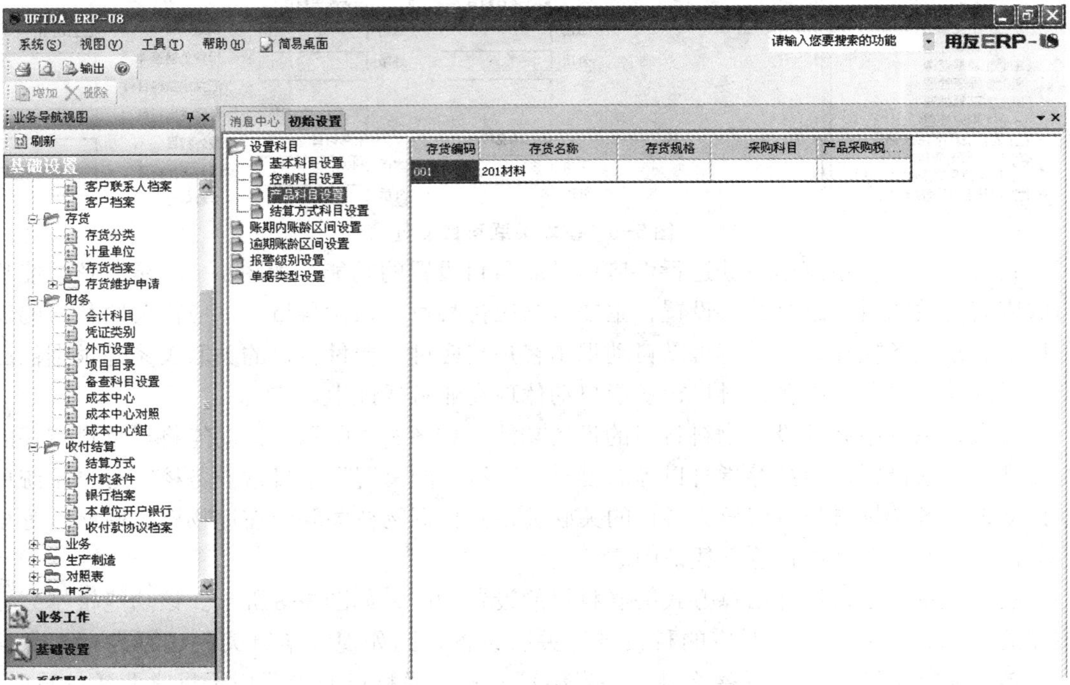

图 5-7　物料关联科目设置

金、应付账款等相应科目，从而自动体现在业务凭证中。

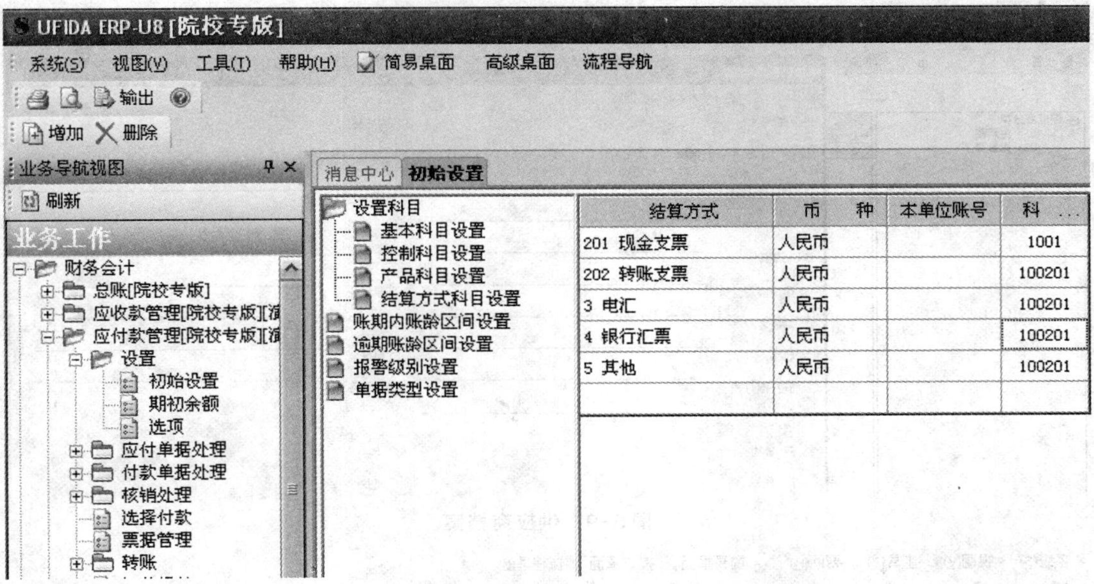

图5-8　结算方式关联科目

【注】

关联科目设置的基本原理是相通的，但是具体的实现方式以及功能所在的模块会因为软件的设计者不同而不同。因此，读者可以在参照用友的关联科目设置的方式的同时，去了解其他软件系统的实现方式，深刻体会关联科目设置的基本原理以及实现的作用，并对不同的实现方式以及实现功能的模块做出相应的评价。

2）基础档案

基础档案相对于系统参数而言是指系统里的档案信息、公共资料，在采购与付款子系统中主要包括供应商档案、存货档案、采购类型、付款条件等。这些基础档案的主要作用在于日常业务核算可以直接从档案列表中进行选择，无须重复输入。

（1）供应商档案

建立供应商档案主要是为企业的采购管理、库存管理、应付账款管理服务的。在填制采购入库单、采购发票，以及进行采购结算、应付款结算和有关供货单位统计时都会用到供货单位档案，因此必须应先设立供应商档案，以便减少工作差错。在输入单据时，如果单据上的供货单位不在供应商档案中，则必须在此建立该供应商的档案。具体的供应商档案基本信息的设置会因为设计人员的不同而不同，可以参照如图5-9所示界面。

（2）采购类型

采购类型是由用户根据企业需要自行设定的项目，用户在使用采购管理系统，填制采购入库单等单据时，会涉及采购类型栏目。如果企业需要按采购类型进行统计，也需要建立采购类型项目。

采购类型不分级次，企业可以根据实际需要进行设立。例如：从国外购进、国内购进、从省外购进、从本地购进；从生产厂家购进，从批发企业购进；为生产采购、为委托加工采购、为在建工程采购等。其功能的设计可以参照如图5-10所示的界面。

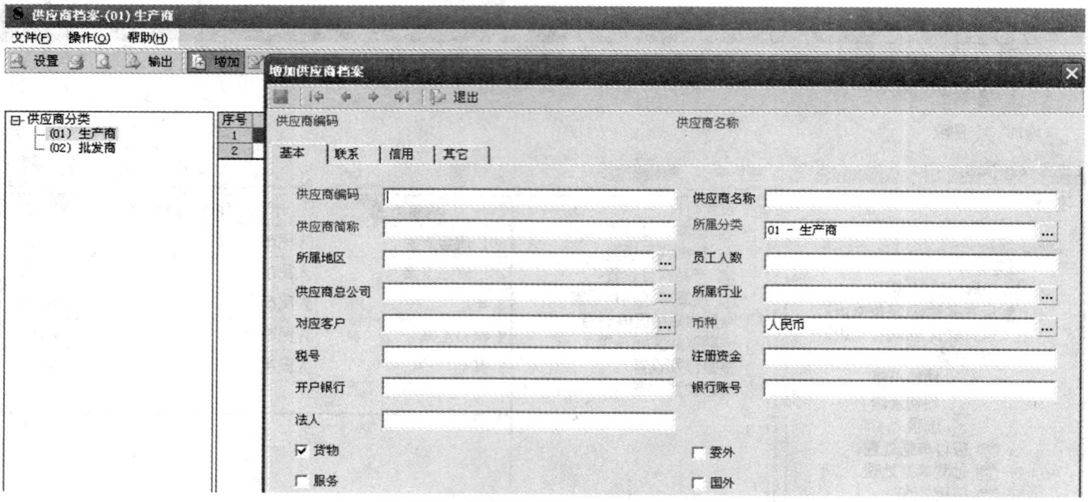

图5-9　供应商档案

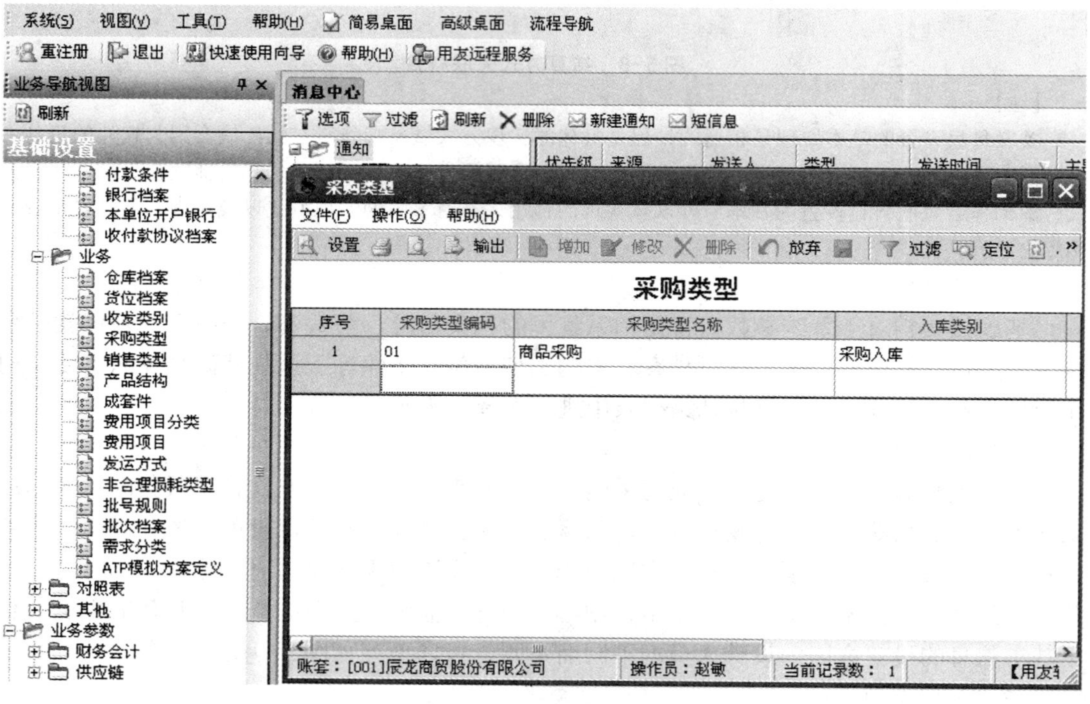

图5-10　采购类型

3）期初余额录入

企业第一次启用采购与付款子系统时，必须在期初录入启用系统之前的所有采购与付款业务的单据，以保持手工会计系统或旧计算机会计信息系统与当前计算机会计信息系统的延续性，从而保证系统中每笔业务的完整性、每个科目金额的正确性。

采购与付款子系统启用时需要录入的业务单据主要包括：

（1）对应应付账款等科目初始金额的采购发票。

（2）对应预付账款科目初始金额的预付单。

（3）对应应付票据科目初始金额的各类票据。

（4）对应采购入库业务的采购入库单。

4）其他初始设置

比如报警级别、单据类型设置等。

5.6 日常业务处理

采购与付款业务处理主要对采购物资或接受服务的各个环节进行核算与管理，主要包括日常单据录入、单据审核、记账、采购结算等功能，覆盖了采购申请、订货、开票、收货、付款等环节。日常业务处理主要包括采购价格管理、选择供应商以及各种单据的录入（请购单、采购订单、采购发票、付款单等）。

5.6.1 采购价格管理

为确保材料高品质低价格，从而达到降低成本的目的，企业会规范采购定价管理。采购价格管理模块的功能便是帮助用户解决如何管理不同（相同）供应商在不同（相同）时期对不同（相同）产品的报价；如何随时提供给采购部门最新、最完整的存货采购价等。其功能的设计可以参照图5-11所示的界面。

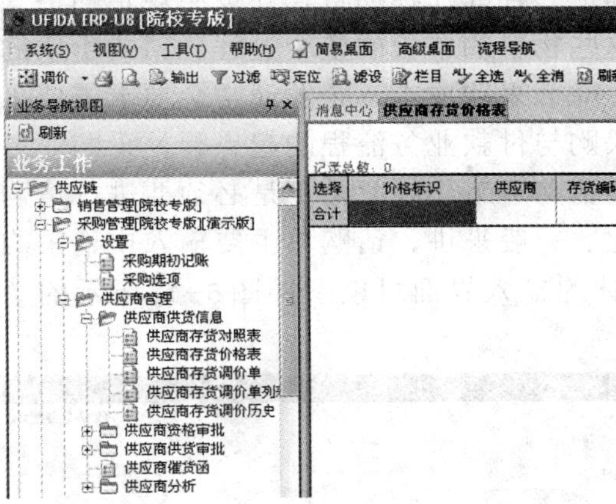

图5-11　采购价格管理

5.6.2 选择供应商

供应商的选择直接影响采购物资的成本、款项的结算以及长期的业务合作等各个方面，因此在采购与付款子系统中应该设计选择供应商的功能，以便帮助企业科学地选择供应商。该功能的实现会因为软件设计者的不同而不同，可以参照图5-12所示的存货与供应商对应关系的设置界面。

5.6.3 日常业务单据的输入

采购与付款的业务活动中会产生各个业务单据，在使用计算机信息系统之后，需要在系统发生时，将对应的业务单据录入到系统中，因此，系统需要设计单据录入的功能。采购与付款业务活动主要包括请购单、采购订单、采购发票、采购到货单、付款单等。本部分内容中我们只是介绍各种单据的录入业务。

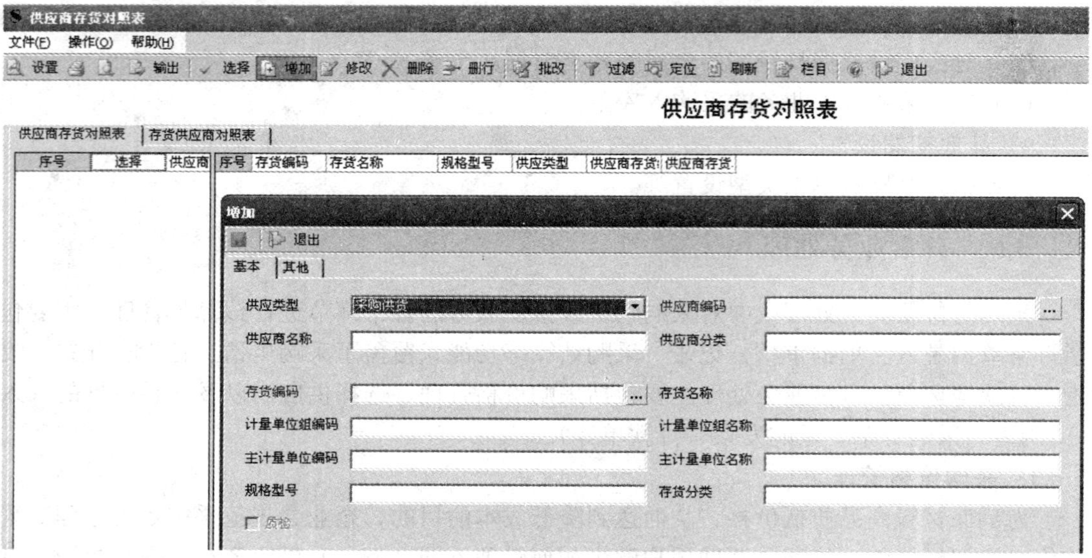

图 5-12　供应商存货对照表

1）请购单

请购是指某人或者某部门根据生产需要确定一种或几种物料，并按照规定的格式填写一份要求，递交至公司的采购部以获得这些物料的单子的整个过程。请购所填的单据称为请购单。为了加强企业的采购管理，降低采购成本，企业通常会要求需要采购的部门在采购之前填写请购单。请购单是采购与付款业务流程的起点，是采购业务的开始。由于不是所有企业的采购业务都存在请购环节，因此是不是必须要进行请购单的录入操作要根据企业自身的管理需要决定。一般来讲，请购单主要输入申请采购的部门、采购的存货、采购时间等信息，具体的输入界面可以参照图 5-13 所示的请购单。

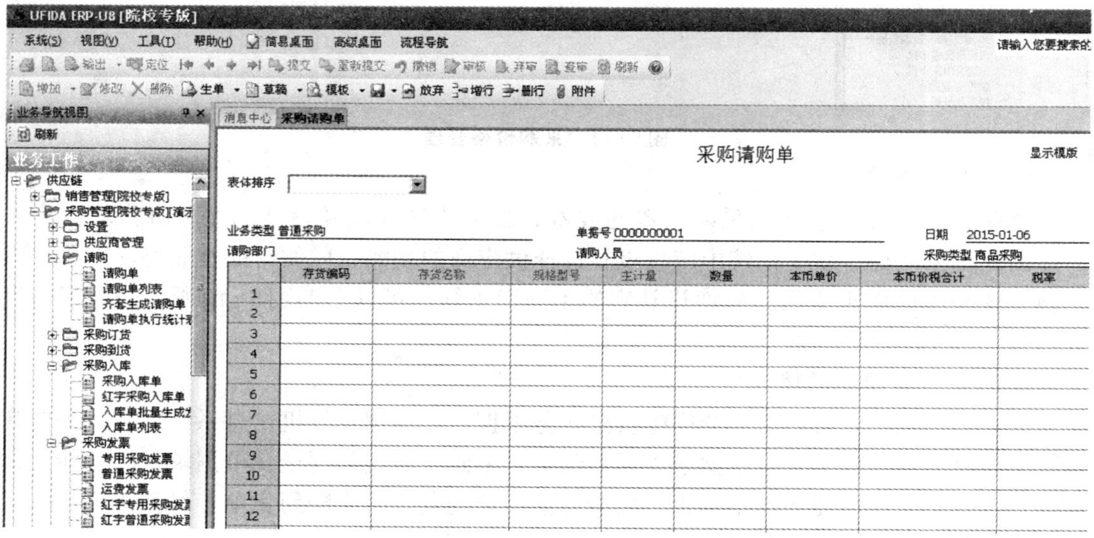

图 5-13　请购单

2）采购订单

采购订单是指购销双方共同签署的一种协议或者经济合同，以此确认采购活动的标志，相当于采购合同。采购订单应根据采购申请和供应商档案文件进行填写，当与供货单位签订采购意向协议时，可以将采购协议输入计算机，并打印出来报采购主管审批。它是物资在采购业务中流动的起点，是采购管理系统的核心。采购订单一般需要输入供应商、采购部门、存货名称、采购数量、采购单价、到货时间等。采购订单的内容可以直接录入，也可以根据请购单关联生成。采购订单的输入可以参照图5-14所示的界面。

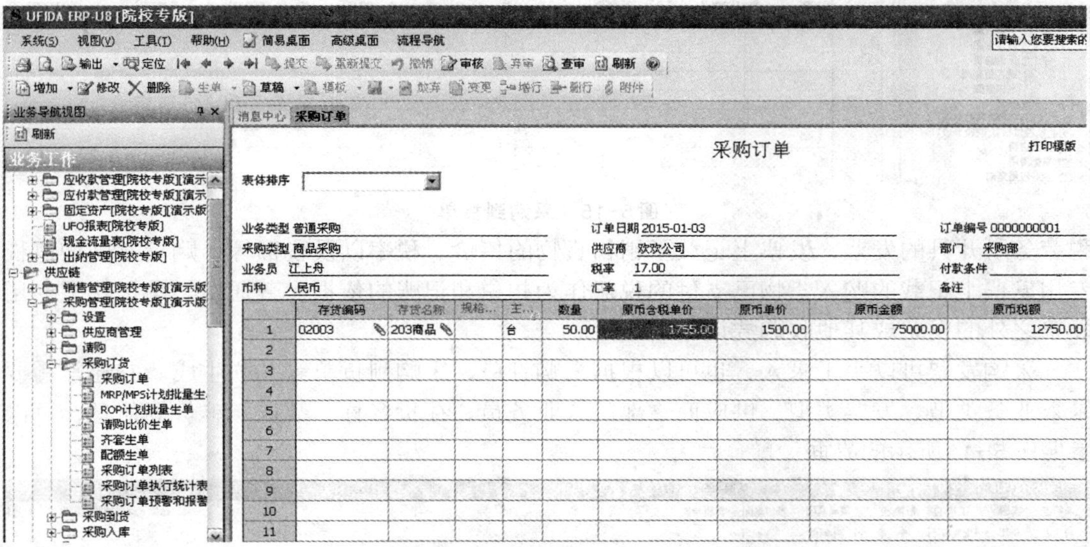

图5-14　采购订单

3）采购到货单[①]

企业在采购物资过程中，到货和入库有一个检验的时间差，有了到货单更便于查询采购订单的执行情况，方便安排生产计划。因此，到货单是一个可选的环节，需要根据企业的实际情况，即是否有此管理要求而定。如果到货和正式入库时间相差很短，可以不进行采购到货单的填制；但是，如果要启用质检模块，就必须进行采购到货单的处理。一般来讲，供应商将送货单传递到采购部，采购部录入到货单，仓库根据到货单进行质检并验收货物。当然，也可以根据实际情况，由仓管来做。

采购到货单可以手工录入，也可以根据采购订单等关联生成。它通常需要录入采购类型、供应商、部门、业务员、结算方式、存货名称、数量、单价等信息，可以参照图5-15所示的界面。

4）采购发票

采购发票是供应商开给购货单位，据以付款、记账、纳税的依据，包括采购专用发票和采购普通发票。其中专用发票是指增值税专用发票，是一般纳税人销售货物或者提供应

① 企业在实践过程中，录入采购到货单，完成质检入库后，系统需要根据采购到货单在库存管理子系统中填制采购入库单。这是因为，采购入库单的管理属于库存管理子系统，本教材将其放在存货管理的章节中进行讲解。

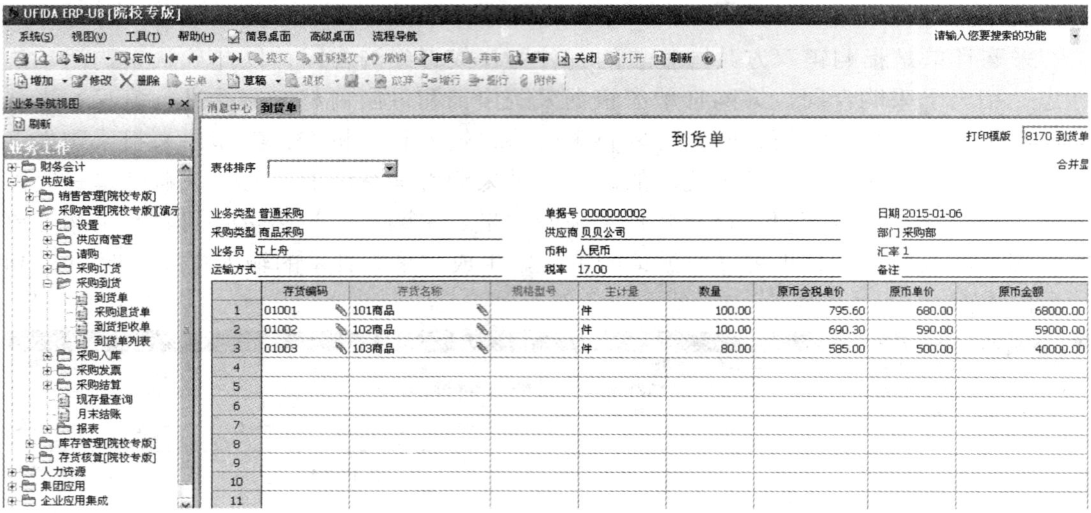

图 5-15　采购到货单

税劳务所开具的发票，发票上记载了销售货物的售价、税率以及税额等，购货方以增值税专用发票上记载的购入货物已支付的税额作为扣税和记账的依据。普通发票是指除了专用发票之外的发票或其他收购凭证。

采购发票可以手工录入，也可以根据采购订单、采购到货单等关联生成。它通常需要录入业务类型、发票类型、供应商、部门、业务员、存货名称、数量、单价等信息，可以参照图5-16所示的界面。

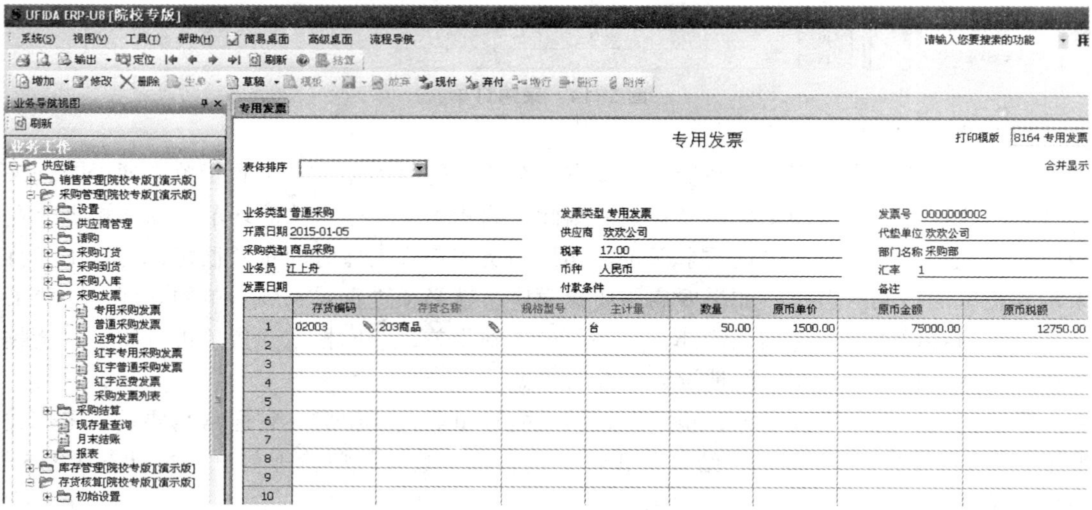

图 5-16　采购发票

5）付款单处理

付款单处理是将已支付款项以付款单的形式录入到应付账款子系统的过程，它是应付业务处理的一项重要内容，包括录入付款单、进行核销处理、形成预付款等。录入付款单是出纳根据采购订单或往来会计的付款通知单进行付款；核销是对于已经付讫的款项在往来台账中做删除处理；预付款是指按购货合同规定预付给供应单位的款项，在处理时可以录入预付单，将该笔款项作为预付款处理。在实际应用中，有两种情况：一种是当预付的货款大于企业已有的欠款金额时，将支付的货款一部分核销应付款，余额作为预付款；另一种是支付的货款全部作为预付款，以后可以通过预付冲应付冲减该账户。

付款单是支付款项（包括货款、预付款、代收款）后填写的付款凭证。退款单是因采购退款而填制的收款单据，以红字付款单处理。

它通常需要录入业务类型、发票类型、供应商、部门、业务员、存货名称、数量、单价等信息，可以参照图5-17所示的界面。

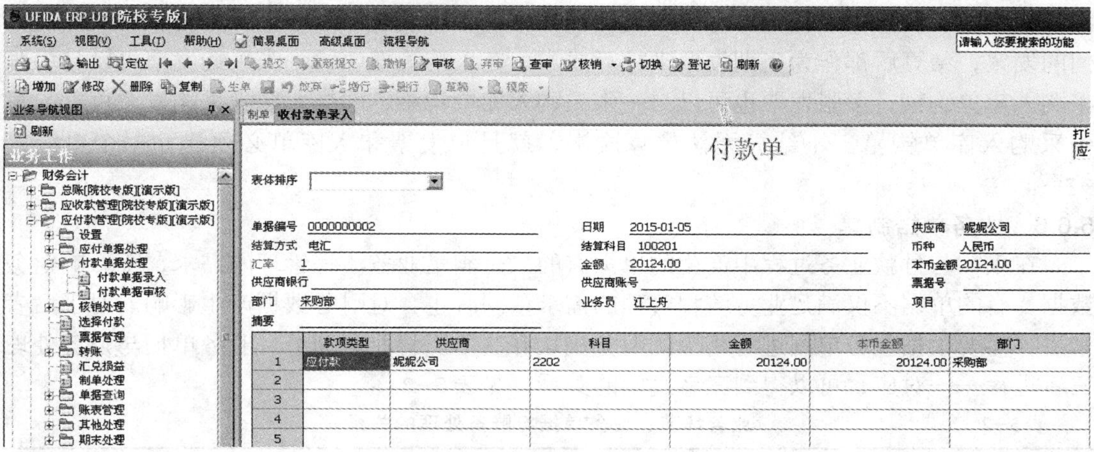

图5-17　付款单

5.6.4　单据的审核

为了确保业务单据收入内容的准确性，同时也为了加强内部控制，采购与付款业务环节中输入的所有单据，包括销采购申请单、采购订单、采购发票、采购到货单、付款单等都需要经过相关人员的审核。未经审核的业务单据不能进入下一环节的操作。

因为审核之后就不能对业务单据进行修改了，而在实际业务中存在对已保存已审核的单据的修改需求，因此，系统设计时，审核功能应同时具备两个功能，即审核签字与取消审核签字。

5.6.5　采购结算

采购结算是对采购发票进行管理并根据采购发票确认采购成本的过程。财务部门根据采购部门录入的发票、采购订单、出纳填制的收款单、仓库填制的入库单等单据进行核对，对采购成本进行分摊等。采购结算功能主要是进行采购结算，最后生成结算单。

采购结算是根据采购发票和入库单来确认采购成本的过程。在手工业务中，采购员拿着经主管领导审批的采购发票和经仓库确认的入库单到财务部门，由财务人员确认采购成本。在计算机条件下，由于各子系统之间实现数据共享，因此，系统提供“自动采购结算”和“手工辅助采购结算”两种功能来自动确认采购成本。

1）自动采购结算

自动采购结算模块的功能是：将发票中的单价与采购订单文件中订货单价和暂估入库单价相核对，同时将发票中的数量与入库单文件中的收货数量相核对，核对结果如果完全相符，则自动生成结算表，如果不完全相符，则提示用手工辅助采购结算。

2）手工辅助采购结算

手工辅助采购结算模块的功能是：对入库单价与发票单价不相符的暂估业务进行结算；对因采购发生的运杂费用进行结算；对采购货物的“溢余短缺”进行结算等。最后，生成采购结算表，确认每种物料的采购成本。

对于采购发票，财务结算是发票与入库单确认的标志，是核算入库成本的依据。已结算的发票才可以执行入库核算、根据凭证模板生成记账凭证等操作，无论是本期或以前期间的发票，结算后都作为当期发票来核算成本。在采购管理中，一张采购发票可以与多张采购入库单钩稽，多张发票也可以与一张采购入库单钩稽，同样，多张采购发票可以与多张采购入库单钩稽。不结算无法核算成本，就是说发票和入库单必须建立一个对应的关系。

5.6.6 业务单据制单

在采购与付款业务过程中产生的单据有的只是满足业务流程管理的需求，不影响财务数据，有的单据不仅满足业务流程管理的需求，同时也会对财务数据产生影响。对于后者来讲，需要根据业务单据进行相应的财务确认并制单。将业务环节、业务单据与财务处理三者进行一一对应，可以得到三者之间的关系，见表5-2。

表5-2 **业务环节、业务单据与账务处理的关系**

业务环节	业务单据	账务处理
采购申请	采购申请单	无须制单
采购订单/合同签订	销售订单/合同	无须制单
获取采购发票	采购发票	确认采购的业务凭证
采购完成	采购到货单	无须制单
采购物资入库[①]	采购入库单	确认采购入库的业务凭证
财务结算	付款单	支付款项的业务凭证

从表5-2可以看出，在采购与付款业务过程中，采购发票、采购入库单、付款单需要进行财务确认与核算。

1）采购发票的制单

因为采购管理主要进行业务管理，对于业务过程中的财务确认与核算属于财务方面的，因此系统通常会将制单的功能设计在应付款管理子系统中，即在应付款管理子系统中选择制单功能进行采购发票的制单。制单功能可以参照图5-18所示的界面。

① 理论上，采购入库属于存货管理的内容，因为其与采购相关，尤其是与采购到货通知单相关，为了保持采购业务的连续性，将其放在采购付款里进行讨论。

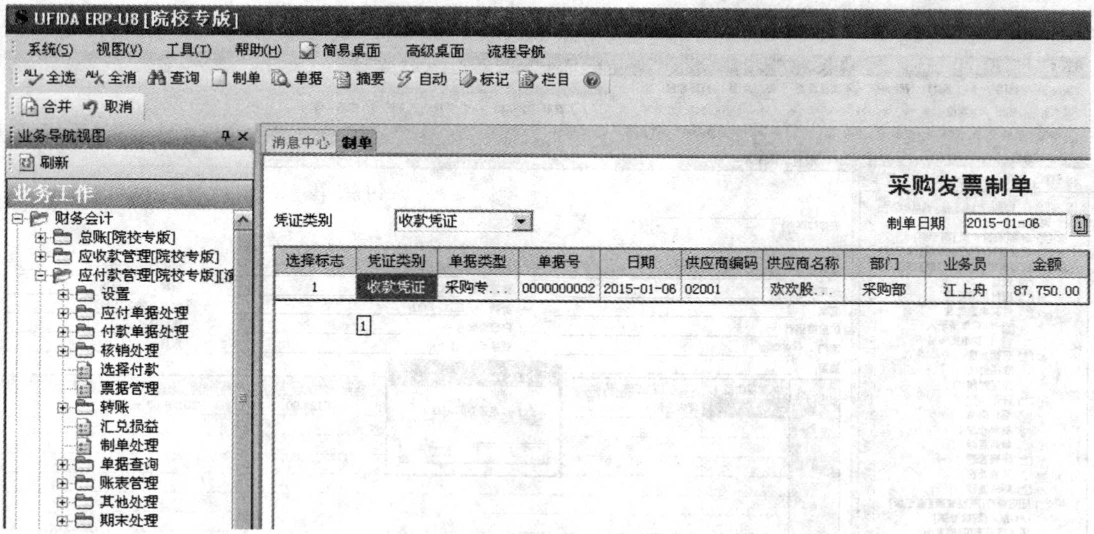

图5-18　采购发票制单

2）采购到货通知单与采购入库单

一般而言，到货和入库有一个检验的时间差，有了到货单更便于查询采购订单的执行情况，便于安排生产计划。因此，采购订单完成后，采购部门编制采购到货通知单。然后，需要将采购到货通知单传递给仓储部门，由仓储部门在存货实际入库时根据采购到货通知单填制内部的调转单据——采购入库单（如图5-19所示）。最后，在存货核算子系统中完成入库业务的制单。

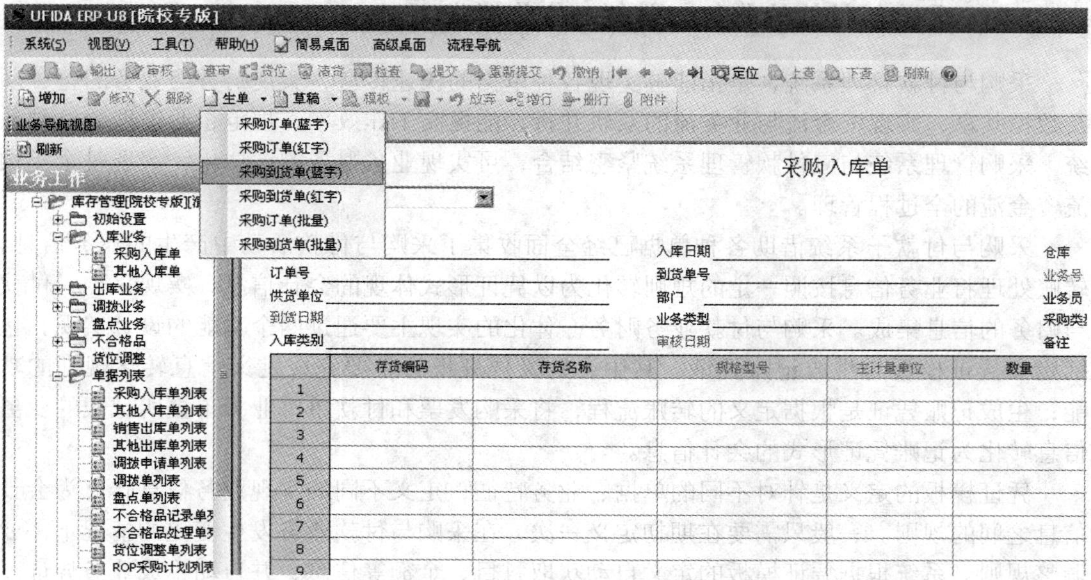

图5-19　采购入库单

3）付款单

付款业务本身属于财务活动的范畴，因此付款单直接在应收款管理系统中进行制单，制单功能可以参照图5-20所示的界面。

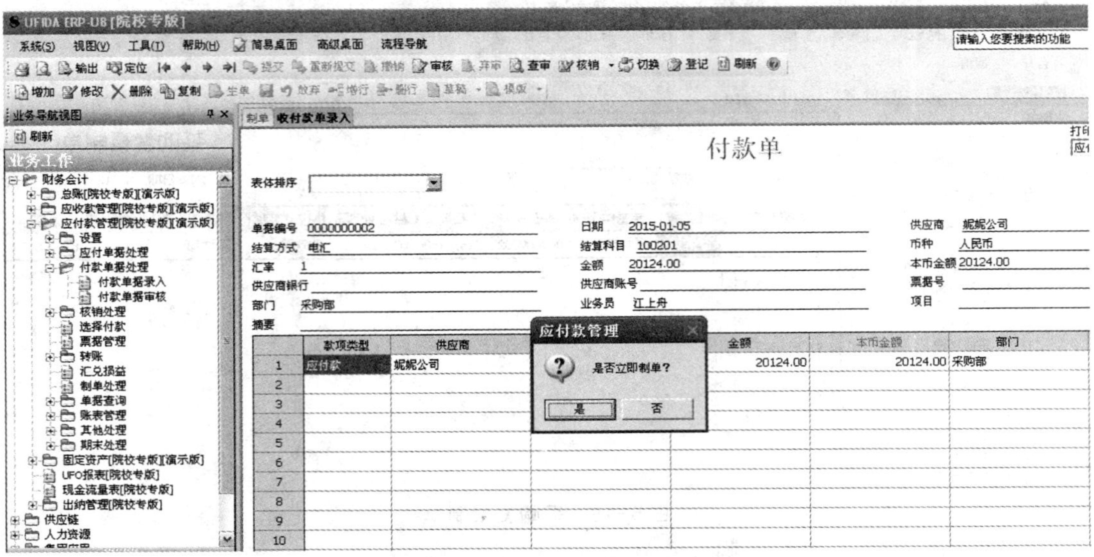

图5-20　付款单制单

思　考

采购与付款中列出的业务单据和销售与收款过程中使用的业务单据是怎样相互联系的？哪些业务单据在会计信息系统中能够生成会计分录？它们生成了哪些会计分录？

5.7　采购与付款的业务与财务一体化策略

采购与付款管理系统，是指能够实现各种单据的快速传递，实现财务与业务的整合以及数据共享，实现资金流与业务流的双轨并行，能提高工作效率，规范企业管理的一种系统。采购管理系统与应付款管理系统紧密结合，可实现业务财务的一体化，实现对企业物流资金流的全过程管理。

采购与付款子系统借助各种单据已经全面收集了采购与付款活动中产生的业务信息，转账处理将业务信息按照一定的规则转化为以凭证形式体现的会计信息，实现采购、付款与财务的信息集成。采购与付款业务财务一体化的实现主要通过两个功能的设计实现，包括定义凭证模板与生成记账凭证。其中，定义凭证模板主要完成定义信息转化规则的功能；生成记账凭证是根据定义的转账流程，将采购发票和付款单等业务单据所记载的业务信息转化为记账凭证形式的会计信息。

凭证模板的定义是针对不同的单据、业务特征，定义不同的实现业务信息转化为会计信息之间的规则。一般只需要在期初定义一次，在采购与付款业务发生变化的情况下需要调整规则。系统根据凭证模板的定义自动获取科目、金额等信息，并自动生成业务凭证。

5.7.1　定义凭证模板

1）采购发票

在采购发票中存储的采购业务供应商的名称，初始设置的供应商关联科目设置了供应商关联的应付科目，因此，采购发票对应的业务凭证的贷方科目可以直接来源于“采购发票中供应商的关联科目”。值得注意的是，采购发票对应的如果是现购，必然是直接支付现金或银行存款，那么现购对应的贷方科目便可以根据结算方式关联的科目（库存现金、银行存款等）来确定。

对于采购业务凭证的借方科目而言，在采购发票中存有采购存货的详细信息，而在初始设置中物料关联科目直接设置了各种物料对应的存货科目、采购税金科目。由此，业务凭证的借方科目可以由采购发票中物料的关联科目直接获取。

采购业务凭证中的金额可以直接从采购发票中获得。具体的凭证信息获取来源见表5-3。

表5-3　**采购发票凭证模板**

科目来源	会计科目	金额
采购发票中供应商的关联科目	应付账款	采购发票的价税合计
采购发票的物料中关联的存货采购科目	在途物资	采购发票的价款
采购发票的物料中关联的税金科目	应交税费——应交增值税（进项）	采购发票的税额

2）采购入库单[①]

采购入库单业务是存货不同状态的结转，即借、贷方科目均为存货科目。因为物料对应的关联科目均在初始设置中完成，包括各类存货对应的存货科目以及存货的对方科目。所以采购入库业务凭证的借方科目可以直接来源于采购入库中物料关联的存货科目，贷方直接来源于采购入库单中物料关联的存货对方科目。

采购入库业务凭证的金额可以直接来源于采购入库单中的金额合计。采购入库业务凭证信息见表5-4。

表5-4　**采购入库单凭证模板**

科目来源	会计科目	金额
采购入库单的物料中关联的存货科目	原材料/库存商品	采购入库单的金额合计
采购入库单的物料中关联的存货对方科目	在途物资	采购入库单的金额合计

3）付款单

付款单中存储有结算方式或结算科目字段信息，由此付款单业务凭证的贷方科目可以直接由结算方式的关联科目或是收款单中的收款科目直接获取。对于凭证的借方科目而言，首先系统根据付款单中的供应商的关联科目可以确定借方科目为“应付账款”或“预付账款”，接着系统通过付款单中的“款项类型”字段信息来确定借方科目是“应付账款”还是“预付账款”。如果“款项类型”是付款，则借方科目为“应付账款”；如果“款项类型”为预付款，则借方科目为“预付账款”。

业务凭证的金额直接来源于付款单中的金额。

收款单业务凭证信息来源见表5-5。

① 理论上，采购入库单属于存货管理的内容，因为其与采购相关，尤其是与采购到货通知单相关，为了保持采购业务的连续性，在采购与付款的一体化策略中进行了讨论。

表5-5　　**付款单凭证模板**

科目来源	会计科目	金额
付款单中的结算科目	银行存款	付款单中的金额合计
付款单中供应商与付款类型的关联科目	应付账款	付款单中的金额合计

5.7.2 生成记账凭证

凭证模板定义完成后，在转账生成环节要进行记账凭证的生成，即系统根据凭证模板上的转账规则，自动将业务单据上的数据传送给对应科目的借贷方，生成完整的记账凭证。

【例5-1】假设企业发生如图5-16所示采购发票业务。根据采购发票凭证模板的定义，系统首先对采购发票的供应商简称“欢欢公司”存货名称“203商品”进行识别，进而搜索“欢欢公司”关联的应付科目“应付账款”“203商品”关联的存货采购科目“在途物资”和关联的采购税金科目“应交税费——应交增值税——进项税额”，然后系统将从初始设置以及采购发票中获取的相关科目信息、科目对应的金额信息一并传递给记账凭证，如图5-21所示。

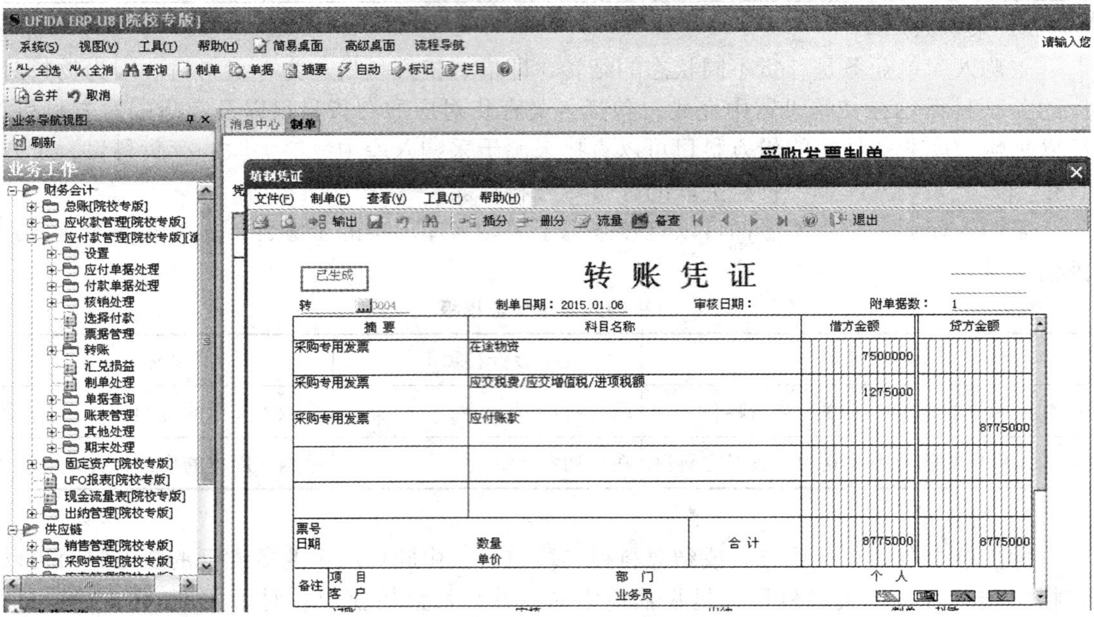

图5-21　采购发票凭证生成

5.8 月末结账与统计查询

5.8.1 月末结账

结账是做一些相应的期末数据处理工作，如将本期的期末余额转为下期的期初余额，并在使用的数据文件中记入结账标识，进行封账处理。结账的同时，系统在进行必要的备份后清空一些相应的字段值，用以准备存储下一期的数据，比如供应商档案文件要将本期

“期末应付账款余额”转为下期的“期初应付账款余额”，将“本期应付账款”“本期支付账款”字段清空。所有结转工作完成后，将进行下一期的业务处理。

5.8.2　统计查询

为了方便用户随时针对采购与付款业务进行统计及分析，并实现查询输出，采购与付款子系统需要设计统计分析、查询输出的功能，即针对采购与付款业务的常规需求提供各种各样的分析信息，并设计有自定义的功能（用户根据自己的需求设计统计查询条件进行相关的统计查询）。

1）账表查询输出

账表查询输出的功能主要是指系统自动从采购发票、采购入库单、付款单等数据库文件中提取数据，根据输出条件生成各种账表，比如采购明细表、结算明细表等。在此以用友ERP为例，列示常用的采购与付款账表输出。

（1）采购明细表

采购明细表，如图5-22所示，对采购的物资详细信息进行查询输出。

采购明细表

日期：　全部　至　全部　　供应商：　全部　到　全部

业务员：　全部　到　全部　　部门：　全部　到　全部

发票日期	发票号	供应商简称	部门名称	业务员	存货名称	规格型号	主计量	辅计量	换算率	数量	本币单价	本币金额	本币税额	本币价税合计

图5-22　采购明细表

（2）结算明细表

结算明细表，如图5-23所示，对采购物资的结算数量、结算金额等详细信息进行查询输出。

结算明细表

日期：　全部　至　全部　　供应商：　全部　到　全部　　存货：　全部　到　全部

部门：　全部　到　全部　　业务员：　全部　到　全部

结算日期	结算单号	供应商简称	存货名称	规格型号	主计量	结算数量	结算单价	结算金额	费用	发票号	入库单号	入库日期	结算暂估单价

图5-23　结算明细表

（3）在途货物余额表

在途货物余额表，如图5-24所示，查询输出在途货物的数量、金额等信息。

在途货物余额表

日期：2016-01-01 至 2016-01-31 供应商：全部 至 全部 存货：全部 至 全部

存货编码	存货名称	供应商名称	主计量	部门编码	上期结余		本期采购		本期结算					期结余
					数量	金额	数量	金额	分配费用额	非合理损耗金额	数量	金额	损耗数量	数

图5-24 在途货物余额表

（4）应付明细账

应付明细账，如图5-25所示，对采购环节发生的应付款项的详细信息进行查询输出。

应付明细账

币种：全部

期间：1 - 1

年	月	日	凭证号	供应商		摘要	单据类型	单据号	订单号	币种	本期应付	本期付款	余额	到期日
				编码	名称						本币	本币	本币	

图5-25 应付明细账

2）统计分析

系统除了可以查询输出各种账表之外，还应该按照实际的管理需求设计统计分析的功能，如采购资金比重分析、采购费用分析、应付账龄分析、欠款分析。

（1）采购资金比重分析

采购资金比重分析，如图5-26所示，对各项采购物资所占的资金比重进行分析。

采购资金比重分析

日期：全部 至 全部 存货：全部 到 全部

供应商 全部 到 全部

供应商简称	存货名称	规格型号	主计量	项目分类编码	项目分类名称	项目编码	项目名称	发票数量	本币金额	资金百分比%	数量百分比%

图5-26 采购资金比重分析

（2）采购费用分析

采购费用分析，如图5-27所示，对采购环节所发生的费用进行统计分析。

采购费用分析

日期：全部　　到 全部　　部门：全部　　到 全部

业务员：全部　　到 全部

类别	存货编码	存货名称	次数	金额	百分比%

图5-27　采购费用分析

（3）应付账龄分析

应付账龄分析，如图5-28所示，对在采购过程中发生的应付账款的账龄按设定的时间段进行分析。

应付账龄分析

金额式

币种：全部

供应商 全部

截止日期：2016-01-08

供应商		本币余额	账期内		1-30		31-60	
编号	名称		本币金额	%	本币金额	%	本币金额	%

图5-28　应付账龄分析

（4）欠款分析

欠款分析，如图5-29所示，按指定的供应商对在采购过程中发生的欠款进行统计分析。

欠款分析

供应商 全部　　币种：　　截止日期：2016-01-08

供应商		欠款总计	信用额度	信用余额	货款	应付款	预付款
编号	名称				金额	金额	金额

图5-29　欠款分析

章末习题

一、单项选择题

1. 下列不需要根据单据生成记账凭证的是（　　）。

A. 采购订单　　B. 入库单　　C. 采购发票　　D. 付款单

2. 下列不属于采购与付款子系统初始设置内容的是（　　）。

A. 供应商档案设置　　B. 付款条件设置

C. 采购订单处理　　D. 采购类型设置

3. 下列属于采购与付款子系统中数据文件的是（　　）。

A. 入库单文件　　B. 销售订单文件　　C. 销售发票文件　　D. 收款单文件

4. 在支付供应商发票之前，以下哪些文档必须互相匹配？（　　）

A. 请购单、发票、汇款通知单　　B. 请购单、发票、包装单

C. 订购单、发票、收货单　　D. 请购单、订单、发票

二、多项选择题

1.下列输出的账表属于采购与付款子系统的有（　　）。

A. 应付账龄分析　　B. 采购资金比重分析

C. 结算明细表　　D. 销售明细表

2.在采购与付款系统初始设置过程中，需要进行（　　）关联科目的设置。

A.基本科目　　B.控制科目　　C.产品科目　　D.结算科目

3.下列业务单据需要生成记账凭证的有（　　）。

A.采购申请单　　B.采购发票　　C.采购入库单　　D.付款单

三、判断题

1.产品出库核算、采购发票、付款单都属于采购与付款子系统的业务。（　　）

2.在采购与付款子系统中，财务应该对采购订单进行确认与处理，生成记账凭证。（　　）

3.采购与付款中的财务结算主要是对存货的采购发票数量与入库单的数量进行核算，以保证数量正确。（　　）

四、问答题

1.为什么要进行初始设置？采购与付款子系统初始设置内容包括哪些？

2.某企业现需采购一批钢材，需要经历哪些过程？在这个过程中，采购与付款子系统使用了哪些文件？数据的传输过程是怎样的？

3.简述采购与付款业务完成所经过的主要环节，每个环节会产生什么业务单据？哪些业务单据需要生成记账凭证实现业务财务一体化？

4.简要说明采购发票的记账凭证模板设置原理以及信息获取来源？

五、业务分析与设计

1. 辉煌公司采购环节的数据流程。

采购子系统所处理的业务流程如下所述：

（1）由请购者录入请购单，并将请购单存入请购单文件中。

（2）采购部门由专职人员审核请购单，即将请购单与存货文件中的最高储量和最底储量进行比较。

（3）选择供应商与编制采购合同，即根据请购单的请求，从供应商文件和采购价格中选择合适的供应商，编制采购合同，并存入采购合同文件。

（4）其他部门查询和管理采购合同。

（5）将采购信息通过网络、EDI系统传递给供应商及其他部门。

要求根据上述业务流程画出该企业采购子系统数据流程图。

2.辉煌公司付款环节的数据流程。

应付账款子系统所处理的业务流程如下：

（1）财务部门收到供应商的发票，并将发票送入计算机，保存在发票文件中。

（2）系统自动审核发票上的数据是否符合采购合同上的数据以及入库单上的入库数据。

（3）生成并输出应付账款分析表。

（4）系统进行付款处理，并生成付款凭证传到账务处理子系统。账务处理子系统记账后自动将付款数据登记到账务数据库文件中，同时更新供应商发票文件。

要求：根据上述业务流程画出该企业应付账款子系统数据流程图 。

3.根据数据流程图设计数据库文件与系统功能。

假设海河公司的采购与付款子系统的数据流程图如图5-30所示，请根据所学知识，依据已有的图5-30完成以下任务：（1）设计采购与付款子系统的数据库文件。（2）设计采购与付款子系统的系统功能。

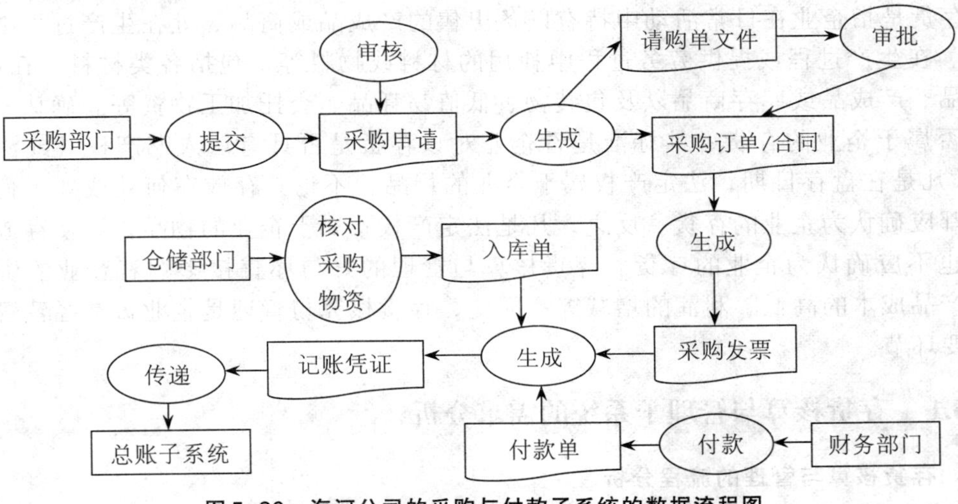

图5-30　海河公司的采购与付款子系统的数据流程图

第5章章末习题参考答案

第6章/ 存货核算与管理子系统

【学习目标】通过本章学习，熟悉存货核算与管理业务的业务流程以及其业务处理的需求；理解并掌握存货核算与管理子系统的数据流程并能自己根据存货核算与管理业务的处理流程绘制数据流程，或是根据数据流程进行文字表述；在数据流程图的基础上能够抽象概括出存货核算与管理子系统的数据库文件并理解其在数据流程图中的作用以及存储的信息；理解并掌握存货核算与管理子系统的功能模块，包括整体功能模块的设计、各个功能模块功能的具体设计与实现；理解存货核算与管理中的业务财务一体化。

存货是指企业在日常活动中持有以备出售的产成品或商品、处在生产过程中的在产品、在生产过程或提供劳务过程中耗用的材料或物料等，包括各类材料、在产品、半成品、产成品或库存商品以及包装物、低值易耗品、委托加工物资等。确认一项存货是否属于企业的存货，其标准是看企业对该存货是否具有法人财产权（或法定产权）。凡是在盘存日期，法定产权属于企业的物品，不论其存放在何处或处于何种状态，都应确认为企业的存货。反之，凡是法定产权不属于企业的物品，即使存放于企业，也不应确认为企业的存货。存货核算与管理的好与坏直接影响着企业的资产质量、产品成本的高低、利润的增减等，因此，存货核算与管理是企业日常经营管理中的重要环节。

6.1 存货核算与管理子系统的需求分析

6.1.1 存货核算与管理的流程分析

存货核算与管理流程的基本目标是降低存储费用、满足生产管理、降低存货管理风险，保证存货信息的账实相符等。如果没有一个有效的存货核算与管理流程，存货难以实现其核算与管理目标。一个有效的存货核算与管理流程应该包括哪些步骤呢？

尽管企业存货的种类有所不同，企业具体的组织结构也不尽相同，但是多数企业的存货核算与管理业务过程会包括以下几个关键的业务流程：

1）存货采购环节

首先，要做好存货规划，合理制定经济订货批量和存货资金的占用额。其次，严格采购纪律，建立采购体系的反舞弊机制，对关键岗位的采购人员实行不定期强制轮岗或休假的制度，加强对存货采购人员的监督和检查。再次，建立存货请购、询价与审批机制。此外，建立大额采购的招投标管理制度和批量订货制度，提高存货采购环节的议价能力，以获取较低的采购价格，降低采购成本。

2）验收入库环节

企业外购存货和自己生产的存货，都必须经过验收质检环节，以保证存货的数量和质量符合合同规定及产品质量要求。验收程序不规范、验收标准不明确，可能导致存货数量克扣、以次充好、账实不符。存货验收入库环节，应着力做好以下工作：（1）验收质检部门同采购部门职责分离，建立严格的质量控制标准，健全验收流程；（2）外购存货的验收应当重点关注合同、发票等原始单据与存货的数量、质量、规格等核对一致，存货是否有残次损坏；（3）自制存货的验收，应当重点关注产品质量，检验合格的半成品、产成品才能办理入库手续，不合格品应及时查明原因、落实责任、报批处理。

3）存货仓储保管环节

企业需建立完善的存货仓储保管制度，加强存货的日常保管和检查工作，严格限制未经授权的人员接触存货，这一环节应做好以下工作：存货在不同仓库之间流动时，应当及时办理出入库及调拨手续；存货要按照物资所要求的储存条件妥善保管，做好防火、防水、防盗、防变质等保管工作；不同批次、型号和用途的存货分类存放，防止周转成本的浪费。

4）存货出库环节

存货领用发出审核不严格、手续不完备，可能导致货物流失。因此，企业应当明确存货发出和领用的审批权限，健全存货出库手续。仓储部门应核对经过审批的领料单或销售发货通知单的内容，做到单据齐全，名称、规格、计量单位准确，符合条件的准予领用或发出，并与领用人当面核对、点清交付、签字确认，单据及时转财务进行账务处理。对于大批存货、贵重商品或危险品的发出，应当实行特别授权。

5）存货盘点环节

定期和不定期的存货盘点不仅可以及时检查存货质量是否有变质损坏现象，以便企业及时处理减少损失，而且最重要的是检查存货的账实相符情况。企业必须建立存货清查盘点制度，结合实际情况确定盘点周期、盘点流程等控制程序，检查存货数量及时发现存货减值迹象，盘点结果经监盘人员、仓管人员签字确认，对盘点中发现的盘盈、盘亏、毁损、闲置以及需要报废的存货，应当查明原因，落实追究责任，及时处理。

6.1.2　存货核算与管理子系统的特点分析

1）数据存储量大

无论是工业企业，还是商业企业，存货的品种规格都非常多，有的多达几万种，对每个具体的品种都要进行详细、全面的反映，同时每种材料的核算既要反映其数量指标，又要反映其价值指标；既要反映动态的状况，又要反映静态的信息。因此，在存货子系统中需要存储和处理的数据量极大，几乎可以说存货子系统是会计信息系统中数据量最大的子系统。

2）数据变化频繁

要保证生产或销售的顺利进行，必须经常进行存货的采购活动，因此，有大量的材料入库和出库业务；与此同时，随着销售业务量的增加，产品入库、出库业务也非常频繁。无论材料采购入库、产成品完工入库，还是材料领用、产品销售出库，都伴随着大量财务数据的产生和变化。因此，存货子系统的数据输入频率和处理频率都相当高，数据变化相当频繁。

3）核算内容广泛

存货核算内容既要反映各种原材料、产成品的核算，又要考虑对包装物、低值易耗品等的特殊处理。因此，存货子系统的核算内容极为广泛。

4）核算方法复杂

存货核算的方法较多，可以按实际成本组织核算，也可以按计划成本组织核算。在按实际成本核算的方法中，有先进先出法、加权平均法、移动平均法、个别计价法。在按计划成本组织的核算中，还要进行成本差异的计算和分配。在存货账面价值与实际价值相差较大时，又可以采用成本与市价孰低法，按存货项目、存货类别、全部存货对期末存货成本进行调整。这使得该子系统核算方法的复杂程度远远超过工资核算、固定资产核算等子系统。

5）与其他子系统有较多的数据传递关系

存货子系统与原料需求计划系统（material requirements planning，MRP）有密切的联系，即系统计算生产计划所需的原材料数量，然后自动产生一份包括拟采购原材料的采购单传入存货子系统。存货子系统还和采购与应付账款子系统、销售子系统、总账子系统保持密切联系，该子系统将各种凭单按会计上的要求进行统计汇总后，供账务处理和成本子系统使用，各种存货成本信息、存货结存信息供销售、采购、生产等子系统使用和共享。

6）管理要求高

存货核算与管理不仅要求正确反映存货的入库、出库、结存等信息，而且要从管理的视角为各业务部门及时、准确地提供各种信息，包括成本管理信息、存货预警信息、占用资金分析信息、存货管理效率信息等。

6.1.3 存货核算与管理子系统的设计目标

通过存货核算与管理业务流程的梳理以及存货核算与管理特点的分析，可以看出存货核算与管理的设计目标主要集中在存货出入库、存货结存以及存货成本的核算等方面，具体可以包括以下几个方面：

（1）及时、准确地进行存货成本的核算。存货核算与管理系统不仅应该支持按计划成本核算，而且应该支持实际成本核算；同时，允许企业自行选择加权平均、移动加权平均、先进先出等计量方法，以满足企业存货核算与管理的不同需求。

（2）正确反映出入库情况。存货核算与管理系统应该能够提供入库、出库单据的处理，正确反映存货入库、出库情况，并及时反映其增减变化情况，以保持存货的完整安全。

（3）正确计算期末存货结存信息。存货核算与管理系统应该能够正确计算期末存货的结存数量、单价、金额，及时提供存货的储备资金占用情况，从而帮助企业降低产品成本。

（4）提供完整的存货账簿。存货核算与管理系统应该及时、准确地提供各种存货的总账、明细账等账簿的输出查询，并打印输出。

（5）提供存货管理和分析功能。存货核算与管理系统能够提供各种存货汇总表、存货资金占用分析、存货周转率分析等管理与分析功能，以帮助企业更有效地进行存货的管理。

（6）与其他子系统建立标准接口。存货核算与管理子系统与其他多个子系统，包括总账系统、采购与付款系统、销售与收款系统、生产管理系统等，都有密切联系。因此，存货核算与管理子系统必须设计自身与其他子系统之间的接口，实现自身与其他子系统之间的数据传递。

6.2 存货核算与管理子系统的数据流程

通过梳理、概括存货核算与管理的业务流程，将业务流程中的数据处理过程概括出来，并使用数据流程图特有的符号表示出来，就可以形成存货核算与管理子系统的数据流程，如图6-1所示。该流程主要体现存货核算与管理子系统中数据的加工处理过程以及中间的具体数据存储、加工以及输出等。

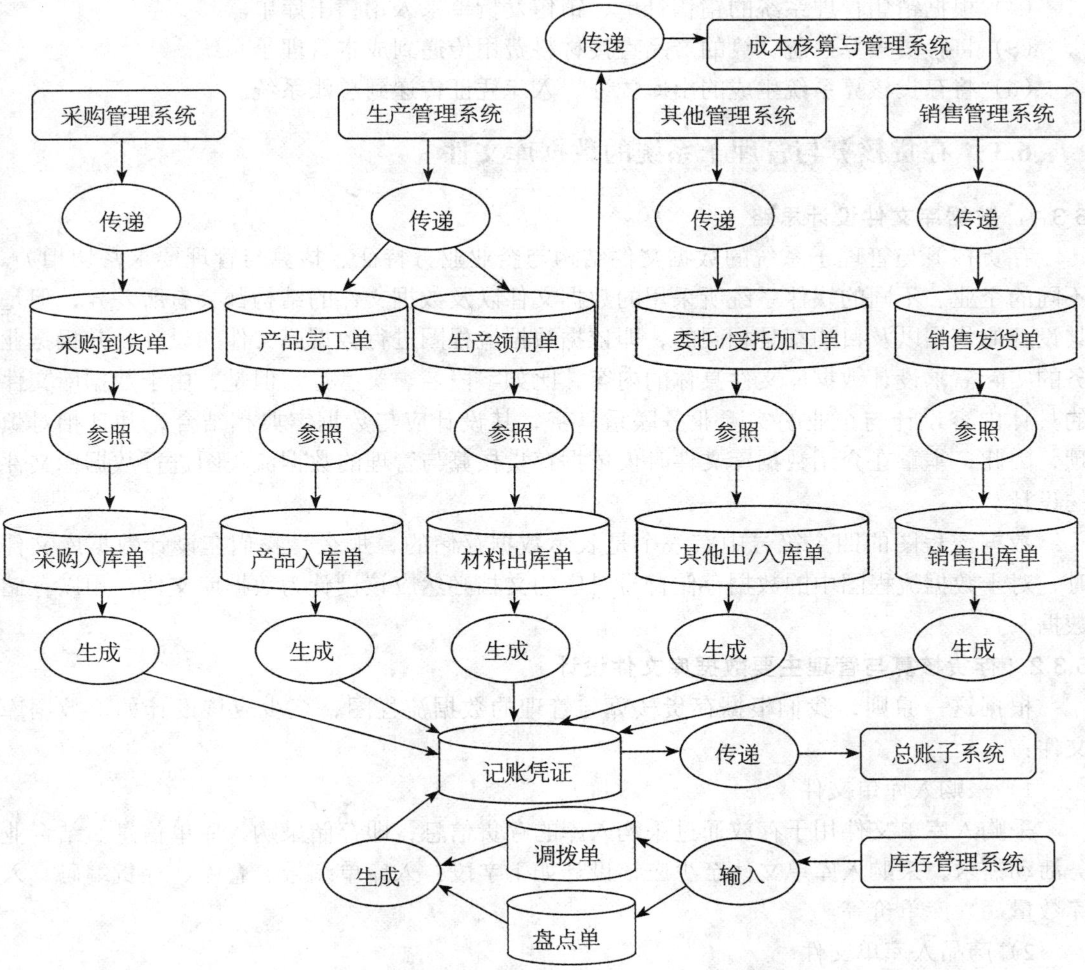

图6-1　存货核算与管理子系统的数据流程图

从存货核算与管理子系统的数据流程图中可以看出，仓储部门的库存管理系统是企业供应链管理的重要信息中心，主要完成存货的实务管理和单据审核，包括存货的入库、出库、转库验收和入库、出库、转库单据的审核签字。存货核算系统是接收来自库存管理系统的各种单据，进行存货的收、发、存核算。存货核算与管理系统是采购管理、生产管理和销售管理的枢纽，采购活动增加库存，销售活动减少库存，生产领用减少库存，生产完工增加库存。存货核算与管理系统与其他系统的数据关系如下：

（1）根据采购管理系统的采购订单、采购到货单录入采购入库单。

（2）根据生产管理系统的生产领料单、委托加工出库单、其他出库单等录入出库单。

（3）根据生产管理系统的产品入库单、半成品入库单等录入生产入库单（产品入库单）。

（4）根据销售管理系统的销售订单、销售发货单录入销售出库单。

（5）将存货核算系统计算的产品直接材料费用传递到成本管理子系统。

（6）将存货核算系统生成的出库凭证、入库凭证传递到总账系统。

6.3 存货核算与管理子系统的数据库文件

6.3.1 数据库文件设计思路

存货核算与管理子系统的数据文件结构与企业业务特征、核算与管理要求密切相关。不同的企业、不同的软件系统所采用的数据文件以及数据文件的结构都会有所差异，但是其设计的依据以及目的都是相同的，即依据数据流程图进行数据库文件的设计，并根据业务的实际需求设计数据库文件具体的内容，比如字段名、类型等。但是，由于数据库文件的具体内容设计与企业的实际业务联系紧密，其设计应与数据字典相结合，并且相对烦琐，因此，本章在介绍数据库文件时仅依据存货核算与管理的数据流程图进行数据库文件的设计。

数据流程图的四个符号中有一个是表示数据存储的，那么，我们在设计数据库文件时，对于数据流程图中的数据存储符号对应的文档必然应该设计为数据库文件，用以存储数据。

6.3.2 存货核算与管理主要数据库文件设计

根据这一原则，我们根据存货核算与管理的数据流程图，至少应该设计如下数据库文件：

1）采购入库单文件

采购入库单文件用于存放通过采购入库的存货信息，即存储采购入库单信息。结合业务活动需求，采购入库单文件至少应该设计如下字段：入库单编号、仓库、存货编码、入库数量、入库单价等。

2）产品入库单文件

产品入库单文件用于存放企业自制产品入库的存货信息，即存储产品入库单信息。结合业务活动的需求，产品入库单文件至少应该设计如下字段：入库单编号、仓库、存货编码、入库数量等。

3）其他入库单文件

其他入库单文件用于存放企业除采购入库、产品入库之外的其他各种原因（包括受托代销入库、接受投资入库、接受捐赠入库等）导致的存货入库信息，即存储其他入库单信息。结合业务活动的需求，其他入库单文件至少应该设计如下字段：入库单编号、仓库、入库类别、存货编码、入库数量等。

4）销售出库单文件

销售出库单文件用于存放企业销售活动导致的出库信息，即存储销售出库单信息。结合业务活动的需求，销售出库单文件至少应该设计如下字段：出库单编号、仓库、存货编码、出库数量等。

5）材料领用单文件

材料领用单文件用于存放企业各个部门（主要是生产部门）存货领用信息，即存储材料领用单信息。结合业务活动的需求，材料领用单文件至少应该设计如下字段：领用单编号、领用部门、存货编码、领用数量等。

6）其他出库单文件

其他出库单文件用于存放企业除销售出库、材料领用出库之外的其他各种原因（包括委托代销出库、对外投资出库、对外捐赠出库等）导致的存货出库信息，即存储其他出库单信息。结合业务活动的需求，其他出库单文件至少应该设计如下字段：出库单编号、仓库、出库类别、存货编码、出库数量等。

7）调拨单文件

调拨单文件用于存放企业内部各部门存货的调拨信息，即存储调拨单信息。结合业务活动的需求，调拨单文件至少应该设计如下字段：调拨单编号、调出部门、调入部门、存货编码、调拨数量等。

8）盘点单文件

盘点单文件用于存放企业盘点业务活动的结果信息，即存储盘点单信息。结合业务活动的需求，盘点单文件至少应该设计如下字段：盘点单号、仓库、存货编码、盘点数量等。

6.4　存货核算与管理子系统的功能结构

因此，在设计存货核算与管理子系统的功能结构时，我们可以依据存货核算与管理的数据流程图遵循模块设计的原则对系统的功能模块进行设计。

总体而言，存货核算与管理子系统应包括初始设置、日常业务处理、期末处理、统计分析与输出、系统维护几个部分，每一个部分又包括下一级的明细功能，如图6-2所示。

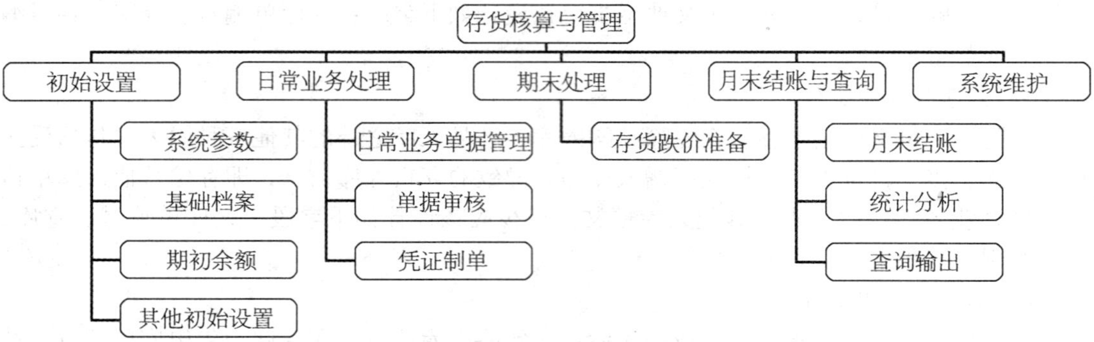

图6-2　存货核算与管理功能结构

1）初始设置

存货核算与管理子系统初始设置的主要作用是对存货核算与管理业务核算所必需的初始参数以及资料进行事前设置，以便日常业务核算时的自动调用或直接使用。其中，系统参数主要是针对用户的使用习惯以及企业的业务要求与特点而进行的个性化选择；各类档案的建立，包括存货档案、仓库档案等，可以方便日常业务核算时直接调用，同类的档案资料可以在各个子系统之间直接进行共享与传递。比如，部门档案在总账子系统的初始设置中进行了录入，那么在存货核算与管理子系统中可以直接共享，不需要重复录入；存货档案录入完成后，在后期的业务单据制作过程中可以直接调用相应的存货信息，不需要重复录入。初始余额的录入是实现系统与以前系统（包括手工系统、旧计算机系统等）之间科目等相关余额的链接。其他初始设置包括除了系统参数、基础档案、期初余额的设置之外的其他需要在日常业务处理之前进行的相关设置，比如收发类别设置等。

2）日常业务处理

日常业务处理主要体现在对存货核算与管理环节的各种业务单据进行的处理，处理包括各类入库单、各类出库单的处理。

3）期末处理

期末处理主要是实现日常业务结束后所做的期末计提、结转、核销等业务操作功能。在存货核算与管理子系统中期末业务主要包括存货跌价准备处理以及月末结账两个主要的方面。

4）月末结账与查询

该功能首先需要对该子系统进行结账处理；然后输出功能主要体现在实现存货管理的各种账表输出，比如入库明细表、收发存汇总表等，以及与存货管理相关的统计分析输出，比如存货ABC分析、在途物资资金占用分析等。

5）系统维护

（略）

6.5 初始设置

由于企业实际经营管理中的存货种类以及存货的计价方法等有关信息是千差万别的，因此，企业要使用计算机信息系统完成存货的核算与管理，必须在使用之前针对本企业的业务性质、会计核算和财务管理的具体要求设置一系列基础信息，以便为日常业务核算提供基本的依据与支持。在此我们根据存货核算与管理业务的需求，将存货核算与管理子系统的初始设置分为系统参数、基础档案设置、期初余额录入、其他初始设置四大类。

6.5.1 系统参数

存货核算与管理子系统的系统参数是对存货核算与管理子系统中一些重要的参数进行设定，这些参数会对日常业务核算中的业务流程、处理方式、操作方式等产生重要影响，也是日常业务核算自动化实现的基础之一。所以，参数的正确设置对系统能否高效平稳运作具有重要的影响。

企业在具体业务实现时需要有个性化的选择，因此在一个子系统中需要设置的参数通常比较多，尤其是存货核算与管理子系统，本章重点介绍与后续的日常业务核算内容有关联的参数设置，体会系统参数的设置与日常业务核算直接的关系，并举一反三去理解、应用其他的参数设置。此外，为了方便直观理解与分析系统参数的设置以及其与日常业务处理之间的关系，教材中以特定的软件系统（用友U8）作为界面的参照。

1）存货核算与管理参数

一般而言，在会计信息系统中会将存货核算与管理再细分为库存管理和存货核算两个部分，其中，库存管理更侧重于出入库业务管理，而存货核算更侧重于出入库以及存货成本等的核算。因此，其参数设置也相应地分为两部分。

（1）库存管理参数设置

库存管理参数设置主要对出入库业务中的个性化选择做出设计，包括库存的业务设置、库存可用量的控制等，由企业自行选择，具体的参数选项可以参照图6-3所示的界面。

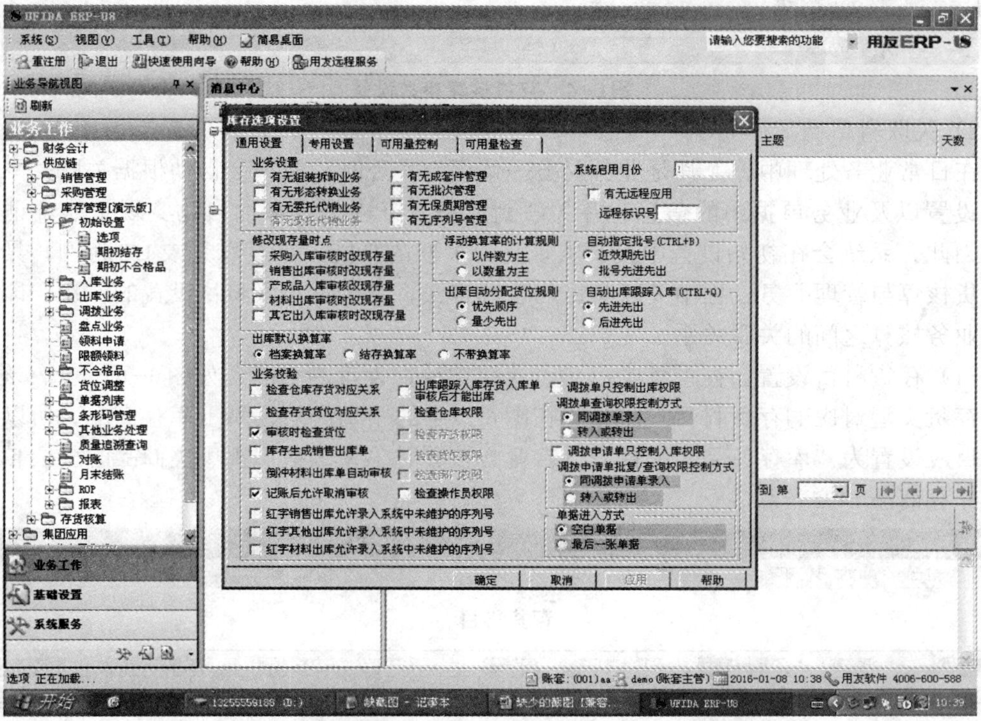

图6-3 库存管理参数设置

（2）存货核算参数设置

存货核算参数设置是对存货核算过程中的个性化选择，包括暂估方式、销售成本核算方式等，具体的参数设计可以参照图6-4所示的界面。

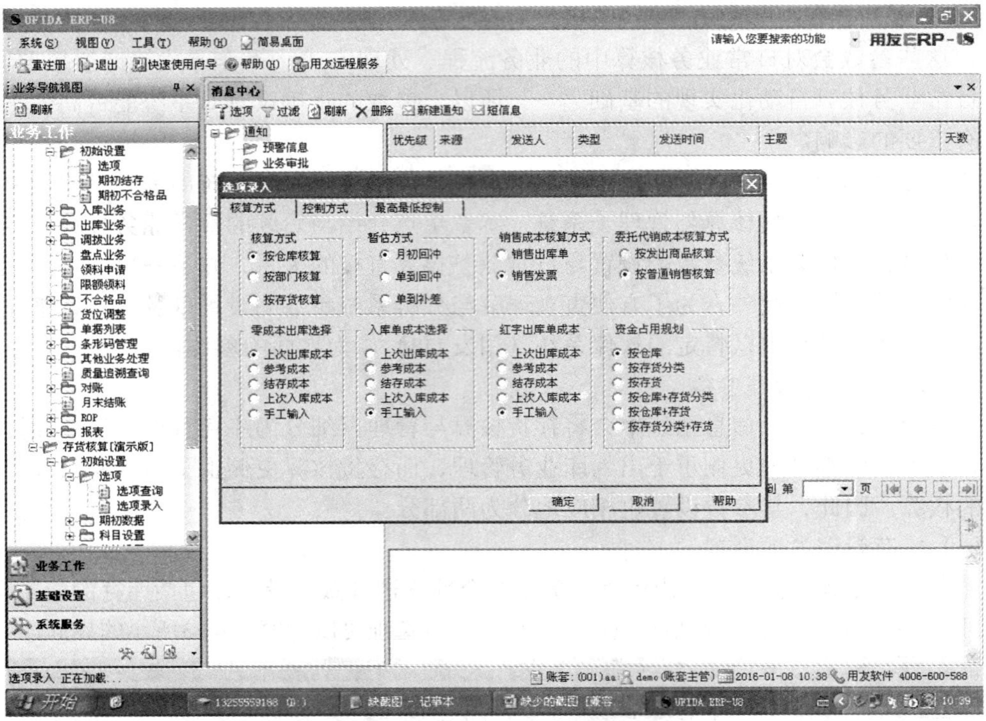

图6-4 存货核算参数设置

2）关联科目

在日常业务处理中，尤其是业务财务一体化的实现时，系统会自动根据关联关系获取初始设置以及业务单据中的信息，并关联到业务凭证中去，从而自动实现记账凭证的生成。因此，系统会在初始设置中设置实现科目关联的功能。本章以用友U8为例，具体说明存货核算与管理业务过程中关联科目的设置方式，尤其是关联科目设置的作用，即其与日常业务核算之间的关联关系。

（1）存货科目设置。在系统中应该设计存货科目设置的功能，如图6-6所示。该功能设置存货类型对应的存货科目。比如，在图6-5中的甲类商品，属于库存商品，所以其存货科目应设置为“库存商品”科目。日常业务核算时，系统在识别甲类商品时就会自动关联到库存商品1405科目。

存货科目

仓库编码	仓库名称	存货分类编码	存货分类名称	存货编码	存货名称	存货科目编码	存货科目名称	差异科目编码

图6-5 存货科目设置

（2）对方科目设置。在系统中应该设计存货对方科目设置的功能，如图6-6所示。该功能设置存货在不同收发类别时，存货对应的借（贷）方科目。比如，在图6-6中收发类别为采购入库的甲类商品，其存货科目应该设置为“原材料”，同时将应该将其对方科目设置为“在途物资”科目。当日常业务核算时，系统搜索识别并关联到“在途物资”“原材料”科目并生成对应的业务凭证。

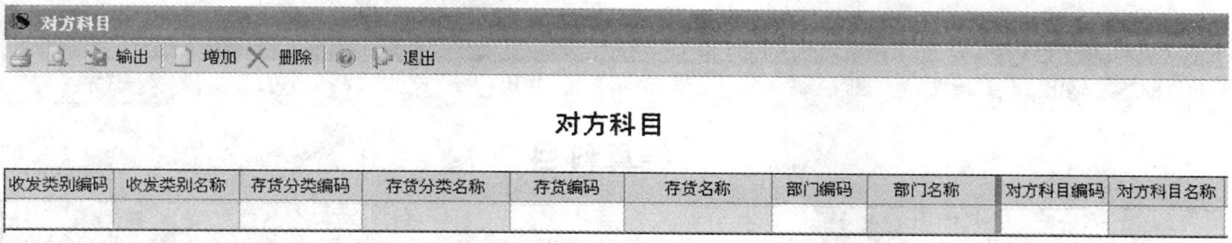

收发类别编码	收发类别名称	存货分类编码	存货分类名称	存货编码	存货名称	部门编码	部门名称	对方科目编码	对方科目名称

图6-6　对方科目设置

（3）税金科目设置。在系统中应该设计存货对应的税金科目设置的功能，如图6-7所示。该功能设置存货在采购环节的税金科目。比如，在图6-7中的101商品，其采购税金科目应设置为22210101应交税费——应交增值税——进项税额。日常核算与管理时，系统搜索识别到相应的存货时，可以自动关联到“应交税费——应交增值税——进项税额”科目并更新到对应的业务凭证中。

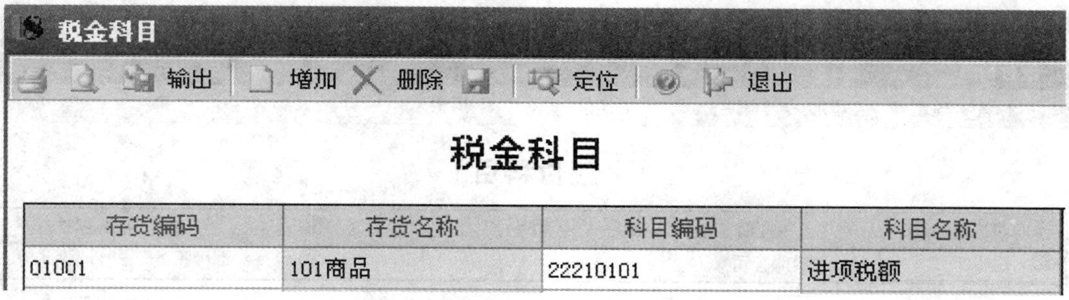

存货编码	存货名称	科目编码	科目名称
01001	101商品	22210101	进项税额

图6-7　税金科目设置

（4）运费科目设置。在系统中应该设计存货采购时对应的运费科目设置的功能，如图6-8所示。该功能设置存货在采购环节发生运费对应的科目。比如，在图6-8中的201材料，对应设置该材料的发生运费应入账的科目，比如“在途物资”或“应付账款”等科目，以及对应的采购税金科目“应交税费——应交增值税——进项税额”。日常核算与管理时，系统搜索识别到相应的材料时，可以自动关联到对应的运费科目和税金科目并更新到对应的业务凭证中。

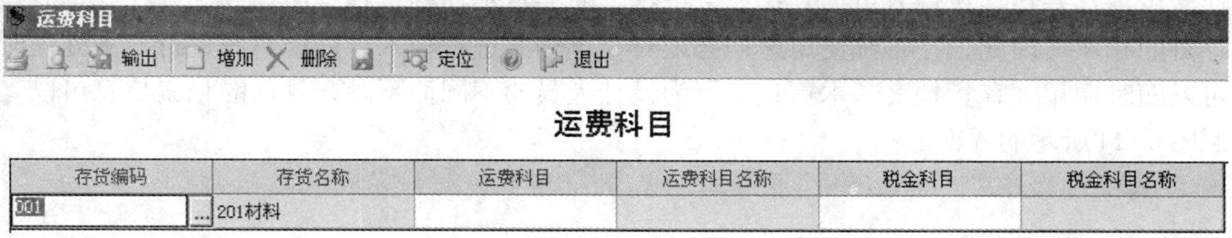

存货编码	存货名称	运费科目	运费科目名称	税金科目	税金科目名称
001	201材料				

图6-8　运费科目设置

（5）结算科目设置。在系统中可以设计存货采购时采取的结算方式对应的核算科目设置的功能，如图6-9所示。该功能设置存货在采购环节使用的各种结算方式所对应的核算科目。比如，在图6-9中的支票，应对应设置该结算方式的核算入账科目——“银行存款”。当日常核算与管理时，系统搜索识别到支票结算方式可以自动关联到对应的核算科目“银行存款”并更新到对应的业务凭证中。

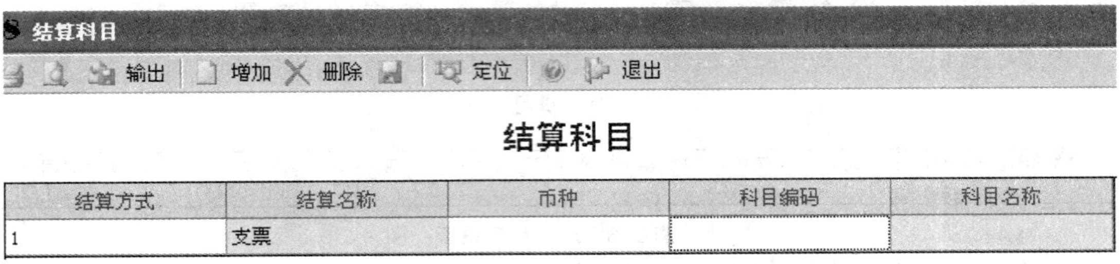

图6-9　结算科目设置

（6）应付科目设置。在系统中可以设计存货采购时应付科目设置的功能，如图6-10所示。该功能设置存货在采购环节供应商对应的应付科目。比如，在图6-10中的供应商“欢欢有限公司”，应将其对应的应付核算科目设置为——“应付账款”。日常核算与管理时，系统搜索识别到“欢欢有限公司”时，可以自动关联到对应的应付科目“应付账款”并更新到对应的业务凭证中。

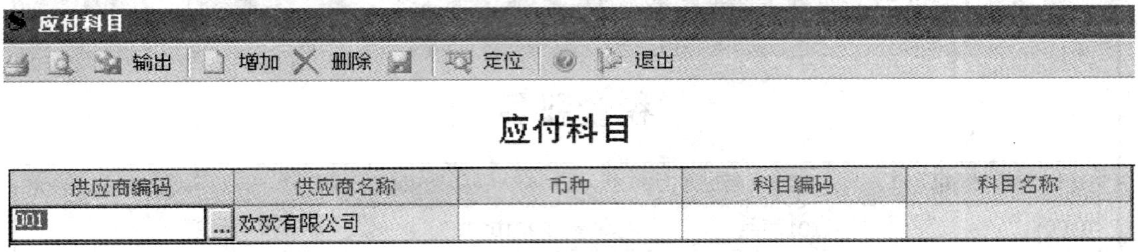

图6-10　应付科目设置

6.5.2　基础档案

基础档案主要包括:仓库设置、供应商设置、客户设置。这些设置工作是系统的基础资料，同时也是与其他系统共享的资料，必须保持各系统数据的一致性。

1）存货档案设置

存货档案记录了与存货相关的信息，包括存货的基本信息。在填制销售出库单、销售发票、采购发票等涉及存货信息的单据都会用到存货档案，因此必须先设立存货档案，以便减少工作差错。在输入单据时，如果单据上的存货不在存货档案中，则必须在此建立该存货的档案。因此，在系统使用之初必须对存货档案进行输入，以便系统进行业务处理时可以随时调用。存货档案基本信息会因为设计人员的不同而不同，具体的档案信息可以参照图6-11所示的界面。

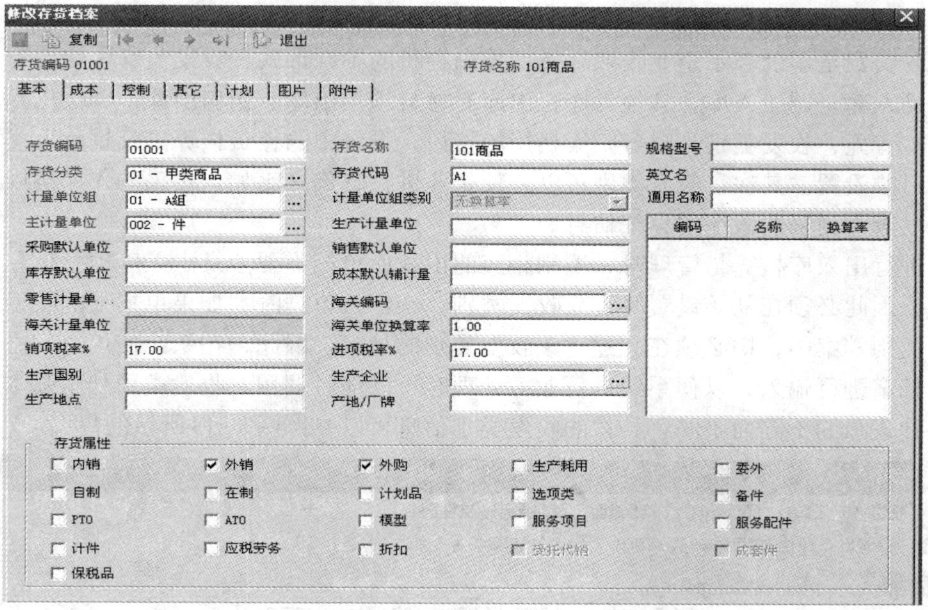

图6-11　存货档案设置

2）仓库档案

仓库档案记录了与仓库的相关信息，包括仓库属性、负责人等。在填制销售出库单、采购入库单等涉及存货出入库信息的单据都会用到仓库档案，因此必须在初始设置时设立仓库档案。在输入单据时，如果单据上的仓库不在仓库档案中，则必须在此建立该仓库的档案。因此，在系统使用之初必须对仓库档案进行输入，以便系统进行业务处理时可以随时调用。仓库档案基本信息会因为设计人员的不同而不同，具体的仓库信息可以参照图6-12所示的界面。

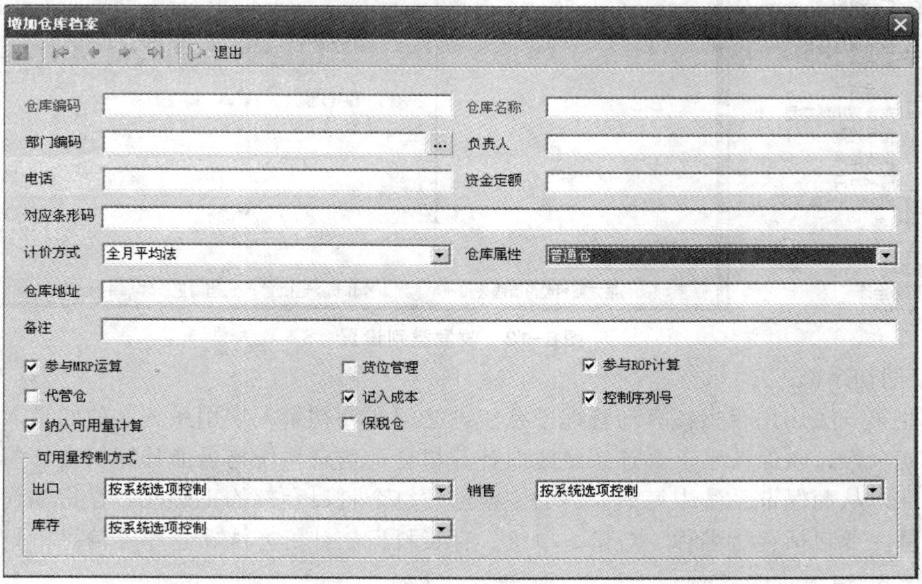

图6-12　仓库档案设置

3）收发类别设置

收发类别是用以表示企业收取存货、发出存货的不同形式。收发类别一般会有采购入库、成品入库、调拨入库、其他入库；出库有材料领用出库、销售出库、调拨出库、其他出库等。首先，收发类别是财务归集费用的接口，系统中的存货核算可根据收发类别进行凭证科目的设置。其次，收发类别可以方便企业进行查询。比如，按采购入库类别进行查询，可以查询到采购入库的详细信息。

当进行出入库核算与管理时，填制相应的出入库单据需要涉及出入库类型信息，即收发类别，因此必须在初始设置时设立收发类别。在输入单据时，如果单据上的收发类别不在收发类别档案中，则必须在此建立该收发类别的档案。因此，在系统使用之初必须对收发类别档案进行输入，以便系统进行业务处理时可以随时调用。收发类别档案基本信息会因为设计人员的不同而不同，具体的收发类别信息可以参照图6-13所示的界面。

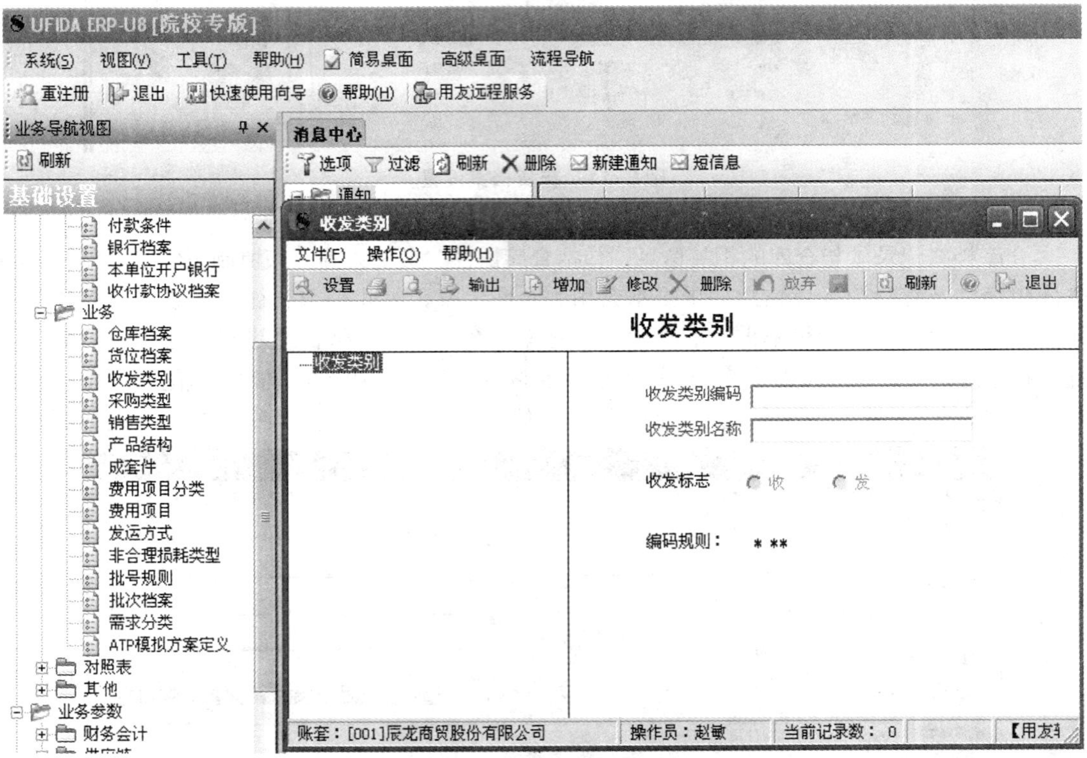

图6-13　收发类别设置

4）期初余额

企业第一次启用存货核算与管理子系统，必须在期初录入启用系统之前的录入存货科目的期初余额，以保持手工会计系统或旧计算机会计信息系统与当前计算机会计信息系统的延续性，从而保证系统中每笔业务的完整性、每个科目金额的正确性。存货期初余额的录入信息主要包括存货名称、数量、单价、存货科目、计价方法、仓库等信息，具体的可以参照图6-14所示的界面。

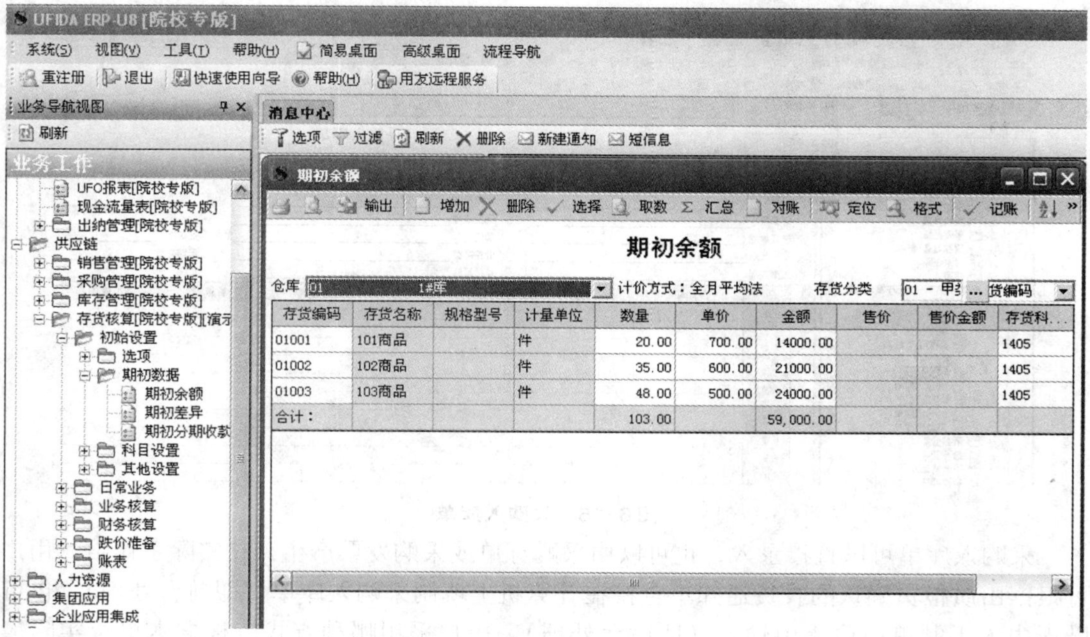

图6-14　期初余额录入

6.6　日常业务处理

存货核算与管理业务处理主要是对存货业务的各个环节进行核算与管理，主要包括日常单据录入、单据审核、记账、存货跌价准备等功能，从而覆盖了存货入库、出库等环节。

6.6.1　日常业务单据的输入

在存货核算与管理的业务活动中会产生各个业务单据，在使用计算机信息系统之后，需要在业务发生时，将对应的业务单据录入系统，因此，系统需要设计单据录入的功能。存货核算与管理业务活动主要包括各种入库单、出库单的录入等。本部分内容中我们只是介绍各种单据的录入业务。

1）入库单

入库单是对采购实物入库数量的确认，也是对采购人员和供应商的一种监控，如果缺乏实物入库的控制，那么就不能防止采购人员与供应商串通舞弊，虚报采购量、实物短少的风险发生。它是企业内部管理和控制的重要凭证。根据取得存货的原因不同，存货的入库类型可以分为不同的情况，包括采购入库、产品完工入库、接受投资存货入库、非货币性资产交换换入存货入库等。在此，我们将入库类型分为三大类，即采购入库、产品入库、其他入库。

（1）采购入库单

采购入库单是指企业从其他单位采购的原材料或产品入库时所填写的单据。一般来讲，采购入库单需要输入物品的名称、编号、采购类型、实际验收数量、供应商、到货日期、采购价格、结算方式等内容，如图6-15所示。

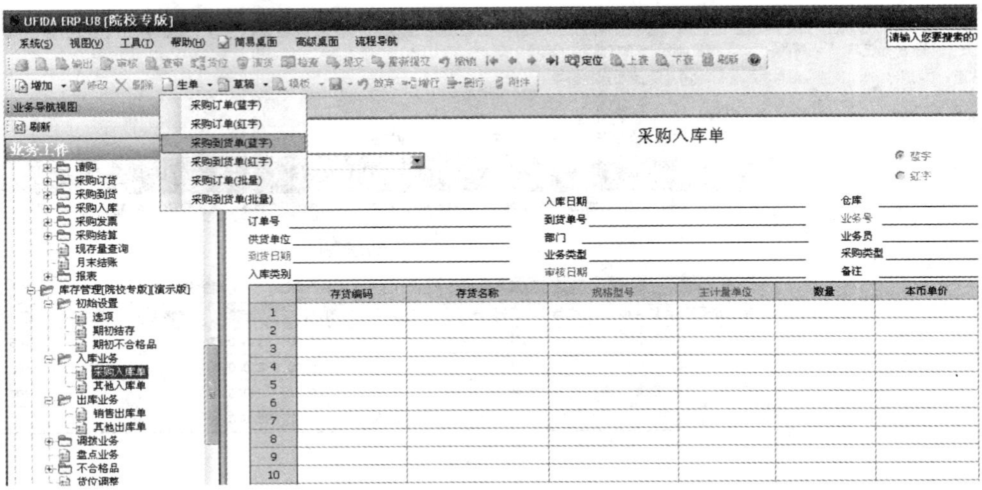

图 6-15　采购入库单

采购入库单可以直接录入，也可以由采购订单或采购发票产生。在实际工作中，用户可根据由质检员确认的收货通知单直接在计算机上填制采购入库单（即前台处理），也可以先由人工制单而后集中输入（即后台处理），用户采用哪种方式应根据本单位实际情况，一般来说业务量不多或基础较好或使用网络版的用户可采用前台处理方式，而在第一年使用或人机并行阶段，则比较适合采用后台处理方式。

（2）产品入库单

产品入库单是用以表示企业自己生产的产品存入仓库的凭证。一般来讲，产品入库单需要录入产品的名称、数量、单价、入库日期、入库类型、仓库等内容，如图6-16所示。

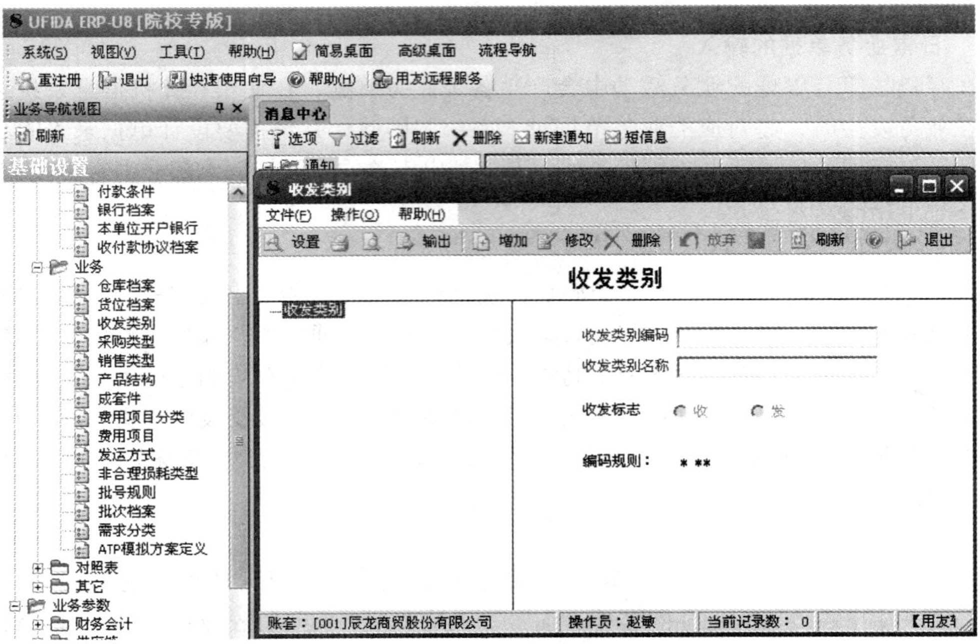

图 6-16　产品入库单

（3）其他入库单

除了采购入库、产成品入库两种入库情况之外的存货入库业务可以归类为其他入库业务，对应的单据便是其他入库单。其他入库单的输入内容一般包括入库日期、仓库、入库类别、存货名称、数量、单价等内容，如图6-17所示。其中，入库类别项目用以区分各种不同的其他入库分类，比如接受投资入库、非货币性资产交换入库等。

图6-17　其他入库单

2）出库单

销售发货环节主要通过出库单记录并管理数据。出库单可以分成销售出库单、材料出库单、其他出库单等。销售出库单是指对外发生销售业务，将货物发送给客户方时所填制的出库单据。材料出库单是指生产领用材料时所填制的出库单据。其他出库单通常是处理销售和生产领料以外的其他事项，如行政部门领用非生产、非销售用材料等。在企业管理中，出库单也是由供应部门负责输入和管理，财务部门只是稽核并利用它进行出库核算。

（1）销售出库单

销售出库单，是在货物发出后，销货单位作为内部结转成本的凭单。一般来讲，销售出库单需要设计出库日期、出库类别、销售部门、业务员、客户、存货名称、数量、单价等输入项，如图6-18所示。

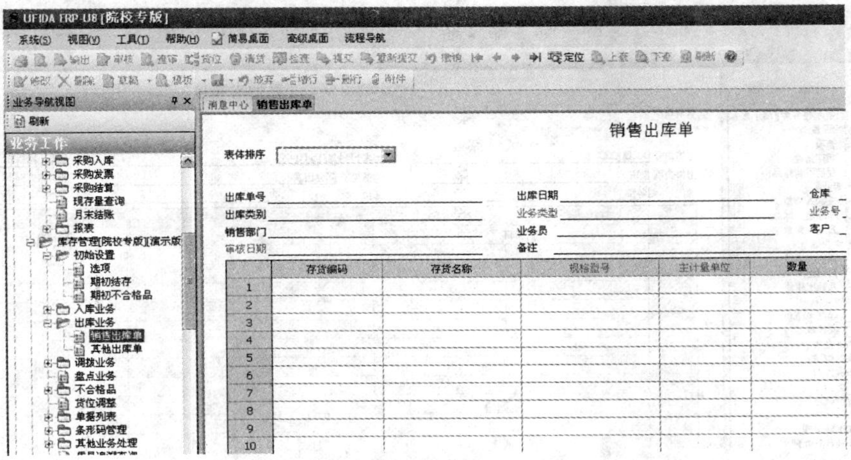

图6-18　销售出库单

（2）材料出库单

材料出库单主要完成工业企业原材料领用或发放的材料出库业务，系统支持跨组织的领料业务。一般来讲，材料出库单需要设计出库日期、仓库、业务类型、出库类型、部门、材料名称、数量、单价等输入项，如图6-19所示。

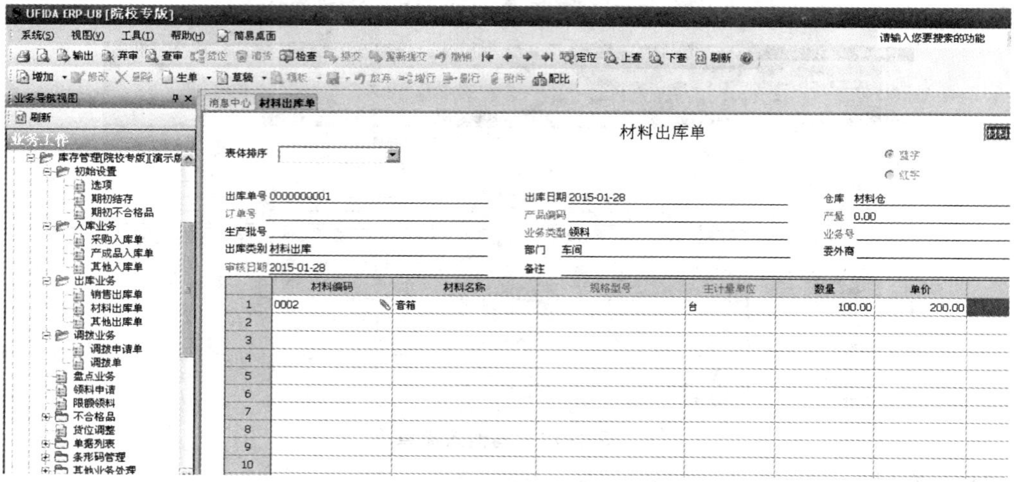

图6-19　材料出库单

材料出库单可以手工自制，也可以参照物资需求申请单、出库申请单、资产管理中的维修工单、领用单生成。

（3）其他出库单

除了销售出库、材料出库两种出库情况之外的存货出库业务可以归类为其他出库业务，对应的单据便是其他出库单。其他出库单的输入内容一般包括出库日期、仓库、出库类别、存货名称、数量、单价等内容，如图6-20所示。其中，出库类别项目用以区分各种不同的其他出库分类，比如对外投资出库、非货币性资产交换出库等。

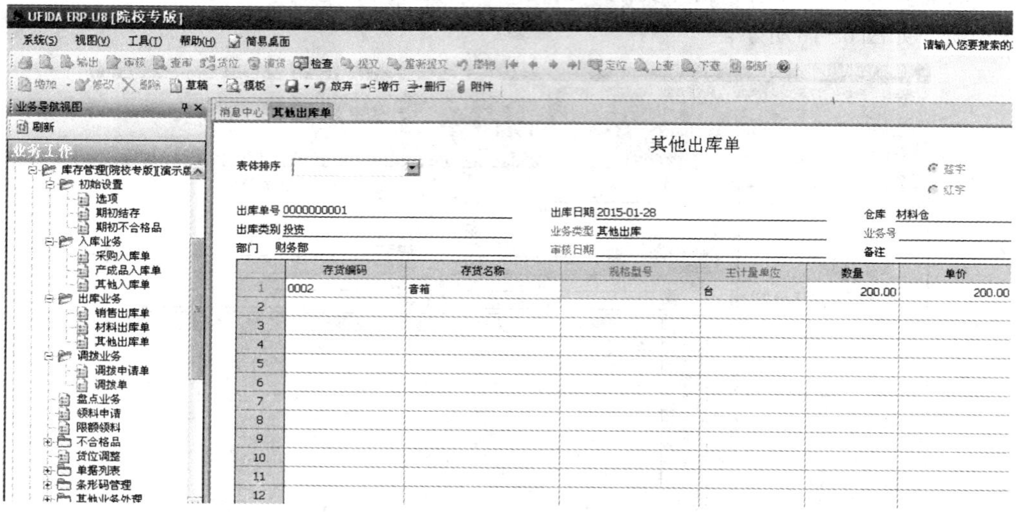

图6-20　其他出库单

6.6.2　单据的审核

为了确保业务单据收入内容的准确性，同时也为了加强内部控制，在存货核算与管理业务环节中输入的所有单据，包括入库单、出库单都需要经过相关人员的审核。未经审核的业务单据不能进入下一环节的操作。

因为审核之后就不能对业务单据进行修改了，而在实际业务中存在对已保存已审核的单据的修改需求，因此，当设计系统时，审核功能应同时具备两个功能，即审核签字与取消审核签字。

6.6.3　业务单据制单

在存货核算与管理业务过程中涉及的入库、出库单据不仅满足业务流程管理的需求，同时也会对财务数据产生影响。因此，企业需要根据业务单据进行相应的财务确认并制单。将业务环节、业务单据与财务处理三者进行一一对应，可以得到三者之间的关系，见表6-1。

表6-1　**业务环节、业务单据与财务处理对应关系**

业务环节	业务单据	账务处理
采购物资	采购入库单	采购入库凭证
产品完工入库	产品入库单	产品入库凭证
接受物资投资等	其他入库单等	接受投资业务凭证等
销售产品出库	销售出库单	销售出库凭证
部门领用物资	材料出库单	材料领用凭证
物资对外投资等	其他出库单等	物资对外投资凭证等

因为入库、出库管理主要进行库存业务管理，对于业务过程中的财务确认与核算属于财务方面的，因此系统通常会将入库、出库单据的输入功能设计在库存管理子系统中，而将制单的功能设计在存货核算管理子系统中，即需要在存货核算管理子系统中选择制单/生成凭证功能进行入库单据、出库单据的制单。因为各类入库单、出库单的制单处理流程与功能基本一样，所以在此本章只是以采购入库单为例列示制单功能，如图6-21所示。

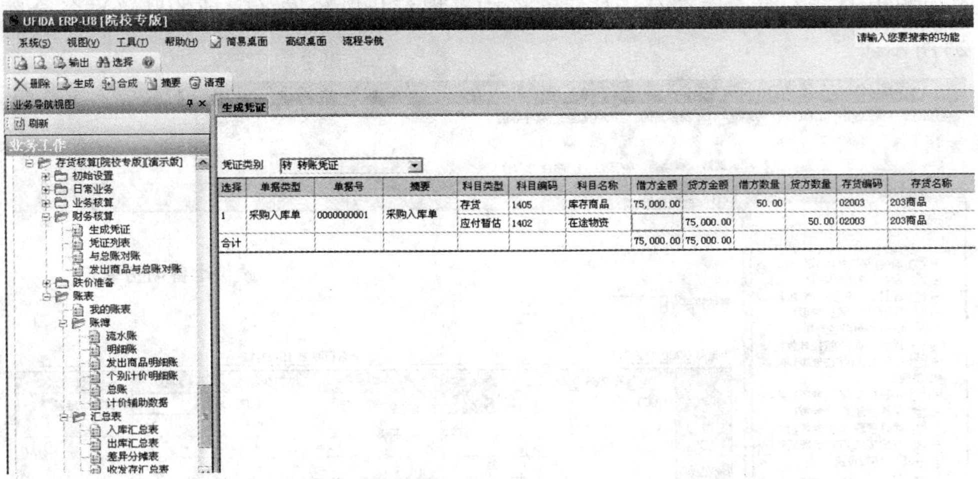

图6-21　采购入库单制单

6.7　期末处理

存货核算与管理的期末业务主要是存货跌价准备的处理。存货跌价准备是指在中期期末或年度终了，如由于存货遭受毁损、全部或部分陈旧过时或销售价格低于成本等原因，使存货成本不可以收回的部分，应按单个存货项目的成本高于其可变现净值的差额提取，并计入存货跌价损失。简单说就是由于存货的可变现净值低于原成本，而对降低部分所做的一种稳健处理。系统中的存货跌价准备主要包括跌价准备设置、跌价准备期初、计提跌价准备、跌价准备制单等功能。

6.7.1 存货跌价准备设置

存货跌价准备功能通常设计在参数设置的部分，可以参照图6-22所示的跌价准备计提参数设置。

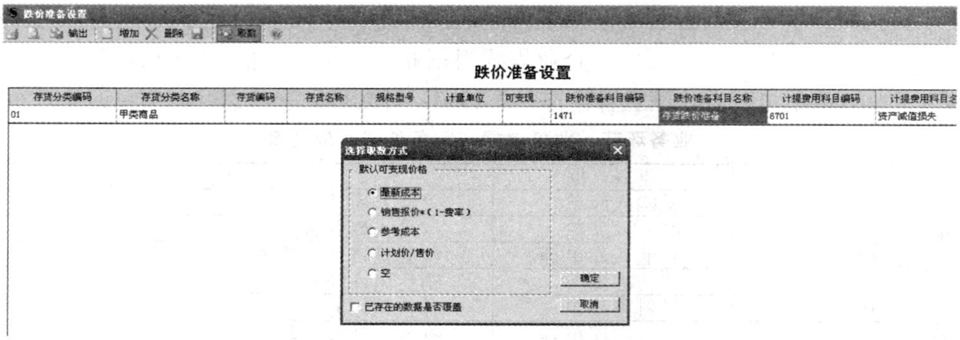

图6-22 存货跌价准备设置

该功能用于设置存货跌价准备科目及计提存货跌价准备对应的费用科目（管理费用）以及计提跌价准备的可变现价格的设置。企业在进行过计提坏账初始设置之后，期末直接选择坏账计提即可由系统根据初始设置的科目自动实现凭证的制单。

6.7.2 跌价准备期初

本功能用于录入第一次在存货核算系统中计提存货跌价准备之前的跌价准备余额，如图6-23所示。

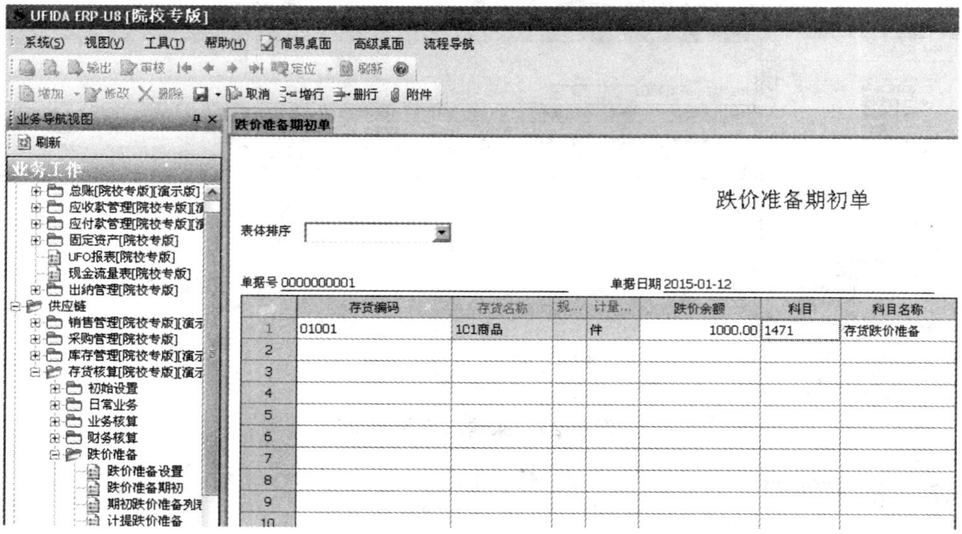

图6-23 跌价准备期初

6.7.3　计提跌价准备

企业应当定期或者至少于每年年度终了，对存货进行全面清查，如由于存货全部或部分陈旧过时或销售价格低于成本等原因，使存货成本不可收回的部分，应当提取存货跌价准备。本功能用于企业计提存货跌价准备，如图6-24所示。

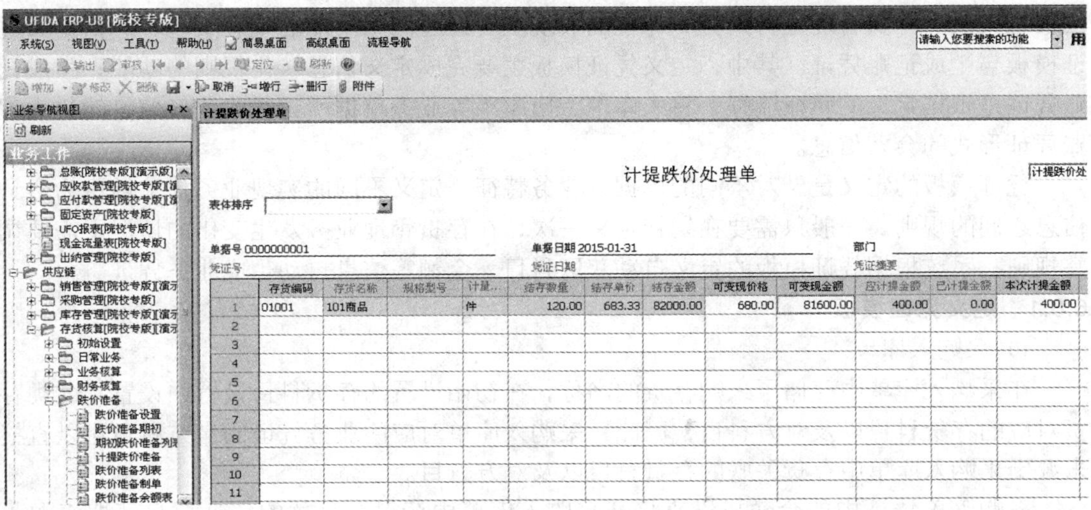

图6-24　计提跌价准备

6.7.4　跌价准备制单

此功能完成计提跌价准备的制单处理。生成存货跌价准备凭证时，根据用户在计提跌价准备初始设置功能中设置的存货跌价准备科目作为制单的默认科目，根据计提跌价准备处理单中的计提金额作为凭证金额，如图6-25所示。

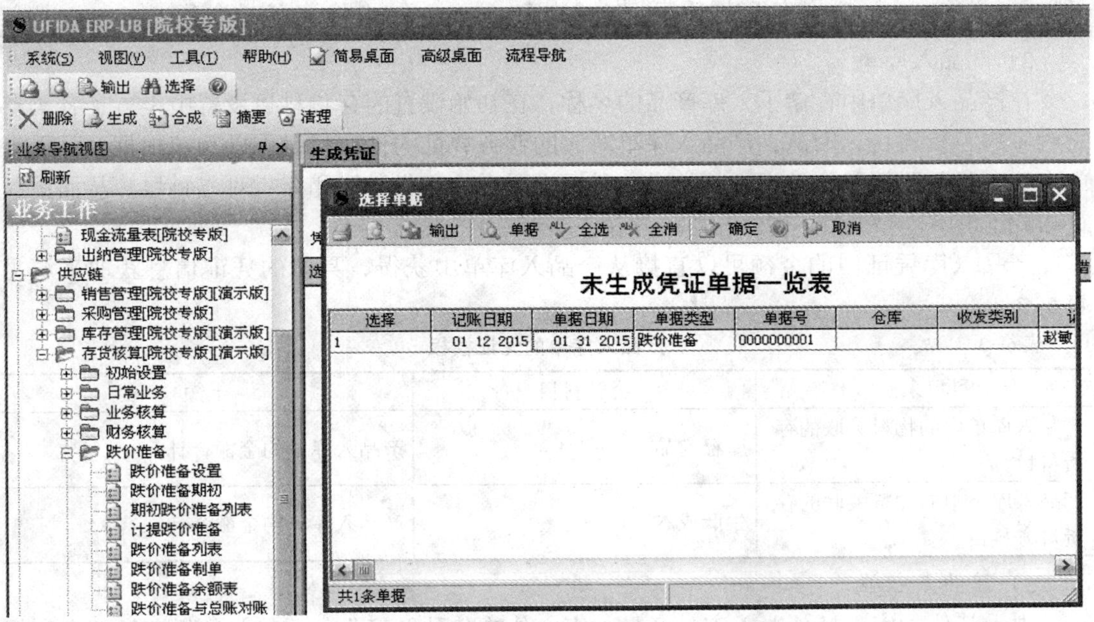

图6-25　跌价准备制单

6.8 存货核算与管理的业务与财务一体化策略

存货核算与管理子系统借助各种单据全面收集了存货管理活动中产生的业务信息，转账处理将业务信息按照一定的规则转化为凭证形式体现的会计信息，实现库存管理与财务的信息集成。存货管理业务财务一体化的实现主要通过两个功能的设计实现，包括定义凭证模板与生成记账凭证。其中，定义凭证模板主要完成定义信息转化规则的功能；生成记账凭证是根据定义的转账流程，将入库单、出库单等业务单据所记载的业务信息转化为记账凭证形式的会计信息。

凭证模板的定义是针对不同的单据、业务特征，定义不同的实现业务信息转化为会计信息之间的规则。一般只需要在期初定义一次，在存货管理业务发生变化的情况下需要调整规则。系统根据凭证模板的定义自动获取科目、金额等信息自动生成业务凭证。

6.8.1 定义凭证模板

1）采购入库单

在采购入库单中存储了采购存货的名称，在初始设置的存货科目设置中设置了各类存货对应的存货科目以及对方科目，因此，采购入库单对应的业务凭证的借方科目可以直接来源于采购入库单中存货关联的存货科目以及对方科目。

采购入库凭证中的金额可以直接从采购入库单中获得，具体的凭证信息获取来源见表6-2。

表6-2 **采购入库单的凭证模板**

科目来源	会计科目	金额
外购入库单的物料中关联的存货科目	原材料	外购入库单的金额合计
采购入库单的物料中关联的存货对方科目	在途物资	外购入库单的金额合计

2）产品入库单

在产品入库单中存储了入库产品的名称，在初始设置的存货科目设置中设置了各类存货对应的存货科目，因此，产品入库单对应的业务凭证的借方科目可以直接根据产品入库单中的存货关联搜索，并识别初始对方科目设置中的存货科目和存货对方科目，从而更新记账凭证。

产品入库凭证中的金额可以直接从产品入库单中获得，具体的凭证信息获取来源见表6-3。

表6-3 **产品入库单的凭证模板**

科目来源	会计科目	金额
产品入库单中的物料关联的存货科目	库存商品	产品入库单的金额合计
产品入库单中的物料关联的存货对方科目	生产成本	产品入库单的金额合计

3）其他入库单

由于其他入库包括外购入库、产品入库之外的各种入库业务，其业务凭证处理会根据具体的入库业务不同而不同。因此，在设计其他入库单的凭证模板时，需要根据具体的入库业务而定。

首先，本章先介绍一下用友软件的设计思路。假设企业发生了一笔委托代销入库的业务，那么将填制的其他入库单审核即可进行凭证的处理，在如图6-26所示的界面中可以进行业务凭证科目的设置，即凭证模板的设置。这一处理思路是在生成凭证前，根据其他入库单的类型判断其借贷方科目并进行选择设置，完成后进行凭证的生成。

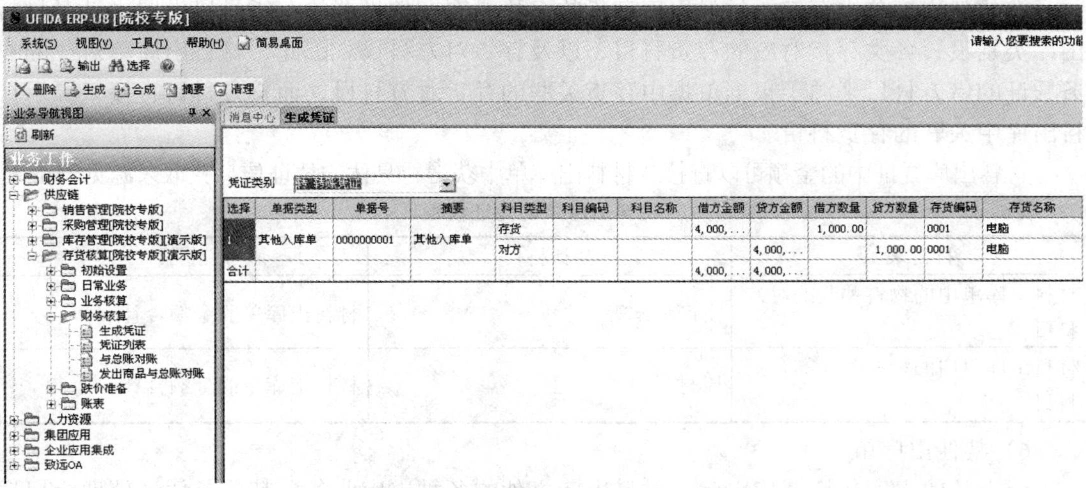

图6-26　其他入库单凭证模板设置

其次，可以在初始设置的对方科目设置中针对特定的入库类别，比如委托代销入库，分别设置借贷方科目。当业务发生后，可以根据单据中的存货搜索对应的科目，在其他入库单审核完成后便可根据初始设置的信息直接生产业务凭证。

因此，可以概括得出其他出库单的凭证信息获取来源见表6-4。

表6-4　　其他入库单的凭证模板

科目来源	会计科目	金额
特定收发类别下其他入库单中物料关联的存货科目	原材料等	其他入库单的金额合计
特定收发类别下其他入库单中物料关联的存货对方科目	营业外收入等	其他入库单的金额合计

4）销售出库单

在销售出库单中存储了销售出库存货的名称，在初始设置的存货对方科目设置中可以针对销售出库类型设置各类存货对应的存货科目以及存货的对方科目，即主营业务成本。因此，销售出库单对应的业务凭证的借方科目可以直接来源于销售出库类型中存货关联的存货对方科目以及存货科目。

销售出库凭证中的金额可以直接从销售出库单中获得，具体的凭证信息获取来源见表6-5。

表6-5　**销售出库单的凭证模板**

科目来源	会计科目	金额
产品出库单的物料中关联的存货对方科目	主营业务成本	销售出库单的金额合计
产品出库单的物料中关联的存货科目	库存商品	销售出库单的金额合计

5）材料出库单

在材料出库单中存储了材料出库存货的名称，在初始设置的存货科目设置中针对材料出库类别设置各类存货对应的存货科目，以及存货对方科目。因此，材料出库单对应的业务凭证的借方科目来源于根据单据中存货关联的存货对方科目，而贷方科目直接来源于材料出库中关联的存货科目。

材料出库凭证中的金额可以直接从材料出库单中获得，具体的凭证信息获取来源见表6-6。

表6-6　**材料出库单的凭证模板**

科目来源	会计科目	金额
材料出库单中的物料关联的对方科目	生产成本等	材料出库单的金额合计
材料出库单中的物料关联的存货科目	原材料	材料出库单的金额合计

6）其他出库单

由于其他出库包括销售出库、材料出库之外的各种出库业务，其业务凭证处理会根据具体的出库业务不同而不同。因此，在设计其他出库单的凭证模板时，需要根据具体的出库业务而定。其凭证模板的设计思路与其他入库单一致，可以参照其他入库单凭证模板的设计思路。其他出库单的凭证信息获取来源见表6-7。

表6-7　**其他出库单凭证模板设置**

科目来源	会计科目	金额
特定收发类别下其他出库单中物料关联的对方科目	营业外支出等	其他出库单的金额合计
特定收发类别下其他出库单中物料关联的存货科目	原材料等	其他出库单的金额合计

7）存货跌价准备

存货跌价准备设置中已将存货跌价准备科目、计提费用科目设置完成。因此，期末计提跌价准备处理时，系统可以直接从初始设置中获取对应的借贷方科目，从计提跌价处理单中获取业务凭证的金额。其凭证信息获取来源见表6-8。

表6-8　**存货跌价准备凭证模板设置**

科目来源	会计科目	金额
跌价准备设置的费用科目	资产减值损失	计提跌价处理单的本次计提金额
跌价准备设置的跌价准备科目	存货跌价准备	计提跌价处理单的本次计提金额

6.8.2　生成记账凭证

凭证模板定义完成后，在转账生成环节要进行记账凭证的生成，即系统根据凭证模板上的转账规则，自动将业务单据上的数据传送给对应科目的借贷方，生成完整的记账凭证。

【例6-1】假设企业发生如图6-15所示采购入库单业务。根据采购入库单凭证模板的定义，系统首先对采购入库单的存货（203商品）进行识别，进而搜索“203商品”关联的存货科目“库存商品”，以及存货采购科目“在途物资”，然后系统将从初始设置以及采购入库单中获取的相关科目信息、科目对应的金额信息一并传递给记账凭证，如图6-27所示。

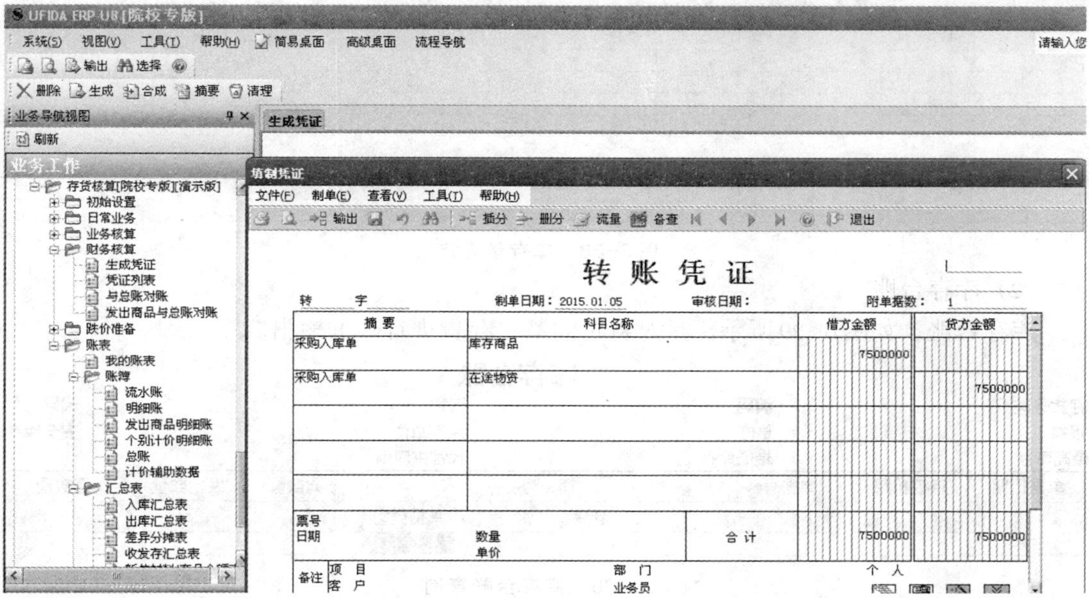

图6-27　生成记账凭证

6.9　月末结账与查询

6.9.1　月末结账

结账是做一些相应的期末数据处理工作，如将本期的期末余额转为下期的期初余额，并在使用的数据文件中记入结账标识，进行封账处理。结账的同时，系统在进行必要的备份后清空一些相应的字段值，用以准备存储下一期的数据。所有结转工作完成后，将进行下一期的业务处理。

6.9.2　查询输出

为了方便用户随时针对存货核算与管理业务进行统计及分析，并实现查询输出，存货核算与管理子系统需要设计统计分析、查询输出的功能，即针对存货业务的常规需求提供各种各样的分析信息，并设计有自定义的功能（用户根据自己的需求设计统计查询条件，并进行相关的统计查询）。

1）账表查询输出

账表查询输出的功能主要是指系统自动从存货档案、入库单、出库单等数据库文件中提取数据，根据输出条件生成各种账表，比如存货明细表、收发存汇总表等。在此以用友ERP为例，列示常用的存货账表输出。

（1）库存量查询

库存量查询，如图6-28所示，是对各种存货量的查询，可以帮助企业实时了解目前的存货量，便于及时根据生产计划进行相关材料的配备，或是加快销售的进度。

现存量查询

仓库编码	仓库名称	存货编码	存货代码	存货名称	规格型号	存货分类代码	存货分类名称	主计量单位	现存数量	其中冻结数量	到货/在检数量	调拨在途数量	预计入

图6-28　库存量查询

（2）库存台账

库存台账，如图6-29所示，是对特定的某一存货进行查询输出。

库存台账

存货分类　编码　名称　代码

规格　单位　库存单位　安全库存

最高库存　最低库存　代管供应商

单据日期	审核日期	单据号	摘　要		收入数量	发出数量	结存数量
			仓库	单据类型			

图6-29　库存台账查询

（3）发出商品明细账

发出商品明细账，如图6-30所示，可以按日期对发出存货的详细信息进行查询输出。

发出商品明细账

仓库

存货　...　规格型号　计量单位

最高存量　最低存量　安全库存量

记账日期	2016年		凭证号	凭证摘要	收发类别	借方			贷方	
	月	日				数量	单价	金额	数量	单价

图6-30　发出商品明细账查询

（4）收发存汇总表

收发存汇总表，如图6-31所示，可以查询所有存货的入库、出库、结存信息。

收发存汇总表

记账日期：全部

存货						期初			收入			发出			结存		
编码	代码	名称	规格	单位	重量	数量	单价	金额	数量	单价	金额	数量	单价	金额	数量	单价	金额

图6-31 收发存汇总表

2）统计分析输出

系统除了可以查询输出各种账表之外，还应该按照实际的管理需求设计统计分析的功能，比如存货周转率分析、ABC成本分析等。

（1）存货周转率分析

存货周转率分析，如图6-32所示，可以对系统内已有的信息进行各存货的周转率分析，为管理分析与决策提供依据。

存货周转率分析

起始日期	结束日期	部门		仓库		存货						分析		
		编码	名称	编码	名称	分类	编码	名称	代码	规格	单位	期初余额	期末余额	平均库存

图6-32 存货周转率分析

（2）ABC成本分析

如图6-33所示，根据存货档案文件设置的存货ABC分类、系统生成的存货结存文件，自动对A、B、C类存货进行统计、分析。

ABC成本分析

存货						分析					
分类	编码	名称	代码	规格	单位	数量	数量比例	金额	金额比例	ABC类别	备注

图6-33 ABC成本分析

章末习题

一、单项选择题

1.“借：制造费用　贷：原材料”的记账凭证是系统根据（　　）生成的。

A.采购入库单　　B.材料出库单　　C.销售出库单　　D.对外投资出库

2.下列不属于存货核算与管理子系统初始设置内容的是（　　）。

A.供应商档案设置　　B.收发类别设置　　C.存货档案设置　　D.仓库档案设置

3.下列属于存货核算与管理子系统中数据文件的是（　　）。

A.采购发票文件　　B.销售订单文件　　C.材料出库单文件　　D.收款单文件

二、多项选择题

1.材料出库单对应的业务凭证有（　　）。

A.借：生产成本
　　　制造费用
　　贷：原材料

B.借：库存商品
　　贷：生产成本

C.借：原材料
　　贷：在途物资

D.借：主营业务成本
　　贷：库存商品

2.可以在存货核算与管理系统中查询输出的有（　　）。

A.库存量查询　　B.收发存汇总表

C.ABC成本分析　　D.应收账款周转率分析

3.一般来讲，存货跌价准备功能需要设计（　　）功能。

A.跌价准备初始设置　　B.跌价准备期初余额

C.计提跌价准备单　　D.坏账准备制单

三、判断题

1.存货子系统中的领料单应根据定义的凭证模板自动生成业务凭证。（　　）

2.当企业应用了供应链系统时，记账凭证“借：制造费用　贷：原材料”的修改删除操作只能在存货核算系统中完成。（　　）

3.产品入库单凭证模板中的借方科目可以根据产品入库单中的存货信息自动搜索对方科目设置中的存货，并关联设置的科目，自动识别为存货科目。（　　）

四、简答题

1.存货的初始设置包括哪些？这些初始设置分别有何作用？

2.存货子系统中哪些处理或业务单据需要关联生成会计凭证传递到总账（业务财务一体化）？

3.存货子系统与哪些子系统存在数据传递关系？它们之间是如何传递的？

4.请简要说明销售管理、采购管理与存货核算与管理之间的关联关系。

5.举例说明存货核算与管理业务财务一体化的实现。

五、业务分析与设计

1.供应链业务凭证修改

新城公司使用ERP系统进行企业业务处理，在期末记账凭证记账检查时发现：转账22号凭证"借：主营业务成本 20 000，贷：库存商品20 000"金额错误，经过检查发现，该凭证已审核，且其对应的出库单是根据销售发票关联生成的，销售发票是操作员手工录入的。请代新城公司的财务人员进行此笔业务的正确处理。

2.业务财务一体化

新城公司发生一笔车间领用原材料的业务：材料名称为××材料，领用部门为车间。请说明该笔业务对应的业务单据凭证模板的设置以及凭证信息的获取来源。

第6章章末习题参考答案

第7章/
工资管理子系统

【学习目标】通过本章学习，了解工资管理子系统的数据处理流程，熟悉工资管理子系统的功能结构；掌握工资项目设置、公式设置、工资计算、个人所得税设置、工资费用分配等功能原理；熟练操作通用财务软件的工资子系统。

7.1 工资管理子系统的数据流程

传统人力资源管理职能主要集中在两个部门：人力资源管理部门和财务部门。人力资源管理部门负责员工的招聘、培训、晋升、考核、解聘等。财务部门负责员工工资薪酬的计算和支付工资。

在计算机环境下，人力资源管理工作在两大系统中进行，人事管理系统和工资管理系统。企业应用计算机初期，人事管理和工资核算一般分开处理，人事管理依靠人事管理系统获取相关资料和信息帮助决策，主要职责是职工的需求规划和招募或者辞退、职工薪酬定级和劳保福利、职工技能培训、职工绩效考核和奖惩、职工之间的关系处理等。工资核算依靠工资系统由财务部门进行，包括工资计算、汇总、分配和发放等工作。在计算机应用成熟时期，二者被整合在一个系统中，即人力资源管理系统，可以实现数据共享和实时计算。

7.1.1 手工工资业务处理流程

在手工环境下，工资业务处理涉及各个基层部门（如车间、科室）、人事部门和财务部门。工资结算业务处理过程为：

（1）工资发放单位，包括企业内部各个单位，如车间或者科室、班组等，将考勤表和工资表交给人事部门；

（2）由人事部门审核工资表的合法性和真实性；

（3）人事部门将审核后的工资表交给财务部门，再由财务部门审核工资表的准确性，并将各发放单位的工资表进行汇总，编制工资汇总表和工资发放表；

（4）编制工资费用分配表，将工资按照用途进行分配，分别计入成本和费用账户；

（5）到银行提现发放工资，或者银行代发工资。

通过上述流程可以看出，手工核算工资涉及部门多，工作量大，花费大量人力和时间。利用计算机进行工资核算能够解决上述问题。

7.1.2　计算机环境下的工资业务数据处理流程

1）计算机环境下工资管理子系统的任务分析

计算机环境下的工资管理子系统，也应当完成上述工资处理业务，并对一些工作进行自动化处理，主要应完成的任务有：

（1）输入与职工工资核算和管理有关的数据。对于规模较大、数据量较多的企业，可以根据工资核算所输入的数据特点，按照数据变动频率，划分为两类数据：基本不变数据和变动数据。基本不变数据是指在较长时间内数据很少变动或者固定不变，如姓名、性别、基本工资、固定津贴等项目；变动数据是指每月都可能发生变动，每月都不相同的数据，如请假天数、奖金、代扣款项等。为了提高计算效率，可以将这两类数据存储到两个不同的文件中，即基本不变数据文件、变动数据文件。

（2）处理企业职工调入、调出、内部调动及调资等数据；对于调入的员工要提供增加员工的功能；调出的员工要有删除或者设置离职属性等功能，使得计算机能够识别出哪些员工不再进行工资计算；内部调动功能主要是为工资费用分配的账务处理提供依据；调资就是对某些工资项目的金额具有批量增减变动的功能。

（3）能够正确计算职工工资，正确计算并代扣个人所得税，输出“工资单明细表”和“工资条”，为发放工资提供准确的依据。对于银行代发的企业，有形成银行代发工资表的功能，并能够导出电子数据文件。

（4）能够逐级汇总各部门的工资费用，形成工资汇总表。

（5）按规定比例计提职工福利费和工会经费。

（6）按工资用途，能够进行工资薪酬费用的分配，输出工资分配表，据以自动生成记账凭证。

（7）根据工资分配表自动生成机制凭证，传输到账务处理子系统和成本子系统，以便汇总入账和计算产品成本。

（8）能够提供丰富的查询功能。

2）计算机环境下工资管理子系统的数据流程图

（1）顶层数据流程图（如图7-1所示）

图7-1　工资管理子系统顶层数据流程图

（2）第二层数据流程图（如图7-2所示）

（3）工资管理子系统底层流程图（如图7-3所示）

3）流程图分析

从上述流程图中可以看出，工资管理子系统一般需要设计5个数据库文件：基本不变数据文件、变动数据文件、工资单文件、工资汇总文件和工资费用分配表文件。

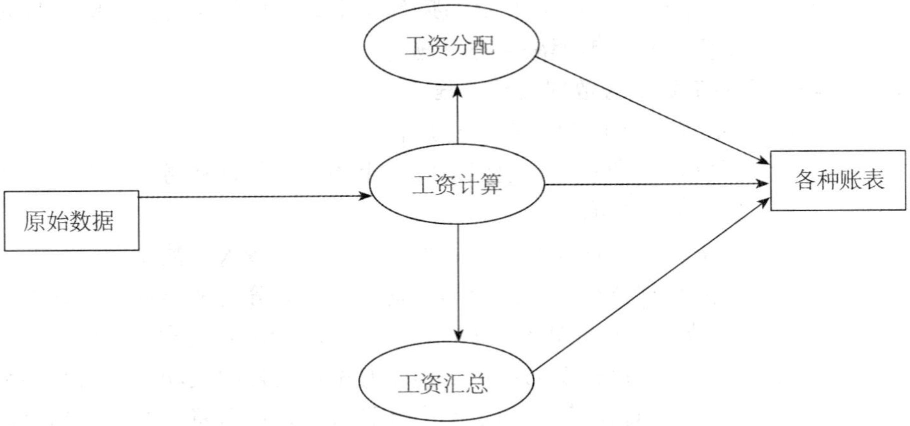

图 7-2　工资管理子系统第二层数据流程图

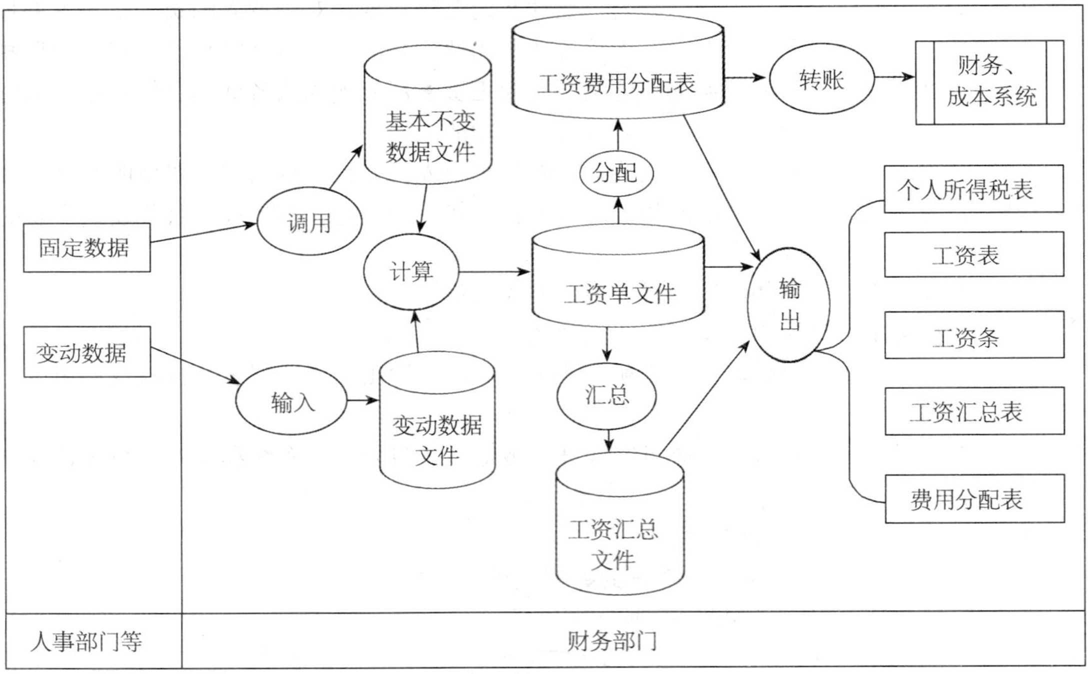

图 7-3　工资管理子系统底层流程图

从上述流程图中还可以看出，工资管理子系统应当具备的处理功能有输入和调用、计算工资、汇总工资、工资费用分配、自动转账和账表输出。

（1）调用和输入，是指初始化过程中，将基本不变数据从其他模块调用或者输入，建立基本不变数据文件，供以后各月使用。同时每月输入变动数据，形成变动数据文件。

（2）计算工资。以职工代码为关键字，将基本不变数据和文件和变动数据文件进行匹配，形成工资主文件，即工资单文件，同时进行相关工资项目的计算。

（3）工资汇总。根据工资单文件，按照工资发放单位（如果是内部部门，则按照各个部门）进行汇总，也可以按照职员类别进行汇总，形成工资汇总文件。

（4）工资费用分配。根据工资单文件，按照部门代码和工作类别汇总，分配工资费用，形成工资费用分配文件。按照部门和工作类别，主要是为了识别不同部门和类别员工工资应当记入哪些成本费用科目。

（5）自动转账。根据工资费用分配的结果，自动识别借贷科目和金额，自动形成机制凭证，传递到账务处理子系统和成本子系统。

（6）账表输出。根据工资单文件、工资汇总文件和工资费用分配文件，输出用户需要的账表，如工资条、工资费用分配表、工资汇总表、个人所得税代扣表等。

7.2 数据编码和数据库文件设计

7.2.1 员工与部门代码设计

为了便于输入、存储和处理数据，在工资管理系统中，要为职工及其所在部门进行统一的编码。

通常对于规模小，部门和员工比较少的单位，使用顺序码就可以，如01办公室、02财务部、03销售部等。

对于规模大、部门和员工较多，需要进行分类详细管理的单位，设计的编码应当能够识别员工及所属部门或者员工类别，因此，对于此类单位，部门可以使用顺序码，员工代码可以使用群码的方式，即编码由一段数字组成，每一段数字代表不同含义，如按照上述部门编码为01办公室、02财务部，那么办公室张三，可以编码01001，财务部李四，可以编码为02001等。

需要注意的是，部门编码和其他子系统中的部门编码应当保持一致，当前财务业务一体化系统，基本都是共享基础资料数据，能够保持统一数据的编码一致性。另外，部门或者员工的编码应当保持唯一性，不能重复。

7.2.2 主要数据库文件设计

工资管理子系统中应当有五个文件，其中基本不变数据文件和变动数据文件这两个文件依据部门文件、员工文件、工资项目文件、考勤文件等设计生成，属于辅助工资计算的文件，这里不再详细讲述。本节主要讲解以下三个主要的数据库文件。

1）工资单文件

工资单文件也可以称为工资计算主文件，该文件是工资管理子系统的核心，工资汇总文件、工资费用分配文件的数据都是根据此文件产生的。

（1）工资单文件的结构设计。工资单文件因结构单位不同而有所不同，主要是存储各个单位发放工资时工资条的各个组成项目，通用的工资管理子系统会使用开放的工资项目增减功能，即该工资单文件的组成的数据项是可以由用户进行增减变动的。本教材选用一般使用的工资计算单样本进行讲解，见表7-1。

（2）存储策略，工资单文件一般按月设置。

（3）组织方式，工资单文件应该按照“部门代码+员工代码”建立索引文件。

上述仅仅是一般的示例，各个单位可能对请假继续拆分为事假和病假两种，也有些单位为了加强员工管理，还增加性别、学历、工作年限等数据项。

表7-1　　工资单文件

数据项	类型	长度说明
部门代码	字符型	如01
员工代码	字符型	如01001
员工姓名	字符型	如张三
员工类别	字符型	如管理人员、销售人员、车间管理人员等
基本工资	数值型	如2 230元
固定津贴	数值型	如800元
绩效奖金	数值型	如12 360元
请假扣款	数值型	如200元
请假天数	数值型	如3天
应发工资	数值型	由上述工资项目计算获得金额
医疗保险	数值型	根据工资项目计算获得金额
养老保险	数值型	根据工资项目计算获得金额
个人所得税	数值型	根据应纳税所得额计算所得金额
实发工资	数值型	由应发工资扣减代扣项获得金额

2）工资汇总文件

工资汇总文件用来存放按照各级工资发放单位或部门汇总的数据，一般一个发放单位或者部门一条记录。

（1）工资汇总文件结构设计，见表7-2。

表7-2　　工资汇总文件

数据项	类型	长度说明
部门代码	字符型	如01
员工人数	数值型	如10人
基本工资	数值型	如2 230元
固定津贴	数值型	如800元
绩效奖金	数值型	如12 360元
请假扣款	数值型	如200元
应发工资	数值型	由上述工资项目计算获得金额
医疗保险	数值型	根据工资项目计算获得金额
养老保险	数值型	根据工资项目计算获得金额
个人所得税	数值型	根据应纳税所得额计算所得金额
实发工资	数值型	由应发工资扣减代扣项获得金额

（2）存储策略，工资汇总文件一般按月设置。

（3）组织方式，工资汇总文件应当按照部门代码建立索引文件。

3）工资费用分配文件

每期期末终了，会计人员要计算工资，并按照工资费用的用途对工资进行分配，计提本期工资费用，不同部门和类别员工的工资费用，分别记入管理费用、销售费用、生产成本、制造费用等账户中。因此，需要对计提工资费用形成的分配结果进行存储，形成工资费用分配文件，该文件是生成机制凭证的依据。

（1）工资费用分配文件结构设计，见表7-3。

表7-3　**工资费用分配文件**

数据项	类型	长度说明
部门代码	字符型	如01
员工类别	字符型	如管理人员
费用科目代码	字符型	如管理费用、销售费用等
工资科目代码	字符型	应付职工薪酬
金额	数值型	如36 520.56元

（2）存储策略，工资费用分配文件一般按月设置。

（3）组织方式，工资费用分配文件应当按照部门代码和员工类别建立索引文件。

7.3　工资管理子系统的功能结构

根据上述工资核算业务流程和数据流程的分析，进行系统功能模块设计，按照相对独立的工资管理子系统，其简化的功能模块设计如图7-4所示。

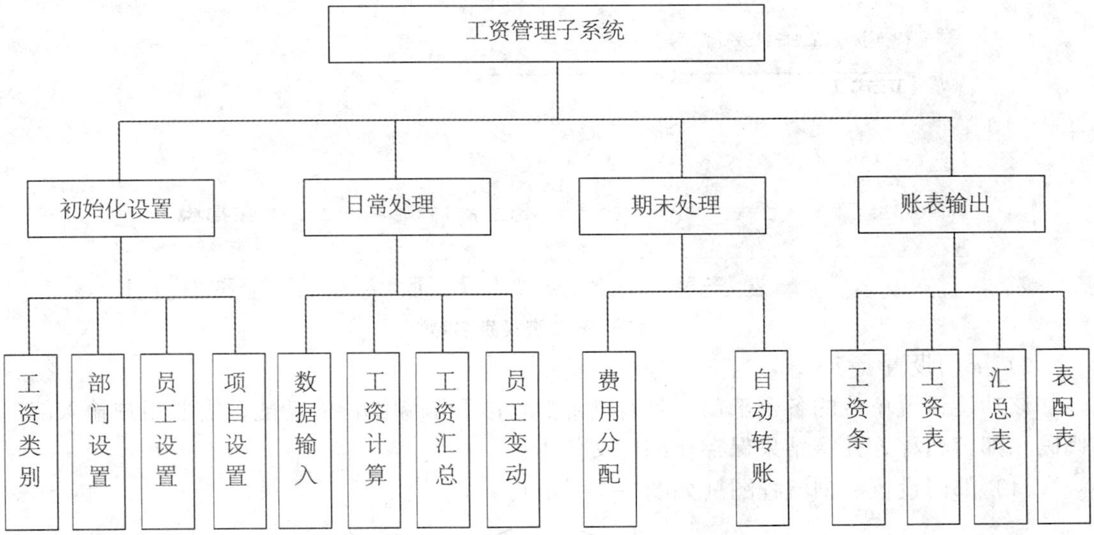

图7-4　工资管理功能结构图

7.3.1　初始化设置

每个独立运行的子系统在首次启用后，都需要进行初始化设置工作，该工作是将工资管理子系统日常运行所需的基础资料和参数进行输入和设置的过程。

1）工资类别

各个单位可能有不同类别的员工，比如正式工和临时工，不同类别员工的工资发放的项目不完全相同，可以分开核算和管理，因此，需要设立不同的工资类别。该功能具有增加工资类别、修改工资类别和删除工资类别的功能。一般来说，一个工资类别应当自动生成一套工资核算的数据库文件，每一个类别下可以单独设立员工和工资项目，并设置工资项目计算公式。

用友ERP系统的工资类别设置，如图7-5，图7-6所示。

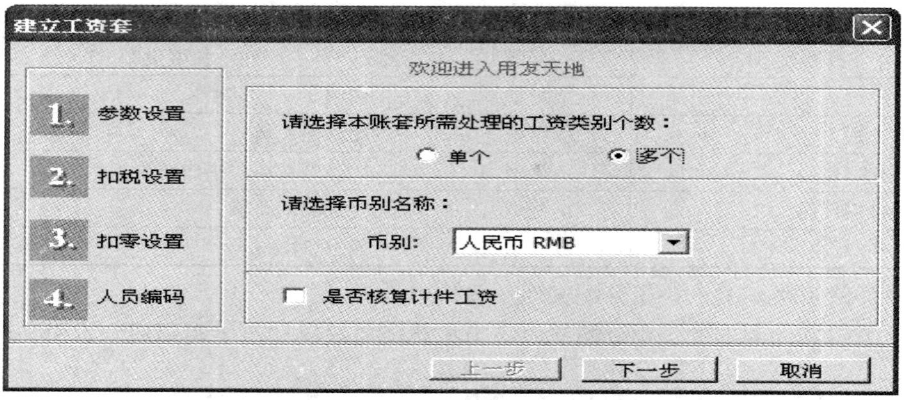

图7-5 工资类别设置

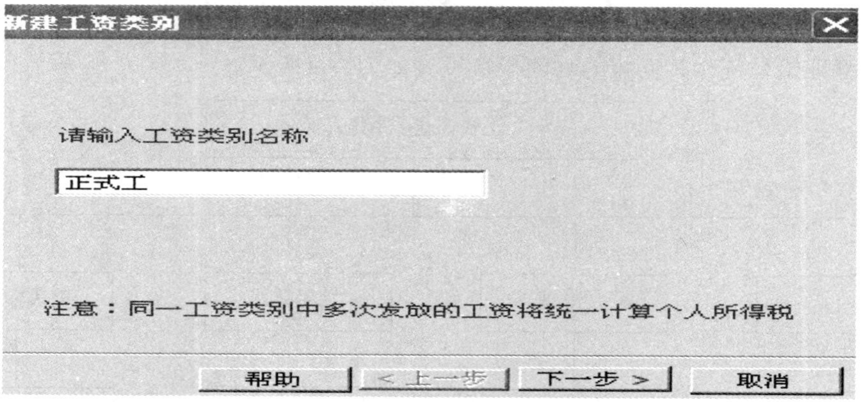

图7-6 工资类别名称

2）部门设置

该功能设置单位的各个部门，具有增加、修改和删除部门的功能，需要用户输入部门代码和部门名称，并将结果保存在部门文件中。

（1）部门设置数据流程图（如图7-7所示）。

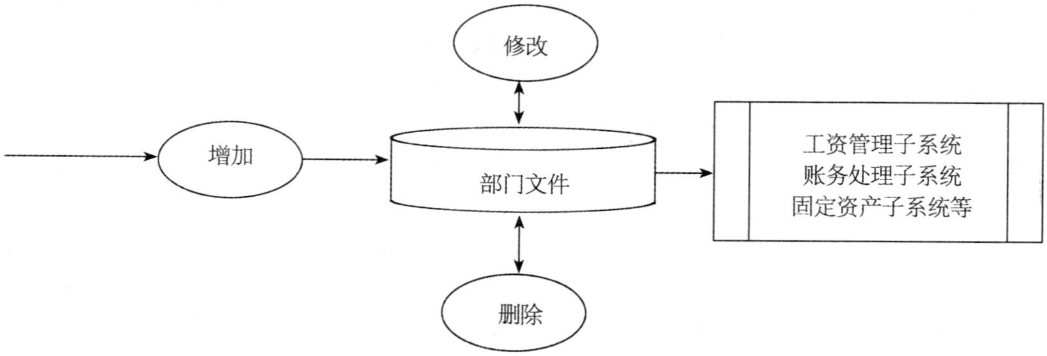

图7-7 简化的部门设置数据流程图

部门文件结构设计，见表7-4。

表7-4 **部门文件**

数据项	类型	长度说明
部门代码	字符型	如01
部门名称	字符型	如办公室

（2）处理过程设计，即在增加、修改、删除部门过程中的检查控制措施，一般来说主要表现在：增加部门，要求部门代码不能重复；修改部门，一般不允许修改代码，修改了代码相当于删除了该部门，会引起原有该代码发生的数据出现输出错误；使用过的部门一般不能直接删除，可以采用停用部门等功能来代替。

（3）用友ERP部门设置。

选择【基础设置】-【基础档案】-【机构人员】的部门档案，如图7-8所示。

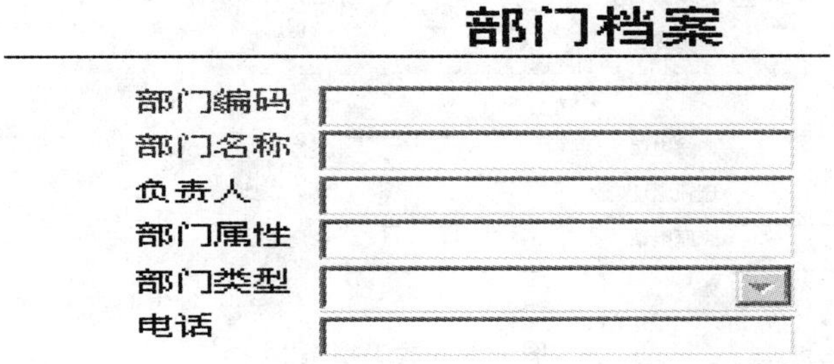

图7-8 部门档案设置

3）员工设置

工资管理子系统的核心职能就是工资的核算，核算的具体对象就是员工，因此，必须有员工档案才能对每个员工进行识别和计算。员工设置主要是进行员工档案设置，主要是输入员工代码、员工姓名、所在部门、员工类别等主要信息，除此之外，还可以对员工进行详细管理，增加地址、电话、出生日期、工龄、性别等。需要注意的是，不同工资类别可单独设立不同的员工档案。员工设置的功能也包括增加、修改和删除员工的功能，增加员工的上述内容后，将结果保存在“员工文件”中。

员工设置的数据流程图、处理过程设计与部门相同，仅仅是员工文件与部门文件不同，基本结构见表7-5。

表7-5 **员工文件**

数据项	类型	长度说明
员工代码	字符型	如01001
员工姓名	字符型	如张三
所属部门	字符型	如01 办公室
员工类别	字符型	如管理人员

用友ERP系统的员工设置。选择【基础设置】-【基础档案】-【机构人员】的人员档案，如图7-9所示。

图7-9　员工档案

4）工资项目设置

每个单位对员工工资进行计算时，都会将工资划分为若干项目，不同类别员工可以由不同工资项目组成，同一类别员工具有相同的工资项目。工资项目是构成工资单计算的基本要素，一个员工的工资单可由若干项目构成，如基本工资、奖金津贴、加班工资等，可参见前面的“工资单文件”。

（1）工资项目设置数据流程图（如图7-10所示）。

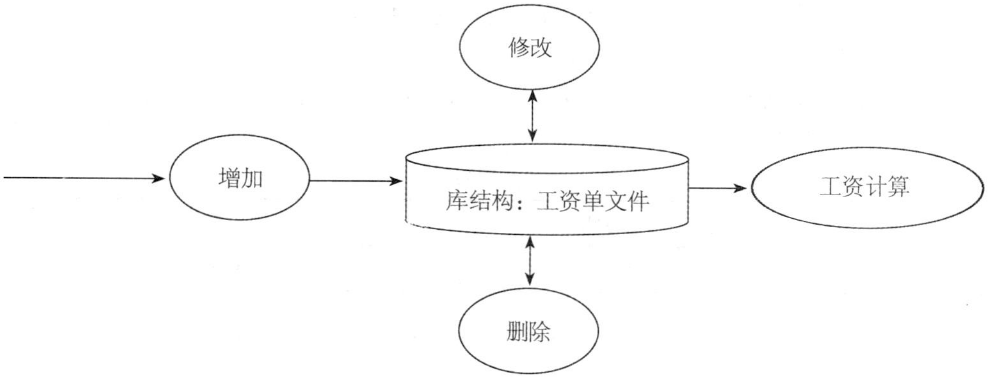

图7-10　工资项目设置数据流程图

（2）处理过程设计。工资项目设置的主要功能为增加工资项目、修改工资项目和删除工资项目。增加工资项目中，需要确定工资项目的名称、类型和长度要求等内容。工资项目的增减变动直接修改库结构，并反映在“工资单文件”中。

在增减编辑过程中，一般也应当设定一些检查控制措施，主要表现在：工资项目不能重复；已经使用的工资项目不允许删除等。

（3）工资项目公式设置。部分工资项目之间存在着计算关系，对于可以通过自动计算得到的项目，系统应当提供自动计算功能，这样避免人为输入的错误，提高正确率。工资项目之间能够自动计算，是因为项目之间有计算公式进行连接，因此，系统必须包含工资项目的计算公式设置功能。定义计算公式功能应当包括增加公式、编辑公式、删除公式的功能，增加后的公式应当保存在独立的数据文件中，即“工资项目计算公式库文件”。

按照教材中“工资单文件”的工资项目，请假扣款是由请假天数决定的；应付工资是由基本工资、固定津贴、绩效奖金、请假扣款决定的；实发工资是由应发工资、医疗保险、养老保险和个人所得税决定的。设置的公式如下：

请假扣款=请假天数*每天的扣款额

应发工资=基本工资+固定津贴+绩效奖金-请假扣款

实发工资=应发工资-医疗保险-养老保险-个人所得税

如果单位按照不同类别员工，给定不同的固定津贴，如管理人员500元，销售人员1 000元，则需要使用判断语句进行：

如果　员工类别=管理人员

则　固定津贴=500

否则　固定津贴=1 000

如果完

通过上述公式设置，结果保存在“工资项目计算公式库文件”中，该文件结构见表7-6。

表7-6　**工资项目公式库文件**

数据项	类型	长度说明
序号	字符型	如01、02
项目名称	选取的“工资单文件”类型	同工资单文件
计算公式	字符型	由计算表达式、常数、工资项目、函数和四则运算符号构成

该文件组织方式按照序号建立索引文件，序号小的排列在前面，优先进行计算，依据上面的计算公式，按照序号排列并先后计算的公式见表7-7。

表7-7　**计算顺序表**

序号	工资项目	计算公式
01	固定津贴	如果　员工类别=管理人员 则　固定津贴=500 否则　固定津贴=1 000
02	请假扣款	请假天数*每天的扣款额
03	应发工资	基本工资+固定津贴+绩效奖金-请假扣款
04	实发工资	应发工资-医疗保险-养老保险-个人所得税

固定津贴和请假扣款之间没有先后顺序，因此，设置公式时二者顺序可以互换。

（4）用友ERP系统的工资项目设置及公式设置（如图7-11，图7-12所示）。

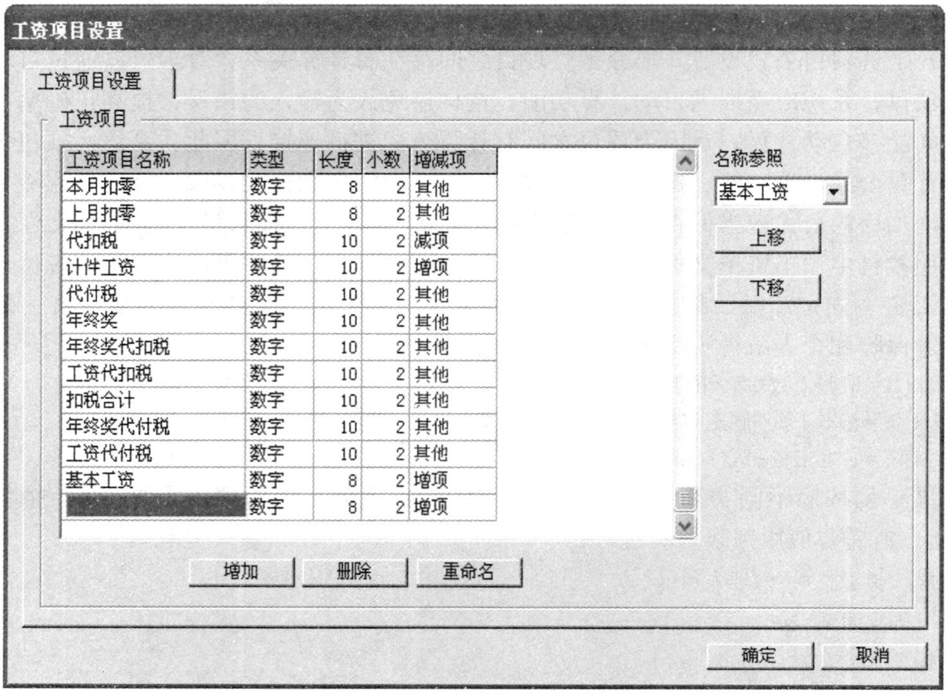

图7-11　工资项目设置

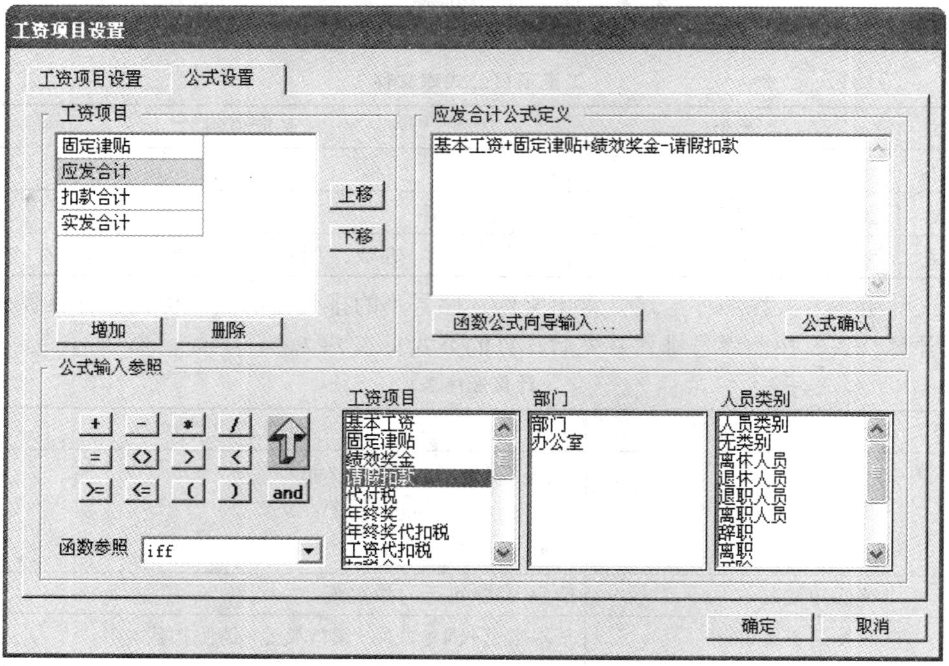

图7-12　工资项目公式设置

7.3.2　日常处理

1）数据输入

数据输入主要是指变动数据每期需要用户输入进入系统，在设计输入环节中，既要考虑到采集数据的效果，也要尽可能减少输入数据所占的机时；既要使用户感到操作方便、简易，又要使其感到确实提高了工作效率。变动数据输入在设计时应根据使用习惯考虑输入格式，根据实际情况大体划分以下几种：

（1）将分散于各部门的原始变动数据采用人工的办法按每个员工分别汇集起来，得到每个员工的全部变动数据。但是这种方式输入数据，人工汇集工作量大，有重复劳动，容易发生错误。

（2）按项目输入，数据输入后由系统按照员工代码自动合并，这种方式是基于各部门提供的员工变动数据，常采用列表的形式，虽然各表格式不完全统一，但是基本内容大体一致。采用这种方式，实际上是将员工变动数据项目作为公用数据项目分离出来，避免了重复，并非所有员工都具有所有的变动项目数值，提高了输入效率。

为保证原始数据输入的准确性、合理性和合法性，一般要对其进行检验，输入时，可以采用人机对话、目测检验，也可以编制校验错误的程序，用校验程序来检查输入原始数据的错误。

2）工资计算

此模块是工资子系统的核心，是进行工资汇总和分配的基础，上述输入的数据都需要经过工资计算的处理。由于员工众多、工资项目繁多，需要计算的数据量大，设计时应当考虑工资项目自动计算，提高运行速度，降低错误率。

（1）计算有固定计算方法的工资项目，如请假扣款、固定津贴等，可根据初始化设置好的公式自动进行，无需用户手工输入。

请假扣款=请假天数*每日扣款

这个“每日扣款”可以根据日工资来计算，日工资的计算可以考虑按照每期应发工资或者实发工资除以每期的天数，每期的天数可以固定为30天，这样是考虑到周末休息也有工资；也可以考虑按照每期实际工作天数计算，这样是考虑周末或者节假日没有工资。

（2）应发工资和实发工资的计算，这两个项目在各个单位的工资单中都存在，都可以采用设置公司自动计算的方式：

应发工资=基本工资+固定津贴+绩效奖金−请假扣款

实发工资=应发工资−医疗保险−养老保险−个人所得税

（3）个人所得税计算，个人所得税计算是工资核算中一个重要部分，通用做法，可以通过两种方式来计算：

第一种方式，按照个人所得税法规定的超额累进税率，利用判断函数，编写计算公式。这种方式一般在初始化设置时，对“个人所得税”工资项目进行公式设置即可，考虑到计算个人所得税时需要知道应纳税所得额和免税项目（如养老保险、医疗保险），同时该项目又是计算实发工资的扣除项目，因此，该计算公式计算顺序应当排在所有工资项目计算后面、实发工资计算公式前面。

按照税法规定的工资薪金的七级超额累进税率表，我们来简要说明如何利用判断函数编写“个人所得税”工资项目计算公式（见表7-8）。

表7-8　**工资薪金个人所得税税率表**

级数	每月应纳税所得额（含税级距）	税率	速算扣除数
1	不超过1 500元	3%	0
2	超过1 500元至4 500元	10%	105
3	超过4 500元至9 000元	20%	555
4	超过9 000元至35 000元	25%	1 005
5	超过35 000元至55 000元	30%	2 755
6	超过55 000元至80 000元	35%	5 505
7	超过80 000的部分	45%	13 505

利用判断语句进行“个人所得税”公式设置时，由于计算个人所得税需要使用到应纳税所得额，可以增加工资项目“应纳税所得额”，其中总体计算公式如下：

应纳税所得额=应发工资-四险一金-3 500

个人所得税=应纳税所得额*税率-速算扣除数

加入判断函数，实现完整的个人所得税计算公式：

如果　应纳税所得额<=0　则

　　个人所得税=0

否则

如果　应纳税所得额<=1 500　则

　　个人所得税=应纳税所得额*0.03

否则

如果　应纳税所得额 <= 4 500　则

　　个人所得税=应纳税所得额*0.1-105

否则

如果　应纳税所得额 <= 9 000　则

　　个人所得税=应纳税所得额*0.2-555

否则

如果　应纳税所得额<=35 000　则

　　个人所得税=应纳税所得额*0.25-1 005

否则

如果　应纳税所得额<=55 000　则

　　个人所得税=应纳税所得额*0.3-2 755

否则

如果　应纳税所得额<=80 000　则

　　个人所得税=应纳税所得额*0.35−5 505

否则

　　个人所得税=应纳税所得额*0.45−13 505

如果完

……….

结束

注　意

按照“如果….否则…..如果完”逻辑，上述有多少个“如果”，就应当有多少个“如果完”

第二种个人所得税计算方式，系统在日常业务处理中单独设置了个人所得税计算模块，该模块需要用户选择个人所得税税率表、填写应纳税的扣除数（如3 500元）、输入应纳税所得额计算公式，把上述三个内容设置完毕，系统会自动计算个人所得税。其原理和上述判断函数做法一致，无非是将编写判断的逻辑过程内置到系统程序中。

3）工资汇总

工资汇总是将工资计算的结果按照部门进行逐级汇总，从“工资单文件”中提取数据，进行判断，并将符合同一部门的员工的工资项目逐一汇总，并统计同一部门的人数，将结果保存在“工资汇总文件”中。

按照部门进行汇总是工资汇总的基本要求，实际工作中，还可以增设按照某一工资项目汇总、按照员工类别汇总、按照指定的综合条件汇总等。

（1）工资汇总的数据流程图（如图7−13所示）

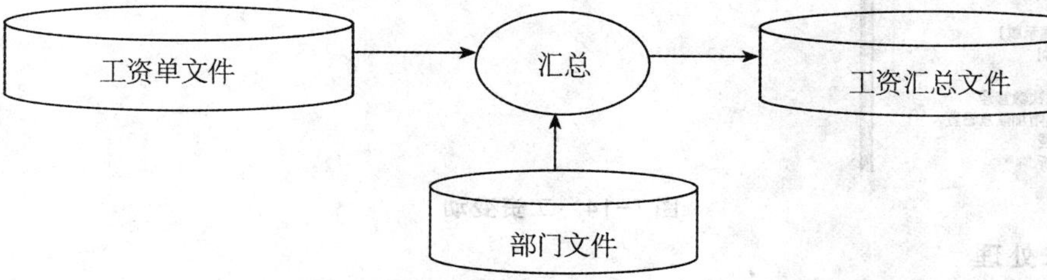

图7−13　工资汇总数据流程图

（2）处理过程设计，进行工资汇总时，应当识别相同部门进行汇总，并将结果保存在工资汇总文件中，以部门汇总为例，逻辑处理过程如下：

第一步，打开部门文件、工资单文件。

第二步，在部门文件中取第一条记录，如果部门文件没有结束，则以部门代码为查找关键字，在工资单文件查找该代码。如果部门文件结束，则转到第六步。

第三步，如果找到该部门代码，则将所有符合的员工工资项目进行汇总，同时记录汇总的员工数量；如果没找到相关部门代码，说明本期该部门没有员工发生工资，则选取下一个记录的部门代码，继续返回第二步。

第四步，打开本期开工资汇总文件，将该记录追加到工资汇总文件中。

第五步，继续选择部门文件中的下一条记录，返回第二步。

第六步，关闭数据库文件，结束。

4）员工变动

该功能是在日常处理过程中，针对新增的员工、离职的员工和部门间调整的员工进行管理，新增员工按照员工增加的程序，编制员工档案，输入员工信息，保存在“员工文件”中；离职的员工可以删除“员工文件”中的该员工记录，但是为了能够全面了解单位员工的历史构成情况和流动情况，可以不删除该记录，员工文件中新增数据项“员工状态”，该数据项存储员工目前所处状态，如在岗、病休、离职等，这样对于离职的员工，不需要删除该员工记录，在“员工状态”中标记“离职”，表明该员工不再参与工资计算和管理，同时保留该记录，能够完整体现单位员工的构成和变动情况。对于部门间调整的员工，即从一个部门调整到另一个部门，只需使用修改功能，将员工“所属部门”数据项的值进行更改并保存即可，由于不同部门员工工资进行账务处理时计入不同的成本费用科目，因此，该步骤有重要作用。

5）用友ERP系统的日常处理

选择【薪资管理】-【业务处理】的工资变动，如图7-14所示。

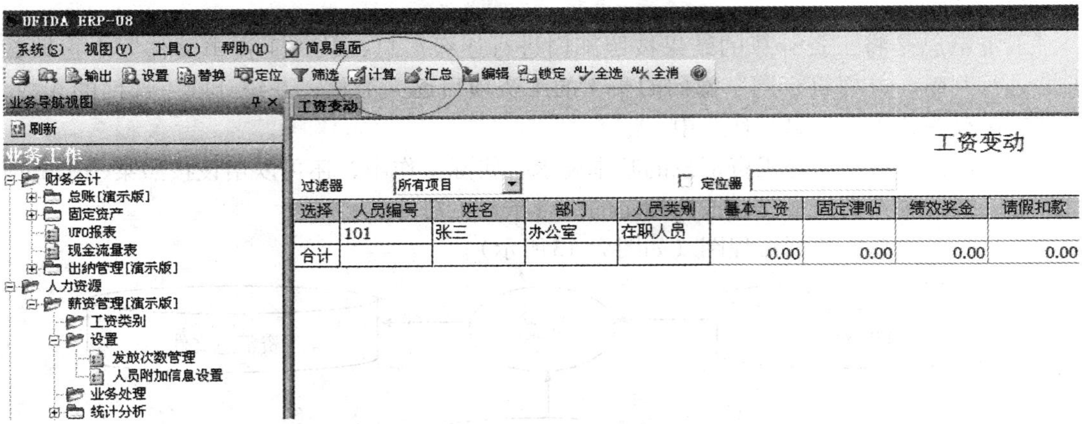

图7-14 工资变动

7.3.3 期末处理

期末处理功能主要包括每期期末计提工资费用，并编制自动转账凭证传递到账务处理子系统，工作结束，就可以进行工资子系统的结账工作。工资费用分配业务，即按照权责发生制计提工资费用的工作，主要是按照工资费用的用途进行分配，形成工资费用分配文件，据以产生工资费用分配的转账凭证，主要设计如下：

1）工资费用分配业务数据

进行工资分配时，需要按照会计准则的规定，确定不同部门不同类别员工的工资费用对应的会计科目，并将结果保存在“工资费用分配文件”中。不同部门不同员工类别对应的会计科目见表7-9。

表 7-9　　　　　　　　　　　**对应关系表**

部门	员工类别	会计科目
生产部门	生产人员	生产成本
生产部门	管理人员	制造费用
管理部门	管理人员	管理费用
销售部门	销售人员	销售费用

工资分配文件的数据由工资单文件计算得来，并按照“部门+类别”进行应发工资汇总，存储到“工资费用分配文件”中，其中金额应当选择“应发工资”汇总额。同时，按照规定需要提取福利费、工会经费等的，也按照计提标准加以计算，存储到“工资费用分配文件”中。

2）编制自动转账凭证

当月工资业务处理完毕后，系统自动按照“工资费用分配文件”存储的费用科目代码、工资科目代码和金额，自动编制转账凭证，其中费用科目代码参见表7-9，工资科目代码可存储为“应付职工薪酬”。其形成的凭证记录见表7-10。

表 7-10　　　　　　　　　　**形成的记账凭证记录示例**

日期	凭证类型	摘要	费用科目	工资科目	金额	制单	审核	记账
月末	转账	计提工资	生产成本	应付职工薪酬	提取文件中数据	制单人，如张三		
月末	转账	计提工资	管理费用	应付职工薪酬	提取文件中数据	制单人，如张三		

该记录结构与临时凭证文件结构一致，形成的记录存入“临时凭证文件”中。因此，工资子系统自动转账一定在账务处理结账之前，不然无法生成已经结账月份的凭证传递过去。同时该笔业务记录也是成本子系统进行成本计算的依据，也应当传递到成本子系统中。

3）用友ERP系统的工资费用分配

选择【薪资管理】-【业务处理】的工资分摊，如图7-15所示。

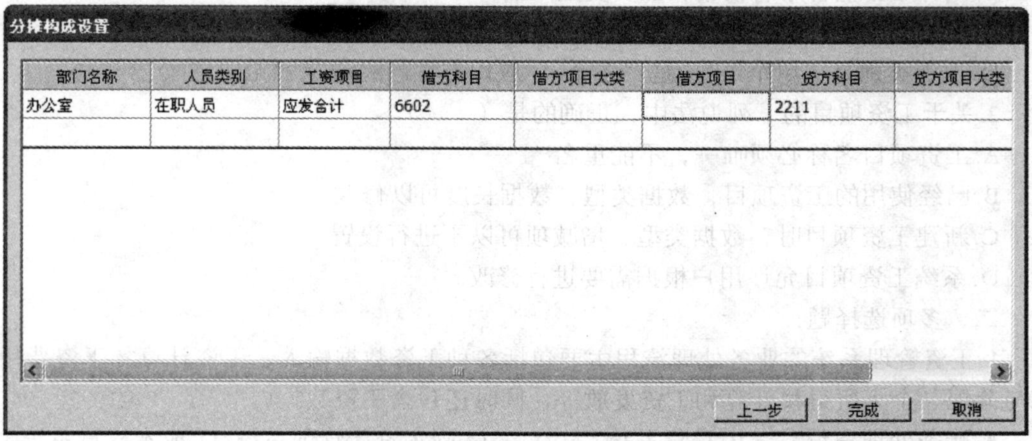

图7-15　工资分摊

7.3.4 账表输出

工资子系统的账表输出主要是通过屏幕查询或者打印，输出各种工资表，如工资条、工资明细表、工资汇总表、工资费用分配表、个人所得税抵扣表等。

一般来说，除上述规定的账表外，还应当提供灵活的屏幕查询输出功能，可以按照用户的需要查询所需要的信息，例如：

（1）按照员工代码查询，查询任意员工任意工资项目数据。

（2）按照部门查询，查询任意部门的任意工资项目数据。

（3）按照员工类别查询，查询任意类别员工工资汇总数据。

（4）按照工资项目查询，查询任意工资项目的任意员工个人数据和任意部门汇总数据。

（5）按照自由组合方式查询，根据用户输入的综合组合条件查询，输出符合条件的工资项目数据和汇总数据。

传统工资发放，到银行提取现金，按照手工填制的工资结算单或者工资条进行，在发放时，领款人领取后，需要签字交财务，同时领款人可以领取自身的工资条部分带走。为了发放方便，提取现金时还要细化到提取各种不同面值的货币数量，极大增加了工资发放的工作量。

当前计算机环境下采用银行代发模式，银行规定代发单位职工工资数据格式，单位财务计算完工资后，需要继续生成银行代发格式的工资数据文件，此文件不是工资单数据简单的备份，是按照银行格式要求，选取对应的工资项目和数据，加工生成“银行代发工资数据文件”传递给银行，银行据以到期进行工资发放，该文件至少应当包含的数据项有：员工代码、员工姓名、实发工资、银行账号等。

章末习题

一、单项选择题

1.关于工资类别，下列说法错误的是（　　）。

A.建立工资类别时，工资类别名称可以为空

B.只有账套主管才有权删除工资类别

C.工资类别删除后，与该工资类别有关的数据同时删除，数据删除后不可再恢复

D.工资类别是“单个”，还是“多个”，应用方案已经选定就无法更改

2.关于工资项目的下列说法中，正确的是（　　）。

A.工资项目名称必须唯一，不能重名

B.已经使用的工资项目，数据类型、数据长度可以修改

C.新建工资项目时，数据类型、增减项可以不进行设置

D.系统工资项目允许用户根据需要进行修改

二、多项选择题

1.工资管理系统的业务处理流程主要包括各种工资数据输入、工资计算、工资费用汇总与分配、个人所得税计算和工资发放等，同时还包含工资数据向（　　）的传递。

A.账务处理系统　　B.存货系统　　C.固定资产管理系统　D.成本核算系统

2.工资管理的初始设置包括（　　）。

A.工资项目　　　　B.工资类别　　　　C.工资输入　　　　D.工资汇总

三、判断题

1.应发工资、实发工资等工资项目的数据类型既可以是数字型，也可以是字符型。（　）

2.定义工资项目时，计件工资应设置为增项，基本工资设置为增项，代扣税设置为减项。（　）

3.工资子系统中职工姓名是识别每一职工的关键数据。（　）

四、简答题

1.工资管理系统中设置工资核算类别有何意义？

2.工资管理系统必须进行哪些初始设置？有何作用？

3.为满足工资核算与管理的基本要求，工资子系统须具备哪些基本功能？

4.工资处理模块中工资汇总可以采用哪几种方法？

5.工资管理系统的主要处理流程是什么？

五、业务分析与设计

1.工资项目设计

乐乐玩具厂员工王晓明为生产车间管理人员，6月基本工资为800元，岗位津贴200元，加班工资300元，月度奖金500元，其房租、水电费、所得税由企业代扣代缴，工资由银行代为发放。

分析：(1) 该企业的工资核算系统至少应该定义哪些工资项目？

(2) 工资核算系统向其他系统分别输出哪些数据？

2.工资项目与计算公式设计

诚信公司职工工资包括如下项目：(1) 在职人员工资包括如下内容：

单位发放工资包括职务工资、活动工资、岗位津贴。其中，岗位津贴按照职务类别发放，经理类别的人员，岗位津贴为2 000元，其他人员岗位津贴为1 200元。

单位代扣内容有医疗保险、住房公积金、所得税。其中，医疗保险按照职务工资的2%计提，住房公积金按照职务工资的10%计提。

(2) 退休人员工资内容如下：

单位发放工资包括职务工资、活动工资、补贴。

单位代扣工资包括扣款合计

要求：(1) 设计本单位工资核算应该设立的工资类别。

(2) 设计每一类别的工资表项目。

(3) 设计工资计算公式。

第7章章末习题参考答案

第8章/ 固定资产子系统

【学习目标】通过本章学习，了解固定资产子系统的数据处理流程；熟悉固定资产子系统的功能结构；掌握固定资产初始化、卡片增减变动处理、计提折旧和折旧费用分配的原理；熟练操作通用财务软件的固定资产子系统。

8.1 固定资产子系统的数据流程

固定资产是企业的重要资产。与存货不同，固定资产单位价值高，流动性差，变动不频繁，分散使用，管理难度大。许多制造企业中固定资产在总资产中所占比重较大，大额的固定资产购建会影响企业的现金流量，而固定资产的折旧、维修等费用是影响损益的重要因素。固定资产管理一旦失控，会造成巨大损失。因此，管理好固定资产对企业持续发展至关重要。

8.1.1 固定资产子系统的目标

固定资产子系统需要达到的目标如下：

（1）完成固定资产日常业务的核算和管理，生成固定资产卡片；

（2）按月反映固定资产的增加、减少、原值变动或其他变动，并输出相应的增减变动明细账，保证固定资产的安全完整并充分发挥其效能；

（3）按月自动提取折旧，按需要提取减值，对提取的折旧费用能够自动生成折旧费用分配凭证；

（4）输出用户所需要的固定资产相关账表，用以分析固定资产的使用情况和使用效果。

8.1.2 固定资产功能分析

1）管理固定资产卡片

（1）系统提供灵活的卡片增加、修改、删除、查询、统计和汇总的功能；

（2）利用卡片输出各种固定资产综合性统计信息。

2）处理固定资产的增减变化业务

（1）对固定资产增减变动进行管理；

（2）分部门、分类别汇总数据；

（3）查询各种固定资产变动明细表。

3）计提折旧，计算净值

（1）自动实现折旧的计提；

（2）输出折旧费用分配表。

4）自动转账

（1）系统按照固定资产折旧分配表自动编制机制凭证；

（2）能够自动传递到账务处理子系统或成本子系统。

8.1.3　固定资产子系统数据处理流程

固定资产子系统主要处理固定资产增减变动以及折旧计提，并输出相关账表等工作，其中：固定资产管理部门负责管理固定资产的增加、减少和内部变动；财务部门根据固定资产管理部门提供的原始凭证进行固定资产增加、减少、折旧计提等业务的账务处理。

1）顶层数据流程图（如图8-1所示）

图8-1　固定资产子系统顶层数据流程图

2）第一层数据流程图

固定资产子系统至少包含卡片处理、提取折旧、输出账表等功能，在处理卡片中，固定资产卡片的数据尤为重要，是其他工作的数据来源，因此，必须存储到相关文件中，提取折旧后，折旧额和对应折旧账户需要保留并存储，按照此思路，流程图如图8-2所示。

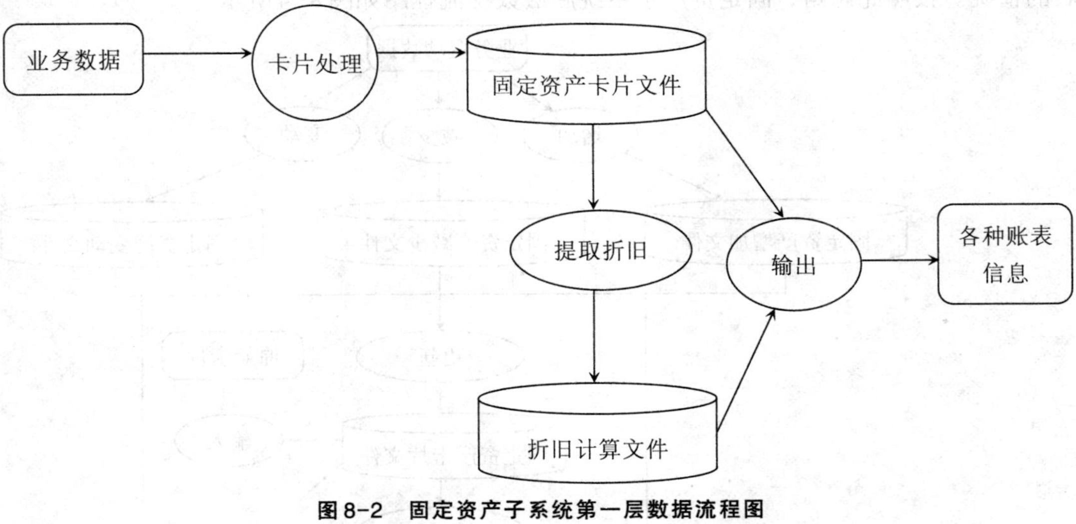

图8-2　固定资产子系统第一层数据流程图

3）第二层数据流程图

卡片处理一般包括增加固定资产卡片、修改卡片、减少卡片。固定资产增减及原值变动需要自动生成凭证传递到账务处理子系统，提取折旧后需要自动生成计提折旧的转账凭证，传递到账务处理子系统和成本子系统，流程图如图8-3所示。

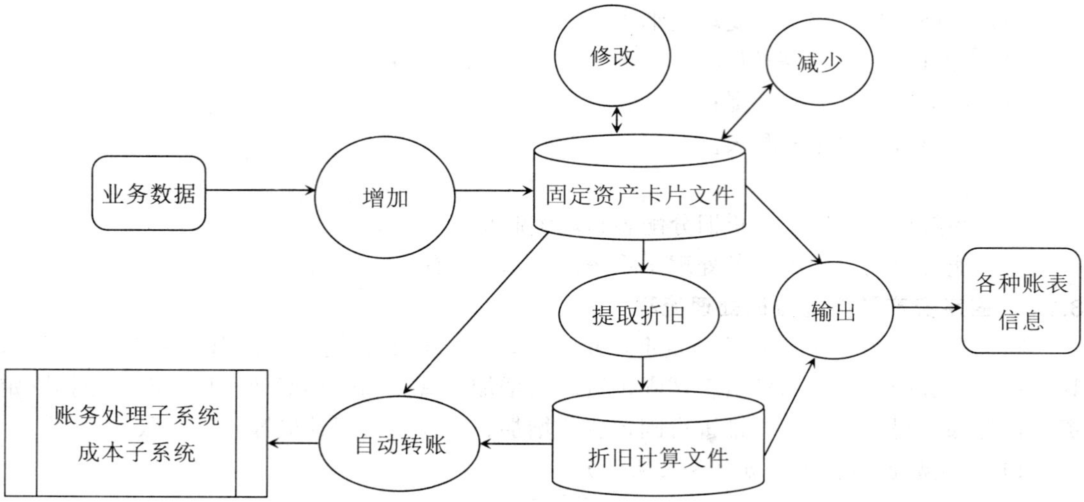

图 8-3　固定资产子系统第二层数据流程图

4）底层数据流程图

我们需要思考一个问题，就是固定资产提取折旧的要求，本期新增资产本期不提折旧，本期减少资产本期要提折旧，这就需要将本期增减变动固定资产和已经存在的固定资产区分开，因此，应当对增减变动的固定资产单独设立相关文件进行存储。

同时，需要考虑首次使用固定资产子系统时，需要将手工固定资产卡片账数据进行衔接录入，这就存在初始卡片录入问题。

最后，单位管理者需要了解每期的固定资产增减变动情况，能够实时输出增减变动账表的情况。按照此思路，固定资产子系统底层数据流程图如图 8-4所示.

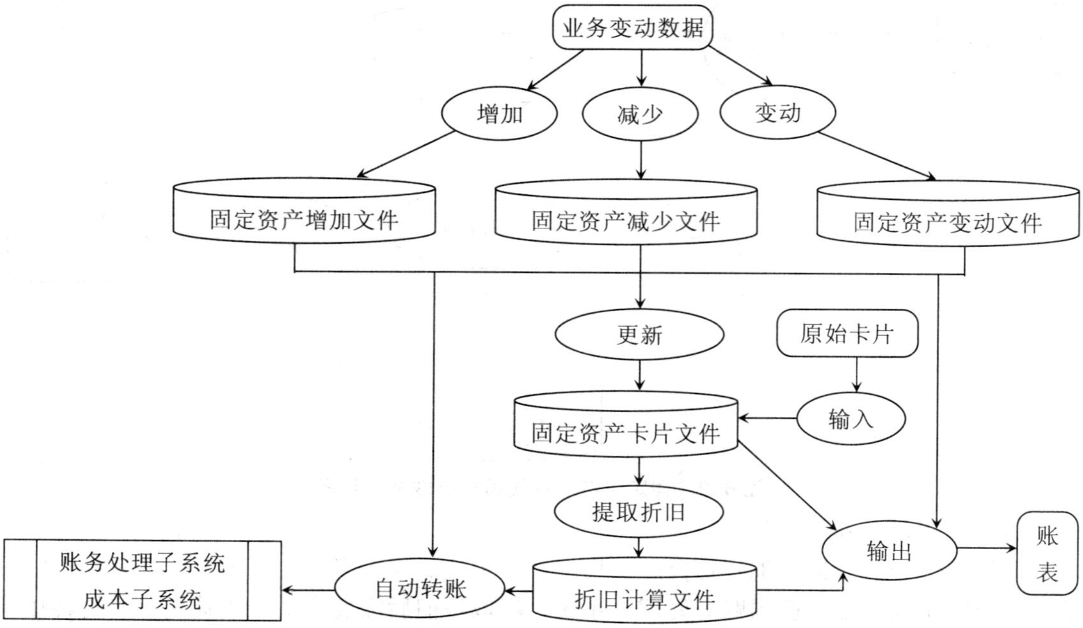

图 8-4　固定资产子系统底层数据流程图

8.2 数据编码及数据库文件设计

8.2.1 固定资产编码设计

在手工环境下，企业资产管理部门也为固定资产进行编码以方便进行管理，这种编码起到查找和识别不同资产的作用，有些编码方式不适合计算机条件下的数据处理要求，因此，在建立计算机固定资产子系统时，需要重新设计固定资产编码方案及编码内容。

1）固定资产编码设计原则

（1）唯一性，即每一个固定资产都有唯一的一个编码，不重复。

（2）扩展性，即编码方案在考虑当前固定资产类别数量基础上，还要按照企业战略发展要求，考虑到未来固定资产扩张后的类别数量，预留编码空间。

（3）系统性，即在整个系统内的固定资产编码标准必须一致，不能出现无序混乱编码现象，以致无法处理。

2）固定资产编码方案

一般可以采用群码的方式对固定资产进行编码，即固定资产类别编码+固定资产序号编码，如：固定资产类别编码用2位字母、固定资产序号编码用3位数字设计，见下表8-1。

表8-1　　**固定资产编码示例1**

固定资产类别及编码	固定资产序号	固定资产编码
房屋建筑物（FW）	001，002，003，…	FW001，FW002，FW003，…
生产设备（SC）	001，002，003，…	SC001，SC002，SC003，…
办公设备（BG）	001，002，003，…	BG001，BG002，BG003，…

当然，上述固定资产类别还可以细分，如房屋建筑物可以细分为生产用和办公用房屋；生产设备细分为车间用和车间管理部门用设备；办公设备细分为管理部门用和销售部门用办公设备。设定2位数字代表细分类编码，3位数字代表固定资产序号，见表8-2。

表8-2　　**固定资产编码示例2**

固定资产类别及编码	细分类别编码	固定资产序号	固定资产编码
房屋建筑物（FW）	01，02	001，002，003，…	FW 01001，FW 01002， FW 02001，SC 02002，…
生产设备（SC）	01，02	001，002，003，…	SC 01001，SC01002， SC 02001，SC 02002，…
办公设备（BG）	01，02	001，002，003，…	BG 01001，BG01002， BG 02001，BG 02002，…

注：上述固定资产类别编码也可以用数字加以区别，一旦选定方案，一般不允许随意变更。

8.2.2 固定资产子系统主要数据库文件设计

根据上述底层数据流程图，涉及的主要数据库文件包括固定资产卡片文件、固定资产增加文件、固定资产减少文件、固定资产变动文件和折旧计算文件。

1）固定资产卡片文件

（1）固定资产卡片文件的作用。固定资产卡片文件用来存储所有固定资产的卡片数据，详细反映了固定资产的规格型号、使用状态、存储地点、使用时间、价值数据和折旧方法等信息。在手工核算向计算机核算转换过程中，要将所有已经存在的固定资产卡片数据输入此文件中，在以后的日常运行过程中，及时输入增减变动的数据，并实时更新固定资产卡片文件。该文件中的一条记录表示一项固定资产，每条记录都由若干个反映固定资产属性特征的数据项组成。

（2）固定资产卡片文件的机构。固定资产卡片文件存储所有固定资产记录，每一条记录代表一个卡片，每一条记录由若干个数据项组成，这些数据项反映了固定资产的详细属性和特征，因此，固定资产卡片文件结构见表8-3。

表8-3 **固定资产卡片文件**

数据项	类型	长度说明
资产代码	字符型	如SC001
资产名称	字符型	如生产设备-机床
类别代码	字符型	如SC
部门代码	字符型	如01，代表办公室
购入日期	日期型	如2015-12-20
启用日期	日期型	如2015-12-20
原值	数值型	如100 000元
使用年限	数值型	如10年
净残值率	数值型	如0.03
折旧方法	字符型	如直线法
累计折旧	数值型	如9 700元
取得方式	字符型	如赊购购入等

注明：企业可以根据需要自行增减相应的数据项。

（3）存储策略和组织方式。固定资产卡片文件一般按年设置，按照“资产代码+类别代码+部门代码”建立索引文件。

2）固定资产增加文件

固定资产增加文件用于存储日常新增取得的固定资产数据，新增资产数据形成该文件的一条记录，通过该文件，可以实时了解当期固定资产的增量。期末提取折旧后，将该文件的数据追加到固定资产卡片文件中。

该文件的结构与固定资产卡片文件相同，唯一的区别是需要增加“进项税额”“处理标志”数据项。新增值税条例规定与生产相关固定资产如机器设备进项税可以抵扣，在固定资产增加文件中，要增加“进项税额”数据项，便于获取进项税金额，自动形成新增资产的记账凭证。增加“处理标志”数据项，用于识别期末是否已经将该记录追加到固定资产卡片文件中，如果已经追加，则处理标志为“Y”，否则为“N”，防止重复追加。固定资产卡片文件可以按月或者按年设置（见表8-4）。

表8-4　**固定资产增加文件**

数据项	类型	长度说明
资产代码	字符型	如SC001
资产名称	字符型	如生产设备-机床
类别代码	字符型	如SC
部门代码	字符型	如01，代表办公室
购入日期	日期型	如2015-12-20
启用日期	日期型	如2015-12-20
原值	数值型	如100 000元
使用年限	数值型	如10年
净残值率	数值型	如0.03
折旧方法	字符型	如直线法
累计折旧	数值型	如9 700元
取得方式	字符型	如赊购购入等
进项税额	数值型	如17 000元
处理标志	逻辑型	如Y/N

3）固定资产减少文件

（1）固定资产减少文件的作用。当企业发生固定资产清理时，需要填制固定资产减少通知单，填制的内容主要包括“哪个单据号、何时减少、减少何种资产、减少金额、减少原因”等，这些数据输入固定资产子系统后，生成固定资产减少文件。根据该文件可以形成固定资产清理的记账凭证。期末折旧后，按照减少资产记录中的资产代码，自动查询固定资产卡片文件中的相同资产代码记录，更新减少固定资产卡片文件中的相对应的记录。已更新完毕，必须对该记录做出标识，因此，还需要增加“处理标记”数据项。

（2）固定资产减少文件的结构。按照上述分析，其结构见表8-5。

（3）存储策略与组织方式。固定资产减少文件一般按年或者月来设置，可以按照“单据号+资产代码”建立索引文件。

4）固定资产变动文件

（1）固定资产变动文件的作用。当企业固定资产发生原值、残值率、折旧方式、使用部门等变动时，需要填制相关的变动通知单，并输入相应资产的变动数据，将该数据保存在“固定资产变动文件”中。期末将该文件记录更新替换“固定资产卡片文件”。

表8-5　**固定资产减少文件**

数据项	类型	长度说明
日期	日期型	如2016-05-31
单据号	字符型	减少通知单号码
资产代码	字符型	如SC005
减少金额	数值型	如5 000元
减少原因	字符型	如报废
处理标记	逻辑型	如Y/N

需要注意的是，如果变动的是固定资产原值，即可能发生了更新改造或者资产评估等业务，需要自动生成记账凭证。

（2）固定资产变动文件的结构见表8-6。

表8-6　**固定资产变动文件**

数据项	类型	长度说明
日期	日期型	如2016-05-31
单据号	字符型	变动通知单号码
资产代码	字符型	如SC005
原部门代码	数值型	如01 办公室
新部门代码	字符型	如02 销售部
原折旧方式	字符型	如直线法
新折旧方式	字符型	如双倍余额递减法
原残值率	数值型	如0.03
新残值率	数值型	如0.05
原值	数值型	如50 000元
新原值	数值型	如80 000元
处理标记	逻辑型	如Y/N

（3）存储策略与组织方式。固定资产变动文件一般按年或者月来设置，可以按照“单据号+资产代码”建立索引文件。

5）固定资产折旧计算文件

（1）折旧计算文件作用。每期按照部门计提固定资产折旧额，并进行固定资产折旧费用的分配工作，生成折旧计算文件，是自动生成计提折旧记账凭证的依据。

（2）折旧计算文件的结构见表8-7。

表8-7　　**折旧计算文件**

数据项	类型	长度说明
部门代码	字符型	如01
部门名称	字符型	如办公室
费用科目代码	字符型	如660203
费用科目名称	字符型	如管理费用-折旧费
折旧额	数值型	如532.21

（3）存储策略与组织方式。固定资产折旧计算文件一般按月设置，可以按照“部门代码+费用科目代码”建立索引文件

8.3　固定资产子系统的功能结构

根据固定资产业务的数据流程分析，进行系统功能模块设计，其功能结构图如图8-5所示。

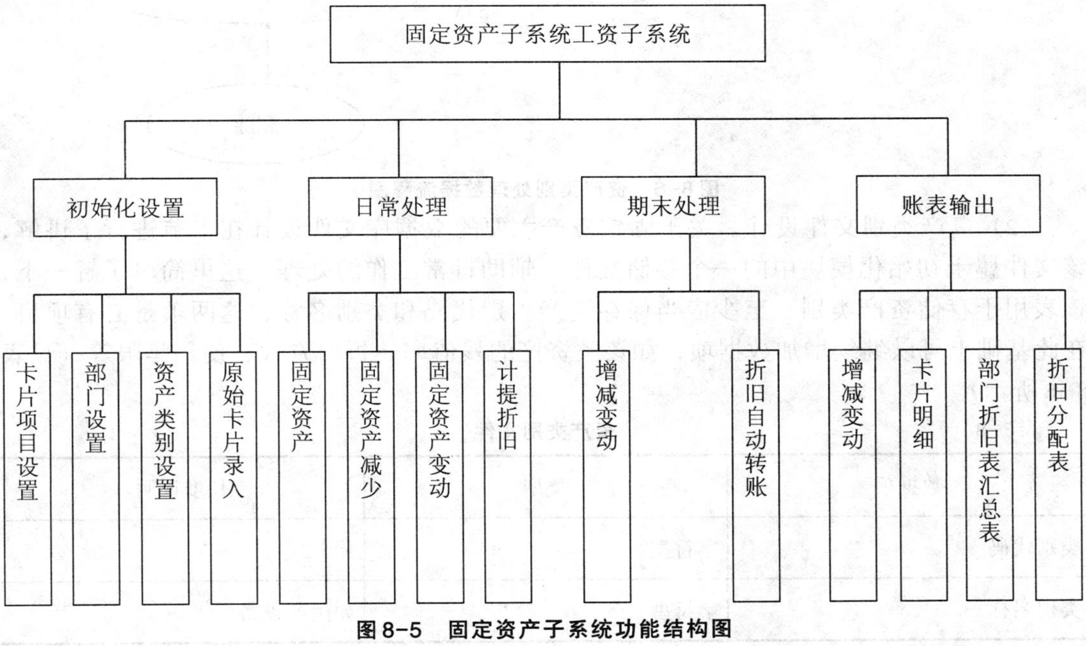

图8-5　固定资产子系统功能结构图

8.3.1　初始化设置

初始化设置是系统正常运行使用的重要基础工作和前提，用户可以根据本单位的现实需要和实际资料设置系统使用前的基础数据和参数。固定资产子系统初始化工作主要包括以下内容：

1）固定资产项目设置

在给定通用的固定资产卡片格式和样式的基础上，允许用户根据企业固定资产管理的要求，增减和修改相应的卡片项目，达到单位要求，增加固定资产卡片使用的灵活性和可

扩张性。固定资产卡片项目设置一般涉及库结构的变动，即可以随时依据需要改动卡片文件的数据库结构。

2）部门设置

将企业所有部门代码和部门名称的一一对应关系输入到计算机系统，保存在相应的部门文件中。

3）资产类别设置

该功能按照固定资产分类标准设置固定资产类别编码，并将类别编码、类别名称等相关内容存储到固定资产类别文件中。

（1）资产类别设置的数据流程图（如图8-6所示）。

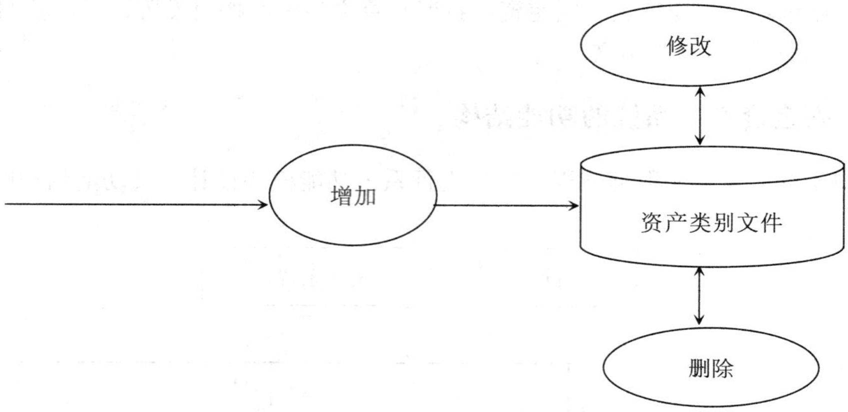

图8-6　资产类别处理数据流程图

（2）资产类别文件设计。关于固定资产主要的数据库文件设计在上节进行了讲解，该文件属于初始化模块中的一个存储文件，辅助日常工作的处理，这里简单了解一下，该表用于存储资产类别，至少应当保存资产类别代码和类别名称，这两项是必有项目。在此基础上可以继续增加数据项，如该类资产的残值率、折旧方式、使用年限等（见表8-8所示）。

表8-8　**资产类别文件**

数据项	类型	长度说明
类别代码	字符型	如SC
类别名称	字符型	如生产设备

（3）处理过程设计。资产类别设置功能一般包括新增类别、修改类别和删除类别。

新增类别主要是增加新的类别代码和名称，追加到资产类别文件中，要求类别代码不能重复。

修改类别是将存在的类别进行修改，并保存替换资产类别文件中的对应记录。使用过的资产类别，一般情况下类别代码不允许修改。

删除类别是将不用的资产类别进行删除，从资产类别文件中清除该记录。对于使用过的资产类别，一般情况下不允许删除。

（4）用友ERP系统的固定资产类别设置（如图8-7所示）。

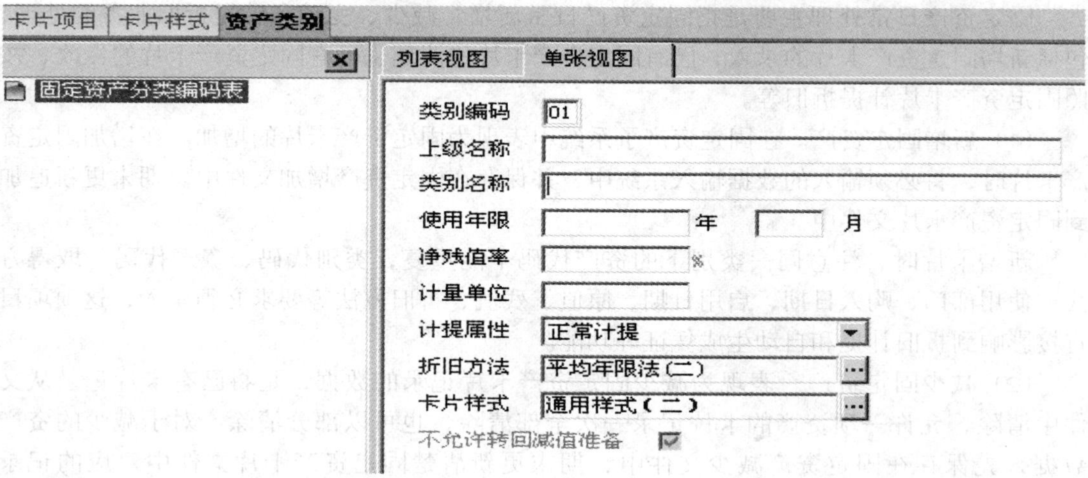

图8-7 资产类别设置

4）增减方式

设置增减方式有助于方便管理；同时，若系统提供各种增减方式下的入账科目，可以自动生成机制转账凭证。

5）使用状况

设置使用状况有助于正确地计算和计提折旧；同时，可以统计固定资产的使用情况。

6）部门对应折旧科目

部门对应折旧科目需要加以设置。

7）原始卡片数据录入

首次使用固定资产子系统进行业务处理前，需要将手工处理方式下已经存在的固定资产卡片全部输入到固定资产子系统中，结果保存在固定资产卡片文件中，保持固定资产数据的连续性和一致性（如图8-8所示）。

图8-8 原始卡片录入

8.3.2 日常处理

固定资产日常处理主要是指固定资产日常新增、减少、变动和计提折旧业务的处理，包括新增固定资产卡片的录入、已有固定资产卡片的清理、已有固定资产卡片的修改、按照固定资产卡片计提折旧等。

（1）新增固定资产。在固定资产子系统中表现为固定资产卡片的增加。在增加固定资产卡片时，将必须输入的数据输入系统中，并保存在固定资产增加文件中。期末更新追加到固定资产卡片文件中。

新增卡片时，注意同一类别下的资产代码不能重复，类别代码、资产代码、取得方式、使用部门、购入日期、启用日期、原值、残值、折旧方法等要求必须录入，这项项目直接影响到折旧计提和自动生成凭证等功能。

（2）减少固定资产。表现为减少固定资产卡片记录的数据，是将已有卡片记录从文件中清除，允许一项资产的卡片记录一次全部清除，也可以部分清除。对于减少的资产数据，先保存在固定资产减少文件中，期末更新清楚固定资产卡片文件中对应的记录数据。

（3）固定资产变动。表现为修改固定资产卡片记录的数据，是将已有的卡片记录相应数据进行修改，如使用部门变动、折旧方法变动等，修改后的记录保存到固定资产变动文件中，期末更新替换固定资产卡片文件中对应的记录。

（4）计提折旧。根据固定资产卡片文件的数据，按照每个卡片记录的折旧方法，自动计算出每期的折旧额，并按照部门汇总，将结果保存在折旧计算文件中。

需要注意的是，按照会计准则规定，本期新增资产本期补提折旧，本期减少资产本期要提折旧，因此，本期增减变动的固定资产业务数据，都先保存在对应的固定资产增减变动文件中，在提取折旧后，更新固定资产卡片文件。也就是说，计提折旧是以当期固定资产卡片文件更新前的数据为依据。

8.3.3 期末处理

期末，对于本期增加、减少、变动和计提折旧的业务需要自动生成记账凭证，其中变动业务中主要体现在原值变动引起的业务。

1）新增固定资产自动转账凭证原理

新增固定资产以卡片形式保存在固定资产增加文件中，对于增加固定资产，系统默认借方为固定资产科目，贷方科目按照取得方式不同而不同，不同取得方式对应科目应当在设置取得方式时进行设定，系统自动提取。

金额的提取来自固定资产原值、累计折旧等项目，有借必有贷、借贷必相等的规则进行。值得注意的是，对于取得方式是外购等形式的，涉及增值税进项税的，系统会自动从固定资产增加文件中提取进项税金额，计入借方“应交税费——应交增值税（进项税额）”科目中。

自动生成的记账凭证结果为：

借：固定资产

　　应交税费——应交增值税（进项税额）

　贷：银行存款、应付账款、在建工程等

对于取得时已经存在折旧的固定资产，系统自动生成凭证如下：

借：固定资产

　　应交税费——应交增值税（进项税额）

　贷：银行存款、应付账款、在建工程等

　　　累计折旧

2）减少固定资产自动转账凭证原理

减少固定资产的记录以卡片形式存储在固定资产减少文件中，自动生成凭证过程中，系统默认贷方为“固定资产”科目，借方除累计折旧科目外，还要根据减少方式来确定科目，如减少方式为报废毁损，则科目设置为“固定资产清理”；减少方式为盘亏，科目设置为“待处理财产损溢”等。分录的金额则按照固定资产减少文件中的减少金额确定。自动转账凭证结果如下：

借：固定资产清理

　　累计折旧

　贷：固定资产

需要说明的是：固定资产正常报废毁损等进行清理，还需要考虑清理费用和清理收入，同时清理是一个过程，清理结束后，还要将清理结果转入营业外收支账户，目前固定资产子系统在开发该功能中，只能自动生成一个凭证，其余尚需用户手工录入。

3）计提折旧自动转账凭证原理

计提折旧后，结果保存在折旧计算文件中，系统自动提取该文件中的费用科目代码和折旧额自动编制分录，默认费用科目在借方，累计折旧科目在贷方。其结果如下：

借：制造费用

　　生产成本

　　管理费用

　　销售费用

　贷：累计折旧

固定资产子系统期末处理完毕，记账凭证数据主要传递到账务处理子系统和成本子系统。与账务处理子系统的关系是：在固定资产子系统中设置自动转账模板，自动生成的转账凭证全部要传送到账务处理子系统中进行审核记账。与成本子系统的数据关系是：根据折旧文件分类统计、汇总折旧费用分配数据，并将折旧费用分配数据传递到成本子系统计算产品成本使用。

4）用友ERP系统的自动转账

选择【固定资产】-【批量制单】，结果如图8-9，图8-10所示。

8.3.4　账表输出

账表输出模块的功能是屏幕输出或者打印输出固定资产核算和管理的各种账表信息。

1）固定资产增减变动表

以固定资产增加文件、固定资产减少文件、固定资产变动文件和固定资产卡片数据为依据，按照用户的输出条件，形成输出的界面，在屏幕显示或打印出来。

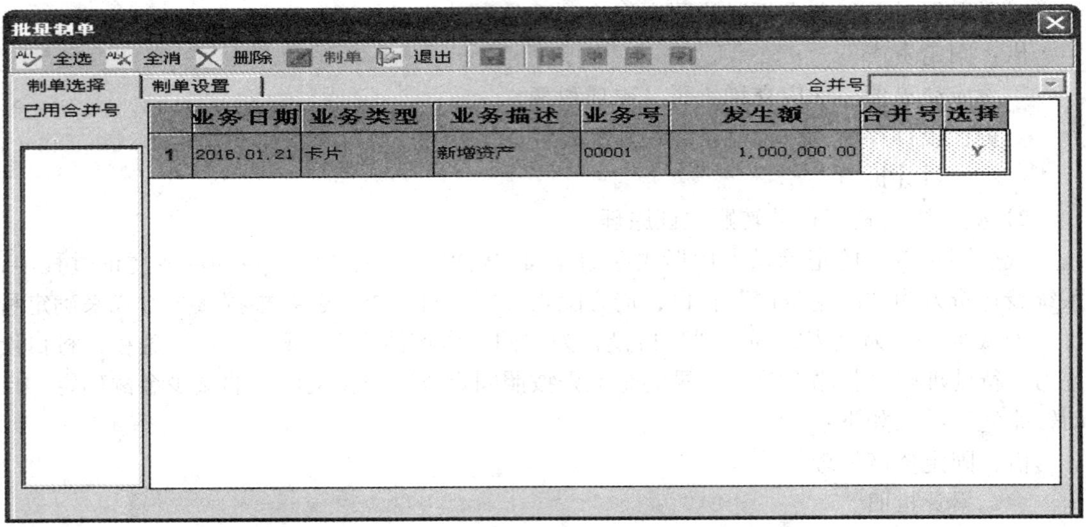

图 8-9 制单选择

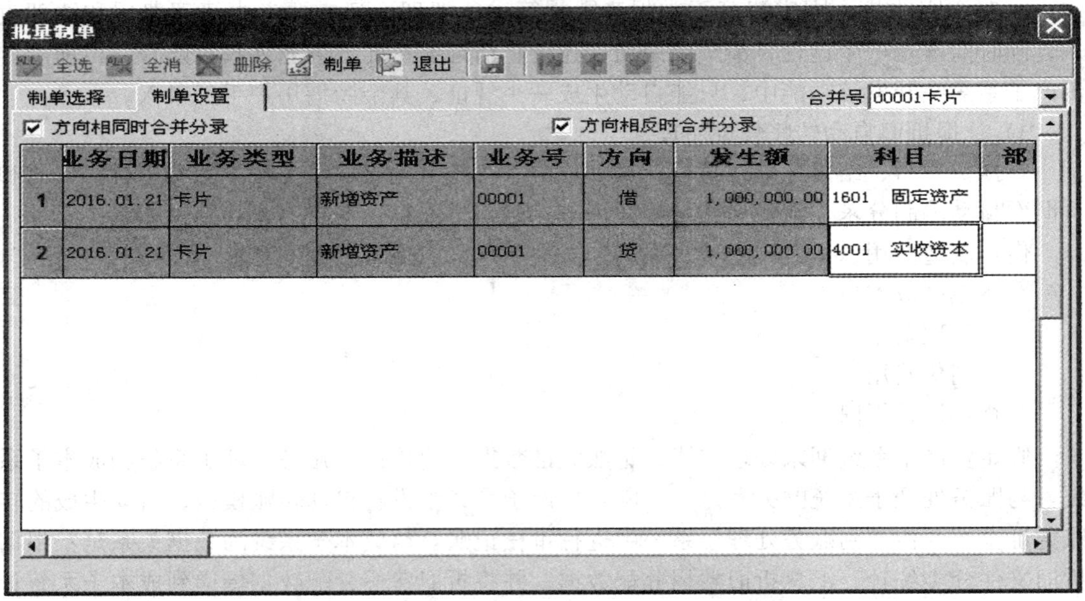

图 8-10 制单设置

2）卡片明细表

以固定资产卡片文件为主要依据，按照用户输出条件，输出固定资产卡片明细表，主要是逐条显示各个卡片的详细信息，显示在屏幕中或打印出来，供用户查看。

3）部门折旧统计表

按照用户输入的输出条件，从折旧计算文件中提取数据，按照部门进行汇总，形成用户查看的视图，在屏幕显示出来。

4）折旧费用分配表

从折旧计算文件中提取数据，按照费用科目汇总，形成用户查看视图，在屏幕中显示出来。

章末习题

一、单项选择题

1.固定资产管理系统和总账系统之间存在着数据的自动传输，在（　　）情况下，固定资产通过记账凭证向总账系统传递有关数据。

A.固定资产增加　　B.固定资产部门变动

C.累计折旧方法调整　　D.固定资产类别调整

2.固定资产管理系统中，业务不属于变动单处理的为（　　）。

A.部门转移　　B.固定资产发生原值的增减

C.固定资产折旧的计提　　D.折旧方法调整

3.根据固定资产增加文件中的原价、累计折旧、来源码等字段的内容自动形成机制凭证，如果来源码是融资租入，则记账凭证是（　　）。

A.借：固定资产
　贷：累计折旧
　　银行存款

B.借：固定资产
　贷：累计折旧
　　在建工程

C.借：固定资产
　贷：累计折旧
　　长期应付款

D.借：固定资产
　贷：累计折旧
　　资本公积

二、多项选择题

1.固定资产子系统可以根据固定资产折旧分配表，自动编制机制凭证，将其自动传递到（　　）。

A.账务处理子系统　　B.成本子系统

C.存货子系统　　D.报表子系统

2.在固定资产子系统中，自动转账模块的功能是根据固定资产各种数据库的数据自动生成机制凭证，这些凭证包括（　　）。

A.固定资产取得机制凭证　　B.固定资产折旧机制凭证

C.固定资产调动机制凭证　　D.固定资产大修理机制凭证

三、判断题

1.固定资产的来源有多种，不同的方式计价的方法不同，但涉及的核算科目是相同的。（　　）

2.固定资产卡片的所有变动都需要进行账务处理。（　　）

四、简答题

1.固定资产的初始设置包括哪些？分别有何作用？

2.存货子系统与哪些子系统存在数据传递关系？如何传递的？

3.固定资产管理系统内置的增加方式和减少方式有哪些？结合企业会计准则的有关要求，阐述如何为各种增加方式设置对应科目。

4.固定资产子系统的主要处理流程包括哪些?

五、业务分析与设计

请分析固定资产卡片的增、减、变动内容，并针对具体的增减变动内容列出其对账务处理的影响（见表8-9）。

表8-9 **对账务处理的影响**

固定资产卡片增减变动内容	对账务处理的影响	业务分录
……	……	……
……	……	……

注：对账务处理的影响可以从不影响、影响当期不需做出账务处理、影响且需要做出账务处理三种类型进行分析。

第8章章末习题参考答案

第9章/
会计报表子系统

【学习目标】通过本章学习，了解会计报表子系统的基本数据流程；熟悉报表子系统的主要功能；掌握报表格式设计、报表取数公式设计、报表数据生成等原理；熟练应用通用财务软件的会计报表子系统。

9.1 会计报表子系统概述

会计报表是会计核算的最终产品，提供给信息使用者决策有用的信息。会计报表是按照专门方法，根据企业的凭证和账簿等会计资料进行加工后形成的具有一定格式和规范的、反映企业财务状况、经营成果和现金流量等情况的文件。

会计报表子系统区别于其他子系统，它不进行各种业务数据的加工处理，是各个子系统的统一报表输出平台，能够按照指定的规则、指定的格式，生成各个子系统需要输出的会计报表，这些报表包含对内管理报表和对外提供的财务报表。会计报表子系统主要的功能就是编制生成这些报表，个别企业在开发设计该系统时，也将报表分析纳入到该系统中，本章重点讲解会计报表的编制和生成。

9.1.1 会计报表的分类

1）按照反映的编报主体分类

按照编报主体划分，会计报表分为个别会计报表、汇总会计报表和合并会计报表。

个别会计报表是企业自身作为会计主体核算基础上对账簿记录进行加工而编制的报表，它主要反映企业自身的财务状况、经营成果和现金流量情况，如个别资产负债表、个别利润表、个别现金流量表等。

汇总会计报表是指企业将所属的各个分公司的会计报表进行汇总，对报表中各个项目进行加总编制的，用来反映企业总体的财务状况、经营成果和现金流量等情况，如汇总资产负债表、汇总利润表和汇总现金流量表。汇总报表涉及一个企业管理下的多个会计主体，但不是多个法律主体，是对各个会计主体报表的简单汇总和调整。

合并会计报表是以母公司和子公司组成的企业集团为会计主体，根据母公司和所属子公司的会计报表，由母公司编制的综合反映企业集团财务状况、经营成果和现金流量的会计报表，其中母公司和子公司之间是控制和被控制关系。合并报表也涉及多个会计主体，但同时子公司也是法律主体，编制合并报表时不是简单的汇总，还要编制抵销分录来消除集团内部交易所产生的影响。

2）按照报送对象分类

按照报送对象分类，会计报表可分为外部报表和内部报表。

外部报表是企业向股东、债权人、政府部门等外部组织或个人提供的会计报表，这类报表的格式、内容和报送时间与方式等一般都有统一的规定。例如，我国企业会计准则要求定期对外披露资产负债表、利润表、现金流量表和所有者权益变动表等，这些报表就属于外部报表。

内部报表是企业向内部管理层提供的、提供管理者进行管理决策所需信息的报表。如产品成本核算表、管理费用明细表、应收账款明细表等，这些内部报表不对外提供，没有统一的格式，也没有定期统一要求披露的内容，按照管理层的需求提供。内容丰富、来源复杂。

3）按照编报期间分类

按照编报期间的不同，会计报表可以分为中期财务报表和年度财务报表。中期财务报表是以短于一个完整的会计年度的报告期间为基础编制的报表，如月报、季报和半年报等。中期会计报表至少应当包括资产负债表、利润表和现金流量表，其格式与内容应当与年度会计报表一致。

9.1.2　会计报表软件的分类

一般来说，能够自动编制或者辅助完成报表编制的计算机软件系统都属于报表软件的范畴，不能仅仅局限于某个软件开发商开发的报表系统。一般会计报表编制使用的报表软件通常有三类。

1）专用报表软件

专用报表软件是系统或者行业为特定需要设计开发的报表软件，将会计报表的种类、格式和编制方法固定在程序中。在报表格式和内容发生变化时，需要修改程序来完成，修改程序一般由程序员进行，普通会计人员无法完成修改。这类报表软件，一般是开发单位自己使用，对某些个别事务进行开发设计的系统，一般不考虑通用性问题。如为本单位专门设计的预算软件系统、高校科研管理部门开发的科研数据统计系统等。

2）通用报表软件

通用报表软件主要目的是使系统标准化、通用化、商品化，即所有企业都可以使用该报表系统，用户通过系统提供的灵活的自定义功能，将通用报表软件设置成本单位可使用的报表软件。因此，通用报表软件需要由用户自定义报表样式、自定义数据提取来源，系统自动按照用户设定的规则从指定的数据库文件提取数据并生成会计报表。通用的报表软件具有强大的格式编辑、自动数据获取和运算、多样化的数据汇总和合并等功能。

3）电子表格软件

专门用于表格数据处理的电子表格软件，如Excel、Wps等，能够帮助用户制作各种复杂的表格文档，进行数据输入、计算、分类汇总和输出等功能，同时提供各种函数帮助用户进行复杂的统计分析、条件判断和数据提取等工作。另外各种电子表格软件都提供图表功能，将大量枯燥的数据变为各种形式的图表显示，增强了数据的可视性。

当前会计信息系统中的报表子系统都与表格处理软件预留了数据链接的接口，便于不同表格处理软件的数据能够及时进入会计信息系统中，提高工作效率。

9.1.3　会计报表子系统的特点

会计报表系统与会计信息系统其他子系统相比，具有以下特点：

1）输入数据量少

个别会计报表单元格数据的获取不再需要手工输入，而是通过设定取数公式后，系统自动从指定的数据库文件获取相应数据，如资产负债表基本根据账簿就能获得，即根据历史凭证文件和汇总文件中的数据获得。汇总报表的编制需要事先采集个别会计报表的数据，采集方式可以通过系统传递、外部导入等方式，系统自动对相同报表相同项目的数据进行汇总。合并报表的编制除了先采集各个子公司的个别报表数据外，还要人工编制合并抵销分录，然后计算机自动完成合并报表的编制。不论哪种报表的编制，都大大减少了人工输入的数据量。

2）不设置报表数据的直接修改功能

会计报表的数据是通过设定取数公式自动获取的，因此，如果报表数据错误，应当是取数公式设置存在问题，应当修改取数公式。在财务业务一体化系统中，如果报表数据错误，取数公式无误，那么应当是对应的业务子系统原始单据数据可能出现了错误，应当对该业务子系统中的相关单据进行检查。

3）通用性更强、适用面更广

通用的会计报表系统完全采用自定义的方法编制会计报表，包括会计报表格式的定义、报表数据来源的定义等。用户可以自由设计各种报表格式，并根据需要自定义相应报表的数据来源即取数公式，同时报表系统还提供了多元的输出形式，包括图表输出。

4）提供了多样化的报表模板

虽然用户可以自定义报表格式，但是为了节约工作时间，提高工作效率，降低工作错误的几率，对于对外披露的有固定格式的报表如资产负债表、利润表、现金流量表等，系统提供了统一的模板格式供用户选择使用，同时在这些模板中完成了数据来源的定义，用户可检查后直接使用。

9.2　会计报表子系统的数据流程

9.2.1　手工处理方式下会计报表的编制流程

手工方式下，会计人员编制会计报表时，首先制作或者取得一个报表的空表，然后根据表内项目和填表要求，到对应的账簿中获取数据，经过分析、计算，填入表中，反复同样的编制过程直至报表数据全部填列完毕。编制完毕的报表经过审核无误后，盖章送需要的部门。手工方式下会计报表编制的流程如图9-1所示。

按照手工方式下的编制流程，会计报表计算、分析、填列的主要依据是会计账簿，会计账簿的发生额和余额是个别会计报表的主要的、直接的数据来源。根据会计账簿和其他必备的会计资料，会计人员按照各种报表的填报要求分析计算填列，最终形成对内、对外披露的会计报表。以三张主要会计报表为例：

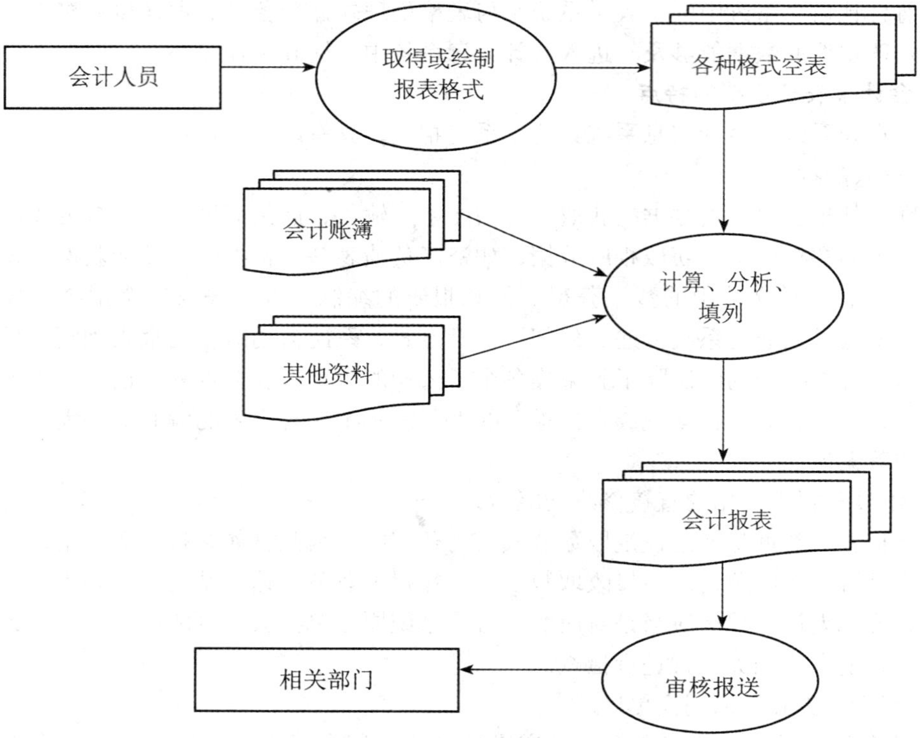

图 9-1　手工方式下会计报表的编制流程

1）资产负债表数据的填列方法

（1）直接根据总账余额填列，如短期借款、应付利息、应付票据、实收资本、资本公积、盈余公积等。

（2）根据总账科目余额计算填列，如货币资金，根据“库存现金、银行存款和其他货币资金”余额合计数填列；如固定资产，根据固定资产余额扣除累计折旧和固定资产减值准备后的净额填列。

（3）根据有关明细账科目的余额计算填列，如应收账款、应付账款、预收账款和预付账款等，应收账款应当根据应收账款和预收账款两个科目所属的明细科目的期末借方余额计算填列；应付账款应当是应付账款和预付账款两个科目所属明细科目的期末贷方余额计算填列等。

（4）根据总账科目和明细账科目的余额分析计算填列，如长期借款项目，需要根据长期借款总账科目余额扣除长期借款所属明细科目中将在资产负债表日起一年内到期且企业不能自主地将清偿义务展期的长期借款后的金额计算填列。

（5）综合运用上述方法分析填列，主要是指资产负债表中的存货，需要根据原材料、库存商品、委托加工物资、周转材料、材料采购、在途物资、发出商品、材料成本差异和生产成本等总账科目期末余额分析汇总，后再减去“存货跌价准备”后的余额填列。

2）利润表数据的填列方法

利润表项目主要根据损益类科目的发生额分析填列，主要表现在：

（1）营业收入。按照主营业务收入和其他业务收入发生额合计数分析填列。如果在发生收入业务时都计入了贷方，那么就根据贷方发生额合计数填列；如果在发生收入业务时有的计入了借方，那么应当根据贷借差分析计算填列（尚未结转本年利润前）。

（2）营业成本。按照主营业务成本和其他业务成本发生额合计数分析填列。如果在发生成本业务时都计入了借方，那么就根据借方发生额合计数填列；如果在发生成本业务时有的计入了贷方，那么应当根据借贷差分析计算填列（尚未结转本年利润前）。

（3）期间费用。即管理费用、销售费用和财务费用，如果在发生费用时都计入了借方，那么就根据借方发生额填列；如果在发生费用时有的计入了贷方，那么应当根据借贷差分析计算填列（尚未结转本年利润前）。

（4）公允价值变动损益和投资收益。根据各自的发生额分析填列，如果发生的是损失，即公允价值变动损失和投资损失，则用负号填列。

（5）营业外收支。根据营业外收入和营业外支出科目的发生额分析填列。一般来说，营业外收入根据贷借差、营业外支出根据借贷差（尚未结转本年利润前）。

（6）所得税费用，反映企业应当从当期利润总额中扣除的所得税费用，按照所得税费用的发生额分析填列。

（7）营业利润、利润总额和净利润，根据上述项目四则计算填列。

值得说明的是，上述编制方法中涉及很多“借贷差和贷借差”，并且一定是在尚未结转本年利润之前，否则结果就是0。对于出现“借贷差”和“贷借差”情况的原因，主要是在日常业务处理过程中可能遇到多计冲销业务，比如主营业务收入多计，在冲销时一般用红字在贷方冲掉，但是有的企业周期编制分录时使用了借贷反向的方法，则这部分主营业务收入就计入了借方，真实的主营业务收入发生额就应当是贷借差。因此，建议企业在编制多计冲销业务时仍然保持主营业务收入的贷方发生额属性，保持一个方向，使用红字冲销，这样，编制报表获取数据时，只要根据贷方发生额即可。其他利润表项目的编制建议与“主营业务收入”相同。

3）现金流量表数据的填列方法

现金流量表是按照收付实现制反映企业报告期内的现金流动信息，而企业编制的资产负债表和利润表则是按照权责发生制为基础记录和报告的，所以编制现金流量表必须依据资产负债表和利润表的数据，将权责发生制的会计数据转化为收付实现制下的现金流动。

具体编制现金流量表时，应当根据企业规模以及业务量的大小，可以选择适当的编制思路。一种方法是直接从企业会计记录中获得有关企业现金收入和现金支出的信息；另一种方法是在利润表中营业收入、营业成本等数据基础上，通过调整有关资产负债表项目来获得，例如“销售商品、提供劳务收到的现金”项目数据，就可以根据“库存现金”“银行存款”日记账中对应账户为“主营业务收入”和“应收账款”、“预收账款”等账户记录填列；也可以根据利润表中“营业收入”项目金额和资产负债表中“应收账款”“预收账款”等项目金额分析填列。

9.2.2　计算机环境下会计报表的数据处理流程

计算机环境下，会计报表的数据处理流程分为四个步骤：报表格式的设置、报表数据来源的定义、报表数据的生成、报表数据的输出（如图9-2所示）。

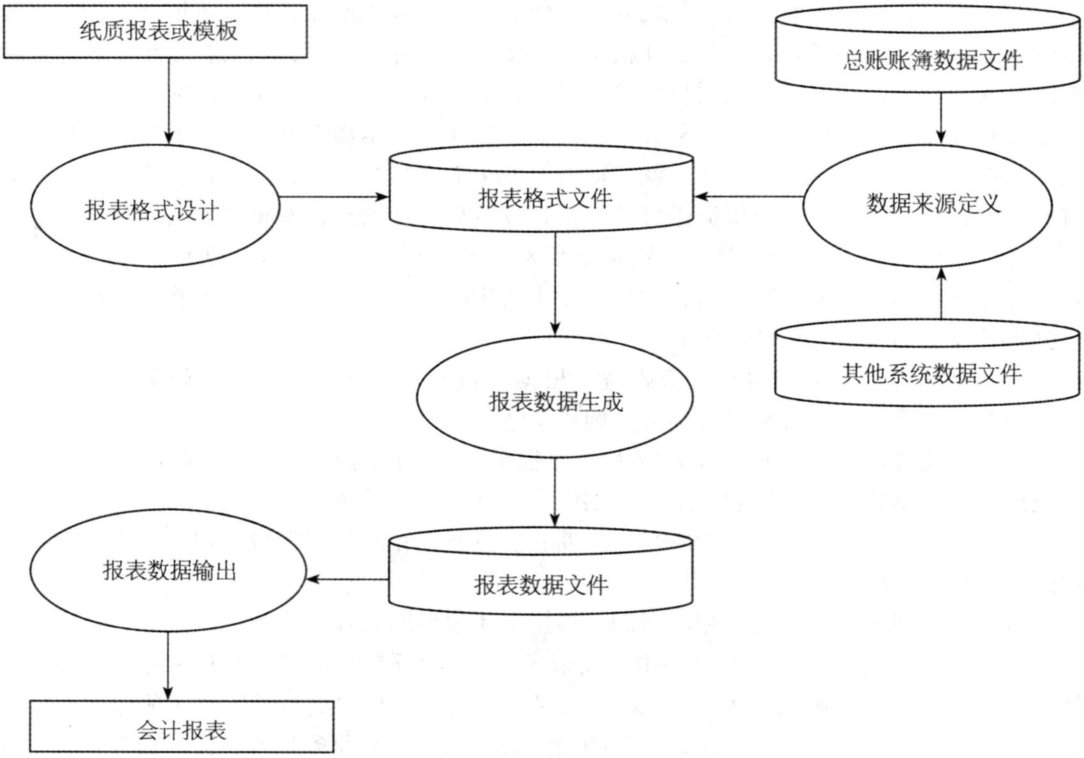

图9-2　计算机环境下会计报表数据处理流程

（1）报表格式设计。根据已有的纸质报表格式，设计计算机环境下的报表电子格式，也可以通过模板引入电子格式。通过设计和修改后，存储到报表格式文件中。

（2）数据来源定义。对设计好的空报表，需要指定其各个单元格的数据来源，即设置取数公式。一般来说，计算机环境下各种报表的取数来源主要有：账上取数、表内计算、表间取数、其他子系统取数，这些内容在后面部分进行详细讲解。设置完取数公式后，形成了带有公式的报表格式，存储在报表格式文件中。

（3）报表数据生成。系统自动按照取数公式的定义规则，到指定的数据文件中获取数据并提取填列，计算生成会计报表数据，存储到报表数据文件中。

（4）报表数据输出。用户指定输出报表和日期等条件，系统按照用户的需要自动输出符合条件的报表数据，屏幕 显示或者打印出来。

9.3　会计报表子系统的功能结构

计算机环境下会计报表子系统主要实现的功能是：提供各类报表格式设计和数据来源公式定义的功能；自动根据设定的数据来源公式，获取报表数据，计算生成报表；向用户提供各种报表信息的查询功能；按照预定的格式输出各种报表。

根据上述分析，会计报表子系统的基本功能结构如图9-3所示。

需要说明的是，本节的报表子系统功能结构仅仅是指报表编制生成过程的功能结构，

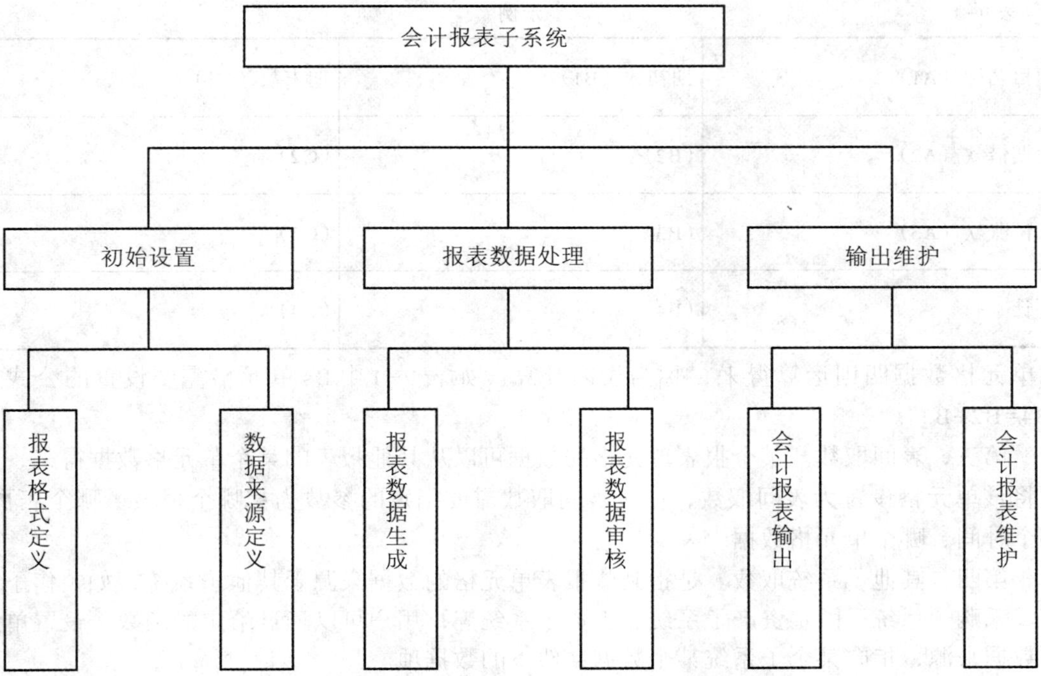

图9-3　会计报表子系统的功能结构图

不包括报表分析等内容。

1）初始设置

（1）报表格式定义。在设计报表格式前，需要对报表整体外观有一个了解，如表头、表体、表尾分别包含哪些数据，各类数据所处哪个单元格区域，各类数据所属的数据类型等。进行报表定义就是对报表的基本构成单元进行定义，报表的基本单元以单元格形式出现，在这些单元格中，需要确定表头、表体和表尾，同时要对表头、表体和表尾的单元属性、字体、单元格边框、行高列宽等进行设置，主要表现在：

第一，设置报表行数和列数，定义行高和列宽；

第二，对表体部分画线，编辑单元格边框；

第三，设置单元格属性，如字体、字形、颜色、是否合并居中等；

第四，设置单元格内容，如项目名称、行次、期初数、期末数等。

（2）数据来源公式定义。定义数据来源公式是报表定义最为关键的步骤，定义的结果直接决定会计报表信息的质量。一般来说，报表数据来源主要有三种：

第一，账上取数，即指定单元格数据来源于何种账户、获取该账户的哪个栏目数据。数据栏目主要有：期初数、期末数、本期借方发生数、本期贷方发生数、本年累计借方发生数、本年累计贷方发生数，此外还有数量外部的各个栏目数也都可以获取。例如表9-1。

B2单元格需要从“短期借款”账户上获取该账户的期初余额，C2单元格需要从“短期借款”账户上获取该账户的期末余额。

第二，表内计算。就是报表内某些单元格项目无法直接从账上取数，而是由本表内其

表9-1 示例

项目名称（A1）	期初数（B1）	期末数（C1）
短期借款（A2）	（B2）	（C2）
应付账款（A3）	（B3）	（C3）
合计	（B4）	（C4）

他单元格数据四则运算得来，称为表内计算。如表9-1中B4单元格需要设置的公式为“B4=B2+B3”。

第三，表间取数。某个报表单元格的数据可以从其他报表的某个单元格数据得来，可以将该单元格设置为表间取数，一般表间取数需要指定的参数为：哪个报表、哪个表页、哪个时间、哪个单元格数据。

第四，其他子系统取数。是指某些报表单元格的数据来源于其他子系统，如销售子系统、采购子系统、固定资产子系统、工资子系统等，用户可以通过给定的函数，设置单元格数据来源，指向某个子系统某个数据文件下的数据项。

（3）用友ERP系统的初始设置

第一，自定义报表格式如图9-4所示。

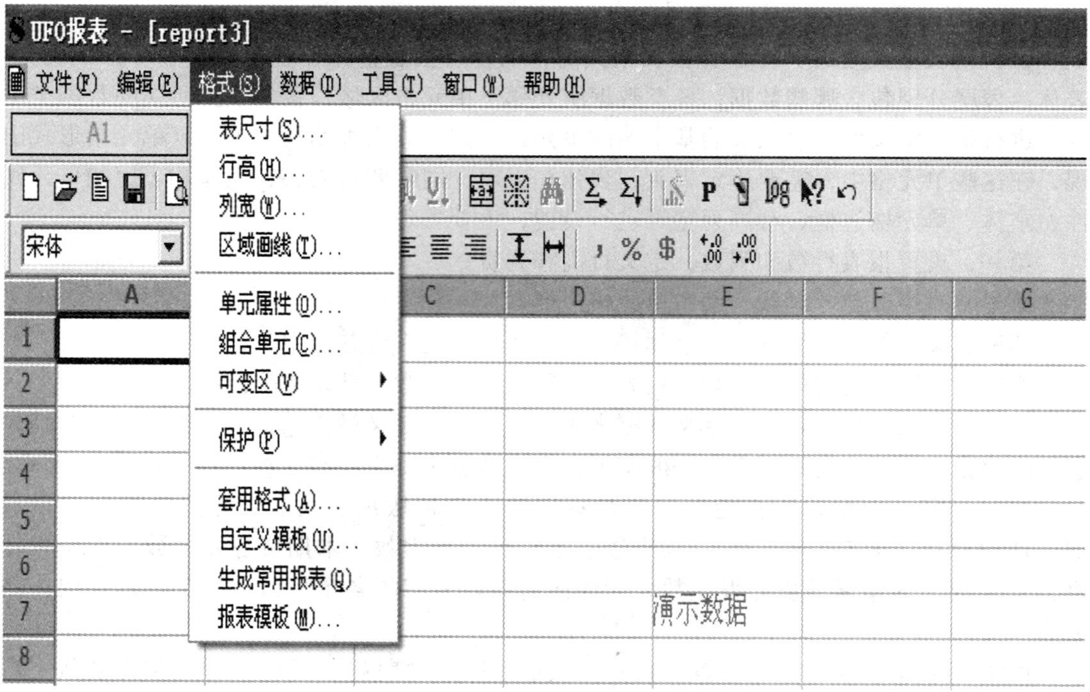

图9-4 自定义报表格式功能

第二，模板引入报表，如图9-5，图9-6所示。

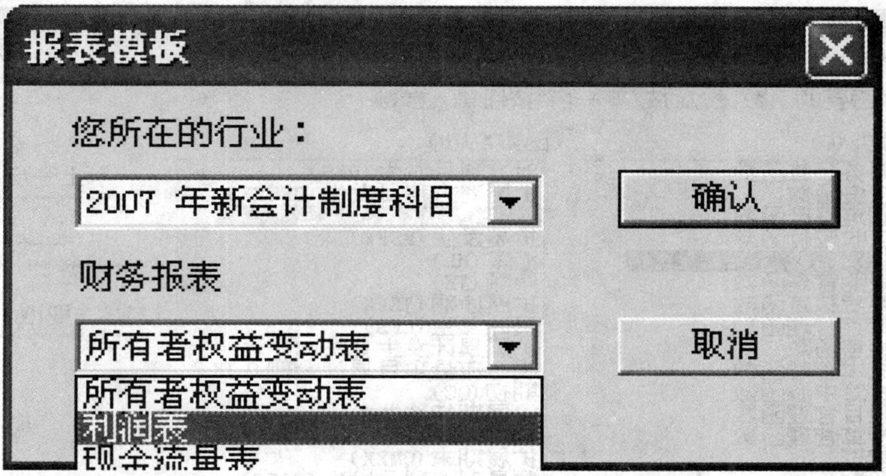

图9-5　引入条件选择

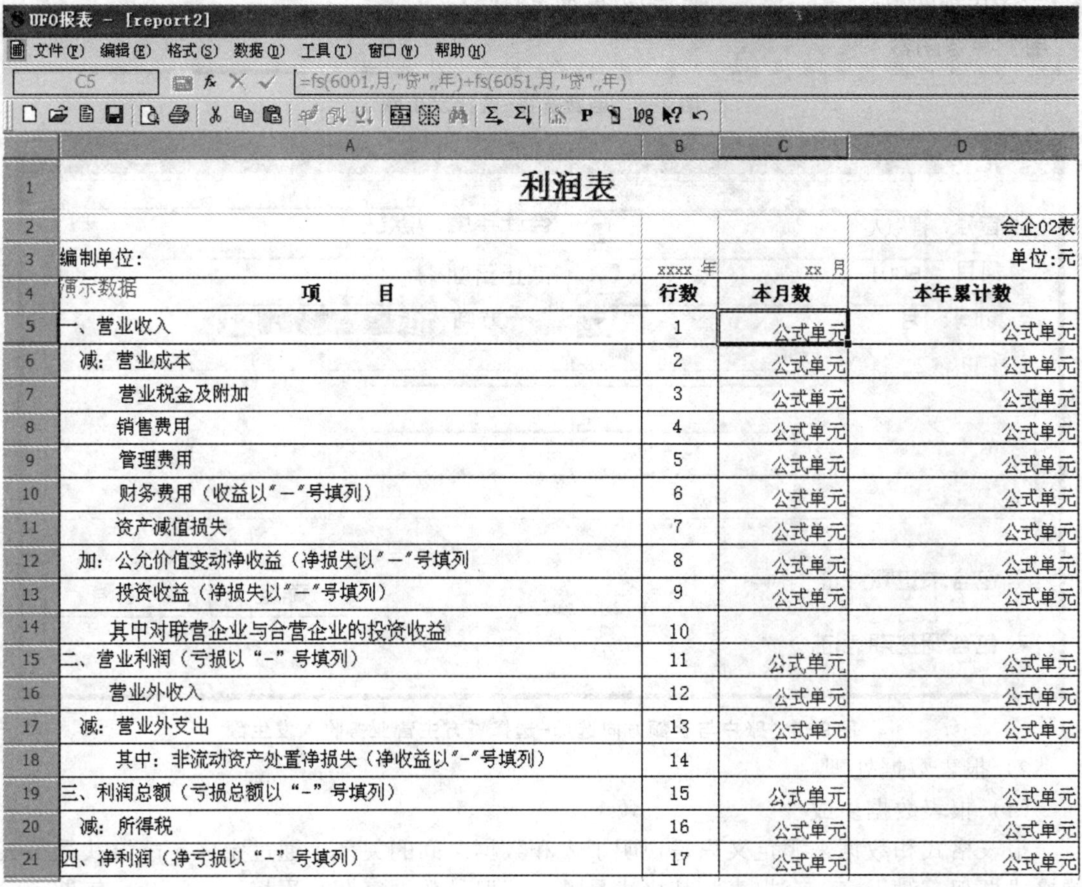

	A	B	C	D
1	利润表			
2				会企02表
3	编制单位:	xxxx 年	xx 月	单位:元
4	演示数据　项　目	行数	本月数	本年累计数
5	一、营业收入	1	公式单元	公式单元
6	减：营业成本	2	公式单元	公式单元
7	营业税金及附加	3	公式单元	公式单元
8	销售费用	4	公式单元	公式单元
9	管理费用	5	公式单元	公式单元
10	财务费用（收益以"－"号填列）	6	公式单元	公式单元
11	资产减值损失	7	公式单元	公式单元
12	加：公允价值变动净收益（净损失以"－"号填列	8	公式单元	公式单元
13	投资收益（净损失以"－"号填列）	9	公式单元	公式单元
14	其中对联营企业与合营企业的投资收益	10		
15	二、营业利润（亏损以"-"号填列）	11	公式单元	公式单元
16	营业外收入	12	公式单元	公式单元
17	减：营业外支出	13	公式单元	公式单元
18	其中：非流动资产处置净损失（净收益以"-"号填列）	14		
19	三、利润总额（亏损总额以"-"号填列）	15	公式单元	公式单元
20	减：所得税	16	公式单元	公式单元
21	四、净利润（净亏损以"-"号填列）	17	公式单元	公式单元

图9-6　引入结果

第三，引入模板的公式检查，以营业收入为例，如图9-7，图9-8，图9-9所示。

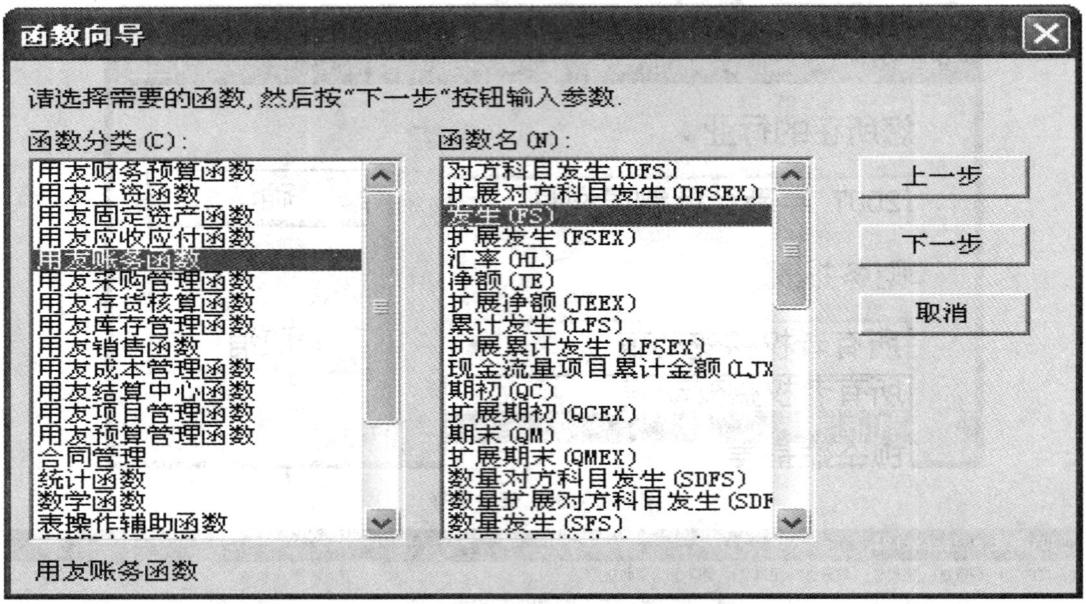

图 9-7　函数选择-选择发生额

图 9-8　账户与金额方向选择-选择贷方主营业务收入发生额

2）报表数据处理

（1）报表数据生成

报表格式和数据来源定义只是说明了表和数据之间的关系，通过定义，能够获得报表的格式框架，对于每一个报表，其格式是唯一，但是数据每期并不相同，因此，每期生成报表数据时，调用报表格式，输入报告日期，系统能够根据定义的数据来源获取该期的会计报表数据。

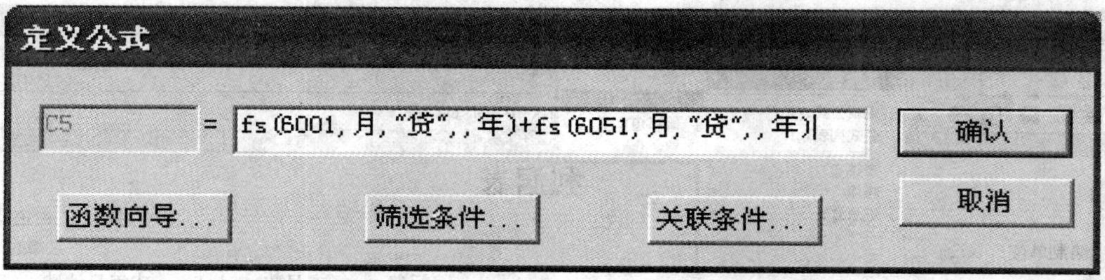

图9-9　结果显示-主营业务收入与其他业务收入贷方发生额合计

各个软件都提供了报表模板功能，很多用户直接使用这些模板，需要注意的是，在使用这些模板时应当检查一下各个单元格取数公式的设置情况，是否正确，是否符合本单位的需要，因为各个单位使用的会计科目不一定一致。特别要注意资产负债表下列项目：

第一，存货，该项目由于涉及的会计科目较多，有些模板自带的取数公式可能会忽略"生产成本""存货跌价准备"等科目，有些企业可能涉及存货的科目记入了其他相关成本科目中，也要及时做出调整。

第二，未分配利润，如果损益类会计科目有余额或者采用表结法的企业，未分配利润模板公式可能使用的是账上取数，就不能反映未分配利润的真实金额，造成资产负债表不平衡。

第三，应收应付科目，对于应收账款、应付账款、预收账款、预付账款等账户，需要根据明细科目的借贷余额计算填列，有些软件模板并没有如此设置，造成数据错误。

第四，需要分析填列的项目如"一年内到期的长期负债"等，这些项目一般模板中不设置公式或者设置的公式存在问题，需要重点检查。

（2）报表数据审核。生成的报表数据应当进行正确性审核，审核正确的报表才能打印输出并报送给相关部门。除了人工审核外，也可以对报表应用审核公式进行一般性审核，无法通过审核的报表说明存在错误，报表子系统一般不提供对报表数据的直接修改功能，如果报表数据需要修改，必须采用以下方法：如果是报表编制方法错误，即公式定义错误，需要重新定义数据来源公式；如果不是报表编制方法问题，即取数公式正确，那么应当是数据来源的各个子系统原始数据错误，需要对账务处理子系统、工资子系统、固定资产子系统、销售子系统、采购子系统、成本子系统等数据进行检查修改。

（3）用友ERP系统数据生成

设置好取数公式，从格式状态转换为数据状态，输入要生成数据的时间，系统自动重新计算报表数据，如图9-10所示[①]：

3）输出维护

（1）会计报表输出。通过会计报表格式、公式的定义和报表数据生成后，形成了各种会计报表数据库文件，为了便于使用者阅读会计报表，必须对生成的会计报表数据进行输出处理。

第一，输出内容。主要包括输出空表、输出数据表、输出指定格式的文件。

第二，输出方式。主要包括屏幕显示输出、打印输出、磁盘输出、网络传输等。

① 图中利润表"营业税金及附加"项目名称在"营改增"后更改为"税金及附加"。

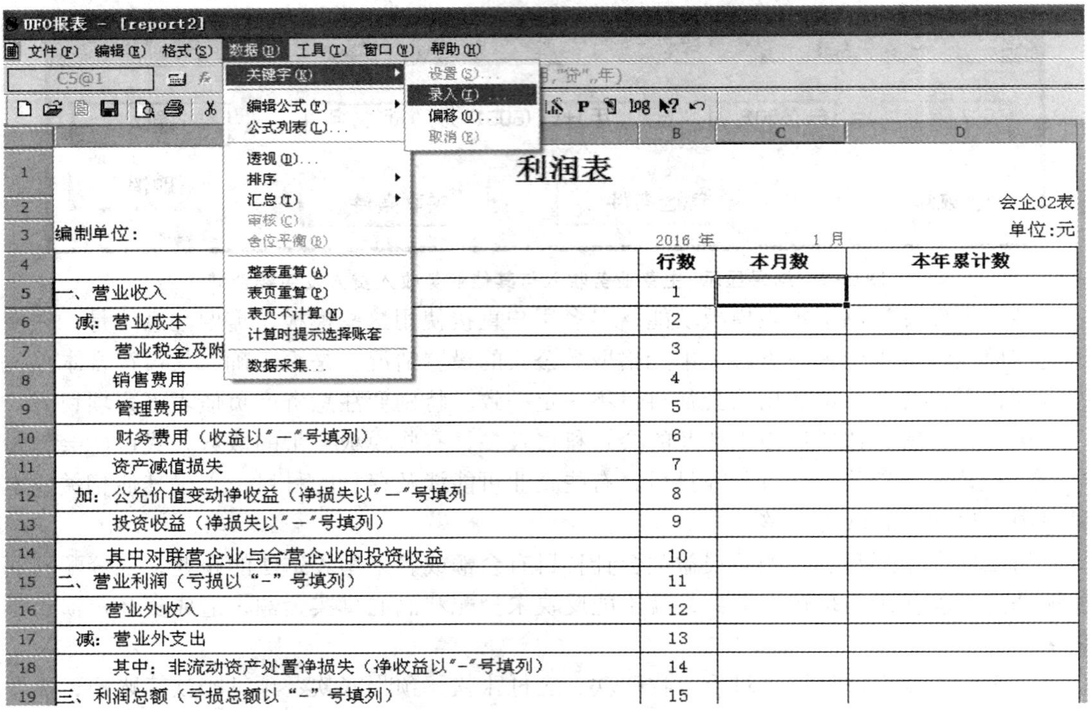

图 9-10　报表数据生成

（2）会计报表维护。主要是对报表数据和格式进行安全保密等工作，以及对占用空间的无用报表数据的清理工作。主要包括以下方面：

第一，报表备份。将系统产生的报表数据备份到其他存储介质中保存起来，目的是报关会计档案和保护系统数据安全的需要，备份时应当注明备份时间，用以恢复时能够找到相应的数据。

第二，报表恢复。将存储在其他介质中的数据拷贝到报表子系统中，用以恢复所需的数据。通常在两种情况下需要恢复操作，查询历史报表数据和硬盘报表数据遭到破坏。

第三，报表结构复制。为方便用户定义新的报表，系统可以提供报表结构复制功能。当用户需要定义与被复制报表结构相近时，或需要少量修改即可重新定义新的报表结构时，通过该功能，减少定义新的报表结构的工作量。

第四，报表删除。对于不再需要的会计报表结构及其数据，为了节约存储空间，在备份后，可以删除相应的数据库文件内容。

章末习题

一、单项选择题

1. 下列不属于报表子系统的初始设置功能的是（　　）。

A. 报表计算　　　　B. 报表尺寸定义

C. 报表取数公式设置　　　　D. 报表项目内容输入

2.下列报表项目可以通过表间取数的是（　　）。

A.资产负债表的货币资金　　B.资产负债表的流动资产合计

C.所有者权益变动表的实收资本　　D.利润表的所得税

3.会计报表的数据处理流程是（　　）。

A.报表格式的设置、报表数据的生成、报表数据来源的定义、报表数据的输出

B.报表数据来源的定义、报表格式的设置、报表数据的生成、报表数据的输出

C.报表数据的生成、报表格式的设置、报表数据来源的定义、报表数据的输出

D.报表格式的设置、报表数据来源的定义、报表数据的输出、报表数据的生成

二、多项选择题

计算机会计信息系统的报表取数来源包括（　　）。

A.账上取数　　B.表内计算

C.表间取数　　D.其他子系统取数

三、判断题

1.计算机会计信息系统中报表的取数与手工编制报表的取数方式完全一样。（　　）

2.软件系统中报表的个别项目的数据需要手工填入。（　　）

四、简答题

1.报表数据源划分为哪几种类型？各类型数据如何获取？举例说明？

2.在通用会计报表软件中，数据来源通常采用用户自定义方式，这种方式有何优缺点？

3.在计算机会计信息系统中，现金流量表的编制有哪几种方法？其关键的操作步骤有哪几个方面？

4.简述企业资产负债表、利润表及现金流量表之间数量上的钩稽关系及其对报表生成顺序的影响。

第9章章末习题参考答案

第10章/ 上机实验

10.1 账套信息

1）登录并建立账套

（1）以系统管理员（Admin，密码为空）登录“系统管理”，增加操作员（见表10-1）。

表10-1 增加操作员

编号	姓名	所属部门
001	学生1姓名	财务部
002	张良	财务部
003	蒋中兴	采购部
004	吴健	销售部
005	何霞	仓管部

（2）建立账套。

①账套信息。

账套号：默认；

账套名称：学号+姓名；

账套路径：默认；

启用会计期：2017年1月。

②单位信息。

单位名称：青龙商贸股份有限公司；

单位简称：青龙商贸。

③核算类型。

本币代码：RMB；

本币名称：人民币；

外币代码：USD；

外币名称：美元；

期初汇率：6.8；

企业类型：商业；

行业性质：新会计制度科目；

账套主管：学生1姓名；

按行业性质预置会计科目。

④基础信息。

存货、客户、供应商分类核算，外币核算。

⑤分类编码方案。

科目编码级次：4-2-2-2-2；

客户权限组级次：2-2-3；

客户分类编码级次：2-2-3；

部门编码级次：2-2；

收发类别编码级次：1-2；

供应商权限组级次：2-2-3；

供应商分类编码级次：2-2-3；

数据精度定义均按默认值。

（3）系统启用。

2017年1月1日，系统管理员启用应付款、应收款、固定资产、总账、存货核算、采购管理、销售管理、库存管理、工资管理等系统。

2）模块参数设置

以账套主管身份登录“企业应用平台”，进入【基础设置】-【业务参数】设置各模块参数。

注：也可以进入【业务工作】下的各个模块进行参数设置。

（1）总账系统。

制单权限控制到科目；

出纳凭证必须经由出纳签字；

凭证必须经由主管会计签字；

数量、单价小数位保留2位；

部门、个人、项目排序方式均按编码排序。

（2）应收款管理系统。

应收款核销方式：按单据；

单据审核日期依据：单据日期；

坏账处理方式：应收余额百分比法；

应收账款核算模型：详细核算；

不根据信用额度自动报警。

（3）应付款管理系统。

应付款核销方式：按单据；

单据审核日期依据：单据日期；
应付账款核算模型：详细核算；
不根据信用额度自动报警。
（4）工资管理系统。
进入【业务工作】-【薪资管理】设置如下参数：
工资类别个数：单个；
从工资中代扣个人所得税；
不扣零；
人员编码长度：5位。
（5）固定资产系统。
本账套计提折旧；
折旧汇总分配周期：1个月；
当“月初已计提月份=可使用月份-1”时将剩余折旧全部提足；
资产类别编码规则：2-1-1-2；
固定资产编码方式：自动编码，部门编码＋类别编码＋序号；
序号长度：3；
与账务系统进行对账；
固定资产对账科目：1601；
累计折旧对账科目：1602；
对账不平情况下不允许固定资产月末结账。
（6）采购管理系统。
采购选项：普通业务必有订单。
（7）销售管理系统。
销售选项：普通销售必有订单。

10.2 基础档案

以账套主管的身份登录“企业应用平台”，在【基础设置】中设置基础档案。
1）部门档案（见表10-2）

表10-2 **部门档案**

部门编码	部门名称
01	办公室
02	财务部
03	采购部
04	销售部
0401	销售一部
0402	销售二部
0403	销售三部
05	仓管部

2）职员档案（见表10-3）

表10-3 职员档案

职员编码	职员姓名	部门名称	职员类别
01003	刘欣欣	办公室	管理人员
02001	学生1姓名	财务部	管理人员
02002	张良	财务部	管理人员
03001	蒋中兴	采购部	管理人员
04001	余凡	销售一部	销售人员
04004	王春	销售二部	销售人员
04008	吴健	销售三部	销售人员
05001	何霞	仓管部	管理人员

3）客户分类（见表10-4）

表10-4 客户分类

客户分类编码	客户分类名称
01	本地
02	外地

4）客户档案（见表10-5）

表10-5 客户档案

客户编码	客户名称	客户简称	所属分类	开户银行	账号	税号	业务员	部门
01001	光明股份有限公司	光明公司	本地	工商银行	1234	123456789011111	余凡	销售一部
02003	起点股份有限公司	起点公司	外地	工商银行	5678	123456789055555	王春	销售二部
02005	紫薇股份有限公司	紫薇公司	外地	工商银行	7890	123456789077777	吴健	销售三部

5）供应商分类（见表10-6）

表10-6 供应商分类

供应商分类编码	类别名称
01	生产商
02	批发商

6）供应商档案（见表10-7）

表10-7　**供应商档案**

供应商编码	供应商名称	供应商简称	所属分类	开户银行	账号	税号	业务员	部门
01001	乐乐股份有限公司	乐乐公司	生产商	工商银行	9876	999888777666555	蒋中兴	采购部
02001	青青股份有限公司	青青公司	批发商	工商银行	7654	777666555444333	蒋中兴	采购部

7）存货分类（见表10-8）

表10-8　**存货分类**

存货分类编码	存货分类名称
01	甲类商品
02	乙类商品
03	丙类商品
04	应税劳务

8）仓库档案（见表10-9）

表10-9　**仓库档案**

仓库编码	仓库名称	计价方式
01	1#库	全月平均法
02	2#库	全月平均法

9）计量单位

①计量单位分组（见表10-10）。

表10-10　**计量单位分组**

计量单位组编码	计量单位组名称	计量单位组类别
1	A组	无换算
2	B组	固定换算

②计量单位（见表10-11）。

表10-11　**计量单位**

编码	名称	计量单位组名称	计量单位组类别	主计量单位标志	换算率
001	台	A组	无换算	否	
002	件	A组	无换算	否	
003	箱	B组	固定换算	否	10

10）存货档案（见表10-12）

表10-12 **存货档案**

存货编码	存货代码	存货名称	存货大类	单位	主要供货单位	默认仓库	存货属性
01001	A1	101商品	01	件	乐乐公司	1#库	外购、销售
01002	A2	102商品	01	件	乐乐公司	1#库	外购、销售
02003	B3	201商品	02	台	青青公司	2#库	外购、销售
04001	YF	运费	04	元			应税劳务

11）会计科目

①修改会计科目（见表10-13）。

表10-13 **修改会计科目**

科目编码	科目名称	辅助核算	受控系统
1111	应收票据	客户往来	应收系统
1131	应收账款	客户往来	应收系统
1133	其他应收款	个人往来	
1151	预付账款	供应商往来	应付系统
1501	固定资产	部门核算	
2111	应付票据	供应商往来	应付系统
2121	应付账款	供应商往来	应付系统
2131	预收账款	客户往来	应收系统

②增加会计科目（见表10-14）。

表10-14 **增加会计科目**

科目编码	科目名称	科目类型	核算账类
1002	银行存款		
100201	工行存款	资产	人民币，日记账、银行账
100202	建行存款	资产	人民币，日记账、银行账
100203	招行存款	资产	美元，日记账、银行账
6601	销售费用		
660101	运杂费	损益	
660102	广告费	损益	
660103	工资及福利费	损益	
660199	其他费用	损益	
6602	管理费用		
660201	办公费	损益	
660202	差旅费	损益	部门核算
660203	折旧费	损益	部门核算
660204	工资及福利费	损益	
660299	其他费用	损益	

③指定科目。

在编辑菜单中选择“指定科目”项，将1001库存现金指定为现金总账科目，将1002银行存款指定为银行总账科目。

12）凭证类别（见表10-15）

表10-15 **凭证类别**

类别字	类别名称	限制类型	限制科目
收	收款凭证	借方必有	1001，100201，100202
付	付款凭证	贷方必有	1001，100201，100202
转	转账凭证	凭证必无	1001，100201，100202

13）结算方式（见表10-16）

表10-16 **结算方式**

结算方式编码	结算方式名称	票据管理标志
1	现金	否
2	支票	是
201	现金支票	是
202	转账支票	是
3	其他	否

14）开户银行（见表10-17）

表10-17 **开户银行**

编码	开户银行名称	账号	货币	暂封标志
001	中国工商银行	23242500789	人民币	否
002	招商银行	48846816452	美元	否

15）收发类别（见表10-18）

表10-18 **收发类别**

类别编码	类别名称	收发标志
1	入库	收
101	采购入库	收
104	其他入库	收
2	出库	发
201	销售出库	发
204	其他出库	发

16）采购类型（见表10-19）

表10-19　**采购类型**

采购类型编码	采购类型名称	入库类别	是否默认值
01	商品采购	采购入库	是

17）销售类型（见表10-20）

表10-20　**销售类型**

销售类型编码	销售类型名称	出库类别	是否默认值
01	普通销售	销售出库	是
02	零售	销售出库	否

18）费用项目（见表10-21）

表10-21　**费用项目**

费用项目编码	费用项目名称
01	运杂费
02	代垫费用

19）仓库存货对照表（见表10-22）

表10-22　**仓库存货对照表**

仓库	存货编码	存货名称
1＃库	01001	101商品
1＃库	01002	102商品
2＃库	02001	201商品

10.3　期初设置

1）总账系统初始设置

（1）期初余额（见表10-23）。

表10-23　**期初余额**

科目编码	科目名称	余额方向	期初余额
1001	库存现金	借	1 573.00
1002	银行存款	借	1 494 805.23
100201	工行存款	借	1 326 805.23
100202	建行存款	借	100 000.00
100203	招行存款	借	10 000美元：68 000.00

续表

科目编码	科目名称	余额方向	期初余额
1121	应收票据	借	120 000.00
1122	应收账款	借	77 805.00
1221	其他应收款	借	1 500.00
1231	坏账准备	贷	396.53
1123	预付账款	借	50 000.00
1405	库存商品	借	270 050.00
1601	固定资产	借	6 021 000.00
1602	累计折旧	贷	1 089 843.00
1701	无形资产	借	150 000.00
2001	短期借款	贷	500 000.00
2202	应付账款	贷	20 124.00
2203	预收账款	贷	60 000.00
2211	应付职工薪酬	贷	108 570.70
221101	应付工资	贷	108 570.70
2221	应交税费	贷	73 117.70
222101	应交增值税		
22210101	进项税额		
22210105	销项税额		
2241	其他应付款	贷	55 378.00
2501	长期借款	贷	400 000.00
4001	实收资本(或股本)	贷	6 011 111.70
4104	利润分配	贷	198 520.00
410401	未分配利润	贷	198 520.00

（2）辅助账期初余额（见表10-24至表10-30）。

表10-24 **1121 应收票据**

日期	凭证号	客户	摘要	方向	金额
2016-12-16	转-21	紫薇公司	销货款	借	120 000

表10-25 **1122 应收账款**

日期	凭证号	客户	摘要	方向	金额
2016-12-26	转-52	起点公司	销货款	借	60 021
2016-12-28	转-56	紫薇公司	销货款	借	17 784

表10-26 **1221 其他应收款**

日期	凭证号	部门	个人	摘要	方向	金额
2016-12-29	付-28	办公室	刘欣欣	出差借款	借	1 500

表10-27 **1123 预付账款**

日期	凭证号	供应商	摘要	方向	金额
2016-12-29	付-29	青青公司	预付款	借	50 000

表10-28 **1601 固定资产**

部门名称	固定资产原值
办公室	432 500
财务部	453 500
采购部	692 500
销售一部	1 432 000
销售二部	1 006 500
销售三部	1 024 000
仓管部	980 000
合计	6 021 000

表10-29 **2202 应付账款**

日期	凭证号	供应商	摘要	方向	金额
2016-12-29	转-58	乐乐公司	购货款	贷	20 124

表10-30 **2203 预收账款**

日期	凭证号	客户	摘要	方向	金额
2016-12-30	收-16	起点公司	预收款	贷	60 000

（3）期间损益结转设置。

进入【总账】-【期末】，进行期间损益结转设置，凭证类别：转账凭证；本年利润科目：4103。

2）工资子系统初始设置

（1）设置人员类别。

进入【基础设置】-【基础档案】-【机构人员】设置人员类别：管理人员，销售人员。

（2）设置银行名称。

进入【基础设置】-【基础档案】-【收付结算】-【银行档案】，设置如下参数：

银行名称：中国工商银行；

账号长度：11位；

录入时自动带出的账号长度：8位。

（3）人员档案。

进入【业务工作】-【薪资管理】，从总账引入人员档案（见表10-31）。

表10-31 **人员档案**

部门名称	人员编码	人员姓名	人员类别	银行账号
办公室	01003	刘欣欣	管理人员	87654301003
财务部	02001	学生1姓名	管理人员	87654302001
财务部	02002	张良	管理人员	87654302002
采购部	03001	蒋中兴	管理人员	87654303001
销售一部	04001	余凡	销售人员	87654304001
销售二部	04004	王春	销售人员	87654304004
销售三部	04008	吴健	销售人员	87654304008
仓管部	05001	何霞	管理人员	87654305001

全部为中方人员、计税、工资不停发。

（4）设置工资项目（见表10-32）。

工资计算公式：

①岗位工资=iff（人员类别="经理人员"，600．iff（人员类别="管理人员"，400，300））

②交补=80

③事假扣款=（基本工资/30）*事假天数

④病假扣款=（基本工资/30）*病假天数*0.3

⑤养老保险=（基本工资+岗位工资）*0.07

⑥计税基数=基本工资+岗位工资+奖金+交补-事假扣款-病假扣款-养老保险

（5）扣缴所得税设置。

应纳税所得额扣除基数3 500元。

表10-32　**设置工资项目**

工资项目名称	类型	长度	小数	增减项
基本工资	数字	8	2	增项
岗位工资	数字	8	2	增项
奖金	数字	8	2	增项
交补	数字	8	2	增项
应发工资	数字	8	2	增项
事假天数	数字	2	0	其他
事假扣款	数字	8	2	减项
病假天数	数字	2	0	其他
病假扣款	数字	8	2	减项
养老保险	数字	8	2	减项
代扣税	数字	8	2	减项
扣款合计	数字	8	2	减项
实发工资	数字	8	2	增项
计税基数	数字	8	2	其他
工资分摊基数	数字	8	2	其他

（6）银行代发设置。

单位编号：8650203106。

（7）工资分摊设置。

提示：先进入工资变动功能进行工资汇总计算，才能进行工资分摊设置。

①计提费用类型（见表10-33）。

表10-33　**计提费用类型**

计提费用类型	计提分摊比例
工资分摊	100%

②工资分摊设置（见表10-34）。

表10-34　**工资分摊设置**

部门	人员类别	项目	工资分摊	
			借方科目	贷方科目
办公室、财务部、采购部、仓储部	管理人员	应发合计	管理费用	应付职工薪酬
销售部	销售人员	应发合计	销售费用	应付职工薪酬

3）固定资产系统初始设置

进入【业务工作】-【固定资产】系统进行如下设置。

（1）部门对应折旧科目（见表10-35）。

表10-35 部门对应折旧科目

部门编码	部门名称	折旧科目
01	办公室	管理费用——折旧费
02	财务部	管理费用——折旧费
03	采购部	管理费用——折旧费
04	销售部	
0401	销售一部	销售费用——折旧费
0402	销售二部	销售费用——折旧费
0403	销售三部	销售费用——折旧费
05	仓管部	管理费用——折旧费

（2）设置资产类别（见表10-36）。

表10-36 设置资产类别

类别编码	类别名称	使用年限	净残值率	计提属性	方法
01	房屋	30	5%	正常计提	平均年限法（一）
02	运输设备	10	5%	正常计提	平均年限法（一）
03	办公设备	10	5%	正常计提	平均年限法（一）

（3）录入原始卡片（见表10-37）。

表10-37 录入原始卡片

资产名称	类别号	增加方式	原值	使用年限	使用部门	累计折旧	开始使用时间
办公楼	01	在建工程转入	5 240 000	30	办公室、财务部、采购部、仓管部各25%	804 960	2010-05-28
卡车	02	直接购入	345 000	10	销售一部	87 216	2012-04-02
营业设备	03	直接购入	436 000	10	销售一部40%，销售二部30%，销售三部30%	197 667	2009-09-10

使用状况：均为在用。

4）采购、销售系统初始设置

进入【采购管理】-【设置】，进行采购期初记账（无暂估和在途）。

5）应收款系统初始设置

进入【应收款管理】-【设置】，进行如下设置。

（1）基本科目设置。

应收科目为应收账款1122，预收科目为预收账款2203，销售收入科目为主营业务收入6001，税金科目为应交税费——应交增值税（销项税额）22210105。

（2）结算方式科目设置。

现金结算对应1001，支票结算、其他结算对应100201，币种均为人民币。

（3）坏账准备设置。

提取比率为0.5%，坏账准备期初余额为396.53元，坏账准备科目为1141，对方科目为资产减值损失6701。

（4）账龄区间设置。

1-30，31-60，61-90，91-180，181-360，361以上。

（5）期初应收单据。

2016年12月16日，收到紫薇公司开出的由工商银行承兑的银行承兑汇票一份，票面金额120 000元，票据号25006，2016年12月16日签发，2017年1月16日到期。

2016年12月26日，销售给起点公司102商品20件，无税单价780元，201商品10台，无税单价3 570元，共计货款51 300元，税款8 721元，价税合计60 021元。

2016年12月30日，收到起点公司预付款60 000元。结算方式为现金。

6）应付款系统初始设置

进入【应付款管理】-【设置】

（1）基本科目设置。

应付科目为2202，预付科目为1123，采购科目为在途物资1402，税金科目为应交税费——应交增值税——进项税额22210101。

（2）结算方式科目设置。

现金结算对应1001，支票结算、其他结算对应100201。

（3）账龄区间设置。

1-30，31-60，61-90，91-180，181-360，361以上。

（4）录入期初采购专用发票。

2016年12月29日，向乐乐公司购进102商品30件，单价610元，101商品50件，单价158元，共计货款17 200元，税款2 924元，价税合计20 124元。

2016年12月29日，预付青青公司货款50 000元。结算方式为现金。

7）存货核算系统初始设置

进入【存货核算】-【初始设置】，进行如下设置。

（1）存货科目设置（见表10-38）。

表10-38 **存货科目设置**

仓库编码	仓库名称	存货分类编码	存货分类名称	存货科目编码	存货科目名称
01	1#库	01	甲类商品	1405	库存商品
02	2#库	02	乙类商品	1405	库存商品

（2）对方科目设置（见表10-39）。

表10-39 **对方科目设置**

收发类别编码	收发类别名称	存货分类编码	存货分类名称	对方科目编码	对方科目名称
101	采购入库	01	甲类商品	1402	在途物资
101	采购入库	02	乙类商品	1402	在途物资
201	销售出库	01	甲类商品	6401	主营业务成本
201	销售出库	02	乙类商品	6401	主营业务成本

（3）税金科目（见表10-40）。

表10-40 **税金科目**

存货编码	存货名称	科目编码	科目名称
01001	101商品	22210101	进项税额
01002	102商品	22210101	进项税额
02001	201商品	22210101	进项税额

（4）录入期初余额（见表10-41）。

表10-41 **录入期初余额**

仓库	存货编码	存货名称	计量单位	数量	单价	金额	入库时间
1#库	01001	101商品	件	20	700	14 000	2015-12-31
1#库	01002	102商品	件	35	600	49 800	2015-12-31
2#库	02001	201商品	台	75	2 750	206 250	2015-12-31

（5）办理期初记账。

8）库存管理系统初始设置

进入【库存管理】-【初始设置】，首先，通过取数功能录入期初库存，并进行审核；然后，与存货核算系统进行对账。

10.4 日常业务

提示：涉及现金流量信息的凭证请录入现金流量信息，以便生成现金流量表。

（1）2日，根据月初在用固定资产原值计提本月折旧，附单据1张。

进入固定资产管理系统，执行计提折旧功能，生成凭证。

（2）2日，紫薇公司汇来前欠货款17 784元，票号2201，附件1张。

进入应收款管理系统，录入收款单，审核后制单，生成凭证：

借：银行存款——工商银行

　贷：应收账款（紫薇公司）

（3）2日，起点公司订购201商品20台，协议单价2 980元/台（本实验中的单价均指不含税单价），101商品10件，单价800元/件。

进入销售管理系统，开出销售订单并审核。

（4）3日，向青青公司订购201商品50台，单价2 500元/台，要求6日到货。

进入采购管理系统，开出采购订单并审核。

（5）4日，仓库发出起点公司2日所订商品，并开出专用发票。

①进入销售管理系统，开出发货单并审核（可合并开一张发货单），开出并复核销售专用发票。

②进入库存管理系统，参照发货单生单并审核销售出库单。

③进入存货核算系统，对销售出库单进行记账。

④进入应收款管理系统，审核销售专用发票，并进行发票制单，生成凭证：

借：应收账款（起点公司）

　贷：主营业务收入

　　应交税费——应交增值税（销项税额）

（6）4日，向乐乐公司订购101商品100件，单价680元/件，102商品100件，单价590元/件。

进入采购管理系统，开出采购订单并审核。

（7）5日，刘欣欣出差归来，报销差旅费1 820元，原预借1 500元，差额以现金付给，附单据2张。

进入总账系统，填制凭证：

借：管理费用——差旅费

　贷：其他应收款——刘欣欣

　　库存现金

（8）5日，填制转账支票给乐乐公司20 124元，支付前欠货款，票号4561，附单据1张。

进入应付款管理系统，录入付款单，审核后制单，生成凭证：

借：应付账款——乐乐公司

　贷：银行存款——工行存款

（9）6日，缴纳上月应交增值税38 250元。结算方式：其他。附单据3张。

进入总账系统，填制凭证：

借：应交税费——未交增值税

　贷：银行存款——工行存款

（10）6日，收到青青公司发来的201商品50台，验收入2#库。

①进入采购管理系统，开出采购到货单并审核。

②进入库存管理系统，参照到货单生成采购入库单并审核。

③进入存货管理系统，对采购入库单进行记账，并根据采购入库单生成凭证：

借：库存商品

　贷：在途物资

（11）6日，收到青青公司开来的专用发票，列示201商品50台，单价2 500元/台。

①进入采购管理系统，开出专用采购发票，并办理采购结算。

②进入应付款管理系统，审核专用采购发票，生成凭证：

借：在途物资

　　应交税费——应交增值税（进项税额）

　贷：应付账款——青青公司

（12）9日，以现金支付汽油费900元，附单据1张。

进入总账系统，填制凭证：

借：管理费用——汽车费

　贷：库存现金

（13）10日，发放本月工资，据统计，上月职工王春事假1天，何霞病假2天，本月工资表见表10-42。

表10-42　**本月工资表**

人员编号	姓名	基本工资	岗位工资	奖金	交补	应发合计	事假扣款	病假扣款	养老保险	代扣税	扣款合计	实发合计
01003	刘欣欣	2 500	1 400	300					133			
02001	学生1姓名	3 000	1 600	350					182			
02002	张良	2 500	1 400	300					133			
03001	蒋中兴	3 000	1 600	350					182			
04001	余凡	3 000	1 600	350					182			
04004	王春	2 500	1 400	300			83		133			
04008	吴健	2 800	1 300	270					147			
05001	何霞	3 000	1 600	350				60	182			
合　计												

①进入工资管理系统，即薪资管理，进入“工资变动”进行工资计算与录入；计算完毕进入“工资分摊”进行工资费用分配并生成凭证。

②进入总账系统，根据工资表发放工资，并生成凭证：

借：应付职工薪酬

　贷：其他应付款

　　应交税费——应交个人所得税

　　银行存款——工行存款

对上旬收付款凭证进行出纳签字，会计主管对上旬凭证进行审核、签章、记账。

（14）11日，收到起点公司2187#转账支票，系上月货款60 021元。

进入应收款管理系统，录入收款单，审核后制单，生成凭证：

借：银行存款——工行存款

　贷：应收账款（光明公司）

（15）11日，开出现金支票2368#，提现3 000元备用，附单据1张。

进入总账系统，填制凭证：

借：库存现金

　贷：银行存款——工行存款

（16）11日，办公室购进传真机一台，价款2 600元，开出2188#转账支票付讫，当即交付使用，使用年限为5年。

进入固定资产管理系统，进行资产增加操作，通过批量制单生成凭证：

借：固定资产——办公室

　贷：银行存款——工行存款

（17）12日，收到起点公司汇来前欠货款37 812元，并以预收款60 000元冲应收该公司账款，票据号为3276#。

①进入应收款管理系统，录入收款单，审核后制单，生成凭证：

借：银行存款——工行存款

　贷：应收账款——起点公司

②办理预收冲应收操作，生成凭证：

借：预收账款——起点公司

　贷：应收账款——起点公司

③进行自动核销操作。

（18）13日，办公室购买办公用品360元，以现金支付，附单据1张。

进入总账系统，填制凭证：

借：管理费用——办公费

　贷：库存现金

（19）16日，紫薇公司2015年12月16日签发的应收票据到期，款项收存银行，结算方式为其他。

进入应收款管理系统，进行票据结算，保存后制单，生成凭证：

借：银行存款——工行存款

　贷：应收票据——紫薇公司

（20）16日，起点公司订购101商品40件，单价910元/件，102商品50件，单价780元/件。

进入销售管理系统，开出销售订单并审核。

（21）17日，销售一部余凡报销业务招待费780元，以现金支付。

进入总账系统，填制凭证：

借：销售费用——业务招待费

　贷：库存现金

（22）18日，仓库发出起点公司16日订购101商品40件，102商品50件，开出专用发票。

①进入销售管理系统，开出发货单并审核，开出并复核销售专用发票。

②进入库存管理系统，参照发货单生单并审核销售出库单。

③进入存货核算系统，对销售出库单进行记账。

④进入应收款管理系统，审核销售专用发票，并进行发票制单，生成凭证：

借：应收账款——起点公司

　贷：主营业务收入

　　应交税费——应交增值税（销项税额）

（23）18日，汇给青青公司37 750元，并冲预付款50 000元，结清前欠购货款，票据号为4562#。

①进入应付款管理系统，录入付款单，审核后制单，生成凭证：

借：应付账款——青青公司

　贷：银行存款——工行存款

②进行预付冲应付操作，生成凭证：

借：应付账款——青青公司

　贷：预付账款——青青公司

（24）19日，收到起点公司转账支票一张，金额为31 033元，2个月期限的银行承兑汇票一张，面值为80 000元，结清前欠货款，票据编号为06002#，结算方式为转账支票，承兑银行为中国工商银行。

①进入应收款管理系统，录入收款单，审核后制单，生成凭证：

借：银行存款——工行存款

　贷：应收账款——起点公司

②开出银行承兑汇票，审核收款单后制单，生成凭证：

借：应收票据——起点公司

　贷：应收账款——起点公司

（25）20日，短期借款200 000元今日到期，开出2189#转账支票归还。

进入总账系统，填制凭证：

借：短期借款

　贷：银行存款——工行存款

对中旬收付款凭证进行出纳签字，会计主管对中旬凭证进行审核、签章、记账。

（26）27日，收取外商合同违约金2 000美元，结算方式为现金支票，票据号为46737#，存入招行。

进入总账系统，填制凭证：

借：银行存款——招行存款

　贷：营业外收入

10.5　期末处理

期末处理产生凭证的日期均为1月31日。

1）采购管理系统期末处理

（1）关闭已经执行的采购订单。进入采购管理系统，在采购订单列表中选定已执行的订单，通过【批关】功能关闭。

（2）办理月末结账。

2）销售管理系统期末处理

（1）关闭已经执行的销售订单。进入销售管理系统，在销售订货批量处理中选定已执行【批关】功能，关闭已经执行的销售订单。

（2）办理销售月末结账。

3）工资管理系统期末处理

进入工资管理系统，在“业务处理”中选择月末处理。

4）固定资产管理系统期末处理

（1）计提折旧，并生成凭证。

（2）对账。进入固定资产管理系统，办理对账。

（3）结账。

5）应收款管理系统期末处理

（1）计提坏账准备，并生成凭证。

（2）进入应收款管理系统，执行自动核销，办理月末结账。

6）应付款管理系统期末处理

进入应付款管理系统，执行自动核销，办理月末结账。

7）库存管理系统期末处理

进入库存管理系统，执行与存货系统对账功能，办理月末结账。

8）存货核算系统期末处理

①进入存货核算系统，进行1#库、2#库的期末处理。

②对平时零成本出库的销售出库单进行生成凭证操作，生成转账凭证：

借：主营业务成本

　贷：库存商品

③办理月末结账

提示：总账期末处理前对收付款凭证进行出纳签字，会计主管对未记账凭证进行审核、签章、记账。

9）总账系统期末处理

（1）银行对账。

①银行对账期初。

银行存款日记账（中国工商银行）月初余额为1 326 805.2元，银行对账单（中国工商银行）月初余额为1 344 589.23元。2016年12月31日转账支票（2201）收款17 784元，银行已收企业未收。

②银行对账单（中国工商银行）（见表10-43）。

（2）利用自定义转账对无形资产进行摊销，摊销年限为10年。

（3）进行汇兑损益计算并生成凭证。

（4）分收、支结转损益类账户。

（5）利用自定义转账结转本年利润到未分配利润。会计主管对上述凭证进行审核、签

表 10-43　　**银行对账单（中国工商银行）**

日期	借方	贷方
2017-01-05		20 124.00
2017-01-06		38 250
2017-01-09	17 784	
2017-01-11	60 021.00	
2017-01-11		3 000.00
2017-01-12		2 600.00
2017-01-12	37 812.00	
2017-01-16	120 000.00	
2017-01-18		37 750.00
2017-01-19	31 033.00	
2017-01-20		200 000.00
2017-01-27		200 000.00

章、记账。

（6）进入总账系统，执行期间损益结转，选择收入类科目，生成转账凭证。会计主管对上述凭证进行审核、签章、记账。

10.6　报表制作

1）资产负债表制作

定义资产负债表格式及计算公式，保存为“资产负债表.rep”文件。

2）利润表制作

定义利润表格式及计算公式，保存为“利润表.rep”文件。

3）现金流量表制作

定义现金流量表格式及计算公式，保存为“现金流量表.rep”文件。

4）应收账款往来明细表制作

应收账款往来明细表应当包含各个客户的期初余额、本期借方发生额、本期贷方发生额、期末余额。

主要参考文献

[1] 张瑞君，蒋砚章. 会计信息系统［M］. 7版. 北京：中国人民大学出版社，2015.

[2] 杨周南，赵纳辉. 会计信息系统［M］. 4版. 大连：东北财经大学出版社，2014.

[3] 刘瑞武，章壮洪. 会计信息系统［M］. 北京：人民邮电出版社，2014.

[4] 丁淑芹，王先鹿. 财务软件应用［M］. 大连：东北财经大学出版社，2017.

[5] 丁淑芹. 高校会计信息系统教学的反思与探讨［J］. 财会通讯，2016（32）.

[6] 丁淑芹. 信息技术与会计教学整合探索与研究［J］. 财会通讯，2012（4）.

[7] 王先鹿，潘联洲. 财务软件自动转账功能分析［J］. 财会月刊，2011（28）.

[8] 用友U872使用手册.